LA FÉODALITÉ DANS LE NORD DE LA FRANCE.

HISTOIRE
DU
CHATEAU
ET DE LA
CHATELLENIE DE DOUAI

PAR

FÉLIX BRASSART,

douaisien.

Châtelains, Prévôts, Gaveniers, etc.

I.

DOUAI
L. CRÉPIN, ÉDITEUR
rue de la Madeleine, 23.

PARIS	GAND
DUMOULIN, LIBRAIRE,	CAMILLE VYT, LIBRAIRE,
QUAI DES AUGUSTINS, 13.	RUE DES REGNESSES, 1.

1877.

Ouvrage tiré à *deux cent dix exemplaires* numérotés.
Il a été tiré en outre :
Vingt exemplaires sur papier fort
Et *cinq* exemplaires sur papier vergé.

N°

Roi de France.

Comte de Flandre.

Châtelain ou Vicomte de Douai.

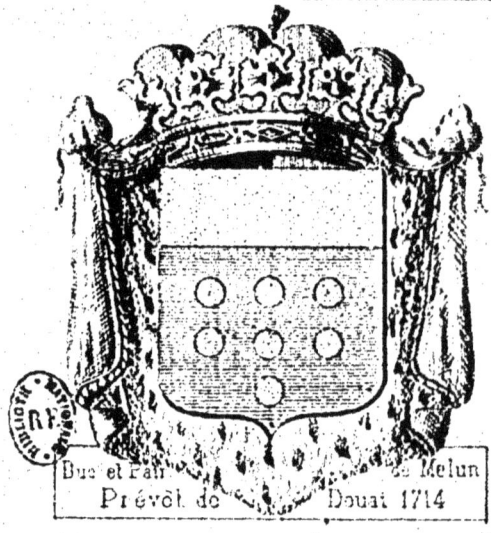
Bus et fan ⸺ e Melun
Prévôt de Douai 1714

Comte d'Egmont
Gavenier de Douai 1654

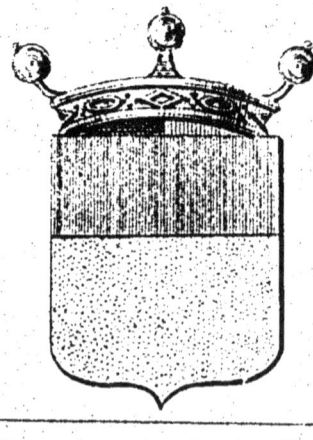
Seigneur de Saint-Albin.

Imp. P. Dutilleux, 45 Rue de Bellain Douai

LA FÉODALITÉ DANS LE NORD DE LA FRANCE.

HISTOIRE
DU
CHATEAU & DE LA CHATELLENIE
DE DOUAI

Des Fiefs, Terres et Seigneuries tenus du souverain de cette ville,

Depuis le Xe siècle jusqu'en 1789;

Avec de nombreux renseignements généalogiques et héraldiques,

Tirés des chartes et des sceaux.

PAR

FÉLIX BRASSART,

douaisien.

Châtelains (1024-1464) et leurs vassaux.

Prévôts. Gaveniers. Seigneurs de Saint-Albin.

Ecuiliers-le-Comte. Damoiseaux de Dorignies, etc.

I.

DOUAI

L. CRÉPIN, ÉDITEUR

rue de la Madeleine, 23.

PARIS	GAND
DUMOULIN, LIBRAIRE,	CAMILLE VYT, LIBRAIRE,
QUAI DES AUGUSTINS, 13.	RUE DES REGNESSES, 1.

1877.

> *Douay ! passes oultre !*
>
> Cri d'armes du châtelain ou vicomte de Douai,
> d'après un armorial du XV° siècle.

L'histoire féodale de Douai et de son ancienne circonscription, qu'on nommait châtellenie, se prête à quatre divisions principales :

Une première partie, consacrée aux origines de la ville forte (*castrum*) et de sa châtellenie (territoire ou plat pays), aux souverains de Douai depuis l'ère féodale jusqu'en 1789, au domaine du prince et à ses receveurs, aux baillis et aux autres officiers de la cour féodale, aux coutumes de la châtellenie principalement en matière de fiefs.

La seconde partie, celle que nous publions dès maintenant, comprend l'historique des rapports des officiers féodaux (le châtelain ou vicomte de la ville et ses successeurs : prévôt, Gavenier, seigneur de Saint-Albin) avec une commune grandement privilégiée, qui saura toujours, dans son propre intérêt ainsi que dans celui du prince, maintenir à un rang subalterne les descendants ou les ayants cause de la maison de Douai, illustre dès le XI° siècle, et quoique ces ayants cause s'appelassent en 1789 : Melun, d'Egmont, d'Arenberg. Les fiefs enclavés dans la ville et la banlieue y ont aussi leur histoire.

Une troisième partie, consacrée à l'historique de la terre vj.

de Sin-le-Noble, de celle de Waziers-Flandres (1), de celle de Montigny en Ostrevant, de celle de Vésignon à Lewarde, de celle d'Estrées avec Hamel, son annexe, de celle de Marquette en Ostrevant, ainsi que de plusieurs fiefs situés dans ces localités ou enclavés à Lécluse et en Cambrésis. C'était à ce territoire excessivement restreint et ne comprenant guère que quatre ou cinq villages à clocher assis dans l'antique pays d'Ostrevant, qu'était réduite à l'origine la châtellenie de Douai.

Une quatrième partie, consacrée aux accroissements successifs de cette châtellenie, qui s'étendit non plus dans l'ancien Ostrevant, mais dans le Pèvele (on prononce *Pève*), au détriment de la châtellenie d'Orchies ; celle-ci en effet perdit, vers 1250, la terre de Rache, celles de Landas et de Bouvignies, avec leurs annexes Warlaing, Aix, Esplechin, les terres de Wastines à Capelle et de Roupy à Nomain ; et en 1630, celle de Flines.

Des raisons majeures nous ont obligé à publier d'abord la partie consacrée à l'histoire de nos antiques châtelains : c'est du reste la plus riche en documents anciens, grâce aux libéralités de ces grands seigneurs envers la collégiale de Saint-Amé; cette publication forme d'ailleurs à elle seule une œuvre complète, avec des tables spéciales, notamment une table de tous les noms des fiefs et des familles cités dans l'ouvrage : plus de dix-huit cents noms. Quant aux *Preuves*, le premier fascicule que nous publions à l'appui de nos recherches sur la châtellenie ou vicomté, la prévôté, les fiefs du Gavène et de Saint-Albin, sera suivi d'autres fascicules destinés à former un volume qui aura sa table des noms de lieux et de personnes.

(1) Le clocher et le gros des villages de Waziers et de Lewarde étaient terres d'Empire.

Quelques mots maintenant sur le but et l'utilité de l'œuvre entreprise.

L'auteur s'est appliqué à faire revivre, pour quelques instants, des institutions qui ont eu autrefois leur raison d'être, et des personnages parmi lesquels on trouve soit des noms illustres, soit des hommes qui ont marqué dans l'histoire; mais cette évocation n'a d'autre prétention que celle de concourir, avec des travaux entrepris ou à entreprendre (1), à la formation d'une histoire générale de notre ville : la pierre que nous apportons à cet édifice s'appelle l'histoire féodale de Douai.

Les institutions, nous nous sommes efforcé, pour les bien comprendre, de les étudier avec les idées reçues aux temps de leur origine et de leurs transformations successives; nous les avons vu naître sous l'égide de la religion et du patriotisme, et protéger nos églises et notre pays menacés par le payen envahisseur; puis déchoir et néanmoins se perpétuer. Encore debout, mais comme un monument en ruines et d'un autre âge, dans un siècle avide de changements et de progrès, la féodalité fut presque universellement jugée alors une entrave surannée, retardant ou empêchant une répartition plus équitable de l'impôt et une meilleure administration de la justice, une non valeur au point de vue de la défense du territoire; seulement il y avait une grave difficulté, naissant du respect de la pro-

---

(1) L'histoire ecclésiastique de Douai a été traitée avec une science et un soin remarquables par M. l'abbé Dancoisne. Dans ses *Mémoires* (2ᵉ série, IX, X, XII, Douai, 1865 à 1875, in-8o), la Société d'agriculture, des sciences et arts de notre ville a commencé la publication de cet important travail, couronné par elle en 1865.

L'histoire communale et l'histoire universitaire de Douai sont encore à faire.

Dans son *Histoire du parlement de Flandres* (Douai, 1849, in-8o), le conseiller Pillot a traité l'histoire judiciaire, et M. Brassart père, l'histoire de la bienfaisance, dans ses *Notes historiques sur les hôpitaux* (Douai, 1842, in-8).

priété privée, dont les droits s'étaient exercés sous la protection des lois existantes. On procédait lentement, beaucoup trop lentement, pour essayer de faire disparaître l'institution viciée, lorsque surgit la Révolution qui trancha définitivement la question comme chacun sait.

Quant aux personnages, nous nous sommes attaché à mettre en relief ceux qui ont joué un rôle dans le passé (1); mais pour la plupart, nous avons dû nous borner à des indications généalogiques et héraldiques.

Au moment où l'Etat, les départements et les villes, les sociétés savantes de Paris et de la province encouragent à l'envi les travaux historiques, il serait superflu de démontrer l'utilité des recherches sur l'histoire des anciennes circonscriptions féodales, des lois et des coutumes locales, des vieilles familles seigneuriales dont un grand nombre ont rendu illustre le nom de leur humble village.

Nous croyons inutile aussi d'insister sur les difficultés de l'œuvre, dont il a fallu aller recueillir les matériaux, dispersés un peu partout, non-seulement dans de nombreux dépôts publics, mais dans des archives privées et jusqu'au milieu de paperasses vouées à la destruction. Notre temps et nos peines (si peine il y a), nous ne regretterons rien, si nous réussissons à mériter les suffrages de ceux qui s'intéressent au passé de la chère patrie.

F'. B.

A Douai, l'an 1876, le vendredi 5 mai,
jour de la fête de saint MAURAND, enfant
et patron de la cité douaisienne.

---

(1) Le châtelain Wautier 1er, bienfaiteur de Saint-Amé et l'un des conquérants de l'Angleterre en 1066, et Pierre de Douai, chevalier croisé (1207-1208), ont particulièrement fait l'objet de nombreuses recherches.

Dans sa séance publique du dimanche 31 décembre 1876, la Société des Sciences, de l'Agriculture et des Arts de Lille a décerné son prix Wicar à l'auteur de cet ouvrage.

CHAPITRE PREMIER.

CHATELLENIE DE LA VILLE DE DOUAI

ou

OFFICE DU CHATELAIN.

Châtellenie ou « castellerie » signifie d'ordinaire étendue de territoire, quelquefois office féodal de châtelain, *feudum castellani*.

L'emploi du même mot, pour désigner deux choses tout-à-fait différentes, a souvent fait croire que la juridiction d'un châtelain s'étendait sur tout le pays dépendant d'un château (*castrum*, ville forte), et que cet officier était une sorte de suzerain par rapport aux autres feudataires de la même châtellenie. C'est une erreur qui a déjà été relevée par différents auteurs, notamment par Floris vander Haer, dans son livre *Les Chastelains de Lille* (Lille, 1611, in-4°). On y lit en effet (page 67), à l'endroit où l'auteur explique ce qu'est la « chastelenie, » c'est-à-dire le plat pays ressortissant à la Salle de Lille, ou *territorium Islense* : « N'étant chose vraie, que la chastelenie auroit son nom du chastelain de Lille, duquel mêmes les terres féodales héréditaires sont tenues de la Salle de Lille, sujettes au baillif de Lille. Vrai est qu'en divers écrits, les chastelains parlent de leur chastelenie ; mais cela se doit entendre de la façon que les baillifs parlent de leur bailliage. Et à parler proprement, les chastelains tiennent en fief du comte de Flandres, non pas la chastelenie de Lille, mais l'estat, titre et office de chastelain. »

Malgré les observations si justes présentées en 1611 par un auteur qui avait eu recours à des sources certaines, avant de se faire une opinion et d'entreprendre une réfutation, l'erreur a persisté et elle a été reproduite par plusieurs personnes qui se sont occupées de notre histoire locale. C'est ainsi que, dans une *Esquisse historique du département du Nord*, publiée dans le *Bulletin scientifique* etc., *du Nord* (Lille, 1872, in-8°, page 142), nous voyons affirmer de nouveau que « dans une partie du territoire qui portait le nom de châtellenie, les châtelains, chargés originairement de la garde du *burg* ou château fort, eurent longtemps le commandement militaire dans la châtellenie, présidèrent la cour des échevins et celle des vassaux, exercèrent le pouvoir judiciaire au nom du comte, » etc.

Quels sont les documents anciens qui ont pu provoquer ces assertions ? Nous l'ignorons absolument. En ce qui concerne Douai, nous pouvons affirmer que le châtelain n'avait pas un semblable pouvoir dans la châtellenie ou le plat pays, et que les fonctions de son office ne s'étendaient guère en dehors de la ville et de sa banlieue. On en jugera ainsi après l'exposé détaillé que nous allons faire de ses droits et de ses devoirs, non-seulement d'après les dénombrements du fief de la châtellenie, dont l'un remonte à 1369, mais encore en tenant compte de ce que le fief a perdu par des«éclissements»ou démembrements très-anciens, par des ventes ou de toute autre manière.

L'auteur de l'*Esquisse historique* ajoute que le comte retira leur pouvoir aux châtelains, auxquels il substitua, au

XIV⁰ siècle, des gouverneurs militaires, des baillis, etc. Mais nous ferons observer que l'un des graves inconvénients du régime féodal était précisément de rendre impossible une semblable réforme ; car les châtelains tenaient leur office en fief, et celui-ci existait intégralement entre leurs mains, comme une véritable propriété privée, que le comte était obligé de respecter, de même que les villes. Aussi, quand le pouvoir central ou le pouvoir municipal voulut se débarrasser d'un châtelain féodal, n'y réussit-il qu'en achetant le fief de la châtellenie.

En ce qui concerne plus particulièrement le châtelain de notre ville, le même auteur semble croire que Douai et Orchies obéissaient à un seul châtelain ; nous nous empressons de relever cette erreur, qui nous paraît être une conséquence de l'autre. A la vérité, ces deux châtellenies (territoires) ont été réunies, au commencement du XIV⁰ siècle, en une seule gouvernance ; mais, sous le rapport féodal, elles ont toujours été distinctes; chacune d'elles a eu son châtelain particulier, dont l'un tenait son fief du château de Douai, et l'autre, de la Motte d'Orchies (1) ; jamais ces offices féodaux n'ont été possédés par un seul et même feudataire ; Douai acquit la châtellenie de cette ville en 1464, et Orchies le fief de son châtelain en 1593. Il est bien entendu, pour les raisons ci-dessus, que l'histoire du fief de la

---

(1) Il en était ainsi à la fin du XV⁰ siècle et postérieurement. (Listes des fiefs d'Orchies.) Néanmoins, en 1402, le seigneur de Rache déclarait tenir sa seigneurie, avec la châtellenie d'Orchies, en un seul fief a ouvant du château de Douai. (Archives départ., chambre des comptes, portef. D 894, dénombr. de Rache.)

Le *sire* de Rache s'est appelé *châtelain* (garde héréditaire ou féodal du château fort) de Rache ou *Raisse* jusque vers 1370; il était en même temps châtelain de la ville d'Orchies, mais sans ajouter ce titre au précédent. Les prérogatives du châtelain d'Orchies étaient du reste peu considérables, ne consistant qu'en droits sur les boissons et en rentes foncières.

châtellenie d'Orchies reste en dehors de notre sujet ; peut-être nous en occuperons-nous un jour, en faisant, pour la *Motte* d'Orchies, un travail analogue à celui que nous avons entrepris pour le château de Douai.

Un document qui n'est pas non plus à négliger ici, pour démontrer que le pouvoir du châtelain féodal d'une ville forte, qu'on nommait aussi *vicomte,* était limité chez nous à la ville et qu'il ne s'étendait pas sur tout le plat pays, c'est le serment que le châtelain de Cambrai prêtait à l'évêque, son seigneur. Carpentier nous l'a conservé dans son *Histoire de Cambray et du Cambrésis* (I, page 248), publiée en 1664 ; il n'y est question que des droits et des devoirs du châtelain par rapport à la ville ou cité, et nullement vis-à-vis du comté de Cambrésis ou plat pays :

« Je N..... fianche et jure à vous, sire l'évesque, porter foi et hommage et léautet, tant qui jou à vou serai et vo castellenie tiendrai.....

» Je fianche encore à porter foy, révirence et guarde as églises de cil païs.....

» Je jure pareillement léautet *as bourgeois de la ville,* et le loy et le franchise, les corps, les mas et les cateus des ciutoiens et ciutoiennes, et de tous li hoirs et manans de le ville, aidier et wardier à vo pooir.

» Et se on tort faisoit *au bourgeois de le ville,* dedans *le castellerie* (plat pays) *de Cambray,* ne se ou ma, ou catel de bourgeois ou de bourgeoise ou de li enfant de bourgeois, y arrestoit, venir jou dois et me forche, aveuc le forche de le ville, et y estre aveuc iaus, tant q te li houte et li tort fait soit adreschiés au ciutoyen de le ville. »

Il s'agit ici du droit d'*arsin,* d'*abattis* etc. existant au profit des villes contre les campagnes. Nous verrons plusieurs fois le châtelain de Douai faire de semblables expéditions avec la commune. (Cf. ci-après, I 2°.)

« Si l'okison voloit et riqueroit que guerroier deviemes allencontre no ennemis, *por li warde de cille ville*, je pourmets une fie, oltre et tierche yssir hors, ou en dedans demorer, aveuc vos banières, vo avoyers, vo pers, vo héralts, vos varlets, et si besoing fuist *aveuc vo eskievins et li commungne*, et revenir aveuc un kascun et vo bannières, en boen ordre. »

Ce passage, qui montre quel était le rôle du châtelain en cas de siége, les trois sorties qu'il devait faire, etc., est des plus curieux. (Cf. ci-après, I 1°.)

« Jou pormets ossi faire, warder boen et léale justice à tos vo vassals, vavasseurs, ciutoiens et manans, lorsque mestier en est, ossi de sentenchier, de l'advis et assent de vo pers et eskievins, les robeurs, guilleurs, ardeurs et otres mais garchons, erraument *pour le ripos et pez de vo ville et commugne*..... »

Tout défiguré qu'il soit par suite d'une mauvaise lecture, ce document n'en est pas moins très-précieux, non-seulement pour Cambrai, mais encore pour les villes du nord du Royaume, Douai, Arras, Lens, etc., où l'antique formule du serment du châtelain ou vicomte envers son seigneur n'a point été conservée (1).

Castellania signifie territoire dans une charte du roi Louis X, à Vincennes, en décembre 1315, constatant que

---

(1) Dans le livre de Roisin (édit. Brun-Lavainne, Lille, 1842, in-4o, p. 143), on trouve la formule du serment du châtelain de Lille envers la ville, et le serment du magistrat de celle-ci envers le châtelain (p 149).

Cf. la formule conservée par Carpentier, dont tout un passage, depuis : « Je jure léautet as bourgeois.... » jusques : « .... tant que li honte et li tort fait soit adreschiés », semble copié sur le texte lillois.

les feudataires de la châtellenie de Lille tiennent de lui leurs fiefs, à cause de ladite châtellenie : *homagia quae milites a nobis*, in castellania Insulensi et ipsius ratione, *tenebant* ; en conséquence, c'est son bailli de Lille qu'il commet pour faire la prisée de ces fiefs : *damus igitur ballivo nostro Insulensi....* (1). A cette époque c'était le roi qui était le souverain direct de notre Flandre wallonne.

Quant à l'origine du mot châtellenie, employé pour désigner une province ou une partie d'un comté, elle est postérieure aux invasions normandes et à la création d'une foule de villes fortifiées dans notre pays ; celles-ci furent d'abord désignées sous le nom de *castra* (châteaux), dans le sens d'enceinte fortifiée ; car ces refuges,—où l'on s'entassait alors afin de trouver la sécurité derrière des murs et des fossés,—ayant un périmètre excessivement restreint, ne méritaient guère d'autre qualification que celle de château. *Castrum Duacense, castrum Islense*, quelquefois *castellum*, dit le chroniqueur Baudry de Cambrai, en parlant, vers l'an 1030, des villes fortes de Douai et de Lille. D'où le nom de *châtellenie* donné au territoire ou plat pays dépendant d'un *château* (2).

Dans les villages avoisinant le *castrum* ou la nouvelle ville forte, des gentilshommes élevèrent aussi des maisons

---

(1) Le roi inféode au comte de Hainaut l'hommage de plusieurs fiefs situés sur la rive droite de l'Escaut et qui cependant dépendaient de la châtellenie de Lille, dont ce canton s'appelait Trans-Escaut (*Transcaldia regio* ; Buzelin, *Gallo-Flandria*, p. 154 A). Devillers, *Monum. pour servir à l'hist. des prov. de Namur.* etc., Bruxelles, 1874, in-4, III, p. 84.

(2) Du Cange constate que les auteurs du moyen âge appelaient *castrum* une ville forte qui n'était pas le siége d'un évêché : « *Castra vocabant scriptores medii ævi urbes quæ civitatis, id est episcopatus jus non habebant* » ; et ailleurs : *Oppida munita, dicta castra et castella; urbes vero insigniores, ac præsertim episcopales, urbes et civitates dictæ.* »

De *castrum* et de son diminutif *castellum* vient le mot *castellaria* ou *castellania*, « *id est, terminus castri* ». Exemple : « ... *pedagium... de rebus quæ transibunt per castrum Vitriacum sive per castellariam ejusdem castri.* »

fortifiées (*firmitates*), à cause desquelles ils devinrent vassaux du comte ou du seigneur du *castrum* ; c'est l'ensemble du territoire occupé par eux qui prit le nom de châtellenie. Plus tard, le comte inféoda à un particulier, le plus souvent à l'un des gentilshommes voisins, la garde du *castrum* avec d'autres fonctions subalternes à exercer dans la ville, en ses lieu et place, telles que le commandement de la milice bourgeoise (1), l'exécution des jugements civils et criminels, etc. ; à raison de son office, ce châtelain ou vicomte devint, comme les gentilshommes campagnards, l'un des pairs de la châtellenie, l'un des membres de la cour féodale. Mais le seigneur du *castrum* continua à demeurer le chef de sa châtellenie et le président de sa cour féodale ; c'est lui qui fit son profit du droit seigneurial de relief (ou de succession) et de mutation, dû par ses vassaux, aussi bien par les châtelains que par les autres feudataires (2) ; il resta le maître à tous les points de vue, militaire, judiciaire, politique et financier ; longtemps il se

(1) Nos ancêtres n'eurent jamais qu'une très-faible estime pour les milices bourgeoises, sauf toutefois pour celles des grandes communes flamandes de Gand, Bruges, etc., qui du reste ont fait leurs preuves. Aussi l'infanterie, que les villes fournissaient à l'armée française, fut-elle remplacée très-vite par des corps mercenaires.

Au moyen âge, la véritable armée nationale, c'était la *gendarmerie* ou cavalerie, fournie tout entière par la féodalité. Les hommes de fief, armés et équipés à leurs frais, devenaient hommes d'armes ou écuyers, en cas de guerre et étaient rangés sous la bannière d'un chevalier banneret (colonel) qui avait sous lui de simples chevaliers (capitaines), ainsi que d'autres officiers pris parmi les écuyers. L'image fidèle de la gendarmerie féodale existait encore au xvi° siècle, dans les bandes d'ordonnance, quoique celles-ci fussent devenues permanentes.

(2) Si les châtelains avaient été réellement les suzerains des feudataires d'une châtellenie (plat pays), c'est à eux que serait revenu ce droit, source de revenus très-importants. A Douai, l'impôt de mutation sur les fiefs, exigible en cas de vente, don, échange, etc. s'élevait à 10 0/0 ; en Artois, à 20 0/0.

La preuve que le droit seigneurial appartenait, de toute antiquité, au comte et non aux châtelains, c'est qu'en 1123 le comte de Flandre Thierry dispose de son droit de relief au profit des Templiers. (Charte originale aux Arch. nation., K 22, n° 53.) C'est en vertu de cette donation que les chevaliers de Malte, ayant-cause des chevaliers du Temple, recevaient encore en 1789 le relief des fiefs de Douai, d'Orchies et de Lille.

fit un devoir d'accomplir en personne son rôle de seigneur, et de tenir les plaids, surtout dans les circonstances solennelles ; en cas d'empêchement, il se faisait remplacer, en vertu d'une commission spéciale et essentiellement temporaire, par une personne qui agissait alors comme *lieutenant*, *bail* (*bajulus*) ou bailli du prince. Ce n'est qu'au commencement du XIIIe siècle que les baillis sont commis pour une ou plusieurs années, avec un pouvoir général ; et encore, dans bien des circonstances, le prince leur envoie-t-il une commission spéciale pour «être en ses lieu et place» dans telle affaire.

Qu'un châtelain ait été quelquefois, souvent même si l'on veut, choisi pour être le lieutenant du comte, soit à la guerre, soit aux plaids ; rien d'extraordinaire ; mais ce que nous repoussons, c'est l'opinion qui veut que, lors de l'inféodation de l'office du châtelain, le droit de mener à la guerre les vassaux de la châtellenie, celui de les présider lors de la tenue des plaids de la cour féodale, celui d'être non point *leur pair* mais leur supérieur, c'est-à-dire, dans la langue féodale, *leur seigneur;* que ces droits aient été inféodés avec les autres non contestés pour former l'office du châtelain ; c'est ce que nous déclarons impossible. Encore une fois, si le prince, en instituant les châtelains, leur avait abandonné, à titre de fief, le commandement militaire et le pouvoir judiciaire dans toute l'étendue du territoire appelé châtellenie, il se serait dessaisi de ces droits-là comme des autres, et alors il n'aurait pu, au XIIIe siècle, instituer des baillis, et au XIVe, des gouverneurs.

Moins imprudents que les rois carolingiens, qui se virent dépouillés de tout pouvoir et réduits à la possession d'un vain titre, parce qu'ils avaient inféodé à quelques-uns de leurs sujets le gouvernement de leurs provinces, les comtes de Flandre, en instituant les châtelains féodaux des villes ou vicomtes, vers la fin du X° siècle ou le commencement du XI°, eurent soin de ne leur abandonner que des fonctions subalternes et restreintes, dont l'exercice ne pouvait être dangereux pour l'autorité centrale ; d'ailleurs, instruits par leur propre fortune, ils savaient qu'un sujet, quand il est maître des armées et de la justice, devient forcément indépendant ; aussi se conservèrent-ils intacte la puissance militaire et judiciaire. Tous les châtelains héréditaires du comté de Flandre n'ont pas été sans doute des modèles de fidélité envers le prince ni de modération à l'égard des villes ; mais l'histoire enregistre-t-elle le nom d'un seul de ces officiers qui ait réussi à se rendre indépendant ou seulement tenté de l'être ? Si nos chroniques sont muettes quant à de telles usurpations, il faut en conclure, ou bien que tous les châtelains, s'ils étaient aussi puissants qu'on se l'imagine, ont été les plus sages et les plus vertueux des hommes, ou plutôt qu'ils n'avaient point une autorité capable de contrebalancer la puissance de leur seigneur.

On nous objectera les révoltes du châtelain de Cambrai contre l'évêque, son souverain ; mais nous répondrons que ce dernier se trouvait dans une situation particulière ; c'était un Germain que l'empereur d'Allemagne envoyait au milieu d'une population française, avec la double mission de servir à celle-ci de pasteur spirituel et de seigneur temporel ; le sire d'Oisy, dont l'évêque avait fait son châtelain, était presqu'aussi puissant que son maître autour de Cambrai. Néanmoins, comme l'évêque n'avait pas commis la faute, pas plus que le comte de Flandre, d'inféoder à son châtelain la puissance militaire et judiciaire dans tout le comté ou plat pays, il put, à l'aide de ses autres vassaux du Cambrésis, tenir en échec le puissant sire d'Oisy, et bientôt, grâce à l'intervention de ses voisins, le mettre hors d'état de nuire.

Il en eût été tout autrement pour les châtelains, aussi bien en Flandre qu'en Cambrésis, et ils auraient joué un rôle bien plus considérable dans l'histoire, si le prince leur avait inféodé l'armée et la justice dans tout le territoire qu'on appelait une châtellenie.

CASTELLANUS, *custos castri, seu qui ratione feudi castro domini præfectus est*, nous dit encore du Cange, dans son glossaire. Ainsi le châtelain, c'est le feudataire à qui appartient la garde du *castrum*, c'est-à-dire de la ville fortifiée. *Huic, præter custodiam castri, incumbebat potissimum burgenses et eorum communiam in exercitum educere*, ajoute le savant amiénois. C'est le châtelain qui conduit les bourgeois à la guerre et c'est sous sa bannière que combat la commune.

Il ne faut pas confondre le châtelain féodal d'une ville, ou vicomte, avec le châtelain, gouverneur temporaire d'un château ou d'une citadelle : *militibus præsidiariis in castro* (citadelle) *præfectus; anno 1356*. (Du Cange.)

« Le *châtellenage* était l'alternative de la *vicomté* : c'est-à-dire que, dans chaque ville où le comte n'avait point de *vicomte*, c'était un *châtelain* qui était préposé à son gouvernement ; et réciproquement quand il y avait un *vicomte* institué d'ancienneté dans cette ville, il n'y avait et ne pouvait y avoir de *châtelain*. » Ainsi s'exprime Brussel, l'auteur du *Nouvel examen de l'usage général des fiefs en France* (Paris, 1750, in-4, tome II, pages 712 et 713). Les mots châtelain et vicomte sont tellement synonymes, que le *châtelain* de Gand, ainsi appelé dans les titres les plus anciens, s'intitule, à partir du xve siècle, le *vicomte* de Gand. Dans le nord de la France, c'était le titre de châtelain qui était le plus en usage ; du côté de Paris, on préférait celui de vicomte.

Rex, comes, castellanus (diplôme royal de 1076 en faveur de Saint-Amé, de Douai) : voilà la hiérarchie féodale, voilà les trois grands pouvoirs auxquels on obéit dans nos villes du nord du Royaume, sauf bien entendu les franchises communales.

I

Prérogatives du châtelain de Douai dans les premiers temps de la féodalité. — Garde et défense de la ville; conduite des bourgeois à la guerre.— Prisons de la Vieille tour. — Droits sur les boissons, sur la navigation, etc. — Le châtelain protecteur du métier des cordonniers. — Nombreux démembrements de cet office. Décadence du pouvoir du châtelain. La ville achète la châtellenie (1464). Avouerie de Saint-Amé. Mairie de Vitry. — Comparaison entre les châtelains de Douai, de Lille, de Lens et de Cambrai. — Différences essentielles entre le châtelain ou vicomte d'une ville et le seigneur vicomtier d'un village.

Les démembrements multipliés qu'a subis, de haute antiquité, l'office du châtelain de Douai rendent difficile le travail qui consiste à déterminer très-exactement quelles étaient à l'origine toutes ses prérogatives, « hauteurs » et prééminences. Ainsi, la principale de ses attributions, la plus essentielle même, celle de la garde de la ville forte (*castrum*), nous la trouvons, dès le XIIe siècle, presque toute entière aux mains du *prévôt* de Douai ; d'autres feudataires, connus sous les noms de *seigneur de Saint-Albin* et de *gavenier*, sont aussi en possession de prérogatives évidemment détachées de l'office primitif du châtelain. Nous renvoyons à cet égard aux chapitres qui seront consacrés à la prévôté, au Gavène et au fief de Saint-Albin, que nous prouverons n'être que des démembrements de la châtellenie de la ville de Douai. (Voir chapitres 3°, 4° et 5°.)

Ici, nous allons essayer, à l'aide des dénombrements servis pour cet office ainsi amoindri, notamment de celui de 1369, qui constitue un document très-précieux pour nous; avec les bans des échevins publiés au XIII° siècle; enfin en tenant compte de ce que le châtelain a perdu; nous essaierons, disons-nous, de donner une idée des nombreuses et importantes attributions de ce feudataire, lorsque sa puissance était à l'apogée.

1° *Garde de la ville forte et de la banlieue.* — La principale de ses attributions, nous le répétons, c'était la garde du *castrum*, c'est-à-dire de la ville. En temps ordinaire, le châtelain veillait à l'entretien et au bon état des murs et des remparts formant l'enceinte du *castrum*, des fossés qui les protégeaient, des moulins, etc. En cas de siége, le soin de la défense lui incombait avant tout autre. Nous parlons ici des premiers temps de la féodalité, puisque la garde de la vieille enceinte passa, avec beaucoup d'autres attributions, au prévôt, dès le XII° siècle.

Néanmoins le châtelain conserva toujours la garde du « pire de l'eau très Douai dusques au Quievron », c'est-à-dire du chemin pierré ou digue de la Scarpe depuis Douai jusqu'à la borne au Quéviron, ou Longue-Borne, ou borne de Germignies, plantée en 1288, sur la rive gauche de la Scarpe, en aval du territoire de Flines, à la limite des terroirs de Flines et de Marchiennes ; il devait faire disparaître les obstacles qui s'y trouvaient ; toutefois la répression des *meslées* (rixes) ne le concernait point, ce cas étant de la haute justice des échevins (1). Il est à remarquer, du reste, que, dans les mêmes limites, c'est-à-dire depuis le pont Châtelain à Douai jusqu'au Quéviron, la garde de la rivière navigable appartenait au châtelain, tandis que le prévôt reçut la garde de la Scarpe depuis Biache jusqu'audit pont Châtelain, c'est-à-dire de la partie où elle n'était point encore alors navigable.

Pour l'intelligence des renseignements concernant l'ancienne topographie, il faut se souvenir que le canal d'Arras à Douai ne date que du xviii° siècle.

Le châtelain conserva aussi, hors de Douai, la surveillance des «pires», des marais et pâtures, avec le profit des amendes jugées par les échevins et qui étaient ordinairement de trois sols douisiens (2). C'est à cause de cela que, lors d'une contestation entre le prévôt et lui, les échevins lui adjugèrent, en 1345, contrairement aux prétentions du prévôt : « la garde des waresquaix, des pires, des pasturages et des chemins, qui sont depuis les ventelles du Baillo, en allant au deseure (*en amont de la Scarpe*), jusqu'à le saulch bouniel (*saule servant de borne*) et ès lieux des environs estans en l'eschevinage ». Le prévôt, qui avait la garde du cours de Scarpe dans ces lieux-là, avait cru pouvoir réclamer aussi celle des chemins avoisinant. *Preuves*, n° LXXXVIII.

Comme conséquence de son droit de garde, il jouissait de la pêche et de la chasse, notamment à Frais-Marais ou « Marés de Rasse », qui n'était autrefois qu'une vaste pâture appartenant à la ville. Dans le précieux dénombrement de l'an 1369, le châtelain dit : « Ne peut nul tendre aux oiseaux de rivière ni à quelconque autre volille, au Marés de Rasse,

---

(1) Arch. de la ville, cartul., OO, f° 34 et 37 ; xiii° siècle.

(2) « Ki va en faus sentier, il est à iij sous de douissiens, se il en est convencus par eskevins et borgois ». Droits du châtelain, réglés par les échevins, en juin 1247. (Archives de la ville, cartul. L, f° 33).

si ce n'est par le congé de moi ou de mon bailli ». Il avait aussi le droit de pêche dans la Scarpe, dans les limites sus indiquées. «J'ai le droit, en ladite rivière de Douai, entre le pont Châtelain et le Kieviron, que si aucun pesquieres pêche de harnas qui ait autre maille que la maille qu'on soloit dire la maille du roi, le harnas est confisqué à moi. Et ce fut ordonné par les comtes ou comtesses de Flandre, pour que la rivière fût plus peuplée de poisson. Si les pesqueurs font tentes (*tendent*) en la rivière et tendent nasses, moi ou mes sergents pouvons les naces et les tentes lever, et est tout confisqué à moi et le poisson qui pris y est, et le pesquiers à 60 sols d'amende. Et quiconque pêche en ladite rivière (*par*) batel, bourgeois de Douai, il doit 5 sols de douisiens, au jour Saint-Jean-Baptiste, et quiconque pêche de forain qui ne soit bourgeois, il doit 5 sols parisis à moi, au dessus dit jour ». *Preuves*, n° LXXII.

2° *Conduite des bourgeois à la guerre* — Quand, au moyen âge, la commune était requise par le prince de servir en armes, c'était le châtelain qui marchait à sa tête, bannière déployée. On sait que cette pratique ne dépassa guère, chez nous, le xiii° siècle ; dans les pays flamands, elle resta bien plus longtemps en usage.

Dans une sphère moins élevée, quand il fallait aller *amender* (réprimer) par la force les « entrepresures » ou envahissements faits sur les propriétés de la ville, par des seigneurs voisins, le châtelain de Douai accompagnait le bailli et les échevins ; le « bancloke » sonnait, la bannière de la commune était déployée, et les bourgeois armés se mettaient en marche, chacun rangé sous la bannière de sa connétablie, et munis de « peles, havels ou quinguies ». Le châtelain ou son sergent assistait aussi, avec le bailli et les échevins, à la pose des *estakes* (bornes) et *ensaignes*, destinées à fixer les limites de la juridiction communale ou banlieue, après avoir appelé *desevreurs* (arpenteurs) et *preudhommes* (1).

Plus tard, nous ferons le récit des expéditions entreprises différentes fois, au xiii° siècle, par la commune de Douai contre le seigneur de Waziers.

Voici des renseignements curieux sur le cérémonial usité dans ces sortes d'expéditions ; ils nous sont fournis par le dénombrement de 1369. « Si par mes sergents sont trouvés empêchements mis en la rivière ou sur les warescais de la ville, rapporter le doivent pardevant moi châtelain ou mon lieutenant, et pardevant les échevins. Alors à la requête de moi ou de mes gens, les échevins doivent aller faire vue sur les lieux, et la vue faite, si les empêchements sont tels qu'ils doivent être ôtés de force, les échevins le doivent dire, tant pour le droit du prince warder et le mien, et le droit de la ville. Enfin à ma requête, le prince ou son bailli, les échevins et la commune doivent venir avec moi sur les lieux où les empêchements sont, le prince ou son bailli doit férir le premier coup, je dois férir le second (2), et après, le commun abat et met tout au néant ce qu'y a été trouvé d'empêchement. Le profit qui de ce istera m'appartient, comme châtelain, avec amende de 60 sols. Et ce que dit est, le prince me doit faire toutes les fois que le cas s'offre. »

Ces expéditions étaient en usage au moyen âge, au temps où les villes usaient, sur les campagnes voisines du privilége « d'abattis » et « d'arsin » ; on les considérait comme la simple mise à exécution d'une sentence échevinale. C'était

---

(1) Arch. de la ville, cartul. OO, f° 65 ; xiii° siècle.
(2) Ce privilége du châtelain et de la commune est consacré notamment par la charte du comte, du mois de mai 1211. (N° 4) de la *Table*.)

logique, si l'on veut, quand les juges étaient compétents ; mais si le jugement des échevins avait enfreint les droits du seigneur voisin, leur adversaire? Aussi arriva-t-on assez vite à l'abolition en fait de ces expéditions armées. Au XVI° siècle, on ne s'en souvenait que comme d'un usage suranné.

3° *Garde des prisonniers de l'échevinage.*—Il veillait sur les prisonniers justiciables de la juridiction échevinale qui étaient incarcérés dans sa Vieille tour; aux derniers temps, c'était même la prérogative la plus importante qui lui fût demeurée.

« J'ai un manoir, séant en la ville de Douai, où siet une tour appelée de toute antiquité la viese tour, et ai au droit de ma castelerio, que toutes les personnes qui sont prises par les bailli ou sergents de M⁺ʳ ou wette de nuit, doivent être amenées par lesdits arresteurs par devant les échevins de Douai, sans récréance faire, et si les échevins ordonnent qu'elles soient menées en prison, amener les doivent, les bailli ou sergents, en ma prison en la viese tour, si pour cas civil sont arrêtées. Et si c'est pour cas criminel, venir doivent deux échevins avec les bailli ou sergents qui les mènent, et doivent aider à mettre en prison fermée ceux qui y sont envoiés, en fers, en buie, en cep ou en carcan, si fort que moi ou mon tourrier m'en tienne pour bien assuré. Et warder les dois à mes prieus jusques à donc que par les échevins soient remandés, et à mes prius leur puis élargir leur prison. Et quand ils sont remandés, ils paient 5 deniers et maille parisis et les frais que fait ont en ladite prison, en acquitant le tourrier qui les prisons warde. » *Preuves*, n° LXXII.

Il était responsable des fautes et des négligences commises par ses gens dans la garde des prisonniers de la ville. En 1435, le procureur de la commune poursuivait Mᵉʳ d'Inchy, châtelain, représenté par son bailli *Jean du Temple*, au sujet d'un prisonnier évadé ; une transaction intervint le 27 janvier (1).

Il peut sembler extraordinaire qu'un seigneur comme le châtelain exerçât vis-à-vis des échevins le service subalterne de geôlier ; mais il faut savoir que le magistrat de la ville de Douai, investi du droit de haute justice, était substitué par cela même à l'action du pouvoir central ; les échevins, ainsi qu'ils le répètent sans cesse, exerçaient les droits du prince et les leurs. Au prince, roi ou comte, par le moyen de ses échevins, appartenait la répartition des crimes et des délits ; au châtelain ou vicomte, officier du prince, la garde des délinquants ; au prince lui-même, par son bailli ou commis, la mise à exécution des jugements criminels.

Il n'avait le droit d'emprisonner personne de sa propre autorité. En 1244, le châtelain ayant appréhendé deux bourgeois qui se battaient sur la «motte» même de sa Vieille tour et les ayant retenus en prison toute une nuit, les échevins lui infligèrent deux amendes, de 60 livres chacune, à cause de son double « forfait » (2).

Quant à la garde des prisonniers pour dettes, elle appartenait, au XIIᵉ siècle, au prévôt de la ville et au seigneur de Saint-Albin, chacun dans l'étendue de sa basse justice ; c'étaient encore des démembrements de la châtellenie.

Les prisonniers justiciables des échevins étaient seuls détenus à la Vieille tour. Il y avait, au château même, des

(1) Arch. de la ville, cartul. OO, fᵒ 103 vᵒ.
(2) Arch. de la ville, nᵒ 43 de la *Table*.

prisons pour les justiciables de la cour du bailliage et du tribunal de la gouvernance. Les chapitres de Saint-Amé et de Saint-Pierre avaient aussi des prisons particulières pour suppôts, « hôtes » ou sujets.

Quant à la Vieille tour, qui s'élevait près de la Scarpe, et à laquelle conduisait le pont Châtelain, aujourd'hui démoli, sa description est réservée par une autre partie de notre Histoire du château de Douai, avec la description de la Neuve tour et une vue d'ensemble sur la ville forte primitive.

Si, dans les temps relativement modernes, elle n'était plus considérée que comme une prison, son rôle avait été moins modeste autrefois, lorsque l'enceinte fortifiée de Douai ne dépassait guère, de ce côté-ci, l'église Saint-Amé; nul doute qu'alors la Vieille tour ne comptât beaucoup pour la défense de la ville. Aussi voit-on, par le précieux compte du domaine du prince, de l'année 1187, que le châtelain touchait par an dix muids de blé, faisant 120 rasières, pour garder la Vieille tour, *ad custodiam veteris turris. Preuves*, n° XLI.

Le salaire de l'officier se convertit peu à peu en une rente féodale, dont fut grevée la recette inféodée qu'on appelait le fief du Gavène de Douai. (4° chapitre, article I.) Enfin cette rente, aliénée par le châtelain, vers la fin du XIV° siècle, forma à son tour un fief distinct, mouvant directement du château de Douai. (6° chapitre, article IV 2°.)

4° *Exécution des sentences civiles de l'échevinage.*—Ces attributions passèrent, au XII° siècle, au prévôt, au Gavenier et au seigneur de Saint-Albin. (3°, 4° et 5° chapitres.)

5° *Droits sur la vente des boissons.* Il percevait un impôt sur toutes les boissons vendues en ville : vins, bières, miels, etc.

Muiage (1) *et forage des vins.* — Il levait chaque année, sur les bourgeois marchands de vin, un droit fixe de « muiage » consistant, pour « cascun vinier », en huit « sestiers » de vin payables moitié entre la Saint-Remy et la Saint-Martin, et moitié entre Pâques et Pentecôte. On avait un délai de 15 jours, huit avant et huit après la Saint-Remy, pour prendre « son muiage à l'an à venir », c'est-à-dire pour déclarer son intention de vendre du vin cette année-là. A défaut de déclaration dans le délai voulu, c'était le droit proportionnel de forage qui devenait exigible : « Quiconque ne prend son muiage dedans celui termine, s'il vend vin à broke, il doit : de chacune caretée de vin un sestier de vin et de le carée deux sestiers de vin ». Le non bourgeois ne pouvait profiter du bénéfice de cette espèce d'abonnement ; il devait acquitter le forage : « homme deforain ne peut mie avoir cest muiage ».

En 1247, il y avait à Douai un seigneur, d'une branche cadette des châtelains, qui profitait des mêmes droits de « muiage » et de forage des vins. (Voir Gavène de Douai ; 4ᵉ chapitre, article II.)

Des documents plus récents nous permettent d'évaluer d'une manière moins incompréhensible l'antique impôt sur le vin. Dans un procès de 1583, il est dit que les afforages de vins vendus et « broquetés » (détaillés, débités à la « broque » ou au pot) en la ville de Douai « sont tels

---

(1) Muiage, muyage, *modiagium*, *muiagium*, impôt sur le vin.
Muiage vient de *mui*, *muid*, en latin *modium*, mesure des grains et des liquides.
Les glossaires donnent les mots *minagium* et *minage*, employés dans le sens d'impôt sur les grains comme sur les liquides ; serait-ce là une corruption de *muiage* ? ou une mauvaise lecture dans les vieux manuscrits ? Autrefois, en effet, l'écriture de *minage* et celle de *muiage* se ressemblaient jusqu'à la confusion, puisqu'on ne pointait pas les *i* et qu'on n'accentuait pas toujours les *u*.
Le mot est souvent écrit dans les beaux cartulaires du XIIIᵉ siècle, reposant à l'hôtel de ville de Douai (L, f° 33, et OO, f°ˢ 34 v°, 35 r° et 37 v°) ; le plus souvent, c'est *muiage* (*muyage*, suivant une addition, de l'écriture du XVᵉ s.), quelquefois *miuage* ; mais jamais *minage*.

que de quatre lots de vin à la pièce de vin, soit grande ou petite », dont la moitié appartient à la ville, aux lieu et place du châtelain, et l'autre moitié à un particulier. Il est dit aussi que « de chaque pièce ou poinchon de cent lots, en convient tirer quatre lots pour ledit droit de forage ». (Voir l'appendice au 4e chapitre.)

Dans le compte du domaine de la ville pour 1697-1698 (Preuves, n° LXXIV), la part de la ville dans l'afforage des vins est fixée à deux lots de la pièce, et dans le « muiage » des vins à un demi lot. L'afforage rapportait alors 502 florins et le « muiage » 130.

L'impôt était donc, à l'origine, de quatre lots de vin au cent. Le châtelain perçut longtemps à son profit l'intégralité des droits, mais sa part fut réduite de moitié lors d'un démembrement de la châtellenie et de la création du fief du Gavène, (4e chapitre, article I.)

Il faut encore remarquer que, sur la paroisse Saint-Albin, rive gauche de la Scarpe, c'était le seigneur de Saint-Albin seul, qui percevait l'impôt de quatre lots de vin. Nous verrons que le fief de Saint-Albin a été le plus ancien démembrement de la châtellenie. (5e chapitre, article I.) Sur la rive droite, le prévôt, autre ayant-cause du châtelain, n'exerçait point le droit d'afforage (3e chapitre, article I 1°); en effet celui-ci y appartenait au châtelain et au Gavenier, ou à leurs ayant-cause.

Le bourgeois « vinier » pouvait « prendre cestui muiage » au châtelain ou au Gavenier (plus tard à leurs ayant-cause) ou à leurs sergents ; s'il ne trouvait ni les uns ni les autres, il allait le réclamer aux échevins.

Coutume ou droit sur le vin introduit en ville.—«Quiconque bourgeois vinier vend vin en cette ville, soit à broke, soit en gros, en sa maison ou en son celier, il doit un denier douisien de *coustume* au châtelain, et un denier douisien de coustume à la dame de Lille (1), de le caretée de vin, et deux deniers de le carée, s'il l'amène et achète hors la ville. Et si le vinier de cette ville achète vin en l'estaple, il n'en doit nule coustume, ainsest quitte parmi celui qui le vend en l'estaple, qui le paie. Et si vin vient en cette ville par navie (*nef, bâteau*), chacune pièce doit aux deux seigneurs deux sestiers de vin, c'est à chacun seigneur un sestier, si on le vend à broke, peroec que (*pourvu que*) celui qui (*à qui*) le vin est ne tienne muiage, et un denier douisien de coustume de chacune pièce qu'on vendra à broke » (2).

La fin de ce document, qui est très-obscure, est éclaircie par un article du tonlieu de la Scarpe de 1271 : « C'est ce que le châtelain de Douai doit prendre à son wienage à Douai : De chacun touniel de vin, si on le vend à broke, un sestier de vin et un denier douisien de coustume. Et si le touniaus est (*à un*) bourgeois de Douai qui tienne muiage, il ne doit que un denier douisien de coustume » (3).

Du reste, au XVIe siècle et au XVIIe, ainsi qu'on l'a vu plus haut, il n'était plus question des deniers douisiens de «coutume»; l'impôt du vin était l'afforage ou le « muiage ».

Bières. — Il avait, sur chaque brassin de cervoise ou de « goudale », dix-huit lots, « tels qu'on le vend à broke », sauf en deux « cambes (brasseries) frankes », savoir : celle de Jean Petit-Diu, en la Sannerie (rue du Palais), et celle de Willaume de Saint-Amand. Le document ajoute

---

(1) Probablement une co-héritière du chevalier Pierre de Douai. Serait-ce une châtelaine de Lille ?
(2) Arch. de la ville, cartul. L, fo 33, et cart. OO, fo 34 ; juin 1347.
(3) Arch. de la ville, no 104 de la *Table*.

que, si l'on brasse à Devioel (paroisse Saint-Albin, dite Delà l'eau, rive gauche) et qu'on le porte « pardeça » (paroisses Saint-Pierre et Saint-Amé, quartier dit Deçà l'eau, rive droite), pour vendre, on en doit autant.

Enfin chaque touraille (de brasseur) « dechà l'eau » lui devait un muid de brai d'avoine, sauf lesdites deux « cambes » franches, et sur chaque « cambe » de Devioel, étant en la « commune justice », il levait un muid de brai par an.

En 1697, ces droits sur la bière rapportaient 61 florins.

Le Gavenier partageait aussi, en 1247, avec le châtelain, mais inégalement, les droits sur la bière : où le châtelain avait dix-huit lots; le Gavenier en levait vingt-quatre.

En outre, le prévôt et le seigneur de Saint-Albin, chacun dans sa juridiction, levaient six lots.

Nous concluons de ce qui précède que l'impôt sur la bière était beaucoup moins lourd en la paroisse Saint-Albin (rive gauche) que dans le reste de l'échevinage ; à Saint-Albin, il se réduisait à six lots au brassin. Sur la rive droite l'impôt montait à 48 lots. A l'origine, les deux impôts se levaient au profit du châtelain seul, comme vicomte de la ville ; celui-ci perdit son droit sur les brasseries de la rive gauche, lors du démembrement de la châtellenie opéré pour former le fief de Saint-Albin ; il perdit six lots sur les 48 de la rive droite, quand la prévôté fut créée aux dépens de la châtellenie ; enfin il perdit 24 autres lots qui furent attribués au fief du Gavène.

La division des 48 lots, formant l'impôt de la rive droite, se fit donc dans les proportions suivantes : au prévôt $1/8$, au Gavenier $4/8$; il resta au châtelain $3/8$.

Miels.—Il levait sur chaque brassin de « miés », brassé « Dechà », quatre lots. Le Gavenier en avait six (1).

Pour en finir avec ces droits sur les boissons, nous constaterons : 1° qu'en 1274 Jean de Rieulay, héritier ou ayant-cause du Gavenier, vendit à un bourgeois ses forages des vins, «goudales», cervoises etc., qui furent mis hors de fief. (Voir l'Appendice au 4° chapitre) ; 2° qu'en 1268 le châtelain vendit à la ville ses forages des cervoises, « goudales, miés »et brais ; 3° qu'en 1284 il aliéna encore, au profit de la ville, tous ses forages des vins, les deniers douisiens de « coutume » et les « appartenanches » (2).

6° *Droits sur la vente des objets de bois et de terre, dits menus tonlieux.*—Il les partageait avec un feudataire d'un rang inférieur, nommé l'Éculier-le-comte. (6° chapitre, article 1).

Le châtelain les aliéna aussi au profit de la ville, en 1263 (3).

7° *Droits sur la navigation.* — Le châtelain, qui avait la garde de la Scarpe navigable, depuis le pont Châtelain, (en face de la Vieille tour) et le pont à le Laigne (pont au bois, aujourd'hui pont du Marché au poisson), jusqu'à la Longue borne en aval de Flines, — avec les « clains et respeus»et les amendes de 60 sols un denier de douisiens, —levait sur la navigation des droits importants ; il avait notamment le droit de saisie-arrêt des bateaux, ainsi que ceux désignés sous les noms «d'euwage» (*aquaticum*) et de vinage.

(1) Arch. de la ville ; document cité, de juin 1247.

(2) Id., n°⁸ 170, 156 et 183 de la *Table*.

(3) Id., n° 136.

Saisie-arrêt des nefs. — « Je dois avoir, en ladite ville, quatre sergents portant blanches verges, qui, par le prince ou son bailli et par moi, font serment de garder le droit du prince et le mien, sur le warescais de la ville et de l'échevinage, et en la rivière mouvant du pont Châtelain, en allant tout parmi la rivière jusqu'au lieu dit au Queviron.... J'ai, en ladite rivière, franchise telle que le prévôt de Douai ni son justice (*sergent*) ne s'y peuvent embatre (*intervenir*) pour faire arrêt ni saisine aucune. Mais, si l'on veut avoir droit d'aucun bien ou d'aucune personne qui soit sur ladite rivière, il convient que celui qui en veut avoir droit le prenne par moi ou par mes gens, et là, en aide de droit, je dois le mettre en la main de le justice. » *Preuves*, n° LXXII.

Ceci est exprimé plus clairement dans les dénombrements modernes : « Il a le droit de commettre sergents, qui s'appellent sergents du châtelain, lesquels peuvent, à l'instance de partie ou par enseignement et ordonnance des échevins, arrêter et empêcher les nefs, bacquets et autres vaisseaux, marchandises et avoirs, étant sur la grande rivière, depuis le pont Châtelain jusqu'à la borne au Queviron. Lesquelles prises, lesdits sergents sont tenus remettre ès mains du commis à l'exercice de la justice de la prévôté de ladite ville, pour d'icelles prises, arrêts ou empêchements, les échevins avoir la connaissance. »

Ainsi, le prévôt intervient après le châtelain, dans les formalités de saisies de bateaux : nouvelle conséquence du démembrement de la châtellenie.

Comme corollaire de ses profits sur la navigation, le châtelain « doit faire voie aux nefs pour aller et pour venir » (1).

Vinages ou wienages.—Les nefs chargées de divers pro-

(1) Arch. de la ville, document cité, de juin 1247.

duits, comme de bois, ramures, «waisde, warance», fruits, « ongnons, aus », herbe etc., lui devaient un droit, soit en nature soit en argent. Ces droits sont détaillés dans le document émané de l'échevinage, du mois de juin 1247, et surtout dans le tonlieu de la Scarpe de l'an 1271, où l'on trouve, au commencement, cette rubrique : « C'est ce que le châtelain de Douai doit prendre à son wienage à Douai. » C'était ce qu'on appelait communément le tonlieu de la châtellenie.

De la châtellenie, dépendit anciennement le vinage d'Escarpel, qui, en 1271, lors de la rédaction du tonlieu de la Scarpe, appartenait au seigneur de Montigny. Rubrique 2ᵐᵉ : «C'est ce que le sire de Monteingni doit prendre à son wienage à Escarpiel. » Ce fief, évidemment « éclissé » de la châtellenie, était alors tenu du chevalier Gille de Beaudignies, feudataire lui-même du château de Douai, que nous retrouverons plus tard parmi les seigneurs de Marquette-en-Ostrevant. En 1271, la commune fit l'acquisition de ce «tonlieu et vinage en la rivière, depuis le pont des béguines de Campflori jusqu'au moulin d'Escarpel » (1).

Notons en passant que le tiers du vinage du châtelain, ou du tonlieu de la châtellenie, a appartenu au Gavenier. (Voir 4ᵉ chapitre, article I.)

Comme le châtelain possédait aussi la moitié du Pontenage de Rache (voir ci-après 8ᵒ), ses droits de vinage s'étendaient à l'origine : 1ᵒ depuis le pont Châtelain jusqu'au pont des Béguines ; 2ᵒ depuis celui-ci jusqu'au moulin d'Escarpel ; 3ᵒ depuis ce dernier jusqu'au pont de Rache, c'est-à-dire depuis Douai jusqu'à Rache sans interruption.

Voici du reste la série des vinages de la Scarpe depuis

(1) Arch. de la ville, nᵒˢ 166 à 168 de la *Table*.

Douai jusqu'à Warlaing, à la limite de notre châtellenie (territoire) : 1° vinage du châtelain, à Douai; 2° vinage du seigneur de Montigny, à Escarpel; 3° vinage des châtelains de Douai et de Rache, au pont de Raisse (Rache) ; 4° vinage du seigneur de Lalaing ; 5° vinage du seigneur de Warlaing.

On lit dans le dénombrement de 1369 : « J'ai, en ladite rivière, le winage de faissiel, de rames, de sel, d'oignons, d'aux, de puns (*pommes*), de tous fruits et d'autres choses qui sont déclarées plus plainement en une maisière et parroit qui est en la halle de la ville de Gand (1), selon lequel écrit mes devanciers et moi l'avons reçu, et déclaré, si métier est, par un certain rôle sur ce fait. »

Droit sur la vente des nefs. — Il a, « à chacun homme qui vend sa nef, un denier douisien, et à l'acheteur, un denier douisien, et de la moitié de la nef, une maille à chacun. Et si on ne lui paie, il peut la nef arrêter, tant qu'on lui aura payé, sans prendre autre amende » (2).

Euwage (aquaticum). — « Toutes les nés qui montent ne descendent le Trau de Marellon (*vers Saint-Amand*) à mairien ou à bos, sont en euwage (*soumises à un impôt*). — Toutes les nés qu'on voudra briser, elles doivent être brisés dedans le jour Saint-Jehan, et dedans le pooir de cette ville. — Toutes les nés qui ne seront brisées dedans celui jour, elles kieront en euwage de l'an après, peroec qu'elles navient bos. — Et les nés, qu'on brisera dedans celui jour, seront quittes de l'euwage de l'an devant passé, en telle manière que sur le fond ne pora-t-on recarpenter, si n'est pas le gré les signeurs (*ceux qui ont ce droit d'Eu-*

---

(1) Sur le mur d'une des salles de l'hôtel de ville de Gand se trouvait peint, semble-t-il, le tarif du tonlieu de l'Escaut et de la Scarpe, tel, sans doute, que l'avait fait rédiger la comtesse Marguerite en l'an 1271.

(2) Arch. de la ville, document cité de juin 1217.

wage). Et si doit-on les planches de nés brisées ôter de la rivière, et le fons peut demeurer en la rivière. — Et les nés qui devront leur euwage, les signeurs ou leur coumans (*commands, commis*) en peuvent ôter le hamestoc et arrêter la nef. — Et si cils (*il*) qui la nés seroit, ou ses coumans, menoit puisedi la nef aval sans paier, et sans le gré des signeurs on de leur coumant, il serait à 60 sous de douisiens de forfait. Et si on ne racate la nef de l'euwage qu'elle doit, dedans l'an, les signeurs en peuvent faire leur exploit, et dusques au kief de l'an le doit-on warder » (1).

On trouve dans le dénombrement de 1369 : « Si aucun veut navier en la rivière aval, pour ramener faisiau ne laingne (*fagots ou bois*), il convient que, pardevers moi ou mon lieutenant, il mette sa nef en euage, pour certain fuer (*prix*) d'argent qui sur ce est ordonné, et ce doit être fait au jour saint Jean-Baptiste, auquel jour tous bourgeois sont reçus de la ville de Douai, celui jour et l'an aval. Et les de forain, s'ils veulent mettre nés ou baqués en euwage, il faut qu'ils viennent le jour saint Jean et baillent pleges (*cautions*) de bourgeois, ou autrement je ne suis tenu du recevoir. Et ledit jour passé, je ne reçois, tout l'an aval, nul de forain en euage, par pleges ni autrement, s'il ne me plaist. — Et si par moi ou mes sergents à ce commis, aucune nés ou baqués, qui ait plus d'une ais de fons, est trouvé en ladite rivière, entre le pont Châtelain et le Queviron, qui ne soit en ewage, il est acquis à moi et à mon droit. Et si aucune nés ou bacqués est effondré, soit qu'il soit mis en ewage et il soit trouvé ou tiré, arrêter le puis, moi ou mes gens, et appliquer à mon droit, proucq (*pourvu que*) le vaissiau ait été an et jour en la rivière arrêté. — Le jour saint Jean

---

(1) Arch. de la ville, document cité de 1217.

que l'année doit recommencer, tous ceux qui ont mis vaissiaus en euage, comme dessus est dit, doivent venir compter à moi ou à mon lieutenant, en la vièse tour, et là me doivent payer le droit qui m'appartient, comme dessus est dit, et s'ils ne viennent payer audit jour, je puis ôter le hamestocq et tenir en ce point tant que satisfaction me sera faite. »

Voici sur l'Euwage un document exprimé en langue plus moderne :

« Appartient, à cause d'icelle châtellenie, que tous navires et bacquets, navigans en la rivière aval, pour ramener raismes, fascheaux, picavets ou autres sortes de laignes (*bois*), sont tenus, pour chacun an, au jour Saint-Jean-Baptiste, en présence des bailli ou officiers du châtelain, de faire mettre par écrit leurs dits navires et bacquets en euwaige, en déclarant quel nombre et mesure ils porteront, et pour, suivant ce, payer, pour cause de chacun d'iceux navires, à tant et feur d'argent (*tant d'argent pou. tant de mesure*). Et en faisant ces devoirs, tous bourgeois sont à ce reçus, ledit jour saint Jean-Baptiste, comme aussi durant toute l'année. Et si aucuns forains veulent mettre audit euwaige aucuns leurs navires ou bacquets, ils le doivent faire, audit Saint-Jean-Baptiste en baillant pleiges pour leur deu ; ou autrement ledit jour, on n'est tenu les recevoir, s'il ne plait, pour le feur desdits deniers imposés et assis. Et si un navire ou bacquet est trouvé navigant entre le pont Chastelain et la borne au Queviron, sans être mis en euwaige, tels navires sont acquis à la châtellenie. Si dans les termes (*limites*) susdits, un bacquet est trouvé enfondré, et ait resté en ladite rivière an et jour, il appartient semblablement à ladite châtellenie. »

Ainsi n'étaient soumis à cet impôt bizarre, que les bateaux employés au transport des bois et des fagots.

Citons encore, à titre d'éclaircissement, le document suivant (1). En juin 1443, « les sergents de M. le chastelain ont relaté à eschevins que, aujourd'hui jour saint Éloy, ils ont aresté une nef chargée de raisme, ou Temple, en la rivière, comme non euwagiée, appartenant à un navieur, et un baquet appartenant à l'abeie de Flines, comme non euagié ».

Nous ferons remarquer que ce droit d'Euwage assurait à notre ville un privilége très-important, celui d' « étaple » ou étape sur tous les bois qu'on pouvait exploiter par la Scarpe depuis Douai jusqu'à Saint-Amand ; ces bois devaient être amenés à Douai, en remontant la Scarpe, pour y être vendus ; ils ne pouvaient légalement être transportés sur la rivière ni vendus ailleurs, à Tournai, par exemple. Ce privilége de l'antique commune douaisienne résulte du document que nous allons analyser.

En 1433, le châtelain « et les eschevins, conseil, corps et communie de ladite ville » se plaignirent au duc d'une infraction aux priviléges et firent l'exposé suivant : « Comme, de si longtemps quil nest memoire du commenchement, on ait acoustumé et usé de amener par navire, à vendage, en ladite ville de Douay, toutes les laignes (*bois*), quesnes et autres mairiens venans des coppes de tous les bois croissans et qui sont, tant sur le pais et conté de Flandres, comme sur la conté d'Ostrevant, au dessus (*dessous*) d'un destroit et passage de la rivière de l'Escarp, qui fleut et descent de ladite ville de Douay à Tournay, appellé le Trau de Marillon, estant lez la ville de Saint-Amand » ; et que pour l' « entretenement de ce que dit est, audit chastellain, à

---

(1) Arch. de la ville, reg. aux contrats, 1442-1444, f° 59, r°.

cause de sa chastellenie, compette et appartient un droit nommé l'euage », à raison duquel, si « aucun est trouvé naviant, en ladite rivière jusques audit Trau de Marillon, bois, laignes ou mairien en neifs, bacquez ou autre vaissel (*vaisseau*), qui point ne soit euagier, ledit chastellain, par son bailli, sergens et officiers, puet prendre et faire prendre et arrester la neif, bacquet ou autre vaissel, et le amener à la congnoissance desd[s] eschevins, lesquelz, sil leur en appert, doivent icelles neifs ou bacquez adjugier au droit dudit chastellain » ; que pour le « prouffit du commun peuple, entretenement et augmentacion de ladite ville de Douay, a esté, de long temps, ordonné quil ne soit aucun ayans neif, bacquet ou autre vaissel en euage dudit chastellain, qui maine ou face mener laignes, bois ou marien aval ladite rivière, en descendant par ledit Trau de Marillon, sur encourre en cinquante livres douis[s] damende, au jugement desd[s] eschevins » ; à moins toutefois que, par fait esp[al] », on ait obtenu, « sur ce, le congié et licence » du bailli de la ville et des échevins, « lesquelz congié et licence, ilz ont, pluseurs foiz, accordé à la requeste de pluseurs seigneurs et bonnes villes, quant le cas la requis ».

La conséquence de l'exercice du privilège d'étape, c'est que toujours « le commun peuple dicelle ville a esté raisonnablement fourny de *laignes pour ardoir* (bois à brûler) et de *mairien pour carpenter* (bois à bâtir), et à pris compettent. »

Le préjudice dont souffrait alors la ville est ensuite précisé. Comme ce « Trau et destroit » est sous la juridiction de l'abbaye de Saint-Amand ; que, sur les officiers de celle-ci, les suppliants « nont que congnoistre » ; et que ce lieu est « loings » de Douai, « par quoy les gens et officiers dudit chastellain ne pevent journelment estre en vaguier (*vaquer*) pour faire les exploix telz que, en ce que dit est, appartient à faire, pluseurs marchans desd' bois croissans au-dessus (*dessous*) dudit Trau et aussi pluseurs navieurs se sont efforchiez et efforcent, de jour en jour, de chargier et faire chargier, en leurs neifz et bateaulx, tant en ceulx qui point ne sont en euwage, comme en ceulx qui y sont, lesd' laignes, bois et autres mairiens », qui devraient être amenés « à vendage » à Douai, « et icelles laignes et mairrien font passer et descendre par ledit Trau de Marillon, et les mener à vendage à Tournay ou ailleurs ».

Le préjudice causé à la ville est donc considérable : « et par ceste cause, (*il y*) a très grant necessité de laigne et mairien à carpenter, en lad° ville de Douay, et tellement que, de present, les bonnes gens ne pevent recouvrer de laigne ne des bois à carpenter, et ce quilz en ont leur est grandement plus chier quil ne souloit (*n'était d'ordinaire*). Qui est au très grant prejudice et dommaige de ladite ville de Douay, et pourroit estre la destruction des ediffices d'icelle » ; ce qui enfin n'est pas moins préjudiciable au châtelain.

Aussi, sur la plainte des intéressés, fut-il ordonné, le 4 décembre 1433, au gouverneur de la province de Lille, de prendre les mesures nécessaires pour qu'on respectât nos priviléges (1).

A l'origine, le droit d'Euwage appartenait au châtelain seul ; dès le XIII° siècle, il était divisé par moitié entre lui et le Gavenier. (Voir 4° chapitre, article 1.)

8° *Pontenage de Rache*. — C'était un péage établi au

---

(1) Arch. municip., n° 829 de la *Table*.

pont levis de Rache. Au XIII⁰ siècle, il appartenait, pour une moitié, à notre châtelain, et, pour l'autre moitié à un particulier, qui tenait son droit de « pontenage » en fief du sire de Landas et de Bouvignies ; mais cette part finit par être incorporée à la terre de Rache.

9°. *Rentes seigneuriales.* — Elles avaient dû être assez considérables dans les temps anciens. En 1369, il levait encore 44 sols 4 deniers douisiens sur trois maisons sises à Deuvioel (Douai-vieux, vers la Petite-Place), au pont à l'Herbe et en la paroisse Saint-Amé ; plus 23 chapons et six sols douisiens sur différentes terres. Il percevait aussi un cens (loyer) de treize sols parisis, avec rois sols d' « issue » et trois sols d' « entrée » (1), sur treize rasières de terre.

En 1464, lors de l'acquisition du fief de la châtellenie par la ville, il ne restait plus qu'une seule rente foncière de douze deniers douisiens et deux chapons sur la maison « faisant touquet devant la porte des frères Prescheurs » (2), c'est-à-dire en la rue des Dominicains, vers le pont à l'Herbe. Toutes les autres rentes avaient été aliénées ou perdues.

10° *Droit sur le métier des tanneurs et des cordonniers.* — Le châtelain et madame la châtelaine, sa femme, honoraient d'une protection toute spéciale ce métier, qui avait « cour et justice » particulières, échevins, etc. ; le châtelain et la châtelaine lui garantissaient ses us, coutumes et privilèges. En échange, le métier leur offrait, savoir : au châtelain, douze paires de «sollers lachis » par an, une « heuse de vaque» (paire de bottes en vache) au Noël, et un «estivaus»

---

(1) Droit seigneurial dû en cas d'aliénation du bien chargé de cens.
(2) Arch. municip., compte de la ville, 1461-1465.

(bottine légère, chaussure d'été) «de cordewan» à Pâques; et à madame la châtelaine, douze paires de «sollers escevilliés» (souliers montant jusqu'à la cheville ; bottines). En outre le châtelain et sa femme pouvaient avoir vingt-huit paires de «sollers de vake», moyennant deux deniers douisiens. Dans le dénombrement de 1369, le châtelain dit : « J'ai sur la justice des cordewaniers 60 sols parisis chacun an et 28 paires de sollers de vaque au jour saint Simon et saint Jude. » Au XIII⁰ siècle ou auparavant, il avait inféodé à un particulier la justice de ce métier, moyennant ladite rente de soixante sols et de vingt-huit paires de souliers. (2ᵉ chapitre, article II.)

Ce métier avait un autre protecteur, plus illustre encore, qui n'était rien moins que la comtesse de Flandre ; en échange de sa haute protection, il lui était offert, chaque fois qu'elle venait à Douai séjourner trois jours ou davantage, trois paires de « sollers eschevilliés », pareils à ceux de la châtelaine.

Dans ses rapports avec les bourgeois de Douai, le châtelain, comme les autres feudataires, prévôt, Gavenier, seigneur de Saint-Albin, etc., n'exerçait sa juridiction en la ville et la banlieue, que jusqu'au «dit» (jugement) des échevins, dont il reconnaissait la prééminence, attendu qu'à eux seuls appartenait la haute justice en tout l'échevinage, aux lieu et place du comte ou seigneur de Douai.

Ainsi notamment, vers le milieu du xɪɪɪᵉ siècle, il « eut enconvenent » (reconnut) devant échevins, en la halle, « que de toutes les droitures qu'il avait à Douai, il s'en tiendrait à ce que les échevins ordonneroient et à ce qu'ils diroient par jugement » (1). Dans l'énumération des droits dûs au châtelain, au Gavenier, à l'Eculier, etc , faite et mise en écrit par les échevins, ceux-ci ont bien soin d'ajouter : « Ne autre chose n'en peuvent prendre *les seigneurs* ni leurs sergents, que ce qu'en cet écrit est devisé et nommé, *se ils ne le sont par échevins* » (2).

La Vieille tour, chef-lieu du fief de la châtellenie et résidence ordinaire du châtelain, n'était point à Douai un hôtel privilégié et exempt de la juridiction ordinaire ; comme ailleurs, c'étaient les échevins qui y exerçaient non-seulement la haute justice, mais aussi la justice vicomtière. Un arrêt du parlement de Paris, du 8 avril 1345, reconnut expressément ce droit à la ville. Comme conséquence de sa juridiction, la ville aurait perçu l'impôt des boissons, victuailles et autres denrées consommées dans la Vieille tour, dans le cas où le châtelain n'aurait pas joui personnellement des immunités assurées à Douai aux chevaliers et aux « francs hommes ». Telle fut l'interprétation donnée à l'arrêt précité, par des jurisconsultes de Paris, le 7 juillet 1346 : « Et aront forages et toutes autres redevances, pour cause des derrées vendues ou dit lieu de la viese tour, lidit esch^{in}, se lidis chastelains ne monstroit aucune cause par especial par lequelle il en fust exemps » (3).

Enfin le châtelain était justiciable des échevins, comme l'eût été un bourgeois ou un simple « manant », à raison des faits perpétrés en l'échevinage. (Voir ci-après, article III, sous l'année 1244.)

Pour l'exercice de son office féodal, il avait droit de com-

---

(1) Arch. de la ville, cartul. QQ, fo 11 vo.
(2) Id., document cité de juin 1217.
(3) Arch. de la ville, cartul. N, fo 63.

mettre, soit par devant ses hommes de fief, soit par son « scellé » (lettre munie de son sceau), un bailli qu'on nommait bailli « des eaux », parce que l'une des principales attributions de son maître, le châtelain, s'exerçait sur la Scarpe.

Il créait en outre quatre sergents à verges blanches, qui prêtaient serment entre les mains du prince, ou du bailli de Douai, ou du châtelain lui-même, pour la garde des « warescais » (chemins) et de la rivière, dans la limite de sa juridiction.

En 1422, il fut convenu : « Que les sergens du chastellain porteront verghes de merlier (meslier, *néflier*) pour différence à celles des sergans des eschevins, qui sont blanches. Que toutes prinses et arestez qui se feront par les sergans et officiers de Mgr le chastellain, tant de harnas de pesquerie non convenable, huches, tentes, nefz, bacqués, bestes d'aumaille (*gros bétail*), pourchaux, brebis », etc., seront jugés promptement par les échevins (1).

Hommages.—Les hommes de fief ou vassaux du châtelain, au nombre de neuf en 1369 (2), étaient astreints au service de plaids en sa cour féodale, à raison des terres ou des justices qu'ils tenaient de lui. Il exerçait sur leurs fiefs la justice vicomtière. Les plaids de la cour du châtelain se tenaient au chef-lieu du fief de la châtellenie, c'est-à-dire à la Vieille tour. Cela déplut au pouvoir échevinal, qui prétendit empêcher la tenue des séances dans la ville et la banlieue, sous le prétexte que les échevins y exerçaient

---

(1) Sentence arbitrale entre la ville et le châtelain, 14 septembee 1422. Arch. de la ville, numéro 791 de la *Table*.

(2) Le chapitre II est consacré à l'histoire de ces fiefs qui, à l'origine, arrière-fiefs du château de Douai, en relevèrent directement depuis 1464 jusqu'en 1789.

seuls la justice vicomtière ; mais les jurisconsultes auxquels la ville s'adressa l'engagèrent à renoncer à cette prétention exhorbitante. Voici l'avis qui a été enregistré dans le cartulaire N (f° 63) des archives municipales : « 1346, 7 juillet. Chest li consaulz bailliés sur l'arrest de parlement à l'encontre dou chastelain de Douai, liquelz fu donés à Paris par le conseil de la ville, est assavoir : mestre Piere de La Forest, mestre Roberc Le Colz, mestre Jehan de Tournay et mestre Jehan d'Estrées. Li chastelains de Douai, en la viese tour, puet tenir la court et la connoissance des fiefz mouvans dou dit lieu, et les questions qui, pour cause des dis fiefz, meuvent, puet, en ycel lieu, faire determiner par ses hommes de fiefz. Non obstant l'arrest qui, pour les esch" et le baill. de Douai, a esté derrenement (1) donnés, par lequel le moiene justice dudit lieu leur a esté adjugié. »

La châtellenie de Douai, estimée en 1369 d'un revenu foncier de 121 livres, était tenue en fief « liege » du prince (le roi ou le comte de Flandre, selon les vicissitudes politiques de notre ville), à cause de son château de Douai, à dix livres de relief au profit du Temple, suivant la coutume du bailliage.

Cette juridiction féodale, quoique très-sensiblement amoindrie par des démembrements successifs, était encore fort gênante, au xv° siècle, pour l'exercice paisible de l'autorité échevinale ; aussi les échevins se décidèrent-ils à en faire l'acquisition au profit du domaine de la ville. Par lettres patentes du 3 mai 1464, le prince autorisa cet achat, en y mettant pour conditions : 1° que les terres tenues en

---

(1) Arrêt du parlement de Paris, 8 avril 1315; numéro 464 de la *Table chronol.* des arch. de la ville.

fief du châtelain seraient distraites de l'office de la châtellenie, pour désormais mouvoir directement du château de Douai ; 2° que l'office de bailli du châtelain serait supprimé (1).

Il est à noter que, par une anomalie procédant de la décadence marquée du système féodal, la châtellenie, quoique passant dans le domaine de la commune, c'est-à-dire entre les mains d'un pouvoir institué en dehors des règles essentielles de la féodalité, n'en continuait pas moins de rester fief, astreint au relief et aux autres services féodaux.

Le principal de tous, à savoir le service militaire « en personne », parut bien onéreux ou déplaisant aux échevins, puisque, dès l'année 1467, ils négligèrent de l'acquitter, lors de la première guerre du duc Charles le Téméraire contre les Liégeois; aussi la châtellenie fut-elle saisie par le bailli de Douai. Toutefois les échevins s'étant empressés d'envoyer à l'armée « un certain nombre de compagnons de guerre », le duc Charles s'en contenta et ordonna de lever la saisie (2).

La châtellenie resta soumise aussi au service de plaids en la cour du bailliage et au relief ; à raison desquels devoirs, la ville fournissait un « homme desservant » en ladite cour (3) et un « homme vivant et mourant (4), ainsi nommé,

(1) Arch. de la ville, n° 1058 de la *Table*.
(2) Arch. de la ville, n° 1077 de la *Table*.
(3) On trouve dans les comptes de la ville, reg. de 1535-1536, f° 113 r°, cette mention : «A Pierre Sohier, l'aisné, pour ses gages et dilligences d'avoir servy le fief de le chastelnie appartenant en propriété à ladicte ville, tenu de la majesté impérialle, comte de Flandres, notre sire, jusques au rappel de loy. Luy a esté paié 50 s. ».
(4) Id., compte de 1478-1479, f° 77 r°. « A maistre Jehan Ladam, religieulx de l'ordre de saint Jehan de Jhlr^m que on dist du Temple, gouverneur de le maison du Temple en la dite ville de Douay, pour les droits de relief à lui deubz et escheuz, par le trespas de deffunct Gamot de Cault, homme vivant et morant, à cause du fief et seignourie de la chastelenye d'icelle ville, de p^{at} apparten^t à lad^e ville de Douay. La somme de x l. ».

en style féodal, parce que sur sa tête était censée reposer la propriété d'un fief amorti au profit d'un être de raison, qui ne mourait pas. C'était d'ordinaire le procureur général de la ville qui faisait les reliefs et qui servait les dénombrements. Cet état de choses subsista jusqu'à la Révolution française. *Preuves,* n° LXXV.

Il nous reste à parler de certaines attributions qui furent très-longtemps l'apanage de nos châtelains, savoir : la grande avouerie de Saint-Amé et la mairie de Vitry.

Grande avouerie de Saint-Amé. — Le châtelain de Douai était à l'origine grand avoué (*major advocatus*) du chapitre de Saint-Amé ; or on sait que l'avouerie d'une collégiale ou d'une abbaye n'était exercée que par de hauts personnages. Cette dignité, qu'il tenait en fief du comte de Flandre, lui assurait entre autres droits seigneuriaux un muid de vin (*modium vini*) à chaque mutation des prébendes canoniales (*in prebendarum mutatione*), redevance à laquelle il renonça, vers l'année 1076. Il avait à ses ordres un sous-avoué (*minor advocatus* ; 1076, *subadvocatus Duacensis*).

Nous reparlerons de l'avouerie à propos du châtelain Wautier Ier, grand bienfaiteur de Saint-Amé ; il semble même qu'il se soit dépouillé de tant de droits au profit du chapitre, que cette avouerie s'est en quelque sorte évanouie ; il n'en est plus question dans les nombreux documents du XIIIe siècle.

Maire de Vitry. — Au XIIIe siècle, il la tenait en « coterie », roture ou main ferme de l'évêque d'Arras ; elle comprenait : château fort, terres, moulin, redevances, etc. et (ce qui est à noter) la propriété de la rivière de la Scarpe en la ville de Vitry. On conçoit combien cette dernière possession avait de prix pour le châtelain de Douai, puisque les eaux de la Scarpe (alors non navigable jusqu'à Douai) étaient employées efficacement pour la fortification de la ville, les moulins et aussi pour la navigation qui ne commençait que près du pont Châtelain.

L'antique bourgade de Vitry, située au diocèse d'Arras et dans l'archidiaconé d'Ostrevant, passa, en 1191, de la domination du comte de Flandre sous celle du roi de France, par suite de la mort du comte Philippe ; elle fut alors considérée comme une dépendance d'Arras. On sait que le comte avait constitué en dot à sa nièce, Isabelle de Hainaut, épouse du roi Philippe-Auguste, Arras, Lens, Saint-Omer, etc., tous droits réservés durant sa vie. La reine Isabelle étant morte depuis 1189, ce fut le prince Louis (plus tard Louis VIII), son fils unique, né le 5 septembre 1187, qui hérita des terres cédées, sous la tutelle du roi, son père. Celui-ci s'empressa d'aliéner Vitry au profit de l'évêque d'Arras, en novembre 1194.

Du temps que Vitry appartenait au comte de Flandre, et notamment sous Robert Ier et Robert II (1072-1111), c'était le châtelain de Douai qui avait la garde du château fort de Vitry, lequel était assis à gauche de la Scarpe ; assurément c'était *en fief* qu'il tenait ce droit du comte, son seigneur. Les actes qui ont opéré la conversion de ce fief *en coterie*, après que l'évêque d'Arras fût devenu seigneur de Vitry, ne sont point parvenus jusqu'à nous. Vers le milieu du xiiie siècle, nous verrons le châtelain essayer de restituer le caractère féodal à sa mairie cotière.

De graves difficultés ayant surgi entre la ville et le châtelain, au sujet de la rivière de la Scarpe à Vitry, les échevins finirent par acheter au châtelain de Douai sa mairie de

Vitry, le 31 janvier 1110 (v. st.) ; ils ne la conservèrent pas longtemps, puisque, dès le 27 août 1423, ils la revendirent, mais en ayant soin de réserver et retenir, au profit de la ville, la propriété du cours de cette rivière (1).

La mairie de Vitry devait au suzerain, l'évêque d'Arras, quatre deniers de relief en cas de mutation ; elle était en outre chargée envers lui d'une rente annuelle considérable. (2). Le maire héréditaire prenait souvent dans les actes la qualité de seigneur de Vitry.

Le châtelain de Douai, à cause de sa mairie de Vitry, levait une rente de quarante deniers douisiens, sur « les francs mosniers hiretiers tenant ou aiant cause des neuf molins deseure de la ville de Douai », à charge de leur fournir le « bacquet », à chaque « fauquison », pour aller couper, trois fois l'an, les herbes en sa rivière et juridiction de Vitry. En 1372, ayant voulu exiger dix sols parisis, il fut obligé de se contenter de la redevance ancienne (3). On appelait à Douai moulins « deseure » les neuf moulins qui recevaient directement l'eau motrice, et moulins « desous », les sept qui étaient placés sous les premiers (4). C'étaient les moulins « deseure » qui étaient naturellement les plus importants, comme les moulins au Brai, d'Escoufilers, de la Prairie, des Wez, etc.

Nos châtelains ont possédé, tant au XIe siècle, époque de leur apogée, que jusqu'à leur extinction, des seigneuries nombreuses et importantes, ainsi qu'il sera dit dans la suite

---

(1) Arch. de la ville, nos 735 et 709 de la *Table*.
(2) Id., no 736.
(3) Arch. de la ville, n. 567 de la *Table*.
(4) Id., cartul. OO, fo 43, vo ; XIIIe siècle.

de ce travail ; mais ces domaines étaient, pour la plupart, étrangers au territoire, d'ailleurs si restreint de la châtellenie de Douai, et plusieurs d'entre eux étaient même assez éloignés de notre ville ; aussi n'y eut-il aucun lien qui les rattachât à l'office féodal du châtelain.

Pour achever de faire connaître ce que fut notre antique châtellenie, il nous parait indispensable d'établir une comparaison à grands traits, d'abord entre le châtelain de Douai et celui d'une ville voisine, et ensuite entre le châtelain, lieutenant du comte ou vicomte de Douai, et le seigneur vicomtier d'un village.

L'excellente monographie, qu'a publiée M. Leuridan sur les châtelains de Lille (Lille, 1873, in 8°), est le guide le plus sûr que nous puissions suivre, puisqu'elle nous offre le meilleur terme de comparaison que nous ayons pu souhaiter.

Comme antiquité, nos châtelains priment ceux de Lille, attendu que les premiers apparaissent au commencement du XI° siècle et les seconds à la fin seulement; mais les nôtres disparaissent au XV° siècle, tandis que les autres subsistent jusqu'en 1789. Comme importance, les châtelains de Lille l'emportent de beaucoup sur ceux de Douai; il suffit à cet égard de rappeler que, depuis 1589, avènement d'Henri IV, jusqu'à la Révolution, ce fut le roi de France et de Navarre qui posséda la châtellenie de Lille.

Ainsi que le fait observer M. Leuridan, le fief du châtelain de Lille se composait de deux parties distinctes, l'office urbain et le domaine rural. Ce dernier, qui était considérable, s'étendait sur une partie importante du grand territoire qu'on appelait la châtellenie ou le plat pays de

Lille ; il avait son chef-lieu particulier, qui était le château du Plouich à Phalempin ; néanmoins le domaine et l'office étaient si étroitement unis, qu'ils ne formaient qu'un seul fief, mouvant de la Salle de Lille. La châtellenie ou le plat pays de Lille était d'une grande étendue, avons-nous dit ; au contraire le territoire, qui à l'origine dépendait du château de Douai, était excessivement restreint ; de là une cause d'infériorité pour nos châtelains ; eux aussi possédaient de grands domaines au XI° siècle, mais c'était en dehors du territoire ou plat pays de Douai ; de sorte qu'un lien étroit entre l'office et le domaine n'ayant pu s'établir, il y eut bien vite désunion et séparation complètes.

Pour l'office, nous ne pouvons mieux faire que de suivre pas à pas notre excellent guide. En son château du Buc, qu'on appelait aussi Motte du châtelain ou Motte Madame, et qui était le chef-lieu de son fief en la ville de Lille, le châtelain, nous dit M. Leuridan (page 69), avait la haute justice ; le nôtre, dans sa Vieille tour, n'avait pas même la justice vicomtière. Les vassaux ou « hommes » du châtelain de Lille, ceux du moins qui tenaient de lui un fief de quelque importance, étaient justiciables de sa cour, quoiqu'ils habitassent Lille (page 44) ; tout au contraire, le châtelain de Douai lui-même était justiciable des échevins.

Dans ses prisons, le châtelain de Lille gardait non seulement les justiciables de l'échevinage, mais encore ceux du bailliage ; à lui ou à ses officiers, incombait l'exécution des sentences criminelles (page 73) ; à Douai, la Vieille tour ne recevait que les prisonniers des échevins ; ceux du bailli étaient gardés dans la Neuve tour, tour du comte ou château ; les exécutions se faisaient sans l'intervention du châtelain ou de ses gens Au châtelain de Lille appartenait le tiers des amendes prononcées, aussi bien par le tribunal échevinal, que par la cour féodale, dont la juridiction s'étendait sur le plat pays, et par les échevins des Timaux ou juges des francs-alleux enclavés dans le territoire de la châtellenie (page 74); au châtelain de Douai appartenait seulement le profit d'amendes prononcées par les échevins de la ville pour certains contraventions. (Voir ci-dessus, 1° et 2°.) Quand on faisait ban ou édit à Lille au nom du comte, le châtelain devait être nommé après le prince ; à Douai, il n'était pas fait mention du châtelain dans les bans de l'échevinage. En la ville de Lille, le châtelain percevait des droits indirects sur les taverniers, cordonniers, potiers etc. (page 72); des droits analogues étaient perçus à Douai.

Le pouvoir du châtelain de Lille, en tant qu'officier, s'étendait, en dehors de la ville, sur les francs-alleux enclavés dans la châtellenie ; il était le chef et le supérieur de la la juridiction dite des Timaux, expression dont la véritable signification a été rétablie grâce aux recherches approfondies de M. Leuridan (pages 76-78). Rien de semblable pour nos châtelains.

Le châtelain de Lille menait à la guerre, non-seulement les bourgeois, mais aussi les gens de plusieurs villages du plat pays qui appartenaient à des maisons religieuses dont il était l'avoué, et en outre ses propres « hôtes » ou sujets habitant sur son domaine *extra muros* (pages 41, 47-55). Le châtelain de Douai ne fournissait aucun renfort de ce genre à la milice communale, dont il avait aussi le commandement.

Le châtelain de Lille avait deux sortes de vassaux ou d' « hommes » ; les uns tenaient de lui leurs fiefs, à cause de son office, soit en pairie (pages 74-84), soit simplement, comme les sergents de bailliage (page 73) ; les autres, infiniment plus nombreux, les tenaient à cause de son domaine ; parmi ceux-ci, il y avait quatre pairs et treize seigneurs de terres à clocher (pages 84-92). Le châtelain de Douai n'avait qu'un nombre très-restreint de vassaux, et parmi eux, aucun seigneur de village ; ne possédant point de domaine *extra muros* qui s'étendît dans la châtellenie ou le territoire, il n'avait qu'une seule espèce d' « hommes ».

A Douai, le châtelain (ou ses ayant-cause, après les démembrements successifs de l'office) possédait des droits sur la vieille enceinte fortifiée, sur les cours d'eau, les moulins, les pâturages, etc.; il fut avoué de la collégiale de Saint-Amé. Nous ne remarquons point de droits analogues dans les attributions du châtelain de Lille; la collégiale de Saint-Pierre de Lille, de fondation relativement récente, conserva comme avoué le comte de Flandre lui-même, entre les mains duquel se confondaient les droits d'avouerie et ceux de souveraineté.

En résumé, la situation du châtelain de Lille vis-à-vis du pouvoir échevinal était plus imposante, sans contredit; il suffit de rappeler le droit de haute justice qui lui appartenait dans son hôtel, prérogative qui dénote le grand seigneur; aussi faisait-il en ville une « joyeuse entrée » , lors de son avènement, comme le prince lui-même (page 45) ; c'était bien là un vicomte, le premier personnage après le seigneur de la ville. A Douai, les attributions du châtelain sont peut-être plus multipliées, mais comme elles ont un caractère subalterne, les priviléges municipaux demeurent tout puissants et ne souffrent aucune atteinte. Ce fait n'étonnera pas ceux qui sont familiarisés avec l'étude des institutions communales de notre pays; car on sait que les priviléges accordés à la bourgeoisie douaisienne, en récompense de sa fidélité et de sa soumission au prince, avaient fait de Douai, au XIII° siècle, la commune la plus libre et la plus indépendante de toutes les libres communes du nord des Gaules (1).

L'office du châtelain de Lille sut se conserver intégralement à travers les siècles, et l'on ne vit pas s'élever à ses dépens d'office rival ; quand le châtelain détacha de son fief quelque fonction subalterne, ce fut pour rehausser encore son état, en augmentant le nombre de ses vassaux, soit qu'il abandonnât au roi des Timaux la vice-présidence des plaids de la cour allodiale (page 80), soit qu'il chargeât des sergents fieffés et héréditaires, du soin d'accomplir les exploits de justice. A Douai, nous voyons au contraire l'antique vicomté se fractionner et donner naissance à trois nouveaux offices, tous égaux entre eux, de sorte qu'il y eut jusqu'à quatre vicomtes ou lieutenants féodaux du seigneur de la ville, à savoir : le châtelain, le prévôt, le Gavenier et le seigneur de Saint-Albin ; c'était trop de vicomtes, pour que chacun d'eux eût à Douai une situation analogue à celle que l'usage et le respect de l'autorité avaient créée en faveur du châtelain de Lille.

Un dénombrement, servi vers 1390 (2) pour le fief du châtelain de Lens, qui était tenu en prairie du sire ou comte de Lens en Artois, constate que les prérogatives de cet officier le rapprochaient davantage du châtelain de Lille que du nôtre. Il avait une part dans les amendes pro-

(1) Voici à ce sujet la très-intéressante étude de M. l'abbé Dehaisnes, intitulée : « Essai sur le magistrat de Douai », pp. 329-346 des *Mém. lus à la Sorbonne, Histoire*, Paris, 1869, in-8°.

(2) Copie prise, à la fin du XVII° siècle, sur un registre reposant alors au greffe du bailliage de Lens. Communication de M. Amédée de Ternas, de Douai.

noncées par le tribunal échevinal de Lens ; les bans étaient édictés en la ville au nom du comte et au sien ; le bailli, le maire et les échevins juraient, à leur installation, de garder les droits du comte et du châtelain ou vicomte ; en ville, il avait « le malle bergaigne » (1), privilége ou droit de préemption, ainsi indiqué par le document ci-dessus : « Si aucun ou aucune quelsqu'ils soient, excepté mon seigneur (*le comte d'Artois*), acate pain, chair, poisson etc., si je ou mes gens en veulent avoir, pour dépenser en mon hôtel, avoir le dois-je, pour les sommes que les autres l'auroient acheté. » Son fief se composait également de deux parties distinctes, l'office et le domaine ; il avait, à cause de son domaine seulement, un grand nombre de vassaux et parmi eux des seigneurs de terres à clocher.

Les droits du châtelain de Cambrai, tels qu'ils étaient avant le xv° siècle, sont consignés dans un traité passé entre lui et la ville, le 18 décembre 1400, pour le rachat et l'abolition des redevances les plus vexatoires (2). Outre les droits habituels sur le pain, le vin et la bière, outre le tiers des amendes prononcées par les échevins « de la chambre », nous remarquons qu'il avait pour sujets directs tous ceux qui, n'étant pas originaires de l'empire d'Allemagne, venaient « manoir » à Cambrai ; de ces aubains, assimiliés aux bâtards, il recevait un cens annuel ; l'aubain ne pouvait se marier sans son « congié » et sans lui payer le « vin » ; s'il mourait, le châtelain se faisait encore donner « le vin », pour la « morte main », et dans le cas

---

(1) On trouve dans les glossaires: *bergain*, marché, convention; *bargaigner, barguigner,* marchander. — *Male bergaigne* paraît donc signifier: mauvais marché.

(2) Archives nation., Trésor des chartes, carton J 531, n° 8, layette Cambrai.

où le défunt ne laissait pas d'hoir, tout l'avoir était au châtelain.

Aucun de ces droits exhorbitants n'existait sur une catégorie d'habitants, au profit des châtelains de Douai, de Lille et de Lens ; ceux-ci, du reste, étaient du Royaume, tandis que celui de Cambrai dépendait de l'Empire, où la loi féodale était plus dure ; mais la situation particulière de la cité de Cambrai expliquerait peut-être la raison du privilége concédé à son châtelain : celui-ci, institué, vers le milieu du xe siècle, par l'évêque, sujet allemand, avait été choisi, pour des raisons politiques, non point dans une maison lorraine ou allemande, mais chez les Karliens, comme disait le chroniqueur *Baldericus*, c'est-à-dire parmi les seigneurs du Royaume, sans doute dans l'espoir de rendre ceux-ci moins agressifs vis-à-vis d'un faible voisin ; on lui abandonna toute juridiction sur ceux de ses compatriotes qui viendraient demeurer dans la cité impériale (1).

Sans pousser plus loin nos comparaisons, il nous est permis, dès maintenant, de constater, une fois de plus, la variété infinie des institutions du moyen âge : lois municipales, lois féodales, elles diffèrent, non-seulement de province à province, mais de ville à autre.

Nous terminerons, ainsi que nous l'avons annoncé, en comparant le châtelain ou vicomte de Douai avec le seigneur vicomtier d'un village de la châtellenie ; les droits de ce dernier sont détaillés dans la coutume de la gouvernance.

(1) Voir notre notice sur « Les droits de l'ancien châtelain de Cambrai », insérée dans les *Souv. de la Fl. wall.*, Douai, 1876, in-8o, XVI, p. 5.

Le seigneur vicomtier perçoit, les amendes prononcées par son tribunal champêtre, dont il est le chef; les bans se publient en son nom; les chemins et « flégards » lui appartiennent ou sont présumés lui appartenir; il a les honneurs seigneuriaux dans l'église; il « maintient la dédicasse d'icelle église », c'est-à-dire la « ducasse » du village, il fait « danser et ménestrander, donner espinette, rose ou joyau »; il a le droit d'épave « et avoirs de bastards ». C'est qu'en effet, celui qui possède la justice vicomtière est un véritable seigneur, et tout se fait en son nom, par lui ou par ses gens; le vicomte d'un village est le vassal et l'inférieur du comte, sans doute, mais sans que ce dernier ait part à l'administration de la seigneurie, sauf quand il y a lieu à l'exercice de la justice haute ou comtale, ou lorsqu'on appelle d'un jugement. En ville, au contraire, le seigneur, c'est le comte, les échevins sont les siens, la grande autorité que ceux-ci exercent, leurs priviléges, tout émane de lui, et le vicomte n'est que l'un de ses officiers établis auprès du pouvoir communal.

Ainsi, malgré la similitude des noms, il est impossible de mettre sur la même ligne le châtelain ou *vicomte* d'une ville et le seigneur *vicomtier* d'un village; chacun d'eux est l'inférieur du comte, mais leurs pouvoirs ne se ressemblent point; d'origine différente, ils diffèrent aussi sous tous les rapports.

II.

Liste des châtelains de Douai. — Hugues, 1024, 1038 ; il est grand avoué de Saint-Amé, vassal du comte de Flandre et sujet français ; il épouse Adèle de Cambrai, fille de Wautier II, châtelain de Cambrai. — Wautier Ier*, son fils, châtelain, 1051, 1081 ; sa munificence envers Saint-Amé ; son frère cadet Hugues devient châtelain de Cambrai et chef de la puissante maison d'Oisy. — Le châtelain Wautier I*^{er}*, l'un des conquérants de l'Angleterre, 1066 ; son voyage à la cour de France comme ambassadeur du comte de Flandre, 1076 ; excommunié, il va plaider sa cause aux pieds du pape, 1077 ;. il concourt avec ses parents à la fondation de l'abbaye d'Anchin, 1079. — Il abandonne le parti de Robert le Frison pour celui de Bauduin, comte de Hainaut, légitime héritier du comté de Flandre, 1086; il perd son office de châtelain. — Part qu'il prend au rétablissement de l'évêché d'Arras ; son voyage à Rome, 1093-1094 ; il se dévoue aux intérêts de Saint-Amé 1097, 1111. — Il embrasse l'état ecclésiastique vers 1096; il meurt moine au Mont-Saint-Eloy. — Apogée de la puissance des châtelains de Douai.*

Le plus ancien titre du riche fonds de la collégiale Saint-Amé nous permet de découvrir, dans la profonde obscurité des temps, un châtelain de Douai. En effet, une charte originale de l'an 1024, émanée de Bauduin Bellebarbe, comte de Flandre, alors à Douai, à l'occasion de la dédicace de la chapelle souterraine ou crypte (*cripta*) où reposait le corps de saint Amé, contient un certain nombre de noms de princes (*principes*) ou grands seigneurs présents à la cérémonie. Après les comtes Eustache (de Boulogne) et Roger (de Guines), on y trouve : le châtelain Hubert, *le châtelain Hugues*, Lambert, Helgot, Robert, *Alulfe de Douai* et *Libert*, son frère, et Sohier, prévôt (de Saint-Amé). *Preuves*, n° I.

Entre les deux personnages qualifiés châtelains sans désignation de ville, il serait difficile de distinguer lequel, de Hubert ou de Hugues, était châtelain de Douai en 1024, si nous n'avions un autre acte du même fonds, constatant la donation faite (vers 1035) par plusieurs personnes au principal autel de saint Amé et de saint Maurand, d'une rente payable le jour de la fête de saint Amé, 19 octobre. Cette libéralité est faite avec le consentement du premier et du second avoué de l'église (*major minorque advocatus*), qui sont : *le châtelain Hugues* et son chevelier Witselin ; de Sohier, prévôt (de Saint-Amé, cité en 1024) et des autres « frères » ou membres du chapitre. Cette pièce intéressante manque d'une date précise ; il est seulement dit qu'elle fut faite à Douai, sous le roi Henri (1031-1060) et le glorieux prince Bauduin (comte de Flandre), étant témoins ces personnages : le châtelain Hugues, l'avoué Witselin, Ursion, Wagon et beaucoup d'autres. (*Preuves*, n° II.) Ce Bauduin, comte de Flandre, nous paraît être Bauduin de Lille (1034-1067). Dans tous les cas, la charte est antérieure à 1051, époque à laquelle Sohier n'était plus prévôt de Saint-Amé.

Au surplus, elle lève une difficulté, puisqu'elle démontre l'identité existant entre Hugues, châtelain de Douai et grand avoué de Saint-Amé, et le personnage appelé seulement « le châtelain Hugues » dans le diplôme de l'an 1024.

Nous pouvons encore citer une charte du comte Bauduin

de Lille, donnée à Douai, en l'église Saint-Amé (vers 1038), en présence de Bauduin, son fils (plus tard comte de Flandre et de Hainaut), de Gérard I*er*, évêque de Cambrai, de saint Liébert, alors archidiacre (et plus tard successeur de Gérard), par laquelle le comte met un terme aux usurpations des avoués au village de Douchy, qui appartenait à l'abbaye de Saint-Pierre de Gand. Notre *châtelain Hugues* y figure, le premier après les prélats ; il précède immédiatement le châtelain de Valenciennes, Hugues. Nous retrouvons, parmi les signataires de cette charte, *Adolphe* et *Elbert* (de Douai) et Helgot, témoins du diplôme de l'an 1024, ainsi que des chanoines de Saint-Amé. *Preuves*, n° III.

Ainsi, nous avons découvert, sinon le premier châtelain de Douai, au moins le plus ancien qu'il soit possible d'aller demander aux titres authentiques. Si l'on tient compte de l'opinion générale, qui fixe au temps de Bauduin Belle-barbe, l'établissement ou l'organisation définitive des châtelains dans le comté de Flandre (1), on trouvera que nous nous approchons bien près de l'époque à laquelle l'office du châtelain de Douai fut donné en fief par le comte de Flandre à quelque seigneur du pays ; et que si ce dernier n'était pas Hugues lui-même, il n'y aurait probablement point entre les deux plus d'une génération.

L'office du châtelain paraît avoir été presque toujours inféodé au profit d'un seigneur voisin de la ville commise à sa garde. Ainsi, autour de nous, on remarque que le comte d'Ostrevant ou sire de Bouchain fut châtelain de Valenciennes, le sire d'Oisy, châtelain de Cambrai, le sire de

---

(1) « Iste Balduinus Barbatus *primitus* militias et nobiles ordinavit in Flandria, et *distribuit* eis villas *ad regendum et oppida* et dominia. » — *Chronicon comitum Flandrensium*, 1re partie, composée vers l'an 1130 ; p. 44 du t. 1er du *Recueil des Chroniq. de Fl.*, Bruxelles, 1837, in-4o.

Phalempin, châtelain de Lille, le sire de Mortagne, châtelain de Tournai, etc.

Quant au châtelain de Douai, l'on ne connaît pas d'une manière précise la grande seigneurie voisine, dont la possession contribua à fixer sur lui le choix du comte de Flandre ; l'on sait seulement qu'il était en même temps châtelain de Vitry. Nous serions tenté de croire qu'il était seigneur de toute l'ancienne paroisse de Saint-Albin, comprenant aussi Wagnonville, Dorignies et Escarpel, et que cette circonstance fut l'une des causes qui attirèrent sur lui l'attention du souverain de Douai.

La puissance et le rang élevé du châtelain Hugues Ier ressortent assez des diplômes sus-mentionnés où il figure comme l'un des princes de la cour du comte et comme grand avoué de Saint-Amé. Cette avouerie, il la tenait certainement en fief du comte lui-même et non du chapitre. Le sous-avoué de Saint-Amé (*minor advocatus, subadvocatus Duacensis*) était son vassal (*miles ejus*) et tenait du châtelain sa sous-avouerie en fief.

On remarquera aussi, dans la charte de 1024, les noms d'*Adolphe de Douai* et de *Libert*, son frère, qui étaient sans doute des membres de la famille du châtelain ; et dans la seconde, ceux d'*Ursion* et de *Wagon*, qui ont été affectionnés par les maisons de Douai et de Saint-Aubin.

Le châtelain Hugues épousa Adèle de Cambrai, fille du fameux Wautier II, châtelain de Cambrai, dont il est tant parlé dans la chronique de *Baldericus*, et qui fut assassiné en 1041. Il en eut deux fils, Wautier et Hugues, dont il va être question.

2.—Wautier Ier, châtelain de Douai, fils de Hugues et époux d'Ermengarde.

Un titre aussi très-important pour nous, c'est celui du 26 avril 1051 ; par cet acte, passé à Douai, le chevalier Robert (sous-avoué de Saint-Amé, probablement fils du chevalier Witselin, vivant en 1035), reconnaît que le chapitre de Saint-Amé lui a donné en fief un alleu à Loos en Gohelle (*alodum apud Lothas*), à tenir par lui et ensuite par un seul de ses héritiers ; à charge de payer 24 sols, le jour de la fête de saint Amé, et à condition que, ledit héritier mort, le bien retournera au chapitre. Cette charte est confirmée par le comte Bauduin de Lille, en présence de Bauduin, son fils, de Robert, frère de celui-ci (Robert le Frison, plus tard comte de Flandre), d'Eustache, comte (de Boulogne), de Hugues, de *Wautier, châtelain*, de *Hugues*, son frère, de Robert, chevalier (partie à l'acte), de Wagon, etc., d'Azon, prévôt (de Saint-Amé) etc., etc. *Preuves*, n° IV.

Bien que Wautier n'y soit qualifié que châtelain, sans nom de ville, le doute n'est guère possible : c'est bien l'un de nos châtelains ; grâce aux titres et aux renseignements suivants, nous allons en acquérir la certitude.

Wautier, châtelain de Douai, figure comme témoin, le premier immédiatement après les comtes, dans les diplômes royaux délivrés en l'église Saint-Pierre de Corbie, l'an 1065, en faveur de l'abbaye d'Hasnon, et en présence de Bauduin, comte de Flandre, de Bauduin, son fils (alors comte de Valenciennes et de Mons, par sa femme Richilde, ensuite comte de Flandre à son tour), restaurateur de l'abbaye, d'Eustache, comte (de Boulogne), de Wautier, comte d'Hesdin, de Bauduin, comte de Guînes, etc. *Preuves*, n° V.

La même année, *Wautier de Douai* comparaît comme témoin, avec des seigneurs du Hainaut, dans un acte du fils du comte de Flandre, Bauduin (alors comte de Mons et de

Valenciennes), en faveur de l'abbaye de Saint-Ghislain. *Preuv* n° VI.

Wautier de Douai et *Hugues*, son frère, figurent, parmi les seigneurs du pays, à la cérémonie de la dédicace de Saint-Pierre de Lille, célébrée le 2 août 1066 et honorée de la présence du roi Philippe Ier. *Preuves*, n° VII.

Notre châtelain ne se contenta point d'assister, en simple témoin, à cette solennité, il voulut encore profiter de la circonstance pour être utile à la collégiale de Saint-Amé, dont il était, par droit de naissance, le grand avoué, et dont il se fit le bienfaiteur le plus généreux. Le prévôt Adson ou Azon avait acquis, vers l'an 1050, une terre à *Euvrelengehem*, du consentement de l'avoué (*per licentiam advocati*), mais la comtesse Adèle, fille de France, épouse du comte de Flandre Bauduin de Lille (mère de Bauduin de Mons et de Robert le Frison, qui furent successivement comtes de Flandre), devait posséder pendant sa vie cette terre de *Heverlengehen*. *Le châtelain Wautier* usa de son influence auprès de la princesse, et celle-ci, en l'honneur des reliques de saint Amé, qui avaient été transportées à Lille pour la cérémonie de la dédicace, abandonna ses droits sur la terre, qu'elle remit au chapitre affranchie de toute charge d'avouerie (*ab omni advocatione jugo absolutam*) *Preuves*, n° VIII.

Le document le plus important, pour l'histoire et la généalogie de nos premiers châtelains, se trouve dans un précieux cartulaire du fonds de Saint-Amé, datant du commencement du XIIIe siècle et reposant aux archives départementales (1). Nous en donnons ici la traduction.

---

(1) *Preuves*, n° XI. L'existence de ce cartulaire dans le riche dépôt de Lille, nous a été très-obligeamment signalée par M. Alexandre Losfeld, jeune et intelligent employé des archives départementales. Nous lui en témoignons ici notre vive reconnaissance.

(Vers 1074.) « Wautier de Douai enrichit la trésorerie de l'église Saint-Amé des possessions suivantes, qu'il acheta de son frère, du consentement d'Adrienne, épouse de celui-ci, et de leur fils Simon, au temps du roi de France Philippe, et de Robert, comte de Flandre, alors qu'Ebles de Rouci allait en Espagne pour y faire des conquêtes. Il acheta, en effet, la part de son frère dans les alleux provenant de *ses père et mère*. Le quart de La Comté, en hôtes, terres, dîmes, moulins, brasseries, prés, bois, eaux et dépendances. La huitième partie d'Alceel. A Huvlin, la moitié de l'alleu qui fut au *châtelain Hugues et à Adèle*, son épouse. La moitié de Fresvilers. Vers Aubigny, la moitié de Maisnil, en hôtes, terres et bois. A Fins en Cambrésis, la moitié de l'alleu qui fut auxdits Hugues et Adèle. »

La charte originale n'existe plus dans les archives de Saint-Amé, et il y a longtemps qu'elle en a disparu, puisque, dans le cartulaire, on trouve la mention *Fallit*, d'une écriture assez ancienne. Elle n'a été transcrite que mutilée ou abrégée ; les noms des témoins notamment ont été supprimés ; peut-être y a-t-il aussi des inexactitudes ou des modifications ; quand on peut comparer les originaux avec les copies insérées dans ce cartulaire, l'on voit que la fidélité n'était point une qualité du copiste. Quoiqu'il en soit, ce document, tel qu'il nous est parvenu, est d'un intérêt capital.

C'est d'abord un fait de chevalerie d'Hugues, frère de Wautier Ier, châtelain de Douai, qui prit part à une croisade entreprise, vers l'an 1074, contre les Maures d'Espagne, par Ebles II, comte de Rouci (1), ce fameux baron

---

(1) St-Allais, *L'art de vérifier les dates*, XII, p. 285.

français, du diocèse de Laon, aussi brave que turbulent, dont Suger (1) dit qu'il partit pour l'Espagne à la tête d'une armée telle que des rois seuls auraient pu la lever: *Fortissimus et tumultuosus baro Ebalus Ruciacensis....... Erat enim tantæ magnanimitatis, ut aliquando cum exercitu magno, quod solos reges deceret, in Hispaniam proficeretur.*

Ce sont ensuite des renseignements généalogiques que l'on ne trouve pas ailleurs. Il en résulte qu'Hugues, châtelain de Douai, avait épousé une dame prénommée Adèle (*Adeluia*), dont il eut notamment deux fils, Wautier 1er, châtelain de Douai, et Hugues ; que ce dernier avait épousé une dame à laquelle le document donne le prénom d'Adienne (*Adriana*), et dont il avait, déjà en 1074, un fils nommé *Simon*.

Si l'on rapproche cette charte de quatre autres diplômes du fonds de Saint-Amé, qui ne peuvent être bien compris qu'à l'aide de celle-là, d'autres particularités nous sont révélées sur la maison de nos châtelains.

Dans le diplôme du comte Robert, de l'an 1076, il est fait mention de la moitié de l'alleu qu'avaient eue à Huulin *le châtelain de Douai Hugues et Adèle, sa femme. Preuves*, n° XIII.

Dans celui du roi et de l'archevêque, de la même année, on voit que *le châtelain de Douai Wautier* avait donné à Saint-Amé, notamment : le quart de La Comté, qu'il avait acheté de *son frère Hugues* ; la moitié de l'alleu d'Huulin, qui fut à *Hugues, châtelain de Douai, et à Adèle, son épouse* ; la moitié de l'alleu de Fins-en-Cam-

(1) Œuvres, p. 19, de l'édit. de la Société de l'Hist. de France; Paris, 1867, in-8°.

brésis, qui fut *auxdits Hugues et Adèle*. Toutes lesquelles choses *ledit Wautier* avait achetées *audit Hugues. Preuves* n° XV.

Dans la première charte de l'évêque de Cambrai, Gérard II, datée de 1081, il est dit que *le châtelain de Douai Gautier* avait donné, entre autres biens, à Saint-Amé : le quart de La Comté qu'il avait acheté de *son frère Hugues* ; la moitié de l'alleu d'Huulin qui fut à *Hugues, châtelain de Douai, et à Adèle, son épouse* ; la moitié de l'alleu qu'avaient possédée à Fins-en-Cambrésis *lesdits Hugues et Adèle*. Tout ceci, ledit Gautier l'avait acheté *dudit Hugues. Preuves*, n° XVII 1°.

Dans la seconde charte de l'évêque, même année, l'on voit encore que *Gautier, châtelain de Douai*, avait enrichi la trésorerie de Saint-Amé de la moitié de l'alleu d'Huuling, qui fut au *châtelain Hugues et à Adèle, son épouse* ; de la moitié de l'alleu de Fins-en-Cambrésis, qui fut à *Gautier de Cambrai et à Adèle, sa fille. Preuves*, n° XVII 2°.

Les énonciations des deux chartes de 1081 nous révèlent donc un fait qui a été ignoré par tous les historiens et les généalogistes, et qui donna à la maison de Douai une importance considérable.

Nous voyons en effet qu'Adèle, femme de Hugues, châtelain de Douai, était fille de Wautier de Cambrai, lequel n'est autre que le puissant châtelain de Cambrai Wautier II, dont *Baldericus*, son contemporain, raconte les excès contre l'évêque Gérard Ier (1). Or, Wautier II ayant été assassiné

---

(1) Baldericus, *Chron. Camer. et Atreb.*, p. 300 et ss. de l'édition Le Glay. « *Walterus castellanus, tiro inhumanissimus* », p. 139.

Wautier II, — fils de Wautier Ier, d'abord feudataire du château de Lens, puis châtelain de Cambrai, — obtint à son tour la châtellenie de Cambrai qu'il posséda depuis 1011 environ jusqu'en 1041.

en 1041, sa veuve Ermentrude se remaria à Jean, avoué d'Arras, qui s'empara de la châtellenie, d'abord sous le nom de Wautier III, son beau-fils, alors en bas âge, et après le décès de ce dernier, arrivé vers 1046, en son nom propre ; cette usurpation dura jusqu'en 1048. Enfin le nouvel évêque, saint Liébert, donna la châtellenie à Hugues I", petit-fils de Wautier II, et en cette qualité héritier légitime (*Hugo, Gualteri castellani defuncti nepos, eoque legitimus hæres*) ; comme il était encore enfant (*adhuc puer erat*), un de ses parents, Anselme, homme probe et brave, fut choisi par l'évêque pour être le tuteur du jeune châtelain (1). Anselme ou *Ansiau* était, semble-t-il, le comte d'Ostrevant, sire de Bouchain, père du fameux Ansel de Ribemont, l'un des héros de la première croisade.

Il résulte donc de la chronique et des chartes sus-mentionnées, que Wautier II, châtelain de Cambrai, eut un fils unique, mort jeune après son père, et une fille Adèle, mariée à Hugues, châtelain de Douai, et décédée avant 1046, laissant Wautier et Hugues, petits-fils de Wautier II, châtelain de Cambrai.

Hugues de Douai, quoique cadet, fut choisi par l'évêque de Cambrai, son suzerain, pour succéder selon la loi (*legitimus hæres*), à son aïeul maternel. Cela se passait ainsi à cette époque, lorsque l'aîné était en possession d'une dignité provenue de l'héritage paternel et incompatible avec celle qui venait à échoir du côté maternel. Le châtelain de Douai était, en effet, sujet du roi de France et vassal du

---

(1) Chroniq. de *Baldericus,* ou mieux de ses continuateurs; édit. Le Glay, pp. 328 et 331.

comte de Flandre ; au contraire, le châtelain de Cambrai, vassal de l'évêque, était sujet de l'empereur d'Allemagne. L'exemple d'une succession analogue se rencontre, vers ce temps-là, dans l'illustre maison de Boulogne : Godefroid de Bouillon, fils d'Eustache II, comte de Boulogne, et d'Ide de Lothier, quoique frère puîné d'Eustache III, comte de Boulogne, sujet français, fut investi par l'empereur, en 1093, du duché de Lothier, en sa qualité de petit-fils du duc Godefroid le Barbu.

Voilà donc un cadet de la maison de Douai en possession d'une dignité qui donnait, vu la situation particulière de l'évêque suzerain, une puissance hors ligne à celui qui en était revêtu. Les chroniques de Cambrai attestent, à chaque page, la haute position de Hugues I*r*, châtelain de Cambrai, qui prit alliance avec la princesse Ada, nièce de Richilde, comtesse de Mons, et qui fut chef de cette superbe maison d'Oisy, laquelle compte parmi ses descendants le bon roi Henri IV.

L'on verra, en 1096, notre châtelain Wautier I*r* figurer dans une charte du comte de Flandre avec son frère cadet Hugues, châtelain de Cambrai : *Gautherius, primo castellanus Duacensis, modo autem clericus; Hugo, frater ejus, Cameraco ;* c'est-à-dire : Wautier, ci-devant châtelain de Douai, maintenant clerc ou ecclésiastique, et Hugues, son frère, (châtelain) à Cambrai. *Preuves*, n° XXII.

L'affinité qui exista, au xi*e* siècle, entre les maisons des châtelains de Douai et de Cambrai est d'ailleurs justifiée par bien d'autres témoignages.

Vers l'an 1037, le châtelain de Cambrai, Wautier II, avait assez d'influence à Douai et dans les villages environnants, pour exciter les populations contre l'évêque Gérard I*r*, qui gouvernait les deux diocèses de Cambrai et d'Arras; interprétant perfidement les intentions de son suzerain, relativement à une paix ou trêve de Dieu qu'avaient imaginée les évêques du Royaume, il poussait les Douaisiens à la révolte contre leur pasteur, tellement que l'évêque dut se rendre en personne à Douai et faire quelques concessions, afin de calmer le peuple. Bientôt, sur les instances de Bauduin, comte de Flandre, qui s'était déclaré en faveur de la trêve de Dieu, comme les autres comtes du Royaume, le prélat dut vaincre ses répugnances, qui lui venaient de sa qualité de sujet de l'Empire, et proclamer la paix dans le diocèse d'Arras, terre du Royaume. La cérémonie eut lieu sur les confins des deux diocèses, probablement sur les bords de la Sensée, vers Lécluse ou Arleux; l'assemblée était nombreuse. Nous y voyons encore Wautier de Cambrai visiter l'un et l'autre, continuer ses manœuvres et dénoncer l'évêque comme un ennemi de la paix. L'assistance allait se livrer contre le prélat à des actes de violence, lorsque Gérard se montra, la harangua et confondit son vassal (1). Pour que Wautier II, châtelain de Cambrai, et par conséquent sujet de l'Empire, eût une telle influence à Douai, terre du Royaume, il fallait qu'il eût des rapports de parenté avec les principaux seigneurs de l'endroit. En effet, il était le beau-père d'Hugues, châtelain de Douai.

Il y a, aux archives départementales, dans le fonds de Saint-Amé, un curieux obituaire, datant de la fin du xiii° siècle, qui a évidemment remplacé, à cette époque, un obituaire plus ancien. Chose digne de remarque, le châtelain de Douai, Wautier I*r*, le plus généreux des bienfaiteurs de Saint-Amé, y est qualifié châtelain de Cambrai : *Walterus, castella-*

---

(1) Chronique de Baudry, livre III, chapitres 48 et 49.

nus Cameracensis, qui ecclesiam S. Amati ditavit luminaribus, obit. suo, x. s. doy. xijkl. aprilis. Se contentera-t-on de dire que cela n'a point d'importance, que c'est une erreur de copiste? Pour nous, nous ne pensons pas que l'on doive traité aussi légèrement un document qui paraît avoir été fait avec le plus grand soin ; nous croyons que les mots : *Walterus castellanus Cameracensis,* devaient se trouver dans l'obituaire antérieur, qu'a remplacé celui du xiii° siècle, et qu'ils y ont été écrits par un contemporain du châtelain de Douai, Wautier Ier, peu de temps après le décès de ce dernier. L'écrivain se sera souvenu du fameux châtelain de Cambrai, Wautier II, l'ancêtre de notre Wautier Ier, lequel portait le prénom de son aïeul maternel ; les liens qui unissaient les châtelains des deux villes lui seront revenus à la mémoire, et il aura écrit, sous cette impression, châtelain de Cambrai (dignité plus considérable encore que l'autre), au lieu de châtelain de Douai.

Nous verrons, un peu plus loin, que le châtelain de Douai était, au XII° siècle, châtelain de Vitry, petite ville qui appartint aux comtes de Flandre, avant de passer aux évêques d'Arras. Or, le châtelain de Cambrai y avait des possessions au XI° siècle, ainsi qu'il résulte d'une charte de l'abbaye de Saint-Amand, émanée, en 1041, d'Ermentrude, veuve de Wautier II, châtelain de Cambrai ; parmi les biens donnés à l'abbaye, en mémoire du défunt, il y a « la dîme des anguilles, avec un courtil (jardin) et la maison du pêcheur, en la ville de Vitry, au pays d'Artois », *in villa que vocatur Vitris, in pago Attrebatensi.* Au nombre des nobles laïques qui faisaient cortège à la veuve, lors des funérailles célébrées à Elnon ou Saint-Amand (malheureusement la charte ne donne que leurs prénoms), figurent deux Hugues, dont l'un serait bien Hugues, châtelain de Douai, gendre du défunt(1).

Autre preuve l'ancienne affinité entre les deux châtelains, c'est que celui de Cambrai avait conservé une juridiction dans la banlieue même de Douai. En effet, le sire d'Oisy, ancien châtelain de Cambrai, possédait l'hommage de la terre et du château fort d'Escarpel ; or Escarpel dépendait de la paroisse Saint-Albin de Douai, de même que la seigneurie de Saint-Albin et la terre de Wagnonville, qui ont appartenu aux premiers châtelains de notre ville. Comment le sire d'Oisy a-t-il pu devenir suzerain d'Escarpel ? ces localités sont distantes de plus de vingt kilomètres ; pourquoi une enclave d'Oisy dans la banlieue de Douai ? Ce problème est maintenant résolu ; les cadets, châtelains de Cambrai, sires d'Oisy, membres de la maison de Douai, auront retenu une fraction de l'héritage paternel; ils lui auront imposé, comme cela se faisait à l'origine de la féodalité, leurs lois et leurs coutumes; la terre d'Escarpel aura été assujettie par eux à la suzeraineté d'Oisy, avec mouvance féodale, reconnaissance de chef-lieu etc. Nous ne nous étonnerons donc pas de voir, au XIIe siècle, le prévôt de la ville de Douai, officier féodal créé aux dépens du châtelain, tenir Escarpel en hommage du sire d'Oisy, rester le fidèle vassal de celui-ci et le soutenir dans ses luttes contre le comte de Flandre ; prendre pour armes *un lion*, à l'imitation de son suzerain etc.

Hugues, cadet de la maison de Douai, devenu Hugues Ier, châtelain de Cambrai, eut pour femme une nièce de Richilde, comtesse de Mons, à laquelle les chroniqueurs

---

(1) Arch. départ., cartul. de St-Amand, t. II, f° 225.

donnent le prénom d'*Ada* ; vers 1089, son fils *Simon* (décédé avant son père) tua le chevalier Oilard, principal ministre de l'évêque (1). Ces renseignements cadrent assez bien avec ceux de la charte de Saint-Amé, d'après laquelle *Hugues*, frère cadet de Wautier Ier, châtelain de Douai, aurait eu, vers 1074, pour épouse *Adriana* (il peut y avoir ici une erreur de copiste, d'autant plus que le cartulaire de Saint-Amé défigure quelquefois les noms), et pour fils aîné *Simon*. Hugues, après bien des vicissitudes et des luttes, disparut de la scène politique vers 1112 ; lui et sa femme avaient alors des fils mariés et des petits-fils en âge de raison (2). Selon la chronique de Saint-André du Cateau-Cambrésis, il finit par se faire moine ; nous verrons également son frère Wautier terminer ses jours dans un couvent.

Il y a encore à signaler un fait capital dans l'histoire de nos premiers châtelains, c'est leur participation à la conquête de l'Angleterre. On a vu que, le 2 août 1066, Wautier Ier assistait à la dédicace de l'église Saint-Pierre de Lille ; peu après, sa destinée l'emportait hors du continent, pour être témoin et acteur des plus grandes choses de son époque (3); un document très-précieux (4) constate la participation du châtelain Wautier à ces événements remarquables ; c'est une liste, dressée la 20e année (1086) du règne de Guillaume le Conquérant, et contenant les noms

---

(1) Chroniques de Cambrai.

(2) Titre de l'abbaye d'Anchin.

(3) Bataille d'Hastings, 14 octobre 1066 ; le duc Guillaume de Normandie couronné roi d'Angleterre, à la Noël.

(4) « *Magnates superstites anno XX regni Willelmi conquestoris et quibus in comitatibus terras tenuerunt.* » Recueil des hist. des Gaules et de la Fr., in-f°., t. XII, p. 695, à la note.

Le premier de la liste est le comte Eustache (de Boulogne).

des survivants parmi les grands seigneurs qui avaient accompagné le roi, dits *grands venus d'outre-mer*, avec la mention des comtés où ils avaient obtenu des fiefs ; on y lit : « *Walterus de Dwai* : Surrey, Somerset, Devon. »

C'est donc avec raison que le nom de *Gautier de Douai* figure dans la liste des compagnons du duc Guillaume, à la conquête d'Angleterre, liste dressée par M. Léopold Delisle, membre de l'Institut, et gravée sur le mur de l'église de Dives (Calvados), en août 1862 (1).

De retour sur le continent, le châtelain de Douai Wautier Ier reprit sa place auprès de son suzerain, le comte de Flandre ; il vit mourir le comte Bauduin de Mons, qui ne tint que pendant trois années (1067-1070) les comtés de Flandre et de Hainaut réunis sous son gouvernement, et il servit le nouveau comte de Flandre, le jeune et infortuné Arnould III. Il y a une charte de ce prince, datée de l'an 1071, en mémoire de son père enterré à l'abbaye d'Hasnon ; il fait un don à cette abbaye, selon le conseil de ses principaux ministres (*primoribus nostris unanimiter suadentibus*) ; les noms de ceux-ci, après l'évêque de Cambrai Liébert et d'autres ecclésiastiques, sont : Robert, avoué, Jean d'Arras, Charebold, boutiller, *Wautier de Douai*,

---

(1) *Catalog. des gentilsh. de Normandie*, 1789. 2e livraison, pp. 115 et ss.
Le nom de *Douay* ne figure plus dans une ancienne liste conservée autrefois au monastère de la Bataille (d'Hastings), et reproduite aussi par Du Chesne, dans son *Recueil des Historiens de Normandie*; mais on y trouve les noms de : Placy, Quincy et Saint-Aubin, qui, d'après cette liste, étaient portés alors par de grandes familles d'Angleterre issues des compagnons du conquérant. Seraient-ce des branches anglaises de la maison de Douai ?
Dans la liste de M. Delisle, on trouve aussi les noms de : *Goscelin de Douai* et *Goscelin de la Rivière* (qui pourraient bien ne désigner qu'un seul et même personnage, attendu que *Douai* a été quelquefois traduit par *Rivière*) ; or nous verrons que le prénom *Goscelin* ou *Gossuin* a été affectionné par la maison de Saint-Aubin. On y remarque aussi : Enguerrand et Gui de Raimbaucourt, Guillaume de Bral, Mathieu de Mortagne, etc., etc.

Ségard et Arnoul de Joches, Arnoul d'Ardres. *Preuves*, n° IX.

Quel fut le rôle de notre châtelain pendant la révolution qui fit du cadet Robert le Frison (1072) un comte de Flandre ? Sa conduite aura sans doute été conforme à celle des Douaisiens et des autres Wallons, qui, après avoir soutenu contre les Flamands ou *Thiois*, le jeune Arnoul et son frère Bauduin, enfants de la comtesse Richilde, courbèrent la tête devant le vainqueur de Cassel. En ce qui concerne notre châtelain, il est certain qu'il s'attacha très-vite à la fortune du nouveau comte et qu'il en reçut des bienfaits.

Dès le 8 juin 1072 (la bataille de Cassel avait eu lieu le 20 février), *Wautier de Douai* se trouvait à Sithiu ou Saint-Omer, en l'abbaye de Saint-Bertin, avec le comte Robert et sa mère Adèle, fille de France ; il y assiste, comme témoin, aux donations que ces princes font à l'abbaye de Watten; son nom figure immédiatement après celui d'Enguerrand (comte) de Lillers, et il précède Thierry, sénéchal de Flandre, Willaume, châtelain de Saint-Omer, et d'autres grands seigneurs. *Preuves*, n° X.

Il existe, dans le fonds de Saint-Amé, un acte ainsi daté : *Anno M. sexagesimo septimo* (1067) *ab incarnatione Domini, in festivitate sanctæ Crucis* (14 septembre), *die tertia transitus* (1) *ejusdem sancti Amati, vivente septimo papa Gregorio* (1073-1086), *Manasse Remensi archiepiscopo* (1069-1081), *Gerardo Cameracensi episcopo* (1076-1092), *regnante rege Philippo*. — Le châtelain *Wautier*, après avoir décoré l'église Saint-Amé de plusieurs ornements précieux,

---

(1) La mort de Saint-Amé, *transitus*, est célébrée le 13 septembre; mais il semble, d'après cette charte, qu'au XI° siècle on la mettait au 12 septembre.

et ajoutant bienfaits sur bienfaits, donne encore à Dieu et à Saint-Amé, pour l'augmentation du luminaire, une terre de bergerie à *Wimevelt* (Ghyvelde, canton d'Hondschoote), du consentement du comte Robert (1072-1093). Il est facile de voir que le millésime 1067 est erronné, puisque le pape Grégoire VII ne ceignit la tiare qu'en 1073, que Gérard II ne parvint à l'évêché de Cambrai qu'en 1076, etc. ; de plus, le don de Wimevelt est confirmé par le comte Robert, en la même année 1076 ; celle-ci est donc la seule où puisse avoir été confectionnée la charte. Il faut lire à la date, au lieu de *sexagesimo septimo* (67) : *septuagesimo sexto* (76).

On rappelle dans l'acte, qu'afin d'accomplir son vœu, le châtelain partit pour Wimevelt, avec sa femme Ermengarde et un grand cortège (*multo equitatu*) d'ecclésiastiques et de laïques; la châsse et les reliques de saint Amé y furent aussi transportées. Le cérémonial ordinaire de la tradition se fit devant les juges ou échevins de la localité, présents : l'abbé de Bergues Hermenger et d'autres personnages flamands ; *ecce nomina Flandrensium*. Suivent les noms des ecclésiastiques de Douai : Raimar, prévôt, et autres dignitaires de la collégiale. Puis viennent les gentilshommes douaisiens qui avaient aussi accompagné le châteain : Wautier, fils d'Ursion, Sohier de Lohes (ce sont les deux chevaliers qui ont fondé l'Anchin en 1079), etc. *Preuves*, n° XII.

Vers la même année 1076, sous le comte Robert le Frison, notre châtelain donna à Saint-Amé le moulin Tauvoie, qui était situé à Douai, près la rue des Basses (1). Le prévôt Regnier (*Rainerus*) et le doyen Herbert, en arrentant ce moulin quelque temps après (vers la fin du

---

(1) Plouvain, *Souvenirs*, page 676, n° 8.

xi° siècle), rappellent la donation faite autrefois par le châtelain auquel ils ne donnent d'autre titre que celui d'avoué de Saint-Amé : *Molendinum Tollevie, quod Walterus*, ecclesie s^{ti} Amati advocatus, *annuente seniore consule Rotberto* (son seigneur, le comte Robert), *eidem ecclesie, in usibus fratrum*, recognovit (1).

En la même année 1076, il se rendit à Lille, avec le prévôt de Saint-Amé Raimar et un grand nombre de Douaisiens, tant ecclésiastiques que laïques, auprès du comte Robert, pour recevoir la charte confirmative des possessions et des priviléges de la collégiale ; le comte y fit apposer son sceau, eux étant présents, comme témoins de cet acte important. Le nom de *Wautier, châtelain de Douai*, figure dans le diplôme, le premier après les ecclésiastiques. Il y est question aussi d'une nouvelle donation qu'il venait de faire, par l'abandon d'un droit seigneurial dépendant de son avouerie : « Le châtelain Wautier abandonna à l'église le muid de vin qu'il percevait à chaque mutation des prébendes canoniales. » Les autres donations, si nombreuses, par lesquelles il avait enrichi la collégiale y sont rappelées, mais on y tait le nom du bienfaiteur. *Preuves*, n° XIII.

Le chapitre de Saint-Amé était désormais sous la protection spéciale des comtes de Flandre ; mais ce n'était pas tout, il fallait encore solliciter la faveur d'une autre puissance dont l'intervention dans les actes de haute souveraineté, commençait à être reconnue nécessaire, depuis que les lois de la hiérarchie féodale fonctionnaient régulièrement ; il fallait obtenir un diplôme royal du monarque français, du suzerain du comte. Or, la cour de France

---

(1) Cartul. de Saint-Amé précité.

n'était rien moins que bien disposée envers le comte de Flandre et ses sujets ; on n'avait garde d'y oublier le souvenir poignant de la bataille de Cassel (20 février 1072), où l'usurpateur Robert le Frison avait défait, il n'y avait que quatre ans, le roi Philippe, accouru au secours de l'héritier légitime de Flandre ; et même alors Robert était plutôt toléré que reconnu comte de Flandre par son suzerain. Dans de telles circonstances, l'obtention d'un diplôme royal était chose délicate et difficile. Le châtelain Wautier, n'écoutant que son dévouement aux intérêts de la collégiale, partit en hiver pour la cour de France, avec le prévôt Raimar ; ils étaient revêtus, si nous pouvons employer l'expression moderne, de la qualité d'ambassadeurs du comte Robert le Frison. Le roi était alors à Senlis (*Silvanectum*); il avait auprès de lui, comme chancelier, l'évêque de Paris Geoffroid, frère d'Eustache II, comte de Boulogne, dans lequel notre châtelain trouva probablement un puissant protecteur ; car le comte de Boulogne était, lui aussi, un vassal du comte de Flandre. Nul doute qu'il sut plaider avec succès la cause des provinces wallonnes et des Douaisiens en particulier, qui, bien loin de fomenter la rébellion des Flamands ou *Thiois*, l'avaient combattue à Cassel, à côté du roi Philippe ; eux aussi avaient été concontraints de céder à la nécessité, et en obéissant au vainqueur, ils n'avaient fait que subir la dure loi de la guerre. Sur les instances du châtelain, le diplôme royal fut accordé ; l'on tourna la difficulté provenant de l'usurpation de Robert le Frison, en faisant figurer, à côté de son nom, celui du jeune comte Bauduin, le prétendant :

« ....Nous Philippe, roi de France, avons accédé à la demande de Robert, comte de Flandre, de son neveu Bauduin, comte de Hainaut, de Richilde, mère dudit Bauduin, et des chanoines de Saint-Amé de Douai, qui ont députó vers nous religieuse personne Raimar, prévôt de ladite église, et *le châtelain Gautier, tout dévoué aux intérêts de cette église* »; compliment flatteur à l'adresse de notre pieux et généreux châtelain. *Preuves*, n° XIV.

Le roi étendait sa protection sur la collégiale, confirmait ses priviléges et lui assurait les immunités dont jouissaient les églises de fondation royale (1).

Nous remarquons, dans ce diplôme, l'indication bien précise de la hiérarchie laïque : « *Rex, comes, castellanus, aut aliquis sub eis laïcus.* » Le roi de France, voilà le véritable seigneur et souverain de Douai, au XI° siècle ; ce sont ses droits qu'exerce le *comte* de Flandre, son sujet et son vassal; à son tour, le châtelain ou *vicomte* est délégué par le comte, son maître, pour aider les échevins à la défense de la ville, à l'administration de la justice, etc.

Ce diplôme ne fut pas le seul que le châtelain rapportât de son ambassade; il en obtint un autre, délivré, le 27 février 1076 (vieux style), très-probablement le même jour que le précédent, par le roi de France et par Manassé, archevêque de Reims. Au point de vue historique, ce diplôme est beaucoup plus précieux que l'autre; son auteur, dégagé des préoccupations politiques qui l'avaient égaré précédemment, enregistre, avec un grand soin, les possessions de la collégiale, en les groupant selon l'ordre méthodique adopté dans la charte du comte Robert, mais tout en corrigeant celle-ci, quand elle s'est trompée, et en y ajoutant bien des détails inédits. Les nombreuses donations du

---

(1) C'est dans cet acte, en désaccord d'ailleurs avec les autres titres du XI°... cle, qu'on dit que Saint-Amé a été transféré directement de Merville à Douai. Voir, sur cette question, notre *Mémoire* imprimé en 1872.

châtelain Wautier y sont parfaitement indiquées. Enfin l'historique de la collégiale y est tracé selon les données de la charte du comte, qui est copiée presque textuellement. L'auteur est encore le chancelier Geoffroid, évêque de Paris. *Preuves*, n° XV.

Ainsi les renseignements abondent sur le châtelain Wautier Ier, qui fut non-seulement un grand seigneur et un brave capitaine, mais encore un bienfaiteur des églises.

Comment un tel personnage encourut-il les foudres ecclésiastiques, au moment même où il se dévouait pour l'église? C'est ce que nous ne savons qu'imparfaitement. Ce qui est certain, c'est qu'il fut excommunié par l'archevêque de Reims, bien qu'il offrît à diverses reprises, tant avant qu'après l'excommunication, de se présenter en justice et de se soumettre à la sentence qui serait prononcée. Dans ces circonstances douloureuses, notre châtelain n'eut d'autre ressource que d'aller se jeter aux pieds du pape Grégoire VII, alors à Bibianello, château fort de la fameuse comtesse Mathilde; il en fut si bien accueilli et sa cause parut si juste, qu'il obtint d'être provisoirement admis à la sainte communion, durant son séjour auprès du pontife, et pour toute la durée de son voyage, plus huit jours après son retour chez lui. Enfin le 25 mars 1077, le souverain pontife lui remit une lettre adressée à Geoffroid, évêque de Paris, à qui Grégoire VII confiait le soin de connaître et de terminer la cause de Wautier. (*Preuves*, n° XVI.) Geoffroid n'était autre que le chancelier de France, dont notre châtelain venait d'obtenir les diplômes royaux de 1076; le choix fait par le saint-père et les mérites de Wautier de Douai ne permettent pas de douter que celui-ci ne tarda guère à être délivré de l'anathème lancé contre lui. Du reste nous allons le voir tout à l'heure s'occuper, avec l'évêque Gérard II, de la fondation de l'abbaye d'Anchin, ainsi que des intérêts de la collégiale; ce que n'aurait certainement pu faire un excommunié (1).

La lettre du pape, dont Wautier de Douai était porteur, contenait en outre deux recommandations faites à l'évêque Geoffroid, touchant les événements qui s'étaient passés dans le diocèse de Cambrai et d'Arras. Le premier concernait le savant chanoine de Saint-Amé, Asson ou Azon, que ses confrères avaient chassé du chapitre, pour un propos inconvenant ; le pontife charge Geoffroid de le faire réintégrer à sa place, après que ses confrères lui auront infligé la discipline claustrale. Il semble que ce soit le châtelain lui-même qui se fit, auprès du saint-père, l'avocat d'Asson. L'autre fait était beaucoup plus grave : il s'agissait du malheureux Ramihrd de *Schercin* (Esquerchin), brûlé à Cambrai comme hérésiarque, parce qu'il avait accusé de simonie les abbés, les prêtres et l'évêque lui-même (2);

---

(1) M. Desplanque, dans «Les châtelains de Douai au xi° siècle » (*Bulletin scientifique, etc., du Nord*, 1872, in 8°, pp. 82 et 83), cherche à découvrir la raison de l'excommunication lancée contre Wautier de Douai. Il croit la trouver dans une alliance qui aurait existé entre notre Wautier et Ebles de Roucy, alliance qui aurait déplu à l'archevêque de Reims. Il a supposé aussi que Wautier aurait péché par excès de zèle pour Saint-Amé au détriment de l'autorité métropolitaine. Enfin, peut-être sa faute (si faute il y a), dit-il, avait-elle un lien avec celle du chanoine Azon, qui, lui, avait péché contre l'autorité du chapitre. C'est vers cette dernière supposition que nous inclinons, à cause des termes de la lettre du pape, le seul document que nous possédions sur cette affaire; quant aux autres suppositions, elles ne nous paraissent être qu'œuvres d'imagination.

Peut-être est-ce à ce regrettable incident que fait allusion, en 1081, l'évêque Gérard II, quand, après avoir célébré les mérites de Wautier de Douai, il recommande expressément aux chanoines de vénérer tout chevalier ou autre laïque qui se dévouerait ainsi pour l'église. *Preuves*, n° XVII, f° : « Ainsi, très-chers frères et seigneurs, chanoines, c'est à vous que je m'adresse, si un chevalier » etc.

(2) Chronique de Saint-André du Cateau-Cambrésis (1° 1/2 du xii° s.), publiée à la suite de celles de *Baldericus* et de ses continuateurs, dans l'édition de M. Le Glay, pp. 350 et 357.

mais Grégoire VII, qui combattait la simonie dans toute la chrétienté, ordonna à l'évêque de Paris de punir les auteurs et les complices d'un tel acte de cruauté.

Le châtelain Wautier ayant fait faire à ses frais (*diligentia et expensis Walteri castellani*) une superbe châsse en marbre, garnie de plomb à l'intérieur, l'évêque Gérard II vint à Douai déposer le corps de saint Amé dans le nouveau tombeau ; la solennité eut lieu en 1078, le vendredi 19 octobre, jour de la fête du saint Ces faits sont attestés : 1° par une inscription composée en 1206 et retrouvée en 1639 ; 2° par le *Liber argenteus S. Amati* (1).

L'année 1079 a marqué, dans le pays, par un événement important, la fondation de l'abbaye d'Anchin ; quoiqu'elle fût la plus jeune des abbayes bénédictines de notre contrée, elle n'en devint pas moins la plus riche, la plus influente et la plus illustre de toutes, grâce sans doute à la supériorité des hommes qu'elle eut le bonheur de compter dans son sein. Le châtelain de Douai ne resta pas étranger à cet acte mémorable ; c'étaient du reste deux chevaliers, ses amis ou parents, Wautier de Montigny, fils d'Ursion de Douai, et Sohier de Lohes, — les gentilshommes wallons qui l'avaient accompagné en Flandre en 1076 (*Preuves*, n° XII), à l'occasion de la donation de Wimevelt, — qui furent les modestes fondateurs d'Anchin, où ils prirent l'habit des fils de saint Benoît. Deux chartes de l'évêque Gérard II, en 1079, constatent cette importante fondation, toutes deux datées du règne du roi Henri, c'est-à-dire de l'empereur d'Allemagne Henri IV, suzerain de l'évêque, et sans qu'il soit parlé du roi de France, quoique ce fussent

---

(1) Voir notre *Mémoire* imprimé en 1872, sur les origines de la collégiale, p. 45.

des sujets français qui y eussent pris la plus grande part. Dans l'une, publiée par Escallier (*L'Abbaye d'Anchin*, page 17, Lille, 1852, in-4º), les noms des témoins laïques sont ainsi indiqués : « *Ansellus de Ribomonde*, *Oilardus*, *Joannes*, *Fulcho*, *Hubertus*, *Wulferus;* » dans l'autre : « *Ansellus*, *Vilardus*, *Johannes*, *Fulcho*, Engerrandus, *Hubertus*, *Wulferus*, Alardus, WALTERUS CASTELLANUS DUACENSIS, Clarebaldus. » Les originaux de ces deux diplômes reposent aux archives départementales, dans le fonds d'Anchin. Le châtelain Wautier concourut donc à l'une des œuvres les plus éclatantes et les plus durables de son siècle, avec le fameux Ansel de Ribemont, comte d'Ostrevant, l'un des héros de la première croisade.

A la Pentecôte, le 23 mai de l'an 1081, le châtelain Wautier (1) se trouvait à Arras, avec l'évêque de Cambrai, Gérard II, qui ce jour-là délivra deux chartes confirmatives, en faveur de Saint-Amé. Dans l'une, l'évêque retrace les origines de la collégiale, en énumère les possessions et les confirme; il reproduit textuellement le diplôme collectif du roi et de l'archevêque, de 1076, en y introduisant un

---

(1) On lit dans une notice manuscrite de feu M. Guilmot (180), consacrée au châtelain Wautier Iᵉʳ : « La même année (1080), Wautier finit sa longue carrière ; il fut enterré dans la crypte ou église souterraine de Notre-Dame (depuis St-Amé); que le peuple appelait autrefois *les croûtes*, lieu de la sépulture de ses pères, où l'on communiquait de son château (la Vieille tour?) par un chemin voûté qui resta longtemps inconnu ; il fut retrouvé vers la fin du XVIIᵉ siècle (1686), lorsqu'on rebâtit le chœur de l'église St-Amé, et donna lieu à la fable du chemin souterrain fait par Gayant, de Douai à son château de Cantin. »

Il y a là bien des opinions hasardées. Signalons surtout l'erreur et la contradiction commises par Guilmot, en faisant mourir Wautier Iᵉʳ en 1080 : lui-même, un peu plus haut, cite le document anglais de 1086, constatant que notre châtelain existait encore à cette époque.

Comme conséquence de l'erreur, Guilmot attribue à un châtelain Wautier II les actes de 1081 et 1089, qui appartiennent à Wautier Iᵉʳ ainsi que nous allons le voir.

seul article nouveau, relatif à une récente acquisition, celle d'un manoir près de l'église, dépendant du fief du chantre de Saint-Amé. Le châtelain Wautier (*ipse Walterus castellanus*), c'est-à-dire l'auteur des magnifiques donations rappelées dans cette charte de 1081, ainsi que dans les diplômes de 1076, figure comme témoin, à la tête des laïques; il est suiv[i]. des chevaliers Wérin de Dourges, Guy et Nicolas. (*Preuves*, n° XVII 1°.) Dans l'autre, Gérard II confirme les droits respectifs du chapitre et du prévôt, tels qu'ils ont été réglés par le prévôt Raimar et le comte Robert, du consentement du châtelain Wautier (en sa qualité de grand avoué) et de tous les chanoines. Il énumère encore les biens considérables donnés par ce châtelain pour l'usage spécial des chanoines et le service du culte. « Tels sont, ajoute-t-il, les bénéfices et les alleux dont enrichit le chapitre, pour l'entretien du luminaire et la décoration de l'église, celui qui ne songea qu'à rehausser la dignité ecclésiastique et qui, toute sa vie, défendit de tout son pouvoir la collégiale contre quiconque voulut la menacer ou la ravager; c'est le châtelain Wautier ! » Bel exemple à proposer aux générations présentes et futures, ajoute encore l'évêque Gérard II. Le seul témoin laïque indiqué dans cette seconde charte est *le châtelain Wautier*. (*Preuves*, n° XVII 2°.) L'énumération contenue dans cette charte est la plus complète : certaines variantes offrent également beaucoup d'intérêt.

A l'aide de tous ces documents, nous pouvons dresser une longue liste, qui restera le témoignage certain d'une munificence presque royale. Voici donc ce que Wautier Ier, châtelain de Douai et grand avoué de Saint-Amé, donna, de son vivant, à sa chère collégiale :

Il renonça au droit seigneurial, consistant en un muid de vin, qu'il percevait, en sa qualité de grand avoué, à chaque mutation des prébendes canoniales. (Diplômes du comte, du roi et de l'archevêque, 1076 ; et de l'évêque, 1081, n° 1).

Il donna le moulin Tauvoie, situé à Douai. (Id.) Ce don n'est point repris dans la charte n° 2 de l'évêque, parce qu'il n'avait point été fait spécialement pour le chapitre. Le prévôt de Saint-Amé y avait sa part, attendu que le moulin fut arrenté, vers la fin du xii° siècle, par le prévôt Régnier, le doyen Herbert et autres. (Cartulaire de Saint-Amé, xiii° siècle).

Encore à Douai, au lieu dit la Vigne, *in loco qui dicitur Vinea*, ou bien *juxta Vineam in burgo*, sept hôtes, à savoir : six francs-hôtes, à la Vigne même, et un hôte ordinaire dans le Bourg. (Diplômes du roi et de l'archevêque, 1076; de l'évêque, 1081, n°° 1 et 2.) Il faut savoir ce que l'on entendait par *hospes*, hôte ou sujet. Cette expression suppose presque toujours l'existence d'une propriété bâtie et habitée, d'une masure, d'un manoir « amasé » ou ci-devant « amasé » ; le bien qui appartenait à celui qu'on appelait hôte, était soumis à la juridiction d'un seigneur quelconque, auquel l'hôte devait une rente, ainsi que le droit seigneurial de mutation, etc. ; sur les hôtes ordinaires, le seigneur n'avait que la juridiction nécessaire pour la perception de sa rente foncière et de ses autres droits utiles; sur les francs-hôtes, il avait en outre la justice vicomtière ou même la haute justice. A Douai, les francs-hôtes de Saint-Amé, considérés comme de véritables sujets de cette église, n'étaient point sous la juridiction échevinale ; ils étaient justiciables, même pour les cas de haute justice, de la cour temporelle de Saint-Amé, composée du bailli et d'hommes de fief.

A propos du lieu anciennement dit à Douai « la Vigne », il y a bien une rue de la Vignette, près du canal, dans le voisinage de l'ancien moulin Tauvoie ; mais il est fort peu probable qu'on y ait jamais cultivé la vigne, ni au xi⁰ siècle, ni auparavant, car au lieu d'un coteau, c'est un terrain bas et humide, dépendant de ce qu'on a longtemps appelé l'Aunoit ou Lannoy (*alnetum*), endroit où croissent les aunes. Comme il faut chercher ailleurs la Vigne, nous pensons aux environs de l'église Saint-Pierre, où le terrain est élevé; à côté, aurait été le lieu dit le Bourg, au xi⁰ siècle, quartier de la ville déjà fort habité à cette époque. Au surplus, la collégiale ne paraissant pas avoir conservé ses « hôtes » ni de la Vigne ni du Bourg, il est impossible de rien préciser ; aussi abandonnons-nous la solution à de plus habiles.

Il donna, près de Douai, à Flers et *Asperach*, un alleu consistant en terres, prés, marais et bois; il avait été donné au châtelain Wautier par un personnage nommé *Ivon* (Diplôme de l'évêque, n° 2) et qui appartient probablement à la maison de Douai. Le même bien est désigné ailleurs d'une façon pittoresque : à Flers, onze hôtes et les deux tiers d'un hôte, et autant de terre qu'on peut ensemencer avec douze muids et demi de blé, et des prés que vingt-quatre faucheurs peuvent faucher en un jour, et la moitié du bois de chêne du hameau appelé *Hasprach*. (Diplôme du comte, du roi et de l'archevêque ; de l'évêque, n° 1.) Une note, ajoutée postérieurement sur l'un de ces diplômes, indique Belleforrière comme étant le nom moderne de Hasprach. Nous avons trouvé, dans des titres du xive siècle et depuis, le lieu dit « le Forestel de Belleforière », juridiction de Saint-Amé.

Encore près de Douai, à Brebière, la moitié d'un moulin. (Diplôme de l'évêque, n° 2.) Ce bien s'était ajouté à d'autres, que la collégiale possédait déjà dans ce village. (Diplôme du comte etc.)

Dans le Pèvele, la dîme de Bouvignies. (Diplôme du comte etc. Manque dans le diplôme de l'évêque, n° 2.) Dans la bulle du pape Paschal II, (1) 1104 : *apud Bovennias juxta Martianas, totam decimam corporis ecclesie.* En 1789, c'était le doyen de Saint-Amé qui était décimateur du village de Bouvignies-lez-Marchiennes.

Eloignons-nous maintenant de Douai et rapprochons-nous d'Aubigny-le-Comte, de Béthune et de Saint-Pol, qui à cette époque dépendaient du comté de Flandre ; au XIIIe siècle, c'étaient des dépendances du comté d'Artois.

A La Comté, le quart du village, en hôtes, terres, prés moulins, bois, eaux, dîme etc; c'était un alleu patrimonial, qu'il avait acheté, en 1074, de son frère cadet Hugues. (Charte de 1074 ; diplômes du comte, du roi et de l'archevêque, 1076 ; de l'évêque, n°s 1 et 2, 1081.)

A Auchel, la huitième partie du village etc ; c'était un alleu de la même provenance. (Id.)

A Huulin, la moitié de l'alleu qui fut à Hugues Ier, châtelain de Douai, et à Adèle, sa femme ; encore même provenance. (Id.)

La moitié de Fresvillers ; même provenance. (Id.)

Près d'Aubigny, la moitié du village de Maisnil (hameau

---

(1) Arch. départ., fonds de St-Amé.

à droite de la route d'Aubigny à La Bassée), en hôtes, terres et bois ; même provenance. (Id.)

Passons maintenant en Cambrésis, à Fins (au sud de Metz-en-Coûture, aujourd'hui dans le département de la Somme); la moitié de l'alleu qu'il acheta, en 1074, à son frère Hugues, lequel avait appartenu à Hugues, châtelain de Douai, et à Adèle de Cambrai, sa femme, et auparavant au père de celle-ci, le fameux Wautier II, châtelain de Cambrai et sire d'Oisy. (Id.)

Enfin, dans le pays flamand ou « thiois », du côté de Bergues, au village de Gimevelt ou Wimevelt (aujourd'hui Ghyvelde, canton d'Hondschoote), la terre de la moitié d'une bergerie. Cette possession, qui lui venait probablement du comte Robert le Frison, il l'avait solennellement donnée, sur le lieu même, le 14 septembre 1076. (Charte de donation: diplôme du comte, 1076 ; du roi et de l'archevêque, 1076 ; de l'évêque, n°s 1 et 2, 1081)

Dans la vie accidentée de notre châtelain, une nouvelle épreuve lui était réservée : le compagnon fidèle du comte Robert, le riche et puissant seigneur du comté de Flandre, nous allons le voir, dépouillé de ses biens, suivre le parti du jeune Bauduin, comte de Hainaut, le neveu et l'ennemi de Robert le Frison.

En effet, *Wautier de Douai* comparaît, comme principal témoin, au testament de la comtesse Richilde (morte le 15 mars 1086), avant même Anselme de Ribemont (comte d'Ostrevant), et dans la charte de Bauduin, comte de Mons (ou de Hainaut), par laquelle celui-ci confirme les libéralités faites par feu sa mère à l'abbaye d'Hasnon. Au nombre des seigneurs présents à l'acte de 1086, par lequel Bauduin, comte de Mons, donne à l'abbaye d'Hasnon l'église de Notre-Dame (la Grande), que lui et feu sa mère Richilde avaient fondée en leur château de Valenciennes, figure *Wautier de Douai*, avec cette qualification bizarre : *voluntarie pauper*. Dans une autre charte du même comte Bauduin, de l'année suivante, confirmant l'acquisition faite par l'abbé d'Hasnon, d'un moulin à Valenciennes, *Wautier de Douai* est l'un des *fidèles* ou féaux du comte, appelés pour la validation de l'acte; il vient après deux seigneurs des maisons de Maroilles et de Jauche. *Preuves*, n° XVIII.

Il résulte de ces documents, que, si notre châtelain avait perdu ses possessions du comté de Flandre, il avait encore une grande position dans les comtés de Valenciennes et de Mons ; cette position, il l'avait déjà du reste en l'année 1065, ainsi que nous l'avons constaté précédemment.

Quant à la cause qui poussa Wautier de Douai à abandonner Robert le Frison, son bienfaiteur, pour passer dans le camp ennemi, peut-être tient-elle aux événements qui agitèrent le comté de Flandre, de 1079 à 1085. On sait que le comte Robert se brouilla avec le clergé de son comté, qui trouva un ferme appui dans les grands seigneurs ; la querelle s'envenima surtout dans le pays wallon, où le mécontentement faisait tourner les yeux vers le jeune Bauduin, comte de Mons et de Valenciennes, l'héritier légitime du comté de Flandre. Le malaise était si grand, que le souverain pontife envoya, en 1084, Arnoul (saint Arnoul), évêque de Soissons, vers le comte Robert, pour le réconcilier avec ses sujets wallons; résultat que le saint évêque parvint à obtenir (1).

(1) *Acta Sanctorum Augusti*, t. III, p. 247; Anvers, 1737, in-folio; d'après une vie de saint Arnoul, composée au commencement du XII° siècle.— Cf. Edward Le Glay, *Hist. des comtes de Flandre*, Paris, 1843, in-8°, t. 1°°, pp. 212 et 213.

Il est permis de croire que Wautier de Douai, dont nous connaissons le dévouement à l'église, se sera trouvé mêlé à cette lutte, et que, plus aigri ou plus compromis que d'autres, il n'aura point fait sa paix avec Robert le Frison.

Ce dernier, étant parti pour la terre sainte vers 1085, n'en revint que vers 1090; il ne s'occupait plus des affaires de son comté, et quoiqu'il ne mourût, dit-on, qu'en 1093, c'était son fils Robert II qui était reconnu en 1092 comme seul comte de Flandre (1). Ce changement de prince permit sans doute à notre châtelain de rentrer dans son pays et de reprendre sa place à la cour de Flandre. Toutefois, il ne paraît pas avoir recouvré son office de châtelain qui avait été conféré à un autre, ainsi que nous le verrons dans l'article suivant.

Gramaye, dans ses « Antiquités douaisiennes », 2ᵉ partie, dit qu'un « Wautier, châtelain de Douai », figure dans une donation faite, en 1090, à l'abbaye de Saint-Vaast ; le renseignement est-il exact ? nous en doutons ; l'acte de 1096, analysé plus loin, ne serait-il pas celui que cite inexactement l'historiographe des Archiducs ?

En 1092 et 1093, Wautier de Douai est nommé dans deux chartes du comte Robert II en faveur de l'abbaye de Ham-lez-Lillers. Par la première, le comte, en approuvant la fondation de l'abbaye et la donation, au profit de celle-ci, de la terre de Ham, située dans le vicomté du château ou châtellenie d'Aubigny, reconnaît que l'abbaye a été mise en possession de cette terre par trois seigneurs (*seniores*) dudit château, pairs ou principaux feudataires de la châtellenie, savoir: Hugues d'Aubigny, *Wautier de Douai* et Hugues

---

(1) Charte de l'abbé de Saint-Vaast d'Arras, 1092: *regnante apud Francos Philipo rege, apud nos autem Rotberto Flandrensium juniori comite*; original dans le fonds d'Anchin, aux archives départementales.

Havet, en présence du comte, leur seigneur, à Aire. Dans la seconde charte du comte Robert II, solennisée à Bourbourg, en 1093, le même *Wautier de Douai* figure comme témoin, immédiatement après le comte de Guines; il y précède le boutillier, le sénéchal, le maréchal de Flandre, etc. (*Preuves*, n° XX). Nous savions déjà que nos châtelains possédaient d'importants domaines dans la châtellenie d'Aubigny; les chartes de 1092 et 1093 prouvent qu'ils y avaient rang parmi les pairs.

Au mois décembre de cette année 1093, Wautier Ier est ainsi désigné :«le seigneur Wautier, ci-devant châtelain de Douai, personnage dévoué aux intérêts de la religion, quoique seulement laïque ». *Preuves*, n° XXI.

Aussi prit-il une part active aux évènements qui amenèrent l'heureux rétablissement du diocèse d'Arras et sa séparation d'avec celui de Cambrai. Le nouvel évêque Lambert ayant été saluer l'archevêque de Reims, le 18 décembre 1093, et s'étant mis en route pour Rome, le 24, notre ex-châtelain partit à son tour et rejoignit, à Molesme en Bourgogne, l'évêque qui l'attendait ; « la venue du seigneur Wautier de Douai le réjouit et le consola ». Ils partirent ensemble, avec tout leur train, en passant par Dijon où ils se reposèrent deux jours ; enfin, après les ennuis d'une longue route, durant la saison d'hiver, ils entrèrent à Rome, le vendredi 17 février 1094, l'avant-veille du dimanche de la Quinquagésime. Ils y firent un assez long séjour avant que le nouvel évêque pût être consacré par le souverain pontife. La cérémonie terminée, on songea au retour ; l'évêque Lambert envoya en avant, d'abord Drogon, prévôt d'Aubigny, puis Eudes et Achaire, le chantre et l'écolâtre de la cathédrale d'Arras ; mais il eut soin de retenir auprès de lui Wautier de Douai, et s'étant joint à Raoul, archevêque de Tours, il quitta Rome, le vendredi 21 avril, après le dimanche de Quasimodo. L'on prit la route de mer à Ostie, jusqu'à Pise, où l'on débarqua après avoir essuyé plusieurs tempêtes. De là, les deux prélats envoyèrent en avant, jusqu'à Clausa en Lombardie, le chantre Eudes et Wautier de Douai, qui les attendirent en cette ville; puis tous ensemble allèrent jusqu'à Lyon, où l'archevêque de Tours se sépara d'eux. Enfin le 28 mai 1094, jour de la Pentecôte, l'évêque fit son entrée solennelle à Cité-lez-Arras. *Preuves*, n° XXI.

On sait quel intérêt, non-seulement Arras, mais aussi Douai, Lens, Aubigny et d'autres villes, avaient à voir accomplie une séparation depuis longtemps désirée; en effet, l'évêque de Cambrai était alors un vassal de l'Empire, et par conséquent un adversaire du Royaume de France dont dépendait le comté de Flandre; au point de vue temporel, c'étaient sans cesse des obstacles et des empêchements dérivant de la politique; en outre, la simonie, reprochée continuellement par les papes aux empereurs à propos des investitures, et les excommunications qui s'en suivaient étaient des causes permanentes de troubles et de malaise pour l'église d'Arras, qui ne voyait de salut que dans sa séparation d'avec Cambrai et dans le recouvrement de son antique indépendance. Wautier de Douai, en secondant ces aspirations, servit donc une cause essentiellement nationale et contribua au soulagement du peuple.

Nous le trouvons, le 3 février 1096 (v. st.), en l'abbaye de Saint-Vaast d'Arras, avec le comte Robert et la comtesse Clémence, l'évêque d'Arras Lambert et d'autres prélats. L'abbaye de Saint-Martin de Tours avait fait réclamer au comte le paiement d'une rente qu'elle disait lui être due sur une terre à Baralle, au diocèse de Cambrai ; pour s'édifier sur l'existence de cette rente, le comte avait fait choix d'un certain nombre de grands personnages, tant ecclésiastiques que laïques, parmi lesquels figurent en première ligne, après les prélats, notre Wautier ainsi désigné: *Wautier, ci-devant châtelain de Douai, mais maintenant clerc*, et *Hugues*, son frère, châtelain de Cambrai ; ils sont nommés avant Roger, châtelain de Lille, et Onulf d'Aire, sénéchal de Flandre. Ces personnages, choisis parmi ceux qui étaient le mieux informés, donnèrent raison à l'abbaye; en conséquence, le comte s'obligea, pour lui et ses successeurs, au paiement de la rente. (*Preuves*, n° XXII). Ainsi, malgré la perte de son office de châtelain, le clerc ou l'ecclésiastique Wautier de Douai occupait toujours un rang élevé à la cour de Flandre.

Ce fut sur les vives instances de l'ancien châtelain (*maxime* domni Gualteri, aliquando Duacensis castellani, *petitionibus satisfaciens*), que l'évêque d'Arras Lambert, le 8 juillet 1097, donna à Saint-Amé l'autel de Saint-Albin-lez-Douai: *altare S^{ti} Albini, in extremo prenominati castri, quasi suburbio, situm*. *Preuves*, n° XXIII.

Cette charte nous suggère plusieurs observations. La première, c'est que l'ex-châtelain était seigneur de Saint-Albin. Tel était aussi le sentiment de Jean-Baptiste Gramaye, exprimé dans ses *Antiquitates Duacenses* (2° partie), où il fait remarquer très-judicieusement que si Wautier n'avait pas possédé de droits seigneuriaux sur la paroisse Saint-Albin, il n'eût pas été nommé dans un acte de collation d'autel; c'est ce que reconnaîtront, ajoute-t-il, les personnes qui ont une certaine habitude du style des

anciens diplômes :«*Patebat castellani olim jurisdictio.....
etiam in parochia D. Albini...... Lambertus episcopus......
ad petitionem Galteri castellani ait se confirmare canonicis altare S. Albini, in extremo prædicti castri, quasi suburbio, situm. Datum anno 1097. Nisi autem jus castellano fuisset in altare......, hæc ita non facta, non scripta fuissent : quod norunt, qui circa diplomatum obsoletas phrases se exercuerunt* ». La seconde observation, c'est qu'il continua d'être seigneur de Saint-Albin, même après avoir cessé d'être châtelain de Douai ; il semble aussi, d'après sa sollicitude pour les intérêts de la collégiale, qu'il avait conservé sa dignité de grand avoué de Saint-Amé. Enfin, il n'accompagna point, quoiqu'on ait dit, le comte Robert à la croisade; en effet, au mois de juillet 1097, tandis que Wautier de Douai était à Arras, tout occupé des affaires du chapitre, ce comte de Flandre et ses compagnons s'étaient déjà illustrés à la prise de Nicée (20 juin).

Nous relèverons aussi l'erreur assez accréditée, qu'a commise Plouvain, dans ses *Souvenirs* (page 26), où il dit que la paroisse Saint-Albin a été érigée, en 1100, par le chapitre de Saint-Amé. En réalité, cette paroisse, la plus ancienne peut-être de Douai, existait depuis très-longtemps, à la collation directe de l'évêque diocésain, quand, en 1097, celui-ci en donna l'autel au chapitre. L'on sait que l'église était alors située hors des murs de la ville forte (*castrum*), dans une sorte de faubourg (*quasi suburbium*).

L'ex-châtelain Wautier Ier assiste encore, comme témoin, à un traité conclu, l'an 1111, entre le chapitre de Saint-Amé et le chevalier Nicolas d'Aubigny ; le chapitre cède à celui-ci le quart de La Comté, moyennant une rente d'un marc et demi d'argent, payable à la fête de saint Amé, 19 octobre. Il y figure après Robert, prévôt de Saint-Amé, et les membres du chapitre ; il précède Wautier, prévôt de Saint-Pierre (de Lille ?), des chanoines de Lille, etc. Parmi les témoins laïques, nous remarquons : Hugues du Markiet (*de Foro*), dont la famille subsistait encore dans la haute bourgeoisie douaisienne à la fin du XIIIe siècle ; Raoul de Douyeul (*de Duiolo*), dont le nom se conserva longtemps chez nous; les maires de *Espumerel* et de *Everlengehem*, domaines de la collégiale; Géry d'*Iser* (aujourd'hui Izel-lez-Esquerchin), Enguerran de *Guelesin* (Gœulzin, près Douai), Azon d'*Escleven* (Esclevaing à Masny), Otran de *Caventin* (Cantin). Ils figurent là probablement comme vassaux de la collégiale. (*Preuves*, n° xxiv). Le quart de La Comté, dont il s'agit ici, avait été donné par Wautier Ier au chapitre, vers 1074.

L'ancien châtelain ne se contenta plus du titre de clerc (*clericus*), il voulut celui de moine (*monachus*). En effet il termina sa longue carrière dans l'abbaye du Mont-Saint-Eloy près d'Arras. C'était un temps de ferveur religieuse et monastique, où les puissants du siècle, au déclin de leur vie, se retiraient chez les fils de saint Benoît et de saint Augustin ; il imitait ses amis, les chevaliers Wautier de Douai *dit* de Montigny, fils d'Ursion, et Sohier de Lohes, fondateurs et moines de l'abbaye d'Anchin en 1079. Son frère cadet, l'orgueilleux Hugues Ier, châtelain de Cambrai et sire d'Oisy, mourut aussi simple moine.

On voit dans la chronique de l'abbaye du Mont-Saint-Eloy, rédigée en 1607 par le religieux André Le Vaillant, un douaisien (1), que le châtelain Wautier, lequel, sous

---

(1) Ms n° 123 de la Bibliothèque publique d'Arras.

l'abbé Jean I"' (1068-1108), avait donné à ce monastère des biens situés à Gouy-Ternas, vers Saint-Pol, et à La Comté, s'y voua, dans la suite, au service de Dieu. Voici du reste le passage du manuscrit, que nous devons à l'obligeance M' Caron, bibliothécaire de la ville d'Arras.

« Au même tems (sous l'abbé Jean), nous fut donné la terre de Gouy-en-Terna, partie par certain seigneur, nommé *Walterus, châtelain de Douai, lequel se rendit depuis relligieux ici*, en partie par un autre seigneur, nommé Warrain, à cause que son père étoit icy inhumé. Semblablement nous fut alors donné une partie des terres de La Comté par le susdit *Walters*, le reste ayant été depuis acheté par ledit abbé (Jean), comme aussi nous furent au même tems donné, par diverses personnes, les terres de Herlin, Moyenneville, Mons et Guemicourt en Cambresi. »

Le seigneur *Warmus* ou Wérin, qui se joignit à notre châtelain, son parent sans doute, pour donner à Saint-Eloy la terre de Gouy, est très-probablement le chevalier Wérin de Dourges, qui figure avec le châtelain Wautier dans la charte de 1081 délivrée par l'évêque de Cambrai en faveur de Saint-Amé. D'après la même chronique du Mont-Saint-Eloy, Wérin, seigneur de Dourges et de Noyelle-Godault, fit encore d'autres libéralités à l'abbaye; il lui donna notamment le domaine de Baye à Dourges, et en 1109 un alleu situé dans le pays d'Escrebieu, *in pago Scarbeio* (1).

(1) La charte de *Warinus de Dorges*, de l'an 1109, a été publiée par Du Chesne, en 1639, dans ses *Preuves de l'Hist. de la maison de Béthune*, pages 302 et 303, d'après un cartulaire de l'abbaye du Mont-Saint-Eloy ; il donne son alleu de Dourges et de Noyelle, *Nigella*, sis au pays d'Escrebieu, *in pago Scarbeio*, ainsi que son alleu de *Spineeham*, en présence d'*Hugues d'Inchy*, d'*Hugues*, fils de ce dernier, d'*Hugues d'Aubigny*, de Bauduin, châtelain de Lens, de Liétard Brochet (ou Becquet, seigneur d'Hennin-Liétard) etc. Hugues d'Inchy n'est autre que Hugues I"', châtelain de Cambrai, sire d'Oisy, d'Inchy etc., frère cadet de notre châtelain Wautier I"'.

La chronique d'André Le Vaillant est d'autant plus précieuse, qu'elle a été faite d'après de très-anciennes chartes (1) qui n'existent probablement plus depuis longtemps, attendu que dom Queinsert qui a copié, avant la Révolution, les titres principaux du chartrier de l'abbaye du Mont-Saint-Eloy, no les mentionne pas. Nous n'avons trouvé, en effet, dans les travaux du digne bénédictin, rangés à leur date dans l'immense collection Moreau à la Bibliothèque nationale, que l'indication suivante se rapportant à l'une des libéralités de Wautier de Douai. En 1128, l'archevêque de Reims confirme les possessions de l'abbaye, et notamment : *Quartam partem villæ quæ dicitur Comitatus;* le nom du donateur n'est pas rappelé. Le même diplôme est moins laconique pour Wérin de Dourges : *Totum alodium Vuarini de Dorges, et de Nigella et de Spincham. Apud eandem Nigellam, alodium Godeldis* (2).

Chose bizarre, celui qui fut le plus généreux bienfaiteur de la collégiale Saint-Amé après saint Maurand, le châtelain de Douai Wautier Ier est indiqué d'une manière tout-à-fait inexacte dans l'obituaire de l'église, qui repose maintenant aux archives départementales : *Walterus castellanus* Cameracensis, *qui ecclesiam S. Amati ditavit luminaribus , obit. suo , x s. doy. Xij kl. ·ilis.* Nul doute qu'il ne s'agisse ici de notre châtelain, puisqu'on rappelle que c'est lui qui a tant donné pour le luminaire de l'église, ainsi que le constate notamment la charte n° 2 de l'évêque Gérard (1081). Nous avons indiqué précédem-

---

(1) Elles étaient copiées dans le cartulaire de l'abbaye, dont Du Chesne avait eu communication.

(2) Collection Moreau, vol. 53, f° 80. *Nigella Godeldis,* Noyelle-Godault. *Godeldis,* en wallon Godault, est un nom de femme, comme *Mathildis,* Mahault.

ment, en détaillant les affinités qui unissaient les châtelains de Douai et ceux de Cambrai, au XI° siècle, les raisons qui ont, selon nous, causé cette erreur de l'auteur de l'obituaire. L'obit du châtelain de Douai, Wautier I°r, se célébrait donc à Saint-Amé le 21 mars, qui était peut-être l'anniversaire de sa mort ou celui de sa retraite au Mont-Saint-Eloi.

Dans le fragment d'un obituaire de Saint-Amé, du XIV° siècle, qui a été employé comme couverture du cartulaire 00 des archives de la ville, l'indication relative à l'obit du châtelain Wautier est plus exactement faite : *Xij kl. aprilis. Walterus castellanus, qui ecclesiam ditavit luminaribus. X s. doy*.

Né vers l'an 1030, notre châtelain devait avoir une vingtaine d'années, quand il apparait en 1051 ; il était sexagénaire, quand il obtint le titre de clerc ou d'ecclésiastique, vers 1096; c'était un vieillard de quatre-vingts ans, lorsqu'il prit l'habit de moine.

Il y a de fortes présomptions de croire qu'il mourut sans postérité ; nulle part il ne fait allusion aux enfants qu'il aurait pu avoir; il donne et il donne continuellement, sans le concours ni d'un fils ni d'une fille, ce qu'il n'aurait pu faire légalement s'il avait eu des héritiers directs ; nulle trace non plus de ratification souscrite postérieurement par un descendant de Wautier I°r.

Avant de continuer nos recherches sur les successeurs du châtelain Wautier I°r, jetons un regard en arrière et rappelons combien étaient considérables la puissance et la fortune de nos châtelains au XI° siècle.

A Douai, le châtelain est le plus grand personnage après le comte de Flandre : il est le *vicomte* de Douai; son office féodal, encore entier avant ces démembrements qui, bientôt, vont l'amoindrir, lui assure une prépondérance sans partage; il a des vassaux et une cour féodale, des « hôtes » ou sujets, etc.; sa dignité de grand avoué de la collégiale de Saint-Amé soumet à son influence le chapitre lui-même.

Autour de Douai, ses possessions s'étendent dans bien des villages, à Flers, à Brebières, à Gœulzin, à Vitry, à Sin, etc., etc.

Plus loin, dans le Pèvele, il a la dîme de Bouvignies.

Dans les châtellenies d'Aubigny et de Béthune, il a des seigneuries à La Comté, à Auchel, à Huvlin, à Fresvillers, à Maisnil, à Gouy-en-Ternois, etc. Il a un rang égal à celui du sire d'Aubigny lui-même, dont il est le pair, sous la suzeraineté du comte de Flandre.

Il possède également des biens dans le Cambrésis, notamment à Fins. Une alliance vaut à un cadet de sa maison la châtellenie de Cambrai et la baronnie d'Oisy.

A la suite de la conquête d'Angleterre, il s'enrichit de terres considérables situées dans différentes parties de ce royaume.

Enfin, grâce à la faveur du comte Robert le Frison, il a des domaines jusque dans la partie « thioise » ou flamingante du comté de Flandre, notamment à Ghyvelde, sur le bord de la mer, entre Dunkerque et Furnes.

Mais cette époque reculée marque aussi l'apogée de la puissance des châtelains ou vicomtes de Douai, dont l'office va se fractionner, tandis que leurs nombreux domaines s'éparpilleront dans d'autres mains.

III.

Liste des châtelains (suite). — Le châtelain Eudes, 1087. — Démembrements successifs de la châtellenie; la seigneurie de Saint-Amé, la prévôté, le Gavène. Nombreuses branches cadettes. — Wautier II; sa mort en 1158. — Michel; son château fort de Vitry; il meurt vers 1190. — Wautier III; son dévouement au comte de Flandre; Agnès de Beaumes, sa femme. — Wautier IV, sa femme Howil et leurs enfants; ses rapports avec les échevins. — Wautier V et sa femme Jeanne de Roisin; ventes faites à la ville en 1263, 1268 et 1284. — Wautier VI, Jeanne de Wasquehal, son épouse, et leurs fils; il soutient le comte Guy de Dampierre dans sa lutte contre le roi Philippe le Bel; il se rallie à la domination française en 1300. — Un gouverneur de Douai ou châtelain royal succombe à Courtray en 1302.

3. — EUDES, châtelain de Douai (1087).

Wautier I⁽ʳ⁾ ayant perdu son office vers l'an 1086, alors qu'il suivait le parti du comte de Hainaut, il fut remplacé par un personnage nommé Eudes (*Odo*).

Ce dernier était à la cour de Bruges (*in lapidea domo comitis*), le 8 janvier 1087 (vieux style), lorsque le comte de Flandre Robert II approuva la donation que son vassal, l'illustre Anselme de Ribemont (comte de Ribemont et d'Ostrevant, le héros de la première croisade) avait faite à l'abbaye de Ribemont, d'une bergerie située dans les environs de Bourbourg; il est repris parmi les chevaliers du comte Robert qui furent présents à cet acte solennel, savoir: Alar. *e Spinorth* (d'Espinoy-lez-Carvin), Baudouin de

Warthenbek, Roger, châtelain de Lille, Gérard de Vlorenbek, Conon Densch (?) et Evrard, châtelain de Tournai, Eustache de Visven (?), Lambert de Cortheli (?), Etienne de Boulers, Enguerran et Archembaut d'Hesnes, Eudes, châtelain de Douai (*Odo de Duaco castellamus*), Lambert de Aschach (?). Ulric, fils de Tetbold d'Ypres ; enfin Thierry d'Audenarde et ses fils Robert et Lambert. *Preuves*, n° XIX.

La charte du 8 janvier 1087 (v. st.), copiée au XIII° siècle, dans le cartulaire de Saint-Nicolas de Ribemont, et reproduite au XVIII° siècle, par dom Grenier, est un document très-précieux pour nous, puisqu'il nous révèle l'existence du châtelain Eudes ; celui-ci fut évidemment substitué, par le comte de Flandre, à Wautier I*er*, quand ce dernier passa en Hainaut ; en effet il importait alors que Douai ne fût pas longtemps sans vicomte ou lieutenant du comte. Il n'est guère permis de considérer Eudes comme un simple intérimaire, puisque Wautier I*er*, quand il fut rentré en grâce auprès de son maître, ne reprit pas possession de son office, et qu'il fut dès lors désigné sous le titre d'ex-châtelain, ainsi que nous l'avons vu aux années 1093 à 1111.

Dans le recueil si connu de Le Mire et Foppens (tome III, Bruxelles, 1734, in-f°, page 18), il y a une charte du comte Robert II en faveur de l'abbaye de Tronchiennes, où figure un personnage ainsi indiqué : *Odekinus castell. Duacensis.* Mais en se référant à une autre copie de cette charte, écrite vers 1640 et publiée par le chanoine De Smet dans le *Recueil des chroniques de Flandre* (tome I, Bruxelles, 1837, in-4°, page 704), on constate que Foppens n'a eu à sa disposition qu'un texte détestable et incomplet ; qu'au lieu de la date du 6 juillet 1087 (parfaitement exacte dans toutes ses parties), donnée par M. De Smet, Foppens a imprimé : *Xj Julii* 1077; et qu'il y a en outre défiguré plusieurs des noms des témoins. Or, parmi ceux-ci, figurerait, d'après M. De Smet (au lieu de cet *Odekinus*, châtelain de Douai, selon Foppens), un *Hodekinus*, chapelain de Douai.

Voici, du reste, comment sont rangés les témoins de cette charte du comte Robert II, passée en l'église collégiale de Saint-Pierre de Lille (*in ecclesia Hislensi*; et non *Lillensi*, comme l'imprime Foppens), la première année du gouvernement (*principatus*), du fils de Robert le Frison : *Signum Walteri archidiaconi. S. Letberti (Lelberti*; d'après Foppens) *capellani* (1). *S. Baldevini de Warkembeka* (*Wortanbeca* ; Foppens). *S. Roberti pincernæ. S. Roberti castellani Brugensis. S. Tetboldi de Ypra* (*Helbodi de Ipra*; Foppens). *S. Ulrici filii ejus* (*Vulvrici filii*; Foppens). *S. Fromoldi fratris ejus* (*et Frumoldi fratris*; Foppens). *S. Lamberti Nigri* (*Labu Magistri*). *S. Reingoti castellani* (*Renigon Castell.*; Foppens). *S. Holdekini capellani* (2) (*Odekini castell.*; Foppens) *Duacensis*.

La difficulté est donc de savoir si, dans le diplôme du 6 juillet 1087, il y avait *castellanus* ou *capellanus*; dans le premier cas, il s'agirait bien ici de notre châtelain Eudes, *Odo* ou *Hodekinus*; dans le second cas, la charte n'aurait guère d'intérêt pour nous.

Quoique le texte de Foppens soit si inférieur à celui de M. De Smet, cependant nous inclinons à croire que, dans

---

(1) Foppens ajoute ici : S. *Volberti capellani*.
Ces premiers témoins sont des ecclésiastiques ; ceux-ci priment ordinairement, dans les diplômes, les seigneurs laïques.

(2) Il y a aussi *capellani* dans le texte de la même charte, imprimée dans la *Gallia christiana*, t. V, Paris, 1731, in-f°, *instrumenta* col. 325.

ce passage, il est meilleur, et qu'il y avait bien, dans le diplôme original, *castellanus* et non *capellanus*. Dans la première hypothèse, le châtelain *Hodekinus* est à la place qu'il doit occuper, c'est-à-dire parmi les seigneurs laïques, avec Bauduin de Wartembeke et Ulric, fils de Tetbold d'Ypres, témoins de la charte du 8 janvier 1087 (v. st.); il occupe le dernier rang, comme un officier récemment entré en charge. Si, au contraire, il y avait *capellanus*, le chapelain *Hodekinus* ne serait pas à sa place; ecclésiastique, il devait prendre rang avant les laïques, comme l'archidiacre Wautier et le chapelain Letbert, qui nommés en tête des témoins.

C'est donc, pour ainsi dire, à chaque pas que naissent les difficultés, dans cette partie de notre travail; et ces difficultés s'aggravent encore par ce fait que, depuis l'an 1088 jusqu'en 1122, nous ne rencontrons plus aucun personnage qui soit qualifié châtelain de Douai. Autant étaient abondants les documents à recueillir sur nos premiers châtelains, autant ils font défaut tout à coup; c'est une regrettable lacune de plus de trente ans.

Cherchera-t-on à la combler en recourant à la charte du comte Robert II, sur le point de partir pour Jérusalem, donnée en l'église de Saint-Pierre de Lille, l'an 1096? On y trouvera les noms d'Engelbert de Cisoing et de Roger, châtelain de Lille, indiqués expressément comme devant accompagner le comte à Jérusalem ; puis ceux de Winemar, châtelain (de Gand), Robert, châtelain, *Wautier, châtelain*, Roger, le jeune châtelain (fils du châtelain de Lille?), Bauduin de Gand (tué au siége de Nicée, 1098), Onulf, sénéchal (de Flandre), Raoul, chambellan etc. etc., dont un certain nombre sont connus pour avoir été à la croisade; et même la libéralité, faite alors par le comte au chapitre de Lille, avait pour but d'attirer sur son expédition les faveurs célestes. Parmi les seigneurs réunis à Lille, vraisemblablement avec l'intention d'accompagner leur chef en terre sainte, nous distinguons bien un *Walterus castellanus*; mais l'identité de prénom ne suffirait point à elle seule pour faire reconnaître en lui un châtelain de Douai ; d'autant plus que, dès l'année 1114, nous trouvons un Wautier, châtelain de Bruges, et un Wautier, châtelain de Courtrai (1).

Consultera-t-on la liste des compagnons du comte Robert II à la première croisade, liste dressée un peu au hasard (2) par Jacques De Meyer, f°s 31 v° et 32 r° des *Annales rerum Flandicarum* (Anvers, Steelsius, 1561, in-f°). Nous y trouvons en effet un *Galterus Doacensis*; mais l'historien flamand a eu évidemment en vue le Wautier de Douai cité dans les chartes du temps, c'est-à-dire notre Wautier Ier, qui réellement n'a pas accompagné le comte de Flandre à la croisade, ainsi que nous l'avons établi précédemment. Il y a aussi un *Galterus castellanus*, cité après Herman d'Aire et Alard de Warneston ; est-ce le même que celui de la charte de 1096 ? peut-être ; mais la place qui lui est assignée parmi les Thiois ou Flamands pro-

---

(1) *Walterus, castellanus Brucgensis, Walterus, castellanus Curtracensis*, témoins d'une charte du comte Bauduin à la Hache, année 1114, concernant l'abbaye de St-Bertin. *Cartul. de St-Bertin*, Paris, 1811, in-4o, p. 255.

(2) Meyerus lui-même nous indique comment il composa sa liste : il recherche quels étaient les principaux seigneurs de la cour de Flandre, recueillit leurs noms et présuma qu'ils avaient accompagné leur comte en terre sainte. « *Et vixerunt eadem tempestate in Flandria, quos subjicio optimates, quique haud dubiè, cum multis praeterea aliis quorum non est invenire nomina, hac expeditione comitem sunt secuti, ut.........* ».

Des recherches ultérieures ont rectifié bien des noms cités par Meyerus, on on supprimé plusieurs et ajouté un bon nombre. Voir notamment la liste du baron de Reiffenberg, dans son édit. du *Chevalier au Cygne et Godefroid de Bouillon*, Bruxelles, 1848, in-4o, t. II, pp. cxxxvi à clix.

prement dits, fait supposer que Meyerus voyait en lui un seigneur de la Flandre flamingante (1).

Croira-t-on Carpentier (*Histoire de Cambray*, Leyde, 1664, in-4°, page 507), quand il affirme, d'après Gélic, qu'un *Hugues de Douay* alla à la croisade en 1097 ? mais le falsificateur et le fabricant de tant de chartes offre-t-il des garanties suffisantes, pour faire croire à l'existence d'un châtelain de Douai, qui ne figure dans aucun document contemporain ? Gélic lui-même est-il une autorité ? Nous renvoyons du reste à nos *Preuves*, n° XXV, où l'on trouvera une liste des chartes fausses de Carpentier, dans lesquelles il est parlé de nos châtelains ou de leur maison.

Revenons encore à Eudes, châtelain de Douai en 1087 et successeur de Wautier Ier. Etait-il proche parent ou héritier présomptif de celui auquel il fut substitué, ou bien était-ce, au contraire, un étranger à la maison de Douai ? L'office passa-t-il aux héritiers d'Eudes, ou retourna-t-il aux collatéraux de Wautier ? Ce sont des questions qu'il ne nous paraît pas possible, en présence de la pénurie des documents contemporains, de résoudre d'une manière satisfaisante ; présenter quelques considérations et hasarder quelques hypothèses, c'est tout ce que nous pouvons faire.

---

(1) Dans ses recherches sur «Les châtelains de Douai au XI° siècle » (*Bull. scientif.* etc. *du Nord*, 1872, in-8°, pp. 65, 83 et 84), feu M. Desplanque est plus affirmatif encore ; d'après lui, le châtelain de Douai, Wautier II, fils et successeur de Wautier Ier, aurait été «l'un des héros de la première croisade ».

Sur la foi de plusieurs chroniqueurs, nous avions cru d'abord à une participation effective et prouvée d'un Wautier II, châtelain de Douai, à la croisade où s'illustra le comte de Flandre Robert II ; nous l'avons même imprimé en 1865, p. 69 de notre *Statistique archéologique de l'arrondissement de Douai* ; mais de nouvelles investigations nous ont démontré que la présence d'un Wautier de Douai à la croisade n'est prouvée par aucun document. Enfin, on ne peut dire qu'il en a été « l'un des héros », alors que son nom ne figure dans aucun historien des croisades.

Les circonstances critiques dans lesquelles Eudes remplaça Wautier Ier, la rébellion, nous allions dire la trahison de ce dernier, permettent de croire que le comte de Flandre n'a point remis la garde de sa ville de Douai à un proche parent du transfuge, et que par conséquent, Eudes était étranger à la maison de nos premiers châtelains.

Sur l'autre question, celle du sort de la châtellenie après Wautier Ier et Eudes, la solution est plus difficile. Eudes laissait-il des héritiers et ceux-ci lui succédèrent-ils ? Mais on ignore absolument quelle était sa famille et s'il eut des enfants. Quant à Wautier, nous savons qu'il ne laissa point de postérité, mais qu'il avait eu un ou plusieurs frères, descendant comme lui de Hugues Ier, notre châtelain de 1024 et de 1038.

Des collatéraux de Wautier Ier nous en connaissons un, c'est son frère cadet, Hugues Ier, châtelain de Cambrai, qui vivait encore en 1111, ayant alors des fils et des petits-fils tous majeurs. Le châtelain de Cambrai réunit-il, pendant quelque temps, les offices de Cambrai et de Douai ? Serait-ce à cette circonstance que nous devrions attribuer l'absence, dans les documents de l'an 1100 environ, de tout personnage qualifié châtelain de Douai ? car on sait qu'à cette époque, les seigneurs étaient fort sobres de titres, contrairement à ce qui s'est pratiqué dans les temps modernes, et qu'ils se contentaient d'en énoncer un seul, le principal de tous. Le châtelain de Cambrai, Hugues Ier, quoique sujet de l'Empire, apparaît souvent comme vassal du comte de Flandre; car ce prince ambitionnait, à la fin du XIe siècle, l'avouerie ou le protectorat du Cambrésis, qu'il ne tarda pas à obtenir en fief de l'empereur (en 1107); poussé par ses vues ambitieuses à souffler la discorde dans les Etats de l'évêque, il joue un double rôle dans les querelles entre le prélat et le châtelain, excitant celui-ci et défendant celui-là. Rien donc d'impossible à ce que Hugues Ier ait été en même temps châtelain de Cambrai et de Douai.

Lors d'une donation qu'il fit, en 1111, à l'abbaye d'Anchin, Hugues, châtelain de Cambrai, cite comme ses seigneurs l'évêque et le comte. Il donne même sa part ou la moitié du tonlieu de Douai (1); ceci serait concluant, puisque le tonlieu était un droit inhérent à l'office de châtelain, si la chronique de *Baldericus* ne mentionnait pas, vers 1030, au nombre des possessions de l'église de Cambrai, la moitié du tonlieu de Douai, dépendant du domaine de Lambres; or, le châtelain s'étant substitué à l'évêque dans la seigneurie de Lambres, il a pu en même temps s'attribuer cette part du tonlieu.

Durant l'invasion germanique de 1102, l'empereur détruisit aussi bien les châteaux d'Hugues de Cambrai, tels que Marquion, Paluel et Inchy, que ceux du comte de Flandre, notamment celui de Lécluse (2). Au début de l'autre invasion, qui eut lieu en 1107, l'empereur ayant passé l'Escaut à Valenciennes, celui qui gardait Cambrai pour le comte quitta précipitamment la cité pour se retirer à Douai, où vint aussi le comte de Flandre. C'est alors qu'eut lieu le siège de notre ville par l'empereur Henri V en personne. Les chroniqueurs nous ont bien appris que la défense, dirigée par Robert II, fut

---

(1) Chartes originales dans le fonds d'Anchin, aux archives départementales.

(2) Chroniq. de St-André du Cateau, 1e moitié du XIIe siècle; p. 374 de l'édit. de *Baldericus* de M. Le Glay. — Chronique française du XIIIe siècle, t. XIII du *Recueil des hist. de la Gaule et de la France*.

vaillante et heureuse; ils ont négligé de nous conserver le nom du feudataire qui, par son office, était le lieutenant du comte, le nom, disons-nous, du châtelain ou vicomte, sous la bannière duquel les bourgeois de Douai repoussèrent l'invasion germanique (1).

Pour achever l'examen de l'hypothèse où Hugues Ier aurait réuni la châtellenie de Cambrai et celle de Douai, nous ferons remarquer que ce seigneur eut plusieurs fils, indépendamment de Hugues II, son successeur comme châtelain de Cambrai; dans la charte de 1111 en faveur de l'abbaye d'Anchin, un seul des fils cadets est désigné par son prénom, c'est Simon, qu'il ne faut pas confondre avec un autre Simon, lequel était fils aîné en 1074, et qui en 1089 fut le meurtrier du chevalier Ollard, ainsi qu'il a été expliqué dans l'article précédent. Hugues II, châtelain de Cambrai, n'ayant certainement pas possédé la châtellenie de Douai, celle-ci aurait, toujours dans cette hypothèse, passé à des fils cadets d'Hugues Ier; peut-être même aura-t-elle été divisée entre eux, de manière que ce serait de cette époque que daterait la séparation définitive de la seigneurie de Saint-Albin et de la prévôté de Douai d'avec le fief de la châtellenie. On remarquera encore que les rapports, qui étaient si intimes au XIe siècle, à cause de parenté, entre les châtelains de notre ville et ceux de Cambrai, ne cessent pas au XIIe siècle; en effet, le châtelain et le prévôt de Douai figurent alors parmi les vassaux du sire ou baron d'Oisy, châtelain de Cambrai.

Pour conclure, nous dirons donc nos préférences en

---

(1) *Chronicon S. Petri Blandiniensis*, p. 13 des *Annales* de Vande Putte. —Chroniq. de St-André du Cateau, p. 375 de l'édit. Le Glay de la chronique de *Baldericus*.—Chroniq. française de Cambrai, XIIIe s.; t. XIII du *Recueil des Hist.*, etc.

faveur de l'hypothèse qui, après le châtelain Eudes, substitué vers 1086 au châtelain Wautier Ier, fait rentrer la châtellenie dans la maison des Hugue et des Wautier de Douai. En effet, l'hérédité des fiefs, même en ligne collatérale, était dès lors un principe incontesté, et d'ailleurs les héritiers de Wautier Ier étaient d'une assez puissante maison pour faire valoir leurs droits ; qu'Eudes ait été obéi, comme châtelain de Douai de par la volonté du comte, quoiqu'il ne fût pas, semble-t-il, un bien important personnage ; que même il soit mort en exercice, c'est possible ; mais, lui disparu, les revendications des intéressés auront aussitôt surgi, pressantes et irrésistibles. Enfin, dernier indice qu'il ne faut pas négliger, nous retrouverons, durant le XIIe siècle et le XIIIe, une longue succession de châtelains de Douai, prénommés Wautier, comme celui qui avait donné tant d'éclat à son titre : or, à cette époque, ce que nous appelons prénom était le nom véritable, que l'on se transmettait avec le titre, dans les familles seigneuriales; témoins les dynasties des Bauduin de Flandre, des Rainier de Hainaut, des Hugue de Cambrai etc.

Plusieurs chartes de la fin du XIe siècle et du commencement du XIIe ont signalé à notre attention des personnages portant le nom de Douai, mais sans que nous puissions les mettre au rang de nos châtelains ; aussi est-ce seulement pour ne point paraître les avoir ignorés que nous rappelons ici les noms du chevalier Robert de Douai *dit* d'Esquerchin, fils d'Ermentrude ; d'Ursion de Douai, chevalier du comté de Hainaut ; et d'Adon de Douai.

En 1091, «noble homme» Robert de Douai *dit* d'Esquerchin, fils d'Ermentrude, du consentement de sa femme et de ses enfants, cède à l'abbaye de Crespin son alleu de

Suvurch, Sevurch ou Sebourg ; l'acte fut par lui passé à Douai (*Duaco castello*), en présence de personnes dignes de foi, savoir : Hugues, Walon, Amaury et beaucoup d'autres. Ce fut approuvé à Valenciennes par le comte de Mons, Bauduin, fils de Richilde, en présence de ses barons : Thierry d'Avesnes, Baudry de Roisin le vieux, Waucher de Caverem, Ursion de Douai *(Ursio de Duaco)*, Alard Waschet, Willaume de Belem, etc. (1). Robert de Douai, vassal du comte de Flandre, se défait de son alleu de Sebourg, probablement parce que celui-ci était situé dans les Etats du comte de Hainaut, l'ennemi de son seigneur ; à cet effet, il ne se rend même pas à Valenciennes, et il passe l'acte à Douai, en présence de gentilshommes ou de seigneurs sujets comme lui du comte de Flandre. Le comte Bauduin avait alors, parmi ses chevaliers, un membre de la maison de nos châtelains, Ursion de Douai, dont le prénom a été porté par plusieurs individus de la famille.

Il y a, dans les archives de l'abbaye d'Anchin, une charte de la comtesse douairière Clémence (vers 1120), dans laquelle nous avions espéré trouver quelque renseignement concernant le châtelain de Douai. Cette princesse, comtesse de Flandre, pour les âmes de son mari Robert et de ses deux fils, concède à l'abbaye d'Anchin la faculté d'établir, entre la ville de « Lalain » et le lieu dit « Kéviron », un fossé dont les eaux iraient faire tourner un moulin dans l'enclos du monastère, à la condition toutefois que cela ne nuirait pas à la navigation de la Scarpe et sous la réserve du consentement des échevins (*legitimi viri et scabini*) de Douai.

---

(1) Cartul. et arch. de l'abbaye de Crespin. Collection Moreau, vol. 36, fos 186 et 188, à la Bibl. nationale.

Les titres de notre ville constatent que le souverain de Douai, et les échevins, sous l'autorité de leur seigneur, avaient la propriété du cours de la Scarpe jusqu'au Kéviron, en aval de Lalaing, où commençait la juridiction de l'abbaye de Marchiennes ; et que la garde de cette partie de la Scarpe navigable appartenait au châtelain de Douai. Malgré cela, ce dernier n'est point nommé dans la charte de la comtesse. Les témoins sont : Etienne de Landast, Willaume d'Ypres (bâtard de Philippe, fils cadet de la comtesse Clémence), Amaury de Landast (seigneur de Landas, Bouvivignies, Warlaing, etc ; en cette dernière qualité, il avait la garde de la Scarpe navigable dans l'étendue de la juridiction de Marchiennes, en aval du Kéviron), Géroult de Landast, Wautier de Raisse (châtelain de Rache), Simon de *Haveckerke* (Havesquerque), Wagon *de Scleven* (Esclevaing, à Masny), Adon de Douai (*Ado de Duaco*), Bernard de *Fonte* (1), Wérin, Ingebrand, Elbert et ses frères Alfroid et Ernoul.

Quant à Adon de Douai, ce n'est certainement point un châtelain de notre ville, ni peut-être même un membre de la maison de Douai ; il figure, à un rang inférieur, parmi les vassaux ou hommes de fief de la comtesse, et une simple similitude de nom, ou plutôt de surnom, ne suffit point, à cette époque, pour ranger des individus dans la même famille, puisque le nom n'est, le plus souvent, que celui du fief ou même de la demeure.

Enfin Adon de Douai (*Ado de Duaco*) apparaît, en 1146, comme vassal du comte de Hainaut, qui délivre une charte en faveur de l'abbaye de Vicogne (2), étant présents ses ba-

(1) Vassal du chapitre de S.-Amé, en 1111. *Preuves*, no XXIV.
(2) Cartul. de Vicogne. Collection Moreau, vol. 61, f° 151.

rons: Eutache, son neveu, Arnoul de Baudignies, Thierry de Walers, Waucher de Bruille, Amand de Doneng, Rén¹er de *Lolpais* (Lespais?), Louis de Fraine et Charles, son frère, Drogon de *Summain* (Somain), Adon de Douai, Géry de La Pierre (*de Petra*) et Vivien, son fils, *Fulmerus* de Sebourg (*Suburch*).

Quoiqu'il en soit, la vérité est que, dans la série de nos châtelains, se trouve, comme nous l'avons dit, une lacune regrettable de plus de trente années. Aussi, pour ne pas nous laisser entraîner davantage dans le vaste champ des suppositions, nous hâterons-nous de rentrer dans le domaine des faits positifs, laissant à chacun la liberté de *croire* que cette lacune a été remplie par un châtelain qui se serait appelé aussi Wautier, qui aurait pris part au mouvement des croisades etc.

4. — WAUTIER II, châtelain de Douai (1122-1158), époux d'Adèle, qui survivait en 1177. (Voir 4° chapitre, article II.)

Un titre de l'abbaye de Saint-Vaast contient le nom de Wautier de Douai, qui figure, après un grand nombre de seigneurs, dans une charte du comte de Flandre, Charles le Bon, donnée par ce dernier, à Arras, l'an 1122, au moment où il revenait, avec ses chevaliers, d'une heureuse expédition entreprise contre Godefroid, comte de Ribemont et d'Ostrevant, châtelain de Valenciennes, alors comte de Hainaut comme tuteur des enfants mineurs de sa femme Yolande de Gueldre, veuve de Bauduin III. Comme les moines de Saint-Vaast avaient un procès contre un nommé Engelbert, sujet du comte et vassal de l'abbé, un jugement fort curieux fut rendu, dans le cloître de Saint-

Amé, par : Robert, sire ou baron de Béthune, avoué d'Arras, Bauduin, sénéchal de Flandre, Bauduin, connétable de Flandre, Froald, châtelain de Bergues, Rasse de Gavre, Bauduin *dit* Miette (*Micula*), sire d'Aubigny, Bauduin, châtelain d'Arras et neveu du sénéchal, Alelme de *Mercato* et Nicolas, son frère, Eustache *dit* Becket ou Brochet, seigneur d'Hennin-Liétard, Bernard *dit* Le Vacque (*Vacca*), seigneur d'une partie dudit Hennin, et *Wautier de Douai*. Le jugement fut aussitôt proclamé par le comte et rédigé, avec le plus grand soin, par un moine de Saint-Vaast. *Preuves*, n° XXVI.

Le châtelain de Douai figure dans un rang plus honorable, parmi les nobles de la cour du comte Thierry, en l'année 1146, quand ce prince délivre sa charte en faveur de l'abbaye d'Hennin-Liétard, où sont nommés comme témoins : Raoul, châtelain de Bruges, Amaury de Landast, *Wautier, châtelain de Douai*, Wautier de *Rispelgi*, Chrétien d'Estracele, Alelme d'Arras, Geoffroid d'Hamelaincourt, Nicolas de Bailleul et Enguerrand de Brebière. *Preuves*, n° XXVII.

L'an 1148, nous le retrouvons jugeant à Arras, en la chambre de l'abbé de Saint-Vaast, avec les barons de Flandre. Il s'agissait encore de la grande querelle vidée en 1122, entre l'abbaye et son vassal, mais renouvelée par le chevalier Heluin, fils d'Engelbert. Cette fois, c'était la comtesse Sibille, qui, en l'absence de son époux, le comte Thierry, alors en terre sainte, avec le roi Louis VII et l'évêque d'Arras Aluisus, présidait la cour des barons composée de : Arsel de Housdaing, sénéchal, Rasse de Gavre, boutillier, Thierry, chambellan, Michel de Harnes, connétable, Gossuin d'Odingehem, Arnoul d'Orscam, *Wautier, châtelain de Douai*, Gilbert de Nivelle et Guillaume de Bondues. *Preuves*, n° XXVIII.

L'an 1150, probablement à Arras, comme le comte Thierry, à la demande de l'abbaye de Saint-Vaast exempte du droit de « gavène » ou « gave » (*gavelum*) les maisons qu'on construira à Baudimont, terre de Saint-Vaast, notre châtelain est nommé parmi les témoins de la charte, après la comtesse Sibille, le comte Philippe, futur souverain de la Flandre, et sa femme Isabelle, après Robert de Béthune, avoué d'Arras, le châtelain de Courtrai Roger, le châtelain de Saint-Omer Wautier et le châtelain de Lille Renaud. Après notre châtelain, viennent encore : Hugues, châtelain de Bapaume, Bauduin, châtelain d'Arras, Alard, sire d'Espinoy, Henri de Bourbourg, Bauduin de Bailleul et son fils Bauduin, Bernard de *Resbais*, Eustache de Gramines, Elbert de Carency, Warnier et Guiffroid de Hamelaincourt, enfin Wautier de Noyelle. L'octroi du comte Thierry était en outre approuvé par le sénéchal Roger de Wavrin et par son fils Hellin, qui tenait le droit de *gavène* en fief du comte de Flandre. *Preuves*, n° XXVIII *bis*.

Vers l'an 1150, il assiste, à La Fère, aux noces d'Enguerrand, comte de Saint-Pol, et d'Yde, fille de Nicolas, sire ou baron d'Avesnes, qui furent célébrées en présence du comte Thierry et de son fils Philippe. L'acte anténuptial, conclu par les soins du sénéchal de Flandre Roger, contient les noms des barons de Flandre témoins et cautions, savoir : le châtelain de Lille, *le châtelain de Douai*, Elbert de Carency, Simon d'Oisy, châtelain de Cambrai, et Robert de Béthune, avoué d'Arras. *Preuves*, n° XXIX.

Encore à Arras, en l'année 1154, il est témoin d'une charte du comte Thierry, en faveur de l'abbaye de Saint-

Amand ; il y figure le dernier, après Sibille, comtesse de Flandre, Philippe (plus tard comte de Flandre), fils du comte, Henri de Bourbourg, connétable, Roger de Wavrin, Roger, châtelain de Courtrai, Roger de Cysoing, Hugues de Bapaume, Etienne de Landast et Amaury de Landast. *Preuves*, n° XXX.

Il était à Bapaume, en 1156, avec le comte Thierry et ses barons, lorsque ce prince défendit à un chevalier d'élever une maison fortifiée (*firmitas*) au village de Courcelles-le-comte, sans la permission de l'abbé d'Eaucourt. *Preuves*, n° XXXI.

Notre châtelain était alors au bout de sa carrière, puisqu'il mourut en septembre 1158, pendant que son maître le comte Thierry accomplissait sa troisième expédition contre les Turcs, et que le jeune comte Philippe administrait les Flandres. Le chroniqueur Lambert de Watreloos, en relatant cette mort, fait du défunt, son contemporain, le plus bel éloge ; nous le transcrivons ici : *Tamen*, Duacensis castellanus, *vir acer ingenio et armis strenuus, inimicis quidem suis erat formidolosus, fulgur, gladius, pestis, amicis vero pater, tutor, provisor, alloquio lenis, finem vitae in septembrio, siccine tandem ordinanto Deo fecit* (1).

Ainsi une haute intellligence, une intrépidité guerrière, un entier dévouement pour les siens, une parole douce, toutes ces qualités, notre châtelain les eut en partage. C'était en outre un seigneur de renom, puisque le chroniqueur cambrésien, occupé à noter les événements qui se passaient dans le pays, enregistre un décès arrivé dans des circonstances ordinaires : ce qu'il n'aurait pas fait,

---

(1) *Recueil des hist. de Fr.*, t. XIII, p. 515.

bien certainement, s'il ne se fût agi d'un personnage de marque.

Sous Wautier II ,. apparaissent en notre ville, concurment avec le châtelain, deux autres feudataires revêtus d'attributions démembrées du fief de la châtellenie, et connus sous les noms de prévôt de la ville de Douai et de seigneur de Saint-Albin. (3ᵉ et 5ᵉ chapitres.)

L'épouse du châtelain Wautier II paraît avoir été une dame nommée Adèle, qui vivait encore en 1177. (4ᵉ chapitre, article II.) Il eut un grand nombre d'enfants, parmi lesquels plusieurs fils qui apparaîtront dans la suite de ce travail, savoir : Michel, l'aîné, Roger, Pierre de Douai, chevalier fameux en son temps (4ᵉ chapitre, article II), Wautoul d'Auberchicourt, Bauduin de Marquette, Hugues, prévôt de l'église Saint-Pierre de Douai en 1161, puis « élu » (évêque non consacré) de Cambrai de 1197 à 1200, etc.

Nous réservons pour un autre travail, qui pourra devenir l' « Histoire généalogique de la maison de Douai, » les renseignements généalogiques et héraldiques que nous avons recueillis en passant sur les très-nombreuses branches cadettes de cette maison.

5. — MICHEL, châtelain de Douai (1158-1190), fils de Wautier II.

Vers l'an 1160, l'un des frères cadets de notre châtelain est nommé avec d'autres témoins, vassaux du comte de Flandre et appartenant la plupart au pays d'Artois, dans une charte du comte Thierry et de son fils Philippe, au sujet de la dîme de Bougnâtre, acquise par l'abbaye d'Anchin. Voici les noms des témoins : Roger de Landast, Guffroid de Hamelaincourt, Hugues de Barncourt, *Roger, frère de Michel, châtelain de Douai*, Godescalque de Beugnâtre, Simon, son frère, Gérard La Truie, Thierry, fils du comte Thierry, Wautier de Hainaut. (*Preuves*, n° XXXII.) Le gentilhomme désigné sous le nom de Thierry, fils du comte, paraît être un bâtard du comte de Flandre.

Une charte très-intéressante pour nous, c'est celle par laquelle le comte Thierry, en 1161, confirme les possessions qu'avait à Vitry l'abbaye de Saint-Aubert, notamment une rente de cinq sols sur trois jardins (*curtilia*) dépendant du manoir du châtelain de Vitry; il rappelle que c'était l'un de ses prédécesseurs, du nom de Robert (1072-1111), qui avait donné à l'abbaye « en la ville de Vitry, sur les rentes du comté (ou domaine), quatre muids de blé, à la mesure du comte ». Les témoins de la charte sont : les comtes Philippe et Mathieu (comte de Boulogne), fils du comte Thierry, Roger de Wavrin, sénéchal de Flandre, et Hellin, son fils, Michel, connétable, *Simon d'Oisy, châtelain de Cambrai*, Hugues de Beaumez (*Pulchrum Mansum*), châtelain de Bapaume, *Michel, châtelain de Douai*, Hugues d'Inchy, Roger de Cisoing, Guffroid de Hamelaincourt, Martin, abbé de Saint-Vaast d'Arras, Hugues, abbé de Saint-Amand, le bienheureux Gossuin, abbé d'Anchin, Didier, prévôt de Saint-Amé, *Hugues, prévôt de Saint-Pierre de Douai*. (*Preuves*, n° XXXIII.) L'antique bourg de Vitry et son château fort, assis à gauche de la Scarpe, avant de passer à l'évêque d'Arras, ont longtemps appartenu au comte de Flandre, qui avait inféodé la garde de la forteresse au châtelain de Douai; celui-ci était donc châtelain ou vicomte de Vitry; dans la charte de 1161, il est appelé châtelain; plus tard, nous le verrons se qualifier seigneur; sous l'évêque d'Arras, son véritable titre fut maire de Vitry. Un comte du nom de Robert avait, paraît-il, donné des rentes sur le domaine de Vitry ; malheureusement la charte n'a pas été conservée; il devait y être nécessairement question du châtelain de Douai, et précisément vers le temps où nous avons à regretter la lacune d'un quart de siècle.

Le prévôt de l'église Saint-Pierre de Douai, Hugues, l'un des témoins de la charte de 1161, est le frère du châtelain qui devint «élu» de Cambrai en 1197.

En l'an 1162, le comte Thierry, étant à Douai dans le cloître de Saint-_né, avec les comtes Philippe et Mathieu, ses fils, et plusieurs seigneurs de sa cour (*proceres mei; principes*), transporta à l'abbaye de Marchiennes le «gavle» (ou «gavène»; sortes de rentes seigneuriales privilégiées, vestiges d'un antique impôt foncier) de Sailly-en-Ostrevant, village de sainte Rictrude, lequel « gavle » était tenu en fief par le chevalier Hugues de Saint-Aubin. Parmi les barons du comté de Flandre, témoins à l'acte, figurent: *Simon d'Oisy, châtelain de Cambrai*, Bernard de Saint-Valery, Eustache, chambellan (de Flandre), Hugues *de Ulmo* (Lomme ; *ulmus*, orme), Roger, châtelain de Courtrai, Roger de Wavrin, sénéchal, *Michel, châtelain de Douai*, Roger de Landast, sire de Cisoing, Wautier, châtelain de Rache, *Gérard, prévôt de Douai* etc. *Preuves*, n° XXXIV.

Le châtelain de Douai conserva, auprès du fils et du successeur du comte Thierry, la position qu'il avait à la cour de Flandre. En 1169, il se trouvait à Macle, avec le comte Philippe, et il assistait à la délivrance d'une charte de ce prince en faveur de l'abbaye d'Hennin-Liétard ; cet acte confirmait notamment celui de 1146, dont le châtelain Wautier II, son père, avait été témoin. Voici les noms des seigneurs indiqués dans la charte de 1169 : Willaume (*châtelain de St-Omer ?*), Conon, châtelain de Bruges, Eustache, chambellan de Flandre, Robert, avoué d'Arras, sire de Béthune, Hellin de Wavrin, sénéchal, Alard, sire d'Espinoy, *Michel de Douai*, Eustache, châtelain de Lens, Bauduin de Robecque. *Preuves*, n° XXXV.

En 1172, un nommé Sohier de Douai (*Sigerus de Duaco*), assisté de sa mère et de ses frères, ayant vendu à l'abbaye d'Anchin, moyennant deux cents marcs d'argent (somme considérable pour le temps), la part qu'il avait dans le ton-lieu (*theloneum*) de Douai ; le comte Philippe approuva le contrat (à Douai), en présence de : Wautier d'Arras, *Michel, châtelain de Douai, Hugues de Saint-Aubin*, Robert de Quinci, Francon de Fleirs, *Wautier d'Auby*, Landry de Gœulzin, etc. Etaient présents aussi plusieurs vassaux du comte ou hommes de fief de moindre importance, et des échevins de Douai. Le chevalier Garin de Gœulzin, Willaume et Hesselin, ses frères, en ratifiant l'acte précédent, au mois de février 1204 (v. st.), nomment le vendeur de 1172, leur père, Sohier de Gœulzin (1).

L'an 1174, probablement à Arras, comme le comte Philippe, sur la plainte de l'abbé de Saint-Vaast, interdit à ses sujets de Vitry d'établir un chemin dans le marais entre cette ville et Biache, notre châtelain l'assiste en qualité de l'un des barons de sa cour ; son nom figure dans la charte, où sont indiqués d'abord, après le comte et la comtesse, ainsi que l'élu de Cambrai chancelier de Flandre : Hellin de Wavrin, sénéchal, Robert, avoué d'Arras, sire de Béthune, Wautier de Locres et Henri de Formoselle. *Preuves*, n° XXXV *bis*.

(1) Arch. départ., fonds d'Anchin.

Le 26 avril 1176, nous retrouvons notre châtelain à Cité-lez-Arras, avec le comte Philippe, quand celui-ci délivra sa grande charte à l'abbaye de Marchiennes (1). La cour des barons de Flandre avait eu aussi à juger un différend entre l'abbaye et Amaury de Landast (sire de Landas, Bouvignies, Warlaing, etc.); voici les noms de ces seigneurs: Eustache, chambellan de Flandre, Wautier de Locres, Robert, avoué d'Arras, sire de Béthune, Hellin, sénéchal, Michel, connétable, Hugues, sire d'Oisy, châtelain de Cambrai (beau-frère du comte), Wautier d'Arras, *Michel, châtelain de Douai*, Renaud d'Aire, Gilbert d'Aire, Wautier, châtelain de Rasce (Rache).

Il assista au traité conclu l'an 1177, entre Froumault, évêque d'Arras, et le comte Philippe, au sujet de leurs juridictions respectives. Suivent les noms des témoins: Bauduin, comte de Hainaut (beau-frère du comte de Flandre), Robert, avoué, Michel, connétable, Hellin, sénéchal, Jacques, sire ou baron d'Avesnes, Roger, châtelain de Courtrai, Jean, châtelain de Lille, Willaume, châtelain de Saint-Omer, *Michel, châtelain de Douai*, Rasse de Gavre, Henri de Formoselle, Willaume de Hatsci, Wautier de Locres, Wautier d'Arras, *Gérard, prévôt de Douai*, Gilbert d'Aire, Jean de Waencourt, père et fils, Pierre de Busquoy, Gérard de Sorel, Eustache de Neufville, *Preuves* n° XXXVI.

En 1180, à Arras, il figure dans un acte du comte Philippe, en faveur de l'abbaye de Marchiennes; témoins: Michel, connétable de Flandre, *Michel, châtelain de Douai*, Amaury de Landast, Gérard de Messines (notaire) et Robert, clerc du comte, ainsi que Thibaut, maire d'Orchies (2).

(1) Arch. départ., fonds de Marchiennes.
(2) Arch. départ., cartul. de Marchiennes, f° 78.

En la même année, à Arras, en plein chapitre de Saint-Vaast, comme le comte Philippe, assisté de ses barons, rendait justice à l'abbaye, notre châtelain apparaît parmi eux, après les officiers du palais, après le sire de Béthune, les châtelains de Saint-Omer et de Lille ; il a le pas sur le châtelain d'Arras. *Preuves*, n° XXXVII.

Il comparaît en 1184, dans l'église Saint-Pierre de Douai, devant Raoul, archidiacre d'Ostrevant, qu'assistaient plusieurs ecclésiastiques, notamment les curés de Vitry, de Saint-Albin de Douai, de Gœulzin, d'Erchin, de Sin et d'Estrées ; il reconnaît devoir à l'abbaye de Saint-Aubert une rente de cinq sols, monnaie douisienne, pour trois « courtils » (jardins) annexés à son château (*castellum*) de Vitry. *Preuves*, n° XXXVIII (1).

En 1187, aux plaids tenus au château d'Oisy par Hugues d'Oisy, châtelain de Cambrai, pour juger un différend entre l'abbaye du Mont-Saint-Éloi, d'une part, le châtelain d'Arras et le seigneur d'Escoives, d'autre part, le châtelain Michel figure en tête des vassaux du sire d'Oisy, son parent ; nous remarquons parmi eux : Etienne de Lambres, Landry d'*Allues* (Arleux), Robert d'Oisy, avoué de Rumaucourt, etc. *Preuves*, n° XXXIX.

Nous le retrouvons, l'année suivante, à Arras, lorsque le comte Philippe conclut un traité avec l'évêque, au sujet du lieu dit l'Estrée, entre Arras et Cité, au sujet de Vitry, etc. Etaient présents : Robert, avoué d'Arras, Jean, châtelain de Lille, *Michel, châtelain de Douai*, Bauduin, châtelain d'Arras, etc. *Preuves*, n° XL.

Par son testament, il fit des libéralités à la chapelle fondée en sa Vieille tour de Douai, paroisse Saint-Amé ; il lui

---

(1) Cf. charte de 1161 ; n° XXXIII.

légua une rente de deux muids (24 rasières) de blé à recevoir en sa grange de *Cawentin* (Cantin), de douze oies à prendre à *Brellon* (Brillon) et de douze chapons à lever à Douai. *Preuves*, n° XLIV.

Il mourut vers l'an 1190, très-probablement le 28 mars, date à laquelle se célébrait son obit en l'église Saint-Amé, à qui il avait légué, à cet effet, une rente d'un demi-marc ou dix sols, monnaie de Douai, sur sa seigneurie de Cantin. (*Preuves*, n° XLVII.) On lit, dans le précieux obituaire de Saint-Amé, de la fin du XIII° siècle, reposant aux archives départementales : « *Mikael, Duacensis castellanus, ob. suo, 1/2 m.*, sour tout chou qu'il a à Cantin. *V. Kl. aprilis.* »

Aux archives de la ville de Douai, il y a un fragment d'un obituaire de Saint-Amé, du XIV° siècle, qui a été employé comme couverture du cartulaire 00; on y lit : *V kl. aprilis Michael castellanus, x s.*

Sous le châtelain Michel, s'était encore opéré un démembrement considérable de la châtellenie, déjà si amoindrie ; alors avait apparu à Douai un quatrième seigneur, connu sous le nom de Gavenier. (Voir chapitre IV.)

VI. Wautier III, châtelain de Douai (1190-1208), fils de Michel et époux d'Agnès de Beaumez.

Ce devait être un jeune homme quand il succéda à son père. Les circonstances politiques n'étaient point heureuses alors pour les pays wallons du comté de Flandre; en effet, par la mort du comte Philippe (1191), Arras, Bapaume, Saint-Omer, Aire, etc., sont démembrés du comté et passent entre les mains du jeune prince Louis, fils du roi

Philippe-Auguste; Douai, Lécluse, Orchies, Lille, etc., restent attachées au comté de Flandre; voilà donc des provinces voisines, d'origine, de langue et de mœurs identiques, qui sont exposées à suivre des partis opposés dans une guerre imminente. Une autre cause de malaise, spéciale à Douai, Lécluse, Orchies, etc., c'était d'être soumis au douaire de la comtesse Mathilde, dite « reine Mahaut, » veuve du comte Philippe, et encore en âge de se remarier ; ce qu'elle fit, en 1194, avec un prince français, Eudes III, duc de Bourgogne ; la haine que cette princesse portait à son beau-frère Bauduin, comte de Hainaut, devenu comte de Flandre par sa femme Marguerite, sœur du feu comte Philippe, devait faire craindre que la comtesse douairière n'entreprît quelque chose contre Douai et Lécluse, que souhaitait avoir le roi de France déjà maître d'Arras ; et cela au préjudice de l'héritier du comté de Flandre.

Dans ces circonstances critiques, les principaux membres de la maison de Douai demeurèrent fidèles à leur seigneur ; ni le châtelain ni ses proches parents n'allèrent à Pontoise, en 1195, jurer le pacte secret conclu entre le roi et la comtesse Mathilde, déjà brouillée avec le nouvel époux qu'elle s'était donné l'année précédente ; bien loin qu'ils aient souscrit au traité qui, à l'extinction du douaire, aurait fait passer Douai et Lécluse entre les mains du roi de France, celui-ci prévoit le cas probable où ils ne voudraient pas pas l'approuver. « La comtesse, dit-il, fera jurer à *Pierre de Douai* (oncle de Wautier III) et au *châtelain de Douai*, qu'à sa mort ils livreront au roi les tours (la Neuve tour ou tour du comte, et la Vieille tour ou tour du châtelain) de Douai. S'ils ne veulent pas le jurer, le roi pourra ravager et détruire tout ce qu'ils possèdent, sans que la comtesse ose s'y opposer en aucune manière ; il pourra aussi donner à d'autres la garde desdites tours. » Les seigneurs, qui, par ordre de la comtesse Mathilde, souscrivirent à ce pacte, furent : le châtelain de Lille, Pierre du Maisnil, Jehan de Biez, Eustache de Canteleu, *Gossuin de Saint-Aubin* et R. d'Ipres (1).

Le châtelain et sa maison, qui avaient, autour d'Arras, de Lens, etc, de grandes possessions à la merci du roi, ne furent pas inquiétés à cause de la convention de Pontoise, attendu qu'elle ne reçut aucune exécution. En effet, le comte Bauduin de Hainaut étant mort cette année-là (décembre 1195), Mathilde s'attacha entièrement à son beau-neveu l'illustre Bauduin de Contantinople, et elle oublia ses inimitiés passées ; toujours extrême dans ses sentiments, elle reporta même sa haine sur le roi Philippe-Auguste, son ex-allié.

Il y a deux chartes du comte Bauduin de Constantinople, données à Lille, l'an 1195, en faveur de l'abbaye de Loos, étant seuls témoins : *le châtelain de Douai*, Pol de Vileirs et Robert de Wavrin *dit* l'oncle, seigneur de Sainghiu en Weppes. (*Preuves*, n° XLII.) On remarquera l'absence du châtelain de Lille et d'autres seigneurs de cette châtellenie ; peut-être étaient-ils brouillés alors avec le comte de Flandre, à cause de leur participation au pacte de Pontoise. Au contraire, le fidèle Wautier III était en faveur auprès du maître.

Notre châtelain seconda le comte Bauduin dans l'expédition que fit ce dernier contre le roi, s'avançant hardiment jusqu'à Amiens et Compiègne, et recouvrant Aire, Saint-

---

(1) Arch. nation., *Layettes du Trésor des chartes*, Paris, Plon, 1863, in-4°, I, 181.

Omer et d'autres villes récemment séparées du comté de Flandre (1197-1199). Il l'accompagna au château de La Roche-Andelys, où fut conclu, contre le roi de France, le 18 août 1199, un traité d'alliance entre Jean, roi d'Angleterre, et le comte Bauduin ; il le jura avec les principaux seigneurs de Flandre et de Hainaut, savoir : Henri, frère du comte, Willaume (bâtard de Hainaut, chef de la maison de Werchin), oncle du comte, Sohier, châtelain de Gand, Hugues de Saint-Aubert, Renier de Trit, Renaud d'Aire, Willaume, châtelain de Beaumont, Daniel de Courtrai, le prévôt de Bruges, Bauduin de Commines, Henri de Bailleul, Thierry de Beverne, Gérard de Rodes, Wautier de Sotenghien, Bouchard de Bourghelles, *Wautier, châtelain de Douai*, Oton d'Arbre. *Preuves*, n° XLIII.

La guerre était terminée, quand il s'occupa de ratifier et d'augmenter certaine fondation pieuse de son père. Par ses lettres du 1ᵉʳ octobre 1199, scellées d'un sceau équestre, avec contre sceau au chef d'hermines, tout en confirmant le legs fait par Michel à la chapelle de la Vieille tour, il ordonne que désormais les deux muids de blé à recevoir à Cantin, seront levés dans son domaine de Sin, où le blé est meilleur, à charge, par le chapelain, de payer, au doyen de Saint-Amé, à la décharge du châtelain, une rente de deux deniers et deux chapons, pour la « cambe » (brasserie) de Wautier le clerc. Témoins : les chevaliers Henri de *Mausni* (Masny), Wautier d'Auberchicourt, Bauduin, frère de celui-ci, et Wagon de Saint-Aubin. Wautier d'Auberchicourt et Bauduin de Marquette étaient des oncles paternels du châtelain. *Preuves*, n° XLIV.

Grâce sans doute aux bienfaits de son maître, le comte de Flandre et de Hainaut, il était richement doté dans les pays du ressort de la cour de Mons, c'est-à-dire soit en

Ostrevant, soit autour de Valenciennes ou en Hainaut. Aussi figure-t-il au nombre des seigneurs réunis au château de Mons, le 28 juillet 1200, pour consigner par écrit les coutumes féodales « à le comté et domination de Hainau appartenans ». Dans cette longue liste, après les princes Philippe, marquis de Namur, et Henri, frères du comte ; après les pairs de Hainaut et quelques puissants barons, comme : Englebert d'Enghien, Adam de Walincourt, Arnoul d'Audenarde, Nicolas de Condé etc, on trouve : *Gérard, prévôt de Douai, Wautier, châtelain de Douai* et *Pierre de Douai.* Bien d'autres noms suivent. *Preuves*, n° XLV.

Wautier III, l'un des fidèles de l'illustre comte Bauduin, a-t-il été à la croisade de Constantinople ? Non, répondrions-nous aussitôt, si nous ajoutions foi à la charte datée de Valenciennes, en avril 1201, publiée par Carpentier (*Preuves*, page 23) et reproduite dans le tome III (page 72) du fameux recueil de Le Mire et Foppens ; en effet, le nom du châtelain Wautier ne figure point parmi les chevaliers de Flandre et de Hainaut qui auraient pris la croix avec leur maître, en cette assemblée solennelle (1). Mais nous possédons des documents plus certains. Tandis que les croisés s'emparaient, pour la seconde fois, de Constantinople (12 avril 1204), qu'ils élisaient le comte Bauduin pour empereur (9 mai) et qu'ils célébraient son couronnement (16 mai), le châtelain était dans le pays, occupé à passer un nouvel acte de reconnaissance de la rente en blé et en avoine qu'avait à Vitry l'abbaye de Saint-Aubert ; c'était en mai 1204. A cette charte, pend son sceau équestre ; sur le bouclier, que tient le chevalier, on aperçoit un chef très-effacé ; le

---

(1) Nous examinerons ailleurs la question de l'authenticité de cette pièce. 4° chapitre, art. II.

contre-sceau est aux armes, et l'on y voit parfaitement le chef d'hermines. Au XIIIe siècle, l'usage des sceaux équestres était plus répandu qu'au siècle suivant, où seuls les grands seigneurs continuent à s'en servir; néanmoins, le sceau équestre est toujours, même au XIIIe siècle, l'indice d'une position sociale très-élevée. L'on verra que cet insigne continua d'appartenir à nos châtelains jusqu'au siècle suivant. Wautier III délivra sa charte de 1204, probablement à Vitry, en présence de : Me Asson, chanoine d'Arras, Etienne, curé de Vitry, et Nicolas, chapelain de celui-ci ; étaient présents aussi les chevaliers, parents ou amis du châtelain : Pierre de Douai (son oncle), Hugues *dit* le Cerf, Nicolas et Henri de *Mauni* (Masny) ; et encore : Aufroid, échevin de Vitry, Willoul et Hugues, prévôt du seigneur *élu* (évêque non consacré) d'Arras. (*Preuves*, n° XLVI.) En juillet suivant, l'évêque d'Arras Raoul, suzerain du châtelain comme seigneur supérieur de la ville de Vitry, approuva cet acte recognitif (1).

En la même année 1204, il fut choisi par la reine Mahaut, douairière de Flandre, et par Philippe, marquis de Namur, frère de l'illustre comte Baudouin, alors à la croisade, comme l'un des enquêteurs dans le procès de l'abbé de Marchiennes contre son avoué Amand (*Almannus*), qui revendiquait certains droits sur les bois de l'abbaye. Les enquêteurs *Wautier, châtelain de Douai,* et Pierre *de Bruech* firent leur rapport devant la haute cour de Flandre réunie à Cassel, qui jugea en faveur de l'abbaye. Ces faits sont consignés dans une charte, scellée par la reine Mahaut et le prince Philippe, et délivrée aussitôt, conformément à l'arrêt de la cour (*secundum dictum curie*), en

(1) Le Glay, Mém. sur les arch. de l'abbaye de Saint-Aubert, p. 23 du t. VII du *Bull. de la Com. hist.*, Lille, 1863, in-8°.

présence de : Gilbert, châtelain de Lille, *Wautier, châtelain de Douai,* Piérre *del* (du) Maisnil, *Gossuin de Saint-Aubain,* Gérard de Gauge, Pierre *del Bruech* (du Breucq), Bauduin de Vermiele, Robert de Gamans, Gérard d'Avelin, Philippe d'Austaing, Philippe de Dergnau et Pierre de Radingehau (1).

Des raisons politiques auront probablement empêché le compagnon dévoué du comte Bauduin de partager les périls et la gloire de son maître ; le souvenir des menées de Pontoise (1195) aura fait demeurer dans le pays le gardien sûr, le fidèle défenseur d'une ville dont la possession était toujours ardemment souhaitée par le roi Philippe-Auguste.

Nous le retrouvons à Bergues, au mois de juillet 1207, dans la suite du marquis de Namur, régent de Flandre; il siége parmi les nobles hommes de la cour, dont les noms sont indiqués ainsi : Arnoul, comte de Guisnes, Willaume, châtelain de Saint-Omer, Gilbert, châtelain de Lille, Wautier, châtelain de Douai (*Wulterus, castellanus Duacensis*), Bauduin de Commines, Wautier de Formeselles et Gérard de Sotenghien (2).

Le châtelain de Douai (*castellanus Duaci*) figure parmi les chevaliers bannerets du comté de Flandre, dans un rôle de la noblesse du royaume, dressé par ordre de Philippe-Auguste, vers l'an 1207, lorsque le roi avait la garde noble de l'héritière du comté (3). Les 41 chevaliers, qui y sont

---

(1) Arch. départem. fonds de Marchiennes; original.

(2) La comtesse de Lalaing, *Maldeghem la Loyale,* Bruxelles, 1849, in-8°, p. 358; d'après les arch. de St-Donat de Bruges.

(3) La Roque, *Traité de la noblesse,* Rouen, 1735, in-4°; p. 47 et ss. du Traité du ban et arrière-ban. La Roque croit que ce document date de la bataille de Bouvines, en 1214; il est évidemment antérieur de six à sept ans. En effet, parmi les ducs et les comtes du royaume, figure le comte de Boulogne, qui est bien connu pour avoir été l'un des complices de l'invasion

désignés, ne sont point rangés dans l'ordre des préséances, puisque, si le comte de Hollande figure en tête de la liste, le comte de Guisnes n'arrive que le 21°, le châtelain de Saint-Omer, baron ou comte de Fauquembergue, le 22°, etc. Quant au châtelain de Douai, il vient le 29°; il est suivi du châtelain de *Raisse* (Rache) ; Barthélemy d'Auby, dont il sera parlé plus loin, est le 38°.

Wautier III mourut en 1208, probablement le 21 février. En 1208, l'évêque d'Arras Raoul, à la prière des parents du défunt, approuve la fondation d'un obit à Saint-Amé, faite par le châtelain de Douai, Wautier, à l'article de la mort, moyennant un marc (20 sols douisiens) de rente sur sa seigneurie de Cantin ; l'évêque confirme aussi la fondation faite par Michel, père dudit Wautier, d'un demi-marc à Cantin, pour son obit. Fait en présence d'Étienne, curé de Vitry, du chevalier Bauduin de Marquette, oncle paternel, et du châtelain d'Arras, frère dudit feu châtelain Wautier. (*Preuves*, n° XLVII.) D'après un titre de 1200, le châtelain d'Arras était Bauduin, chevalier, époux de dame *Torsiaus* et ayant alors un fils nommé Bauduin (1) ; son sceau équestre, pendant à un acte du mois

---

germanique. D'un autre côté, le comte de Flandre n'est pas nommé; on n'y trouve que la comtesse douairière, dite la reine Mahaut (*comitissa Flandriæ Regia*, ou mieux *Regina*). Le comte de Guisnes et le châtelain de Saint Omer sont rangés parmi les feudataires de Flandre ; or l'hommage de ces seigneurs avait bien été rendu au comte de Flandre en 1200, mais il revint en 1211 au roi ou à son fils, le prince Louis.

Ce précieux document a malheureusement été publié d'une façon très-inexacte, et il est souvent difficile de rétablir le nom défiguré. A la page 51, notre châtelain est ainsi désigné : *castellanus de Dauci*. Duchesne, page 95 des Preuves de son *Hist. généal. de la maison de Béthune*, en donne un extrait moins incorrect, où l'on trouve : *castellanus Duaci*.

(1) Bibl. nation., collection Moreau, vol. 101, f° 130 ; copie faite en 1768 par dom Queinsert, sur le titre original de l'abbaye d'Eaucourt.

de février 1199, montre qu'il portait aussi le chef d'hermines, comme la maison de Douai (1).

L'obit de Wautier III se célébrait à Saint-Amé le 21 février ; l'église recevait à cet effet, du seigneur de Cantin, une rente de vingt sols douisiens. « *Wallerus Duacensis castellanus, obit. suo, 1 m., ix kl. mart.* Sour tout chou qu'il a à Cantin, que tient mesires Boutiers de Cantin, ch^r. » (2)

Il est établi, de la manière la plus certaine, que Wautier III mourut dans l'exercice de son office de châtelain, en 1208. Aussi considérons-nous comme suspect d'inexactitude ce passage des *Antiquitates Duacenses* de Jean-Baptiste Gramaye, 2° partie : *G. de S. Albino, castellanus Duacensis, subcribit sanctioni Philippi regis ad annum 1207.* N'y a-t-il là qu'une de ces nombreuses erreurs de date, moins imputables à Gramaye qu'à son éditeur ? ou bien G. de Saint-Aubin et le châtelain de Douai font-ils deux personnages distincts confondus en un seul par l'historiographe ? Nous n'avons pas rencontré la charte citée par ce dernier (3).

Wautier III avait épousé Agnès de Beaumez, fille du châtelain de Bapaume. Il lui assura en douaire la châtellenie et la Vieille tour de Douai, dont dépendaient notam-

(1) A. Guesnon, *Sigill. de la ville d'Arras*, p. 4, n° 21 ; Arras, 1885, in-4°.

(2) Arch. départ., obituaire de St-Amé, de la fin du XIII° siècle.

(3) Le passage de Gramaye est reproduit, sans indication de source, dans les recherches d'Aubert Le Mire sur les anciens châtelains du pays : *De castellanis olim per Belgicam frequentibus, quos hodie vice-comites aut burg-gravios vocant.* Le Mire et Foppens, *Opera diplom.*, I, 561 ; Louvain, 1723, in f°.

C'est probablement aussi en copiant, sans le dire, Gramaye et Le Mire, que Carpentier, dans son *Hist. de Cambray*, I, 231, cite la maison de Saint-Aubin comme ayant possédé l'office de châtelain de Douai.

ment : une rente de dix muids de blé « qui sont pris à la Neuve tour de Douai, de l'ewaige » (1), d'autres rentes à Douai, vingt muids d'avoine en Pèvele, quinze livres, monnaie douisienne, les profits du pont de *Raisse* (ou la moitié du Pontenage de Rache) et d'autres rentes en Pèvele; il lui assura enfin la seigneurie de Brillon, tenue en fief du sire de Laudas. Cette constitution de douaire avait été passée (vers 1200) devant le bailli de Douai et les hommes de fief; le bailli était alors le chevalier Pierre de Douai, oncle du châtelain, et gouverneur de Douai pour la reine Mahaut, comtesse douairière de Flandre; parmi les vassaux de cette dame, furent présents : le chevalier Bauduin de Marquette, frère dudit Pierre, Gossuin de Saint-Aubin, etc.; le châtelain de Bapaume et Robert de Montigny étaient également présents, sans doute en qualité de parents et d'«avoués» de la châtelaine. En 1209, c'est-à-dire après la mort de Wautier III, Pierre de Douai, de retour de la croisade de Constantinople, reconnut ou « recorda » l'acte de constitution du douaire, en présence de la reine Mahaut elle-même, et devant les vassaux de cette princesse, savoir : ledit Bauduin de Marquette et ses deux fils Gilles et Pierre, etc; il en fit un second « record » et il le reconnut « de rekief » devant son neveu Henri de *Mausni* (Masny), Wautier d'Auberchicourt et Jean, fils dudit Pierre de Douai. *Preuves*, n° XLVIII.

Agnès de Beaumetz survécut plus de vingt ans à son époux; elle mourut vers 1230. Sa fille Isabeau (en latin

---

(1) Dans le précieux compte du domaine du prince à Douai, de l'an 1187 (*Preuves*, n° XLI), il y a, sur la recette en blé, une dépense de dix muids pour la garde de la Vieille tour : *Datum ad custodiam veteris turris, tritici x mo.*

Au XIVe siècle, cette rente, due par le Gavène, était réduite à 9 muids 11 coupes. (6e chapitre, art. IV io.)

L'Euwage et le Gavène désignent un seul et même fief, qui retint définitivement le nom de Gavène. (4e chapitre, article 1er.)

Elisabeth) était abbesse de Notre Dame des Prés-lez-Douai en 1225, quand Agnès, châtelaine douairière, fit une donation à cette abbaye. Elle explique que sa fille l'abbesse avait donné à sa maison tout ce qu'elle possédait, mais qu'on lui avait fait tort dans son « port » de mariage (*maritagium suum*) de plus de six cents livres. En réparation, elle donna donc à l'abbaye une terre sise à Flesquières-lez-Cantin, qu'elle avait acquise avec feu son « baron », le châtelain Wautier III, des frères et héritiers de Hugues, « élu » de Cambrai (*Preuves*, n° LI.) L'« élu » de Cambrai, ancien prévôt de Saint-Pierre de Douai, était l'un des nombreux frères du châtelain Michel, et par conséquent l'oncle de Wautier III.

L'obit de la châtelaine Agnès et de sa fille l'abbesse se célébrait le 9 mars, en l'église Saint-Amé, qui avait pour cela une rente d'un marc, faisant vingt sols ou quatre « fertons »; dans l'obituaire de la fin du XIII° siècle, Isabeau est indiquée, par erreur, comme abbesse du Verger-lez-Oisy : « *Agnes castellana Duacen*. *Elizabet, abbatissa de Virgulto, filia ejus, ob. suo, j m*. De chou prent iij fertons sur maison dalès le pont de le Viès tour, ou Castiel bourgoys, et l'autre f. prent-on sur maison dehors le porte de Canteleu. *Vij Id. mart.* »

7. — Wautier IV, chevalier, châtelain de Douai (1208-1250), fils de Wautier III et époux d'Hawit.

D'après le rapprochement des dates, c'était un enfant qui arrivait à la châtellenie. Il manifesta de bonne heure ses sentiments bienveillants envers Saint-Amé, qualité héréditaire dans sa maison, puisque nous le voyons bientôt faire une libéralité à cette église. En effet, vers le commencement du mois de mars 1216 (v. st.), en présence de Raoul, évêque d'Arras, son suzerain à cause de la terre de Vitry, il donne à une chapelle de Saint-Amé, dite *Salve*, fondée par le chevalier Pierre de Douai, son grand-oncle, une rente de deux muids de blé à prendre sur sa dîme et sur ses autres revenus de Vitry. *Preuves*, n° XLIX.

A cette époque (depuis l'an 1213 jusqu'en 1226), Douai avait changé de maître, et les Douaisiens s'étaient donnés au roi de France; Wautier IV, qui sans doute était trop jeune pour avoir eu part à ces événements, se rallia au nouveau souverain.

En 1221, du consentement de la châtelaine douairière Agnès, sa mère, et de Hawit, sa femme, il cède à l'abbaye des Prés une rente sur le vivier de *Raisse* (Rache), que lui devait le chevalier Barthélemy d'Auby; il donne aussi, en garantie d'une dette, le revenu de son Pontenage de Rache; ses cautions furent : Msr Pierre de Douai et son fils Pierre, clerc, ainsi que les chevaliers Henri de *Mauni* (Masny) et Wautoul d'Auberchicourt. *Preuves*, n° L.

En « witembre » 1225. « Jou Wautiers, chlrs, castelains de Douai », ai vendu à Wautier Pilate et *Wion* (Guy) Audefroit, bourgeois de Douai, cinq muids (60 rasières ou 2h 71a 32c) de terre siee « à Guelesin; de lequele jou fis escange à Msr Wautier de Guelesin, chlr, de tere que jour avoie acatet à Msr Jehan Creton »; avec garantie de tous troubles « ne par me feme, ne par mes oirs, ne par arme de le mine part, duques à v cens libs de paresis, au mien partout » (1). On verra plus loin (en 1260) que le châte-

---

(1) Archives départ., fonds de St-Amé.

lain de Douai possédait à Gœulzin un manoir seigneurial, qui constituait une enclave du comté de Hainaut.

Les deux actes de 1221 et de 1225 sont scellés du sceau équestre du châtelain Wautier IV, avec contre-sceau.

Notre ville était replacée depuis trois ans sous la domination flamande, quand le châtelain déclara, par ses lettres scellées, du mois de janvier 1229 (v. st.), que le comte et la comtesse de Flandre ayant déchargé Agnès, châtelaine douairière, sa mère, de la garde des prisons de la ville, dont elle était tenue à cause de son douaire, lui Wautier se charge de cette garde ; s'il ne s'en acquitte pas bien, le comte et la comtesse pourront saisir tous les fiefs qu'il tient d'eux. (*Preuves*, n° LII.) C'était l'acte ordinaire d'hommage et de fidélité que le vassal était tenu de rendre à son seigneur, en cas de mutation de fief.

On voit, par un acte du mois de janvier 1236 (v. st.), que notre châtelain et Gossuin de Jauche, prévôt de Saint-Amand, chevaliers, co-seigneurs de Cantin, avaient mis hors de fief une dîme que l'on tenait d'eux en la paroisse de Cantin ; l'acte, passé devant leurs vassaux, fut confirmé par la comtesse Jeanne, comme suzeraine des deux chevaliers ; la dîme avait été acquise par l'abbé d'Anchin, collateur de la cure de ce village. *Preuves*, n° LIII.

Comme beaucoup d'autres seigneurs du comté de Flandre, notre châtelain s'obligea, envers le roi de France, de faire que le traité de Péronne, conclu entre le roi et la comtesse Jeanne, fût observé par Thomas de Savoie, second mari de la comtesse. *Wautier, châtelain de Douai*, donna des lettres scellées de son sceau équestre et datées de Douai, en décembre 1237 ; elles sont encore conservées aux Archives nationales à Paris.

Vers 1237, le châtelain, en accomplissant l'une des obligations de son office, accompagna à Waziers le bailli et la commune de Douai, lors d'une expédition entreprise contre le chevalier Hollin *dit* Merlin, seigneur de Waziers, qui avait usurpé sur Frais-Marais ou le marais de Raisse, propriété de la ville. Grâce à son influence, il sauva de la ruine le château seigneurial que les Douaisiens voulaient détruire : « Et se ne fust *li castelain de Douai* et Wages, li ballius de Douai, ki les fissent respiter, à la requete et à la priere le seigneur de Waziers, on eust abattu le castiel de Wasiers, pour ce qu'il estoit sour le pasture » (1).

En août 1237, du consentement de *Hawit*, sa femme, et de ses enfants « ki lor aege ont », il vend à l'abbaye des Prés-lez-Douai cinq muids (27 hectares environ) de terre sis à Flesquières-lez-Cantin, en la seigneurie de l'abbesse de Maubeuge, « ki se justice par l'eschevinage d'Erchin » (2).

Au mois de juin 1238, notre châtelain, avec le concours de Wautier, son fils aîné, inféode à un habitant ou « citoyen » de Cité-lez-Arras l'eau d'Hamblaing, depuis le « wez » de Lécluse jusqu'à Sailly et Hamblaing, avec le droit de parcours sur la rivière appartenant au châtelain, jusqu'à Vitry et jusqu'à l' « estancque » de Biache; il statue aussi que le manoir possédé par son vassal, à Hamblaing, sera le chef-lieu du fief ainsi constitué; il se réserve la connaissance « du sang et du larron », c'est-à-dire la justice vicomtière; il fixe à sept sols six deniers parisis le droit de relief que lui devra son vassal à chaque mutation, avec le service de plaids en sa cour, trois fois l'an, pour

---

(1) Dinaux, *Arch. hist. et littér.*, Valenciennes, 1851, in-8°, 3ᵉ série, t. II, p. 325.

(2) Cf. la donation de terres sises au même lieu, faite à la même abbaye, en 1225, par la mère du châtelain. *Preuves*, n° LI.

toute charge féodale. (*Preuves*, n° LV.) On remarquera avec quelle facilité le châtelain, sans l'intervention d'aucun suzerain, s'attache un nouveau vassal. Une autre anomalie à signaler dans l'acte de 1238, c'est que les biens inféodés n'étaient point féodaux et qu'ils ne mouvaient pas du château de Douai ; c'étaient des possessions tenues en « voterie » par le châtelain, comme maire héréditaire de Vitry. Et cependant cet acte, émané du châtelain seul, sans le concours d'aucun suzerain, modifia pour l'avenir la nature et la mouvance de ces biens (1).

Wautier IV ne s'en tint pas là dans ces entreprises contre son seigneur : car il voulut, au préjudice de l'évêque Asson (1231-1245), rendre la qualité de fief à ce qui n'était plus que « la mairie cotière » de Vitry. Sur cette querelle, voici un renseignement tiré d'un manuscrit de l'évêché d'Arras : « Tandis qu'Asson gouvernait le diocèse, un châtelain de Douai nommé Wautier (*castellanus Duacensis Walterus nomine*) employa la fraude pour convertir en fief ce qu'il tenait à Vitry de l'évêché en rente perpétuelle. Longtemps ils plaidèrent à la cour du roi de France, où, par arrêt définitif, le châtelain fut condamné à demeurer censier (*censuarius*) à perpétuité » (2). Au mois de juillet 1238, le roi adressa, de Fontainebleau, au bailli d'Arras, une commission relative au même procès ; l'évêque s'étant plaint que le châtelain molestait lui et ses vassaux, le bailli obligera le châtelain à réparer ses torts, sous peine de saisie des biens (3).

(1) Voir 2e chapitre, art. IX, fief du Vieil châtel d'Hamblaing.

(2) Ferry de Locres, *Chronicon Belgicum*, Arras, 1616, in-4°, pp. 391-393.—Cf. Buzelin, *Gallo-Flandria*, Douai. 1625, in-f°, p. 493 B.

(3) Archives de l'évêché d'Arras ; Collection Moreau, vol. 184, f° 217, à la Bibliothèque nationale.

En décembre 1241, le châtelain et son fils aîné cédèrent à l'abbaye d'Anchin une terre sise à Cantin, pour la tenir de l'abbé en fief lige. *Preuves*, n° LVI.

Au mois de février 1243 (v st.), le châtelain Wautier et chevalier Gossuin de Saint-Aubin, vassaux du comte de Flandre, sont présents quand ce prince sanctionne un changement apporté dans la consistance d'un fief que tenait de lui le chevalier Aléaume d'Auby. C'était la conséquence d'un échange que celui-ci venait de conclure avec l'abbaye des Prés. *Preuves*, n° LVII.

En l'année 1247 (v. st.), au mois de février, le châtelain de Douai et le chevalier Hellin de Wavrin, co-seigneurs de Cantin, « ont otriiet as eskievins de Cantin », que la loi de ce village fût rédigée par écrit (1).

Le châtelain Wautier IV mourut vers 1250. Au mois de février 1254 (v. st.), sa veuve approuve une donation faite à l'abbaye Notre-Dame de Beaulieu, de deux mesures (*managia*) tenant ensemble, sises à Sin, rue « del Buhot ». Elle était douairière de la terre que le châtelain possédait à Sin. En juillet 1257, elle demeurait au château de Vitry où fut arrêté, par ordre du roi et pour raison de guerre (*ratione guerre*), son fils Hugues de Douai. *Preuves*, n°ˢ LVIII et LIX.

Le mardi 30 mai 1262, « Havis, castelaine de Douai, dame de Viteri et de Montegni », les chevaliers Gille de Brillon et Thiébaut de Builli, ainsi que d'autres personnes, promettent à l'abbé de Saint-Aubert, à qui appartenait la

---

(1) Coutumes de Cantin. Hautcœur, *Cartul. de l'abbaye de Flines*, Lille, 1873, in-8°, I, p. 72.

collation de la chapelle du castel de Vitry (1), que le chapelain n'inquiètera pas l'abbaye, au sujet de la somme des revenus affectés à la chapellenie. « A cette plegerie », furent témoins sept échevins de Vitry. (*Preuves*, n° LXIII.) Le chevalier Gille de Douai *dit* de Brillon était un fils de la châtelaine. Quant à la seigneurie de Montigny, dont Hawit s'intitulait dame, ce n'est pas Montigny-en-Ostrevant.

L'obit de Wautier IV, de sa femme Hawit et de leurs enfants se célébrait le 8 mars, à Saint-Amé, qui avait droit, de ce chef, à une rente de quatre sols douisiens : « *Walterus castellanus Duac^s, Hauwidis, uxor ejus, liberi eorum. ij m.* De chou prent-on j m. et 1/2 à Cantin, toute le vie de cele Hauwit, sour le tenement Pièron, sen fil. Et apriès le mort de cele Hauwit, demourra j m. à Cantin, et à Sin 1/2 m., sour le tenem^t Huon, le fil le castelain. A Brillon, 1/2 m., sour le tenemt Gillon, le fil le castelain. Cis 1/2 m. vake. *viij Id. mart.* » (2).

Parmi les fils cadets de Wautier et d'Hawit, ci-dessus mentionnés, nous reconnaissons : Pierre de Douai, qui devint seigneur de Cantin, Hugues de Douai, qui posséda le fief de Sin, et Gille, seigneur de Brillon.

Nous avons enfin atteint une époque où, grâce aux riches archives de notre ville, nous allons voir le châtelain en présence d'un pouvoir dont il a été peu parlé jusqu'ici, et nous pourrons apprécier la nature des rapports existant entre ces deux puissances, l'officier féodal ou vicomte, et la com-

---

(1) Au XII° siècle, l'abbé de St-Aubert de Cambrai avait déjà la collation de cette chapelle. Le pape Innocent II en confirma la possession à l'abbaye le 31 mai 1137 : « *Capellam in Vitriaco, cum terra arabili.* Arch. départ., copie dans le fonds de St-Aubert. Le Glay, *Glossaire topogr. de l'anc. Cambrésis*, Cambrai, 1849, in-8o, p. 40.

(2) Arch. départ., obituaire de St-Amé, de la fin du XIII° siècle.

mune. Hâtons-nous de dire, afin de prévenir toute erreur, que les actes ci-après cités n'ont point eu pour effet de modifier une situation antérieure ; ce sont au contraire, pour nous servir du langage du droit, des actes essentiellement récognitifs. Le XIII° siècle n'est point l'époque où commence la vie communale; ce n'est que celle où elle se manifeste clairement à nos yeux, grâce à la méthode nouvellement adoptée et à la nécessité reconnue de mettre par écrit et de conserver soigneusement les actes publics et privés intéressant la commune et les particuliers.

On a dit plus haut que le châtelain n'exerçait sa juridiction que sous l'autorité des échevins ; c'était vrai aussi bien au XI° siècle qu'au XIII°, quoique ce soit en 1244 seulement qu'apparaisse une telle reconnaissance souscrite, dans une circonstance particulière, par cet officier : « Les échevins ont recordé en pleine halle, que, à un jour qui passé est, li castelains de Douai eut enconvenant..... En l'an 44 » (1).

De même, il était justiciable des échevins, pour des méfaits commis dans l'échevinage ; nous en trouvons aussi la preuve cette année-là : « En l'an de l'Incarnation 1244, en septembre, *li castelains de Douai Waultiers* fut jugé deux fies (*fois*) en forfait de 60 livres, pour ce qu'il emprisonna deux bourgeois de cette ville, et tint en prison toute une nuit. Et les avoit pris snr le moto de le Viès tour, pource qu'ils s'estoient combattu » (2).

A plus forte raison en était-il ainsi des gens du châtelain. Lors de la condamnation infligée à celui-ci, en septembre

(1) Arch. de la ville, cartul. OO, f° 11 v°.
(2) Id., f° 12.

1244, les échevins rappellent ou « recordent » le fait sui-suivant : « *Stevenes* (Etienne) li vallés (*commis ou bailli du*) castelain de Douai, fut jugé, à un jour qui passé est, en forfait de 30 sols et de 60 livres, pour ce qu'il férit un bourgeois en une nef ».

Ils faisaient enquête, même sur des délits commis dans l'hôtel du châtelain : « Les échevins ont entendu par témoignage, qu'ils croient que Tumassins Li Englais, qui fut garçon (*valet*) *Pierot, le fils le castelain de Douai*, emprunter deniers as Cahorsins, sur draps qui furent *mon seig^r Watier de Douai*, lesquels draps ịcil Tumassins avoit pris malvaisement. En l'an 1247 (*v. st.*), devant le caudeler » (1).

Enfin, pour ne ne rien omettre, citons encore cette décision de l'échevinage : « Ricars del Marchiet a encovenent à rendre as échevins 100 sols parisis, pour 3 hanas de masère à piet d'argent, que les échevins rendirent au castelain de Douai, se autre venoit avant qui meilleur droit y sût demander. Et ces 100 s. doit Ricards rendre dedens le quinsaine que les échevins l'en semonront. En l'an 1249 (v. st.), en février » (2).

Ainsi, le châtelain Wautier IV avait encore sa résidence ordinaire à Douai, et même dans sa Vieille tour, qu'il habitait avec sa famille. Moins grand seigneur que ses prédécesseurs du XIe siècle, il jouissait encore des avantages d'une haute position, tant à Douai que dans les environs. Son office de châtelain, quoique moins important qu'à l'origine, lui assurait cependant une quantité de prérogatives et de revenus dans la ville. Sous ses successeurs, une nouvelle

(1) Arch. de la ville, cartul. QQ, f° 27 *bis*.
(2) Id., f° 31.

cause de l'amoindrissement de la châtellenie résultera des ventes successives, qu'ils feront aux échevins, de certaines parties de leurs droits féodaux.

8. — WAUTIER V, chevalier, châtelain de Douai (1250-1286), fils de Wautier IV et époux de Jeanne de Roisin.

Nous avons vu qu'il était déjà majeur en 1238.

« Wautier, chevalier, châtelain de Douai », ayant succédé à son père, approuva, en juillet 1254, la vente faite à l'abbaye d'Anchin par son vassal, le chevalier *Jakeme de Remi* (d'une branche cadette de la maison de Douai), du fief qu'il tenait de lui à « Corcelles vers Henin »; pour prix de sa concession, il exigea de l'abbaye une rente payable, dit-il, « à me maison de Douai » (1).

Il fut présent, avec d'autres seigneurs, aux réparations que le chevalier Guy de Montigny promit à l'abbaye d'Anchin, en mars 1254 (v. st.). « Là furent : messire Amolris de Landast, messire Jehan, son fils, messire *Bauduin de Auberchicourt* (de la maison de Douai), *li castelain de Douai*, Jehan Paiebien, messire Thiéry de Thian et moult d'autres » (2). Le châtelain figure ici avec ses pairs du château de Douai.

A l'imitation de ses nobles prédécesseurs, il se montra libéral envers Saint-Amé. Au mois de janvier 1259 (v. st.), il donna à l'église vingt sols parisis de rente, à recevoir de ses successeurs châtelains de Douai, à charge d'un obit

---

(1) Arch. départ., fonds d'Anchin, original dont le sceau manque.
(2) Arch. départ., fonds d'Anchin. Escallier, *L'abbaye d'Anchin*, Lille, 1852, in-4º, p. 164.

pour lui et *Jehenain*, sa femme, châtelaine de Douai. (*Preuves*, n° LX.) En mai 1260, il céda à Saint-Amé une parcelle de terre, dépendant de son manoir de la Vieille tour, à prendre du côté de l'«âtre» ou enclos Saint-Amé et de la fontaine Saint-Maurand; dans le mur «de pierre ou de terre » qui sera élevé aux frais du chapitre, il se réserve une porte chatretière et un « pueslic », pour aller et pour venir « parmi l'âtre »; à charge, par le chapitre, de payer une rente perpétuelle de deux marcs (1) ou 40 sols. (*Preuves*, n° LXI.) Cette cession fut faite pour permettre d'agrandir l'école Saint-Amé. Il y a des lettres patentes du mois de juin suivant (2), par lesquelles la comtesse Marguerite déclare « donner à Saint-Amé une pièce de terre près du cimetière de l'église et contiguë à la terre de *sa* Vieille tour de Douai, contenant une quarantaine et demie, moyennant une rente de 61 sols, monnaie de Flandre, dont partie est appliquée à l'obit de la comtesse Jeanne, sa sœur, et au sien, plus 12 deniers payables aux Briefs de son Espier de Douai, à la Saint-Remi. » C'est l'acte d'approbation, par le prince, de la convention passée entre le châtelain et le chapitre.

En octobre 1273, il donna pour son âme, celles de sa femme, de ses enfants, de ses père et mère et des seigneur et dame de Roisin, père et mère de sa femme Jeanne, « à la capellerie qu'il a estorée en se mason de Douai, à le vies tour », dépendante de la paroisse Saint-Amé, un muid de terre ou douze rasières, situées entre Douai et Waziers, tenues en « coterie » du prévôt de Saint-Amé, ainsi que

---

(1) Elle est relatée dans le dénombrement de la châtellenie servi en 1369. *Preuves*, n° LXXII.

(2) Arch. départ., fonds de St-Amé.

deux rasières, « cinquante vregieles moins », sises à Waziers, au lieu dit Entre les Hauwis, qu'il tenait aussi en «coterie» de l'abbé de Marchiennes. Il se réservait à lui, à sa femme et à son premier hoir, qui sera châtelain après lui, la nomination du chapelain, lequel sera tenu de chanter messe chaque jour en la Vieille tour, en profitant des offrandes, sauf de celles qui seront faites à la messe de chacune des quatre grandes solennités de l'année, dites les quatre « nataux »; ces jours-là, les offrandes appartiendront au chapitre de Saint-Amé, à qui reviendra aussi la collation de la chapellenie, après le décès des trois personnages ci-dessus nommés. *Preuves*, n° LXVI.

Un acte du mois de novembre 1260, concernant des terres situées à Wasnes, est indiqué comme passé « à Guelesin, sor le fief de Haynau, el manoir Watier, castelain de Douai, chevalier »(1). Il s'agit de la seigneurie qu'avaient à Gœulzin les châtelains de Douai.

En juin 1261, il se fit le bienfaiteur de l'abbaye d'Hasnon : il lui accorda franchise et exemption de droits pour les «faissaulx, raime et mairien», c'est-à-dire pour les bois de construction et autres, qu'elle amènerait par eau à Douai, soit pour sa maison de cette ville, soit pour ses maisons de Monchy, de *Trégolt* ou Tréhout, entre Brebières et Vitry, et de Courrières. *Preuves*, n° LXII.

En décembre 1269, lui et sa femme Jeanne de Roisin mirent fin à un débat qui existait entre eux et l'abbé de Saint-Aubert, au sujet de la rente en blé et en avoine qu'ils devaient à l'abbaye et au « priestre parrochial de le parroche de Notre-Dame de no maizon de no castiel de Viteri, à prendre en no grange dou castiel de Viteri ». Le châtelain

(1) Arch. départ., fonds de l'abbaye de Sin.

invoquait la charte du comte Thierry de l'an 1161 (*Preuves*, n° XXXIII) et disait ne devoir que quatre muids (48 rasières) de blé et trois muids (36 rasières) d'avoine, « à la mesure le comte, qui adonc estoit et qui encore est, et keurt encore en plusieurs lieux au pays, et est assez plus petite que la mesure qui ore est à Viteri ». Au contraire l'abbaye demandait 56 rasières de blé et 30 d'avoine, « à la grande mesure qui ore keurt, et ensi que les ancestres du châtelain lui ont adiés payé chacun an, par cinquante ans et plus ». Le châtelain consentit à se soumettre aux exigences de l'abbé et à payer, comme celui-ci la demandait, la rente de Vitry, qui se partageait entre l'abbaye de Saint-Aubert, pour deux tiers, « et pour l'autre tiers » le priestre et li parroche devant dite de no maizon de Viteri ». Cette convention devait être approuvée par l'évêque d'Arras, seigneur au temporel et au spirituel, « si comme sire et si comme ordenaire du lieu ». Il était entendu enfin qu'à l'abbaye incombait la charge de « retenir le canchiel de le parroche devant dite » de la maison du châtelain à Vitry, l'abbé étant patron du lieu ; elle entretiendra le chœur de l'église, « comme elle retient les canchiaus des autres parroches qu'elle doune ». A cet acte pendent deux sceaux, l'un équestre avec contre-sceau, qui est celui du châtelain, et l'autre armorial et de forme ovale, qui est celui de la châtelaine. *Preuves*, n° LXV.

Notre châtelain fut appelé, avec les seigneurs du comté de Flandre, à donner sa garantie au roi de France, pour que le comte Guy de Dampierre observât les traités conclus entre la couronne et les comtes de Flandre; suivant ses lettres, du mois de mars 1275 (v. st.), munies de son sceau équestre, il promit d'abandonner le comte, si celui-ci venait à manquer à cet engagement envers la France. L'original de cet acte est encore conservé aux archives nationales à Paris.

Rappelons aussi deux faits relatifs à Wautier V. L'an 1278, il fut en guerre ouverte contre le chevalier Jean de Vélu. près de Bapaume ; les parties ayant été assignées devant la cour du roi,« il fut prononcé qu'entre le seigneur Jean de Vélu, chevalier, et le châtelain de Douai, trèves seraient données et non asseurement (*assecuramentum*); au parlement de la Toussaint 1278»(1). S'agissait-il encore de la même querelle, quand les conseillers du parlement enregistraient les décisions suivantes ? « 1282, au parlement de la Pentecôte (24 mai). Comme le comte de Flandre se fût plaint que le bailli d'Amiens, pour le roi, par sa main, eût levé une amende sur le chevalier Wautier de Douai, en la terre dudit comte couchant et levant (*cubante et levante*), sans réquisition faite audit comte (*comite irrequisito*) et sans qu'il fût en aucun défaut; ouïs sur ce le comte et le bailli, attendu que la cour tient pour certain que le seigneur roi est en bonne *saisine* (possession) de lever ses amendes dans *la terre* (comté ou seigneurie) de quiconque, par sa main ; il fut prononcé par jugement de notre cour que le seigneur roi restera en telle saisine. » Les rois de France maintenaient énergiquement leurs droits de souveraineté sur le comté de Flandre, au grand déplaisir du nouveau comte Guy de Dampierre ; c'était le prélude des luttes entre ce dernier et Philippe le Bel. — « 1282, le vendredi (12 juin) lendemain de la fête de saint Barnabé l'apôtre. Jehan de Vélu, chevalier, nous présenta des lettres de l'illustre roi de Sicile, témoignant que ce chevalier s'était trouvé dans la ville, le 10 du mois de janvier dernier passé ; et aussi des lettres du pénitencier de Canterbury constatant que le

---

(1) Beugnot, *Les Olim*, II., p. 112., Paris, 1842, in-4o.

même chevalier, à cause du pèlerinage à lui enjoint, s'était trouvé à Canterbury aux Octaves de la Sainte Trinité dernièrement passée » (1).

Enregistrons maintenant les ventes successives qui furent faites aux échevins de Douai, sous le châtelain Wautier V.

La première aliénation porte sur ses droits connus sous le nom de « menus tonlieux, fors ceux de l'iauwe », ou impôts sur des objets de peu de valeur, réservé ceux qui entrent en ville par la Scarpe. En décembre 1263, devant le bailli et les hommes de fief et du consentement de Jeanne, sa femme, le châtelain vendit à la commune ses « menus tonlius, fors de l'iauwe », consistant en droits sur « escueles, platiaus » etc., vendus par « esculiers, potiers, vaniers, hugiers » etc. Les profits de l'antique impôt sur ces sortes de marchandises appartenaient pour une moitié au châtelain et pour l'autre moitié à l'Eculier-le-comte. (6ᵉ chapitre, article Iᵉʳ.) Comme l'objet de la vente était alors de nature féodale, la ville en fut investie « pour deux deniers douisiens de cens et de rente par an, envers le seigneur ou comte de Flandre, à payer à son bailli de Douai, le jour Saint-Remi » ; c'était le prix mis par le prince à la conversion du fief en roture. Enfin dans le cas où sa femme revendiquerait quelque chose pour son douaire, il donnait en garantie à la ville une rente de quatre livres parisis à prendre sur le surplus de sa châtellenie. *Preuves*, n° LXIV.

Cinq ans après, nouvelle aliénation. « Watier, chevalier, sire de Waskehal, aîné fils Watier, châtelain de Douai, chevalier », vend aux échevins ses droits sur la bière et sur le miel : « tous les forages qu'il avoit en ladite ville, si

---

(1) Beugnot, *Les Olim*, II, pp. 198 et 199.

comme de miés, de goudales et de cervoises, et tout le droit qu'il avoit ès brais des toureilles de Douai. Sauf les douaires que me dame Jehane, me cière mere, et Jehane, me femme, y pooient avoir ». Pour garantie de ce qu'elles pourraient exiger, il fait « about, dusques à cinquante livrées de rente par an, à le monnoie de Flandres, sour tout le remanant de le castellerie de Douai, de quoi jou sui ahiretés ». Le chevalier Jean de Douai, fils cadet du châtelain et frère du vendeur, approuvait la vente : «cest markiet et cest about loa et gréa *Jehans*, mes chiers frères, chevalier ». La ville fut investie de ces droits par le bailli, qui « porta tout cest vendage et cest about, et mist ès mains des esquevins de Douai, et à leur oes, et aoes toute la communité de le ville de Douai, sans nul serviche de fief»; 1268, «el mois de julié». A ces lettres pend un grand sceau armorial, représentant un écusson à un chef d'hermines, brisé d'une bande componée brochant sur le tout (1). Le fils aîné du châtelain, quoique déjà mis en possession de la châtellenie, ne portait pas encore le sceau équestre; il avait choisi, pour brisure, la bande componée, au lieu du lambel, signe ordinairement adopté par l'aîné, du vivant du père. L'original, reposant aux archives de la ville, est indiqué sous le n° 156 dans la *Table chronologique*; l'acte est copié dans le 1er cartulaire aux privilèges, coté T, f° 27 v°.

Le bailli de Douai et de Pèvele (ou d'Orchies), Jean Verdeau,—en vertu d'une commission spéciale de la comtesse Marguerite, du jour Saint-Pierre et Saint-Pol (29 juin) 1268, pour recevoir «le werp del forage de Douai, c'est à savoir des cervoises, goudales, miés et brais des toricles, ke mesire

---

(1) N° 6829 de l'*Invent. des sceaux de la Fl.* par M. Demay, Paris, 1873, in-4°, t. II.

Watiers de Douai tient de nous en Douai, de l'apertenance de le castelerie de Douai », — accomplit les formalités d'usage, en présence des pairs du vendeur : M⁰ʳ *Bauduin d'Obrecicort* (de la maison de Douai), M⁰ʳ Wion de Montegni, M⁰ʳ Alart de Wastines, M⁰ʳ Bauduin de Lambres, Jean de Devioel etc, tous vassaux de la comtesse et hommes de fief du château de Douai (1).

En 1284, ce furent les droits sur le vin qui passèrent de la châtellenie à la ville. Dans les archives reposent plusieurs titres relatifs à cette vente. 1° Une commission du comte Guy à son bailli de Douai, pour recevoir le « werp des forages des vins que mesire Watiers de Douai tient de nous en Douai de l'apertenanche de le castelerie de Douai, et en ahireter nos eskevins, le conseil et toute le communité de nostre ville de Douai, à tenir sans nul serviches de fief » ; 1284, le samedi devant mi-mai (13 mai). 2° Une charte de « Watiers, chevaliers, sires de Waskehal, ainsnés fius Watier, castelain de Douai, chevalier », contenant vente, aux échevins, de tous les forages des vins, des deniers douisiens de coutume et des « appertenances », sans service de fief; il parle de sa mère et de sa femme, comme dans la vente de 1268, mais il ne cite plus son frère Jean ; 1284, « le mardi prochain devant le Assention », au mois de mai (16 mai); le sceau, dont usait alors Wautier de Douai, n'est plus le même qu'en 1268 : c'est un sceau armorial, beaucoup plus petit, dont le chef d'hermines est chargé à dextre d'un écusson à une croix engrêlée (2). 3° D'autres « lettres », de la même date, émanées dudit Wautier et de « Jehene, sa femme, dame de Waskehal », pour garantir la

---

(1) Original aux Arch. de la ville, n° 157 de la *Table*.

(2) N° 5530 de l'*Invent. des sceaux de la Fl.*, par M. Demay.

ville contre tous troubles, à raison « de douaire ou de pourveanche » de la part de sa femme afin que, le cas échéant, les échevins puissent prendre, « sur leur terre de Waskehal, duskes à quinze livres » ; deux sceaux pendent à ce titre : le premier vient d'être décrit ; l'autre, ovale, beaucoup plus grand, représente une dame ayant un oiseau sur le poing gauche, et de chaque côté d'elle, deux écussons à la croix pleine; légende : † *S. Jehanain demisele de Waskehal* (1); à cette époque, Jeanne était non plus une *demoiselle*, mais une *dame*, attendu qu'elle était l'épouse d'un chevalier ; elle avait donc conservé son ancien sceau. 4° Un acte de « Michius de Le Deulle », bailli de Douai, du même jour, constatant l'accomplissement des formalités ordinaires, devant les hommes du comte « peirs Mgr Watiers », savoir: Mgr *Evrart d'Aubi* (de la maison de Douai), Mgr Eng^{ran} de Goelesin, Mgr Alart des Wastines, chevaliers; Ricart del Markiet, etc., tous hommes de fief du château de Douai (2).

Le châtelain Wautier V vivait encore en 1268 et en 1284; nous l'avons même vu, en 1275, intervenir avec les seigneurs du comté de Flandre, dans des actes d'une haute importance ; son absence aux ventes des droits sur la bière et sur le vin est donc inexplicable ; son fils aîné était déjà, il est vrai, « ahireté » de la châtellenie, mais plutôt comme héritier présomptif, puisque seul Wautier V portait le titre de châtelain de Douai. Pour que les échevins se soient contentés de l'engagement du futur châtelain, il y a quelque fait anormal concernant Wautier V, qui ne sera point parvenu jusqu'à nous.

(1) N° 5531, id.
(2) Originaux aux archives de la ville; n°s 182 à 186 de la *Table*; ils sont copiés dans le 1er cartul. aux priviléges, coté T.

Dans les actes de vente de 1263, 1268 et 1284, le prix n'est pas relaté; mais il résulte des clauses de garantie, que les menus tonlieux n'avaient guère de valeur, puis que la ville se contenta d'un « assenement » de quatre livres de rente; que le droit sur la bière était d'un bon rapport, attendu que les échevins exigèrent une garantie de cinquante livres de rente; quant au droit sur le vin, comme il valait plus encore, ils ne se contentèrent point de la garantie qu'offrait le fief tout entier de la châtellenie, il leur fallut quinze livres de rente sur la seigneurie de Wasquehal, appartenant à la femme de leur vendeur.

Ces impôts ainsi rachetés par la commune continuèrent à être perçus au profit du domaine de la ville. On verra, aux *Preuves*, n° LXXIV, un extrait annoté d'un compte de 1697-1698, indiquant ce que rapportaient alors les droits aliénés par le châtelain au XIII siècle.

Le châtelain Wautier V paraît être mort vers l'an 1286. Il semble qu'il était encore existant à la date du 5 août 1285, puisque son frère, le chevalier *Hugues de Douai*, est indiqué alors comme « frère du châtelain de Douai », qualité déjà donnée audit Hugues en 1282 et 1283 (1).

Nous n'avons pas retrouvé le nom de ce châtelain dans l'obituaire de Saint-Amé, quoique, dès l'an 1259, il eût pris soin de constituer, pour son obit et celui de sa femme, une rente de vingt sols à payer par les châtelains, ses successeurs.

Jeanne de Roisin, sa femme, lui survécut. Le jour de l'Ascension, 23 mai 1286, la châtelaine douairière donna

---

(1) Gaillard, *Invent. analyt. des chartes des comtes de Fl.*, n°˙ 215 et 237; Gand, Duquesne, 1857, in-8°. — Arch. départ., fonds de la Ch. des comptes, B 197. *Invent. som.*, 1, p. 33, col. 2.

à son seigneur, l'évêque d'Arras, des lettres de non-préjudice touchant le château de Vitry qu'elle habitait ; cet acte curieux constate le droit qu'avait l'évêque, quand il venait en sa ville de Vitry, de faire déguerpir du château son maire héréditaire ou châtelain, pour s'y loger lui et sa suite. *Preuves*, n° LXVII.

9. — WAUTIER VI, chevalier, châtelain de Douai (1286-130.), fils de Wautier V et époux de Jeanne de Wasquehal.

Du vivant de son père et dès l'an 1268, il était connu sous le nom de seigneur de Wasquehal, terre appartenant à sa femme et située dans la châtellenie de Lille.

Dans le fonds de Marchiennes, aux archives départementales, il y a une charte du seigneur et de la dame de Wasquehal, qui contient certains renseignements sur la famille de celle-ci. « Jou Watiers de Douai, chevaliers, sires de Waskehal, et jou Jehane, se femme, dame de Waskehal. Com nous cuidissiemes avoir aucun droit en l'heritage ke on tenoit de l'eglise de Marchiennes, en bos, tierres, etc , ki gist entour le Biès, ou jugement de l'eskevinage de Ligni, ke l'abbé acata à Medame de Markeillies, ki fu taie (*aïeule*) à moi Jehane et sen hoir ». L'abbé offrit « d'en faire loy par les eskievins de Ligni, ki le héritage avoient à jugier »; les époux approuvent le jugement de ces échevins en faveur de Marchiennes, 1284, « march ». Deux sceaux pendent à l'acte, pareils à ceux décrits plus haut.

Dans le compte du bailli d'Amiens, de l'an 1285, nous avons trouvé cet article de dépenses : *Pro respectu dato domino Galtero de Duaco*, *C l.* (1). Ceci s'applique très-

---

(1) *Recueil des historiens*, t. 22, p. 653 E.

probablement à Wautier VI, puisque son père ne prenait plus de part aux actes de la vie politique.

Le mardi 27 mars 1285, le comte Guy, étant à Douai et délivrant une charte concernant le châtelain de Lille, est entouré de vassaux lillois, notamment des chevaliers Willaume de Mortagne, Michel d'Auchy, *Wautier de Douay* et Jean de Le Haye (1).

Wautier fils succéda, vers 1286, à son père dans son office de châtelain, dont il était déjà « abireté » en 1268.

Au mois d'avril 1290, « Watiers, castelains de Douai, chevaliers, sires de Waskehal », conclut un traité avec le doyen et le chapitre de Saint-Pierre de Lille, au sujet de leurs « hostes » respectifs. A ces lettres pend un très-joli sceau équestre : le bouclier et le caparaçon aux armes ; le chevalier vêtu d'une cotte de mailles, et au-dessus, d'une tunique assez longue, sans manches ; le glaive menaçant dans la main droite ; le casque plat dans le haut, fendu aux yeux et grillé en dessous ; légende : † S. *Galteri castellani de Duaco militis* ; pas de contre-sceau (2).

Lors d'une vente faite par le seigneur de Cantin, de la maison de Douai, à l'abbaye de Flines, en août 1290, figurent parmi les hommes de fief du château de Douai et pairs du vendeur, réunis sous la présidence du bailli : « M⁰ʳ Watier, castelain de Douai, Medame Ysabiel, castelaine de Raisce (*Rache*), M⁰ʳ Evrart d'Aubi », de la maison de Douai, etc. (3).

---

(1) Leuridan, *Les châtelains de Lille*, Lille, 1873, in-8°, p. 270 ; d'après un cartul. de Saint-Pierre de Lille.

(2) Arch. départ., fonds de St-Pierre de Lille. Cf. Demay, *Invent. des sceaux de la Fl.*, Paris, 1873, in-4o, II, n° 5533.

(3) Id., fonds de Flines. Hautcœur, *Cartul. de l'abbaye de Flines*, Lille, 1873, in-8°, I, p. 318.

A la Chambre des comptes à Lille (carton B 244), existe une charte de l'an 1287 (11 avril), le vendredi après Pâques, émanée de grands seigneurs du comté de Flandre, savoir : Bauduin d'Avesnes, sire de Beaumont (sceau équestre : un bandé), Raoul Flamen, sire de Canni, Willaume de Mortaigne, sire de *Rumets*, Rasse, sire de Gavre, Jean, sire de Ghistelle, Roger de Ghistelle, Hues, châtelain de Gand (sceau équestre : un chef), *Watiers, châtelain de Douai*, Ghilebiers, châtelain de *Bierghes* (sceau armorial : un lion), Jean (ou mieux : Willaume), châtelain de *Raisse* (Rache), Jakemes de Werchin, sénéchal de Hainaut, Robert, sire de *Monteigni*, Hues de Halewin, Sohiers de Bailleul, *marescaux* de Flandres, tous chevaliers, hommes ou vassaux du comte Guy,—au sujet de l'acquisition, faite par ce dernier, de la ville et de la châtellenie de Bailleul, que lui avait vendues son neveu, le chevalier Jean, sire de Dampierre et de Saint-Disier. La vente avait été conclue, le jour de Pâques, au château de Winendale, en présence de tous ces seigneurs, *per* (pairs) du vendeur.

Plusieurs des magnifiques sceaux de cette charte précieuse ont été enlevés ; le sceau équestre de notre châtelain, pendant à des lacs de soie rouge, existe encore ; c'est le même que celui du fonds de Saint-Pierre de Lille, que nous venons de décrire (1).

Encore à la Chambre des comptes (carton B 331), il y a une sentence rendue en la cour (ou Salle) de Lille, à la « semonce » du bailli, le mercredi avant la Saint-Nicolas (3 décembre) 1292, par Robert de Wavrin, sire de Saint-Venant (sceau armorial ; un écu en abîme et un lambel de trois pendants), *Watier, châtelain de Douai*, Alars de Rou-

---

(1) Cf. St-Genois, *Monum. anc.*, I, p. 744.

baix, Pierre de Senghin, Jean de Bondues, tous chevaliers. Notre châtelain, en cette occasion, n'usa point de son grand sceau équestre, mais d'un « scel de secret » ou sceau armorial, au chef d'hermines. En qualité d'homme de fief de la Salle de Lille, Wautier de Douai avait fréquemment à sceller de semblables sentences ; aussi n'usait-il point, dans ce cas, de son sceau équestre. Il en était de même du sire de Saint-Venant, dont on connaît aussi le sceau équestre (1).

Le temps des luttes entre le roi de France et le comte de Flandre était revenu. Cette fois, ce n'est plus une ville ou une province que Philippe le Bel réclame, c'est tout le comté qu'il veut enlever à Guy de Dampierre; dans ces circonstances, Wautier VI se dévoue entièrement à la cause de son suzerain malheureux.

En 1296, sans doute en prévision des plus graves événements, il s'occupa de ses dernières dispositions. Au mois de « june », « Watiers, castelains de Douai, ch^{rs}, sires de Waskehal », dans un testament fort prolixe, dont la formule contraste avec la concision des actes antérieurs, fonde un grand nombre de services religieux, à Saint-Amé, aux Frères prêcheurs, aux Frères mineurs et à Saint-Pierre de Douai, ainsi que dans plusieurs autres localités.

A cet effet, il crée une rente de dix livres, monnaie de Flandre, payable, dit-il, au jour « Saint-Andriu », « sour toute me castelerie ». Sur cette rente, « on en prendera sis livres, de quoi on reviestira sis povres, trois veves homes et trois veves femes, de le parroche de Saint-Amet, les plus

---

(1) Cf. Saint-Genois, I, p.812.
Le contre-sceau de notre châtelain se trouve pendu à un acte du mois de mai 1288, passé devant le bailli de Lille et dans lequel messire Wautier figure comme homme de fief. (Archives de l'hospice Comtesse à Lille.) — Cf. Demay, *Invent. des sceaux de la Flandre*, II, n° 5533.

povres ke on sara trouver là u on fera mon obit, cascun an, qu'on prendera par le censel dou priestre curet. Et seront reviestit, cil sis povre, de linge, de lango, si comme de cote, de lingnes dras et de sollers. Offeront cil sis povre, au jour de men obit, cascuns une caudelle d'un denier et un d'eus, et ara cascuns de ces sis povres sis deniers pour se journée ».

Pareille cérémonie aura lieu à l'obit de la châtelaine sa femme. Il veut que les pauvres susdits « offront, viestus et cauciés des dras de l'aumosne devant dite », moyennant le même salaire.

« Voel que li obis monseign' men père soit fais à par lui. Et offeront cil sis povre, ès dras de l'aumosne devant dite, cascuns une candelle d'un denier et un denier ens ». Même cérémonial pour l'obit « me dame me mère ». Pour ces deux obits, le salaire des assistants ne sera que de trois deniers.

Une rente de dix sols est assurée « au curet de l'église Saint-Amé, là u on fera mon obit, l'obit le dame de no maison, l'obit m^{er} men père et l'obit me dame me mère ausi, pour faire tous ces obits, cascuns à par lui ».

On répètera ces quatre obits « as Frères préceurs, as Frères meneurs et à l'église Saint-Piere ».

Il règlemente ensuite les cérémonies qui se feront dans dans sa terre de Vitry, en stipulant que « li hoir paieront, ki tenront le tiere de Viteri ». Le curé de l'église Saint-Martin et celui du castel recevront chacun vingt sols de rente pour les obits. Il laisse une rente de dix sols « au luminaire de le capièle Notre-Dame de Viteri, ki siet dehors le vile ».

Il nomme trois chevaliers, ses frères, dont deux étaient morts, dans la disposition relative à un legs de « lv s. de rente, au jour saint Andriu, dont xxx s. sour le tière de le Malemaison, apriès le déchiés de monseign' *Jehan*, mon frère, ke mes hoirs paiera, ki le tière tenra, et xxv s. sour le tière de Viteri, pour les armes de monseig' *Gillion* et monseign' *Tieri*, mes frères, pour reviestier ij povres de le vile de Viteri, par le consel dou curet de Viteri. Offreront cil doi povre, à l'église dou castiel de Viteri, une candelle, le jour ke on fera l'obit de mes ij frères ».

En l'église d'Evin, dont dépendait la terre de Malmaison, devaient être célébrés les obits non-seulement du châtelain, de sa femme et de ses père et mère, mais aussi celui de ses frères, les chevaliers Gilles et Thierry de Douai. « Au curet de Evin, x s. de rente à prendre sour le Malemaison, apriès le déchiés de mon seign' Jehan, men frère, que mes hoirs paiera, ki le tière tenra ».

Le châtelain était, comme nous avons déjà vu, seigneur en partie de Gœulzin ; aussi n'oublie-t-il ni l'église, ni les pauvres de ce lieu. La rente de quatre livres, payable au jour «Saint-Andriu», sera acquittée, dit-il, par « mes hoirs ki tenra le tière de Guelesin », une part attribuée aux quatre obits précités, et une autre « as povres de Guelesin, de me tenure », tenance ou seigneurie (dont on a fait tenancier).

Autres services à Sin, dont le châtelain était également seigneur en partie. « Sur le fief que jou tien de l'abei d'Anchin, xx s. Au priestre de Sin, pour faire nos obis, lx s. de r¹ᵉ, ke mes hoirs paiera, ki tenra le tiere de Sin, con tient dou seign' de Baudeignies, pour reviestir et caucier iij povres de mes tenans de Sin ».

Encore d'autres services à Lille et aux environs, dont la rente incombera, ajoute-t-il, à « mes hoirs ki tenra le tière de Waskehal », pour faire obits « en le paroche de Waskehal », étant présents des « povres de me tenure ». Les obits seront célébrés à l'intention du châtelain et de sa femme, ainsi que du père et de la mère de celle-ci, « le père et le mère le dame de no maison ». Il lègue « as Frères preeceurs de Lille ». Obits en « l'église de Saint-Nichaise à Five en costé Lille », comme à Waskehal, avec assistance des pauvres de cette dernière localité, pour le châtelain et et sa femme, et aussi pour « M^{er} sen père et se dame de mère ».

Pour assurer l'exécution de tout ce qui précède, il affecte « toute le castelerie de Douai, le tière de Viteri, le tière de Waskehal, le t^{re} de Geulezin, de Sin, de le Malemaison et de l'abbet d'Anchin », c'est-à-dire l'ensemble de sa fortune. En cas de difficulté et pour contraindre ses hoirs, il sollicite l'intervention de ses suzerains : « Noble homme men très chier et très haut s^{er} Guion, conte de Flandres et marcis de Namur, noble dame me tres chiere et tres haute dame Beatris, contesse de Luzenbourc, et tous mes autres seigneurs tieryens, de qui jou tien t^{res} ».

L'acte testamentaire est approuvé par « Jehane, me feme, castelaine de Douai, dame de Waskehal ; Watiers, mes ainnés fius et hoirs, Gilles de Douai, Bauduins de Douai et Nicholes de Douai, mi fil ». Il fut scellé par le châtelain, sa femme et ses fils ; « Nos, *Wat^s de Douai, Gilles de Douai, Bauduins de Douai* et *Nicholes de Douai*. Et en avons espetiaument fait faire saiaus et connus en court, pour cesti ordenance saieler ». Il fut aussi revêtu, en signe d'approbation, des sceaux du comte Gui, de la comtesse de Luxembourg (1), de l'évêque

---

(1) Béatrix d'Avesnes-Hainaut, fille de Bauduin, sire de Beaumont, veuve de Henri IV, comte de Luxembourg. Elle était suzeraine du fief de Gœulzin, mouvant de la terre d'Aimeries en Hainaut.

d'Arras et des exécuteurs testamentaires : « Nous, Gui, cuens de Flandres et marchis de Namur, à la prière de no ch' et foiable lo castelain de Douai, de la castelaine et de leur enfans. Nous, Béatris, contesse de Lusenbourc, comme dame de la t" de cou con tient de no. Nous Gérars, p' le grase de Dieu, éveskes d'Arras », etc.

Il avait choisi pour ses « tiestamenteurs : Monseign' l'abet de Marchiennes (*Pierre, 1296-1306*), les prieus des Frères preceurs de Douai, le gardyen des Frères meneurs de Douai, » etc.

Ce n'est malheureusement pas l'acte revêtu de tous ces sceaux qui repose dans le fonds de Saint-Amé, aux archives du Nord ; c'est une copie, sur une grande feuille de parchemin, à la suite de laquelle le châtelain fit ajouter une disposition peu importante, au mois de « march » 1296 (v. st.) : « Jou li castelains de Douai. Jou voel, en nom d'amendem', se on ne pooit trouver sis povres veves, ès lius et parroches, ke on presist autres povres ». Son sceau, qu'il avait fait attacher à ce titre, a disparu.

Les quatre fils de Wautier VI, qui figurent dans le testament du mois de juin 1296, étaient jeunes alors ; aucun d'eux n'avait encore été revêtu de la dignité de chevalier ; aucun ne possédait auparavant de sceau, puisqu'on leur en avait fait faire spécialement à l'occasion de cet acte solennel. L'aîné Wautier ne parvint point à la châtellenie ; le second Gilles devint châtelain et eut aussi la seigneurie de Wasquehal, provenant de sa mère ; nous ignorons le sort de Bauduin de Douai ; quant au quatrième, il hérita au fief de Gœulzin, car nous avons trouvé, dans le fonds de Saint-André du Cateau, aux archives départementales, une charte du 15 août 1323 émanée de « Nicholles de Douai *dit* Luppars, sire de Guelesin, chl' ».

Cependant la guerre était déclarée ; c'était le malheureux Guy de Dampierre qui, poussé à bout, avait défié le roi de France par lettres en date à Maele du mercredi après l'Epiphanie (janvier) 1296 vieux style. (Meyerus, f° 84 r°.)

Aux archives de la ville, se trouve un témoignage non équivoque du dévouement de notre châtelain envers le comte Guy. Comme il servait dans l'armée flamande, sa terre de Vitry en Artois fut confisquée par le roi ; mais par lettres patentes du mois de mars 1296 (v. st.), Willaume de Flandre, l'un des fils du comte et le chef de la garnison flamande mise à Douai, s'engagea envers son « cher et amé Watier, castelain de Douai, ou ses hoirs », à le faire indemniser de toutes ses pertes, et à lui « rendre la value en deniers, en la terre de Flandres ». *Preuves*, n° LXVIII.

Bien qu'au commencement de la querelle entre le roi et le comte, la commune de Douai se fût rangée du parti du premier, les Flamands parvinrent à mettre garnison en cette ville, vers le mois de mars 1297, et ils réussirent à l'y maintenir jusqu'au commencement de janvier 1300. C'était Willaume de Flandre qui commandait à Douai, avec Henri de Nassau. (Meyerus, f° 84 v°.)

Les annales flamandes ne font pas mention des faits et gestes de Wautier VI, durant la guerre que Philippe le Bel vint faire au comte Guy, à Lille, à Béthune, à Cassel, à Courtrai et jusqu'à Bruges (24 juin—15 octobre 1297). Mais l'année suivante, durant la trêve, il apparaît dans une circonstance solennelle : il accompagne à Rome les fils du comte de Flandre, lorsque ceux-ci allèrent défendre la cause de leur père devant le saint-père Boniface VIII, constitué par les parties arbitre souverain de leurs querelles. Parmi les conseillers des princes, était un autre douaisien, Jacques Mulet, prévôt de l'église de Béthune.

Il y a, aux Archives départementales, dans le fonds de la Chambre des comptes, la copie d'un mémoire contenant ce que messire Robert, fils aîné du comte de Flandre, messire Philippe et messire Jean de Namur, ses frères, ambassadeurs de Guy, comte de Flandre, près du pape, dirent à Sa Sainteté touchant les affaires de leur père, lorsqu'ils se rendirent à Saint-Pierre, dans la chambre du pape, avec le seigneur d'Escornaix, *le châtelain de Douai*, Mgr Gérart du Vertbos, Mgr Jean de Menin etc. 1298, le mercredi (25 juin) lendemain de la Nativité de saint Jean-Baptiste, au matin » (1).

L'ambassade des princes n'ayant pas réussi, Robert et Jean de Flandre quittèrent Rome, le 1er août 1298, pour revenir vers leur malheureux père. Il n'était point douteux que le roi recommencerait la guerre ; en effet, aussitôt l'expiration de la trêve (6 janvier 1300), le comte de Valois, frère du roi, s'avança avec une forte armée, et dès le premier jour (7 janvier), il soumit Douai aux lois de Philippe le Bel.

Que fit alors notre châtelain ? Hélas ! il se rangea du parti du plus fort ; il fit comme les Douaisiens, qu'il avait avait contribué puissamment sans doute à maintenir jusque-là sous la domination de Guy de Dampierre, malgré la prise de Lille en 1297 (29 août). Tandis que son ex-suzerain,

---

(1) Saint-Genois, *Monum. anc.*, I, p. 875. —Arch. départ., *Invent. som.*, I, p. 63, col. 2.—Cf. pages 43, 46 et 49 du travail de M. Kervyn de Lettenhove, intitulé : *Études sur l'histoire du XIIIe siècle*, et inséré dans le tome XXVIII des *Mémoires de l'Académie royale de Belgique*, Bruxelles, 1854, in-4o.

forcé de se rendre au comte de Valois, vers le commencement de mai 1300, était emmené en captivité avec ses fils Robert et Willaume, et un certain nombre de chevaliers flamands, le châtelain de Douai se ralliait à la domination française.

Gardons-nous toutefois de juger sa conduite avec nos idées modernes : ce qu'il fit, les meilleurs gentilshommes de son temps le firent sans rougir ; le patriotisme était alors un sentiment étroit qui ne dépassait guère l'enceinte murée d'une ville. D'après les idées et la loi reçues, Douai ayant succombé, Wautier VI devait rester douaisien et devenir vassal direct du roi de France.

Au mois de février 1300 (v. st.), il était en contestation avec le chapitre, au sujet du mur de grès qui séparait sa Vieille tour d'avec l'école de Saint-Amé, et pour l'interprétation de la convention passée avec son père, en mai 1260. (*Preuves*, n° LXI.) La solution du débat fut ajournée, « de l'assentement des deux parties », et tous droits réservés, ainsi qu'il le reconnut par des « lettres » munies de son sceau; celui-ci est en partie brisé, mais on reconnaît facilement que c'est bien le même que celui de 1290 décrit plus haut. *Preuves*, n° LXIX.

Une question reste à examiner : celle de savoir si le châtelain Wautier VI perdit la vie avec les chevaliers français au désastre de Courtrai, en combattant contre les Flamands, le 11 juillet 1302 ? L'historien de la Flandre, Meyerus (f° 93 v°) et après lui tous ceux qui se sont occupés de dresser des listes de la chevalerie moissonnée par les communes flamandes, ont cité, parmi les victimes, le châtelain de Douai, auquel ils donnent le prénom de *Froaldus* (ou *Frumaldus*, en wallon *Froumault*), qui n'a jamais été porté par aucun de nos châtelains féodaux et héréditaires.

Voici, du reste, le passage de Meyerus :

Nominatim autem hi referuntur a fide dignis, scriptoribus : Robertus Atrebas et frater ejus Jacobus a Fano Pauli..... Multi præterea ex Propanciis (1) *minoris notæ: ut Vuesimalius, Boutersemius..... Item comites Angeliacus, Vimiacus..... Gotofredus Bononiensis, Froaldus Doacensium castellanus, Simon a Meleduno alter mariscalus seu magister militum, Joannes Bruliacus qui præfuit balistariis, Alanus filius natu maximus comitis Britanniæ. Comites ad hæc Druidum et a Dominico Martini, Suessionum,..... etc., etc.*

Dans la chronique attribuée à Jean Desnouelles, abbé de Saint-Vincent de Laon, compilation datant de 1388, il y a aussi une liste des seigneurs tués à Courtrai, dans laquelle on lit : « Auberis de Longueval (2), *li castellains de Douay* et tant d'aultres ».

Il est évident qu'un personnage, qualifié par quelques auteurs de *châtelain de Douai*, périt au désastre de 1302 ; mais ce ne fut pas notre Wautier VI, attendu qu'il est repris sur un rôle des chevaliers de la Flandre au service du roi, auxquels on avait payé leurs gages du terme de l'Ascension 1303 ; il y est ainsi désigné : *Galterus castellanus de Duaco* (3).

Quant à celui qui mourut à Courtrai, c'est Jehan de

---

(1) Voir Jacques de Guyse, *Histoire de Hainaut*, édition de Fortia, Paris, 1826, in-8°, t. I, pp. 176 et 178 : *Propantii*.

(2) *Recueil des hist. des Gaules et de la France*, t. 21, 1226-1328, Paris, 1855, in-fo, page 191 II.—A la table du volume, pages 877 et 893, Aubert de Longueval et le châtelain de Douai sont indiqués, par erreur, comme ne faisant qu'une seule personne, tandis que ce sont deux personnages différents.

(3) *Id.*, t. 22, Paris, 1865, in-fo, p. 766.

Brunnebech *dit* le Brun, chevalier, *gardien* de la ville de Douai pour le roi de France (1) ; cet officier royal de création nouvelle, ce capitaine ou gouverneur militaire a pu être quelquefois désigné sous le nom de châtelain, titre qui n'appartenait véritablement qu'à notre officier féodal.

Wautier VI demeura fidèle au roi, malgré la rentrée des Flamands à Lille et à Douai, conséquence de leur victoire de Courtrai ; il vit sans doute, avant de s'éteindre, ces villes redevenir françaises, en septembre 1304 ; c'est vers ce temps-là qu'il a dû finir sa carrière.

L'obituaire de Saint-Amé, de la fin du XIII° siècle, reposant aux archives départementales, ne contient pas le nom du châtelain Wautier VI, ni dans le texte primitif, ni dans les additions. Mais on y trouve, sous la date du 7 février, une mention additionnelle, qui semble se rapporter à la femme de ce châtelain « *Vij ld. feb. Obiit Johanna castellana Duacensis, que obitui suo xx s. par. legavit, quos debent solvere heredes ejus, donec pd^s xx s, assignav^{nt}. Et nisi vell^{nt} assignare vel solv^e, nichil tenentur fac^e, quia promiserunt assignare vel solv^e vel trad^e xx lib. par.* » Ce passage est barré ; ce qui prouve que les héritiers de la châtelaine ne payèrent point les vingt livres, et qu'ils ne donnèrent point non plus la rente de vingt sols.

Le commencement du XIV° siècle marque le terme d'une seconde période dans l'histoire de nos châtelains.

Moins puissants que ceux du XI° siècle, les châtelains

---

(1) Arch. départ., fonds de l'abbaye des Prés, charte du mois de novembre 1313, émanée du chevalier Bauduin de Lonwes, son successeur au gouvernement de Douai.—De Smet, *Corpus chronic. Flandriae*, t. IV, p. 473, Brux., 1865, in-4°.

de Douai du XII° et du XIII° sont encore des grands seigneurs qui brillent à la cour de Flandre ; le sceau équestre dont ils se servent est l'emblème de leur haute situation ; si leurs attributions diminuent sensiblement dans notre ville, tant par des démembrements que par des aliénations, ils ont d'importantes seigneuries à Vitry, à Gœulzin, à Sin, à Wasquehal, c'est-à-dire en Artois, en Hainaut, dans la châtellenie de Lille, etc

Dans la troisième période, nous assisterons à la décadence de cette maison, dont les titres pompeux cacheront mal la gêne et la ruine. Au point de vue de l'histoire des familles, le XIV° siècle est essentiellement novateur ; une foule de noms nouveaux surgissent en France, grâce surtout à la faveur des princes qui tendent de plus en plus à l'absolutisme ; par contre, bien des vieux noms tombent ou disparaissent : c'est tout un passé glorieux qui s'efface.

IV.

Liste des châtelains (suite et fin). — *Les châtelains de Douai sous la domination française du XIV° siècle. Décadence sensible.* — *Gilles I*ᵉʳ, *capitaine au service du roi ; mort vers 1320, mari de Florence Fiament de Chauny.* — *Gilles II, époux de Jacqueline de Roye ; ses nombreux procès au sujet de son office.* — *Jean, dernier châtelain de la maison de Douai ; ses embarras financiers. En 1368, il vend sa châtellenie à sa future épouse Mahaut de Le Vingne ; il meurt sans enfant. On l'a confondu avec un valet !* — *La châtelaine Mahaut de Le Vingne épouse, en secondes noces, Guillaume de Clermont de Neele. Guerre* *privée entre la ville et la châtelaine; expédition des Douaisiens à Vitry, 1409. — Baugois, seigneur d'Inchy et châtelain de Douai, 1419. Nouveaux procès au sujet de l'office. — Philippe, seigneur d'Inchy, vend sa châtellenie à la ville, 1464. — Différentes demeures des châtelains à Douai et aux environs.*

10. — GILLES Ier, chevalier châtelain de Douai, seigneur de Wasquehal (130. à 1320), fils de Wautier VI et époux de Florence Flament de Chauny.

En 1296, il était majeur et fils puiné, lors du testament de son père.

Grâce à la réunion de la Flandre wallonne à la couronne, notre châtelain était devenu vassal direct du roi, dont il tient désormais sa châtellenie, sans aucun intermédiaire.

« Messire Gilles, châtelain de Douai, chevalier », figure en tête des hommes de fief du roi, de son castel de Douai, quand la cour féodale rend une sentence au profit de l'abbaye d'Anchin, contre la châtelaine de Rache, le 16 avril 1311 (1).

En juin 1311, Mahaud, dame de Lannoy, fut maintenue dans la possession d'une rente sur le « travers » de Lille, par sentence du bailli de Lille, de Douai et d'Orchies, de Gilles, châtelain de Douai (jugeant sans doute comme seigneur de Wasquehal), de Jean de Croix et d'autres (2).

---

(1) Archives départ., fonds de l'abbaye d'Anchin.
(2) Nouv. trai suppl. au Nobil. des Pays-Bas, p. 19 de l'édit. Duquesne, à Gand. D'après le Trésor des chartes de France; invent. coté Picardie, pièce 25.

Notre châtelain servit le roi Philippe le Bel dans la guerre de l'an 1314 contre les Flamands rebelles ; il s'y distingua, puisque par ordre du fameux Marigni, alors encore ministre tout puissant, il lui fut compté, outre ses « gages » et ceux de ses gens, « deservis en l'establie de Douay », une gratification importante, dont il donna quittance à Douai, le 14 septembre 1314. *Preuves*, n° LXX.

Pendant près de vingt ans (1314, 1331), le châtelain de Douai fut en procès avec le seigneur de Lalaing, au sujet de la justice sur la rivière « del Escarp », à un point déterminé ; la cause paraît avoir été difficile à décider, attendu que les rois de France nommèrent bien des commissaires, à des reprises différentes, avant que le débat pût être jugé ; celui-ci se rattachait à la question toujours pendante de l'Ostrevant. La première commission avait été donnée par Philippe le Bel (mort le 29 novembre 1314) à son gouverneur de Douai (Bauduin de Lonwez) et au bailli de Hainaut, et elle leur fut continuée par Louis le Hutin, suivant lettres datées du 24 octobre 1315. Il y eut aussi une autre commission, du 28 avril 1328, donnée par Philippe VI au bailli de Lille, de Douai et de Tournésis, et à celui de Hainaut ; encore une autre, du 23 décembre 1331, pour l'évêque d'Arras et le chevalier Pierre de Cugnières (1).

Le châtelain Gilles Ier s'allia à Florence Flament de Chauny, d'une famille du Vermandois qui portait dix losanges posées 3, 3, 3, 1, comme les Lalaing ; elle était fille de Raoul, sire de Chauny, maréchal de France en 1285 et 1287. Le P. Anselme (VI, pages 637 et 638) constate que cette dame fut la femme de « Gilles, seigneur de Wasquehal, châtelain de Douai ».

---

(1) Devillers, *Monum. pour servir à l'Hist. des provinces de Namur, de Hainaut*, etc., Bruxelles, 1874, in-4°, III, pp. 683, 194 et 263.

Il mourut vers 1320, probablement le 11 mars, car c'était à cette date qu'on célébrait son obit à Saint-Amé, où se trouvait son tombeau ; il avait constitué, à cet effet, une rente de 10 sols parisis, payable par l'écolâtre; durant l'obit, on devait allumer quatre cierges autour de sa tombe et placer sur celle-ci un « palle » ou poêle de soie; il revenait au trésorier huit sols pour les quatre cierges, et à la fabrique deux sols pour le poêle: « *Egidius, castellanus Duacen^s, miles. Ob. suo, œl s. par. assignavit. Mag$_r$ scolarum solvit. Inde cedunt thesaurario octo solidi, pro iiij^{or} cereis, circa tumbam ponendis, et fabice ij s., pro uno panno serico, supra tumbam ponendo. V Id. mart.* » (1)

Un arrêt du parlement de Paris, du 26 novembre 1320, « continua en état le procès entre les échevins de Douai et Florence de Cauni, châtelain de Douai ». Il y en a un autre, du 12 décembre 1322, relatif à une sentence qui avait été rendue à Arras au profit du chevalier Jean de Landas, « contre Florence, châtelaine de Douai » (2).

La châtelaine survécut donc à son époux et régit quelque temps la châtellenie comme douairière ; elle mourut vers 1337.

Son obit se célébrait à Saint-Amé le 7 février ; elle avait donné pour cela une somme de trente livres : « *Vij Id. feb., Obiit Florentia de Chauni, castellana Duac^s, que obitui suo xxx lib. par. ecol^e n^re legavit.* » Suit, dans l'obituaire, le détail des sommes à payer pour la cérémonie annuelle.

---

(1) Arch. départ., Obituaire de Saint-Amé, fin du XIIIe s., mention ajoutée.

(2) Boutaric, *Actes du parlem. de Paris*, 1e série, 1254-1328, Paris, 1867, in-4o, t. II, pages 333 et 485, nos 6179 et 6989. — Au no 6179, il a été imprimé par erreur : « Florent de Cauni, châtelain. »

— 158 —

11.—Gilles II, chevalier, châtelain de Douai, seigneur de Wasquehal (1320-1355), fils de Gilles Ier et époux de Jacqueline de Roye.

Il y avait peu de temps qu'il exerçait par lui-même l'office de châtelain, quand il conclut un accord avec les échevins, pour terminer certaines difficultés nées entre les deux pouvoirs. On transigea d'abord sur l'appréhension, faite par les échevins, « dedens les metes et bonnes de la maison de le vies tour », d'un homme qui avait eu une «mellée»(rixe) en ville ; ce «dont madame la chastellaine de Douay, jadis mère dudit chastellain », avait fait « complainte»contre les échevins. Sur les prétentions du châtelain, à cause de son Poutenage de Rache, de faire payer les«bouchiers de Douay pour leurs bestes que il amenoient de delà le pont de Raisse, parmi le pont de Raisse, en venant à Douay»,il y renonça « de chi en avant, parmi le «tourtel»(galette) que li dit bouchier li paieront comme bourgois de ladite ville, en manière accoustumée ». Quant au troisième et dernier point, comme il prétendait « que pour quelconque cas que, par les dis eschevins ou leurs sergens, prisonnier li fussent recommandé, il leur pooit faire eslarguissement de prison par tout là uil li plaisoit, à sen péril », il promet de ne«faire eslarguissement ailleurs que dedens les bonnes et metes de la dite maison de le viese tour ». Pour négocier cette transaction, « Gilles, chastellain de Douay, escuiers, sires de Wasquehal », avait donné procuration, le 24 octobre 1338, à *Enguerrans*,sire *de Noevtrelo* (son bailli), qui, après s'être entendu avec la partie adverse, alla à Lille faire homologuer l'accord par le gouverneur de la province, en son *assise* « qui commencha le mardi prochain aprиes le jour de Toussains » ; l'homologation eut lieu

« le samedi chieuincquisme jour de ladicte assize », c'est-à-dire le 7 novembre 1338 (1).

Malgré l'accord de l'an 1338, le châtelain rentra en procès avec la ville. Voici la cause de ce débat, qui se perpétua pendant plus de dix années. Le châtelain, de sa propre autorité, se permit d'arrêter, « au pourpris de la viese tour », un homme soupçonné de larcin ; là-dessus, réclamation et plainte des échevins, prétendant que l'arrestation avait été effectuée au mépris de leurs droits. Le débat portait donc sur des prétentions réciproques à l'exercice de la justice vicomtière dans l'hôtel du châtelain, chef-lieu du fief de la châtellenie ; il s'agissait de savoir qui ferait pendre le voleur ; serait-ce le châtelain ? ou bien les échevins ? Le roi, auquel ceux-ci transmirent leurs doléances, intervint dans la cause : le 20 mars 1342 (v. st.), il ordonna à son gouverneur de Lille d'instruire l'affaire. La cause ayant été portée devant le parlement de Paris, un arrêt fut rendu, le 8 avril 1345, contre le châtelain, pour avoir attenté à la juridiction qu'avaient les échevins dans la Vieille tour, et qui le condamnait aux dépens. Sur ces entrefaites, le prisonnier litigieux, qui avait été transféré de la Vieille tour (*turris antiqua Duaci*) dans la prison royale du Châtelet de Paris (*in nostra prisione Castelleti Par^s*), y mourut ; alors le parlement s'empressa d'ordonner, en conséquence de son précédent arrêt, que la cérémonie du « rétablissement par figure »(*per figuram restitutio*) serait accomplie au plus tôt par le châtelain envers le magistrat de la ville de Douai, et à la diligence du gouverneur de la province. Malgré son échec, le châtelain sut traîner l'affaire en longueur,

---

(1) Arch. de la ville, nos 410 et 411 de la *Table chronol.*, où l'acte d'homologation est indiqué d'une façon inexacte. Dans la lay. 43, se trouvent les propositions d'accord faites aux échevins par l'agent du châtelain.

saisir des prétextes pour ne pas payer les frais, etc.; il fallut encore l'intervention du roi pour terminer tout cela. Il y a des lettres du roi Jean, adressées de Paris le 21 août 1352, au bailli de Lille, de Douai et d'Orchies (gouverneur de la province), pour faire payer à « Gilles, chevalier, chastelain de Douai », les dépens d'un arrêt du parlement de Paris, à quoi il avait été condamné à l'encontre des échevins, et qu'il refusait d'acquitter, sous prétexte qu'il y avait sursis à toute exécution, quand *on était à la guerre*. Le roi dit que les échevins sont à la frontière et même en guerre ouverte avec ses ennemis; qu'il y a un arrêt de taxation; qu'ainsi il (le gouverneur) peut exécuter (1). On était alors en pleine guerre contre les Anglais, ennemis du royaume; ces lettres royales prouvent que le châtelain Gilles y prit part.

Gilles II, qui paraît avoir été très-procédurier, eut aussi des démêlés avec le prévôt de la ville de Douai ou l'officier féodal qui avait hérité de maintes prérogatives démembrées autrefois de la châtellenie. Une sentence, rendue par les échevins, le 13 juin 1345, pour terminer le débat, commence ainsi : « D'un descort meu pardevant eschevins de Douai, entre noble et puissant homme M⁰ le visconte de Meleun, à présent prevost de Douai, à cause de Madame la viscontesse, sa femme, d'une part ; et *M⁰ le chastellain de Douai*, d'autre part ». Ainsi l'héritier des nom, armes et dignités de nos anciens châtelains n'avait plus, même dans sa ville, que le second rang, et il cédait le pas au prévôt ; il est vrai que le vicomte de Meleun était l'un des grands seigneurs de la cour de France. « Ledit M⁰ le chastelain

(1) Arch. de la ville, nos 453 et 461 de la *Table chronologique*. Le no 821 de celle-ci contient une analyse fort inexacte; lisez notamment, pour la date de l'année, 1346, au lieu de 1386. — Voir aussi Gullmot, Extraits mss., I, p. 75.

disant et maintenant au contraire, et que à lui, à cause de sa chastellenie, appartiennent li warde des warescais, pâturages et rivières, dedens la ville de Douai, avec les émolumens et profits d'iceux, et aussi li warde des warescais et pâturages, dehors la ville de Douai, étant en l'Eschevinage, desouz et deseure, voies, chemins, pires et sentiers, prises et amendes pour cause de fourfaitures desdits warescais, avec les émolumens et profits d'iceux. Et tout au jugement des eschevins. » Mais le prévôt gagna sur tous les points, sauf celui-ci : « Quant à la demande que ledit prevost a faite, d'être warde des waresquais, des pires, des pâturages et des chemins, qui sont depuis les ventelles du Baille, en allant au deseure, jusques à le Sauch bonnel, et ès lieux de environ étans en l'Echevinage, desquels vue a été faite. Dont ledit chastelain a dit et proposé plusieurs raisons au contraire. Déclarent lesdits eschevins par jugement, que li warde appartient au roi, à la ville et audit M⁰ le chastelain ». *Preuves*, n° LXXXVIII.

Les « ventelles » du Baille étaient placées à l'entrée de la rivière dans la ville ; le «sauch bonnel», ou saule servant de borne, existait à droite de la Scarpe, sur la limite des terroirs de Douai et de Lambres.

En 1346, il plaidait contre les gens de Sin : « Les maieur et échevins de Sin, contre *M⁰ le chastellain de la ville de Douai*; Lille, le jeudi 4° jour de l'asise » qui commença le lundi 13 mars 1345 (v. st.) (1).

Le châtelain II paraît avoir épousé Jacqueline de Roye, fille de Dreux, sire de Germigny (chevalier banneret en

---

(1) Arch. nation., Trésor des chartes, reg. JJ 76 (1346-7). Lettres du roi, Arras, juin 1347, sous la rubrique : *Certa privilegia concessa habitatoribus Duaci.*

l'«ost» de Flandre en 1315 et 1316, ambassadeur du roi en 1329 auprès du roi de Bohême), et d'Alix de Garlande, qui en 1335 était remariée à Rogues de Hangest, maréchal de France (1).

Tels sont les renseignements que nous avons pu recueillir sur Gilles II, chevalier, châtelain de Douai et seigneur de Wasquehal. Sans doute que le malheur des temps lui aura fait contracter de grosses dettes ; car il laissa un héritage très-obéré, et nous allons voir son successeur en proie à toutes sortes de difficultés financières.

12.—JEAN, chevalier, châtelain de Douai, seigneur de Wasquehal (1355-1393), fils de Gilles II et époux de Mahaut de Le Vingne.

Il hérita, vers l'an 1355, de la châtellenie de Douai et de la terre de Wasquehal. Presque aussitôt, messire Jean de Douai, pressé par le besoin d'argent, fit un emprunt, dans les conditions usitées au moyen âge, c'est-à-dire qu'il vendit à temps une fraction de la rente que l'office du Gavenier de Douai devait au châtelain. Toujours en proie aux mêmes besoins, il aliéna, au profit d'un bourgeois opulent de Douai, nommé Jean Catel, le « parfait » de ladite rente. (Voir 6ᵉ chapitre, article IV 2ᵉ.)

En 1360, « noble homme Jehan, chastelain de Douai, chevalier, sire de Wasquehal », contracta, envers le même Jean Catel, une obligation de 910 florins d'or « à l'escu du roi, à rendre dans la Noël prochainement venant de l'an

---

(1) Le P. Anselme, *Hist. généalog. et chronol. de la maison royale de France*, VIII, p. 9. Paris, 1733, in-fo.—Goethals, *Dict. généalog. et hérald. des familles nobles du roy. de Belg.*, IV, Roye de Wichen; Bruxelles, 1852, in-4o.

1360»; l'acte fut passé devant le gouverneur du souverain bailliage de Lille. Il assignait en garantie sa « chastellerie » (1).

Il vendit encore, à ce Jean Catel, un fief qu'avaient à Sin les châtelains, ses prédécesseurs, tenu du seigneur de Montigny en Ostrevant. Il aliéna, au profit de Jeanne Catel, sœur dudit Jean, et qui en 1370 était femme du chevalier Pierre de Cohem« un gavle contenant wit vins (*160*) mencaulx d'avaine ou environ, à prendre, cascun an, sur le *gavle de Beaumez*, appartenant au seigneur de Bouberch, pour le pris de 600 florins d'or ». Selon toute apparence, ce bien était échu aux anciens châtelains, à cause d'Agnès de Beaumez, épouse de Wautier III. Dans la suite, le 24 mars 1370 (v. st.), il reconnut avoir été payé du prix de la vente, par les mains dudit feu catel et de ladite dame, « promettant de n'aller à l'encontre, mais de tenir et garantir lesdites choses contre tous, et par espécial contre Noizeus de Le Coquerie, escuier, ses hoirs ou ayant-cause, attendu que oncques le châtelain ne reçut rien des biens dudit Noizeus, en ladite somme » ; il ratifia aussi la vente du fief de Sin (2).

Par suite d'arrangement de famille, il avait abandonné à la dame d'Esquencourt, sa sœur, et au mari de cette dame, le viage de son Pontenage de Rache. *Preuves*, nos LXXI et LXXII.

Enfin Jean de Douai dut se résoudre à vendre le patrimoine que sa maison avait possédé pendant près de 400 ans, et dont elle avait tiré son nom. L'acquéreur était une riche damoiselle, âgée d'environ vingt-un ans, appelée Ma-

(1) Inséré dans une sentence de la gouvernance, du mois de juin 1371. Arch. départ., Chambre des comptes, carton 032.

(2) Lettres du garde-scel de la baillie d'Amiens, aux Arch. départ. à Lille, fonds de la Ch. des comptes.

haut de Le Vingne. Le contrat fut passé, le 14 juillet 1368, devant le gouverneur et bailli de Douai (1), et souverain bailli de Lille, assisté d'hommes de fief du roi, de son château de Douai. « Noble homme messire Jehan, chastellain de Douai, chl' », reconnut devant eux, qu'il avait vendu à ladite damoiselle « tout son fief et chastellerie qu'il tenait de M⁸ʳ le roi, de son chastel de Douai ». Le prix convenu était 2000 florins d'or « qu'on dit francs, du coin et forge du roi »; mais le vendeur se réservait « les profits, émoluments et revenus dudit fief », durant tout le cours de sa vie; enfin la vente était consentie à la charge des « about, assenement, couvenanche, vendage », y énumérés, et que messire Jean avait faits sur sa châtellenie (2).

C'était, semble-t-il, la condition du mariage projeté entre le chevalier Jean de Douai et d¹¹ᵉ Mahaut de Le Vingne, et qui fut réalisé peu de temps après. Une vente semblable eut lieu pour la terre de Vitry, cette antique annexe de notre châtellenie.

Le 15 août 1369, « Jehan de Douai, chevalier et châtelain de ladite ville », servit à son nouveau seigneur, le comte de Flandre, — récemment rentré en possession de Douai et de Lille, au moyen de la cession consentie par le roi de France, — le dénombrement de « sa castelenie de Douai, telle qu'en avaient joui ses devanciers », mais dont il n'avait plus que le viage, la propriété appartenait à sa

---

(1) L'office de bailli de Douai était alors supprimé, et les fonctions étaient remplies par le gouverneur.

(2) *Preures*, no LXXI.

A propos de cette vente, le P. Buzelin, ordinairement exact, a commis une erreur, en disant que « par contrat de 1369, Mahaut de Le Vigne, épouse de Guillaume de Neelle, seigneur de Saint-Venant (dans ses *Annales*, il la dit : veuve du châtelain de Douai), vendit la châtellenie au magistrat ». *Gallo-Flandria*, p. 403 C, et *Annales*, p. 353 A.

femme, « laquelle en fut adhéritée et vestie avant que je l'épousasse ». La châtellenie était estimée d'un revenu foncier de 121 livres. Ce dénombrement, consigné par écrit « à l'enseignement » du bailli de Douai, est du plus haut intérêt pour notre histoire. *Preuves*, n° LXXII.

Il y a, aux Archives de la ville, des lettres de « Jehans, chastellains de Douay, chevaliers », par lesquelles il reconnaît, à la suite de débats, que « les frans mosniers hiretiers, tenans ou aians cause des noef molins deseure de le ville de Douay », à qui il doit fournir le « bacquet » pour couper, trois fois l'an, les herbes en sa rivière et juridiction qu'il a à Vitry, et auxquels il demandait dix « saulx » parisis, par an, ne lui doivent, comme ancienement, que quarante deniers douisiens « pour et à cascune desdites trois fauquisons »; «pelnultisme de juillet », 30 juillet 1372; le sceau du châtelain est perdu (1).

Le 17 octobre 1365, le procureur de « noble homme M^{sr} Jehan, chastellain de Douai, seigneur de Wasquehal (2),

---

(1) Arch. municip., n° 567 de la *Table*.

(2) La terre de Wasquehal paraît avoir été saisie vers cette époque et mise sous la main du roi. Aux archives départementales, dans le fonds de l'abbaye de Marquette-lez-Lille, nous avons trouvé un acte concernant une pièce de terre sise en la paroisse de la Madeleine lez-Lille, « tenure de Wasquehal, ledit acte, du 28 janvier 1365 (v. st.), reçu par Jehans de Laublel, bailliux de lé terre de Wasquehal, établis souffisamment par main souveraine de noble homme Monsr Piercheval de Gand, chlr, bailliff de Lille », et par les juges dudit lieu.

Il est probable que les créanciers de notre châtelain le forcèrent à vendre aussi cette pièce de l'ancien patrimoine de ses ancêtres.

A la Chambre des comptes (B carton 1283, n° 13851), il y a le rapport d'un fief sis à Tourcoing, tenu de «hoult et noble mons. Grard de Ghistielle, signeur de Brueck et de Wasquehal, de son fief de Wasquehal qu'il tient de noble homme mons. de Roubais, chlr ». L'acte est daté du 22 mai 1393.

La terre de Wasquehal était donc tenue, en partie du moins, du sire de Roubaix. Elle avait des enclaves à La Madeleine et à Marcq en Barœul.

chl'», suivant pouvoir daté du 12, passa reconnaissance de la rente de Vitry, due à l'abbaye de Saint-Aubert par les ancêtres du châtelain. On voit que « la main du roi était assise » alors sur sa terre de Vitry, à la requête de l'évêque d'Arras, son suzerain (1). Le malheureux gentilhomme était sans doute en retard de payer de ce côté là, comme ailleurs.

A la date du 16 septembre 1375, un accord fut conclu entre M° Guillaume Touse, « fesusien » (physicien, chirurgien) de madame la comtesse de Flandre et d'Artois, chapelain de la chapelle nommée *Salve*, fondée à Saint-Amé (en 1205, par le chevalier Pierre de Douai), d'une part : et « noble homme M⁵ʳ Jehan, chastellain de Douai, chlʳ, et madame Mahaut de Le Vingne, sa femme », d'autre part. Le premier avait fait ajourner le châtelain « pardevant nos seigneurs tenans les requestes du roy en son Palais à Paris », au sujet d'une rente de deux muids de blé (donnée en 1216 par le châtelain Wautier IVᵉ) sur le « terre et revenu que ledit chevalier a en la ville de Viteri », et qu'il était en retard de payer depuis dix ans. Le châtelain et sa femme comparaissent devant auditeurs du bailliage d'Amiens, passent une reconnaissance de leur dette, promettent de s'acquitter exactement à l'avenir, s'obligent à payer dans un certain délai les arrérages échus et prennent à leur charge les frais du procès (2).

Mentionnons la présence, à Douai, de notre châtelain, quand il accompagna, le 4 juillet 1380, le gouverneur de la province, le bailli de Douai, les échevins « viez et nou-

(1) Arch. départ., fonds de St-Aubert.
(2) Archives départementales, fonds de Saint-Amé.

viaux », etc., qui allaient en la manière ancienne et accoutumée, « par la rivière jusques au Queviron », faire crier le ban, du haut de la pierre du Queviron, dite Longue Borne ou Bonne de Germignies, plantée en 1288 sur la rive gauche de la Scarpe et sur les confins des terroirs de Flines et de Marchiennes. *Preuves*, n° LXXIII.

Le 24 février 1383 (v. st.), comparurent devant échevins: « Jehans de Douay, chl°, chastellain de Douay, Mehault de Le Vingne, sa femme, Jehan Le Chievre *dit* Hanart et Jehan Canivet », qui reconnurent devoir aux « compaingnons lombars » 24 florins d'or ou francs royaux, « pour cause de pur et loial prest à yaus fait » (1). Les « lombards » étaient les usuriers officiels du temps et lesdits Hanart et Canivet, les coutions du châtelain emprunteur.

Dans le fonds de l'Abbiette de Lille, aux archives départementales, il y a un acte du 4 janvier 1384 (v. st.), contenant une vente de rente assise en la paroisse de *Fourmielles*, et passé devant Jean de La Nef, « baillius à noble homme men chier seign' Mons' le chastellain de Douai, de se tenure, justice et signourie que il a à Radinghehem et ou tierois de environ »; le bailli était assisté d'hommes de fief du châtelain (2).

Les difficultés renaissaient sans cesse entre la commune de Douai et son châtelain; avait-on fini de plaider pour des cas de juridiction dépendant de l'office lui-même, qu'un procès surgissait à propos de la seigneurie de Vitry. La ville,

(1) Contr. en chirogr. aux archives de la ville. Guilmot, Extraits, III, p. 1323.

(2) D'après un acte du même fonds, le fief innommé et appartenant à notre châtelain au XIV° siècle, était appelé, au XVI°, fief de Pierrebais; il appartenait alors (15 avril 1517, après Pâques) à « Wallerand de Bauffrenicz, escuier, s' de Sallommez et du fief de Pierrebais, gisant à Radinghehem ».

avons-nous dit, avait la propriété de la Scarpe non navigable depuis Biache, en amont de Vitry, et cette rivière était pour Douai d'une importance hors ligne, puisque, sans elle, il n'y avait plus ni fortifications, ni moulins, plus de sécurité ni de pain. De son côté, le châtelain, à cause de sa seigneurie de Vitry, avait, en ce lieu, des moulins à eau, qui étaient d'un grand rapport; mais il lui fallait, de temps à autre, en réparer les « ventelles »; aussitôt les Douaisiens de crier qu'il leur diminuait l'eau de la Scarpe et qu'il attentait aux droits de la ville. Par arrêt du parlement de Paris, du 13 février 1386 (v. st.), rendu entre le duc de Bourgogne, comte de Flandre, et les échevins de Douai, d'une part, le châtelain de la même ville, d'autre part, la ville fut maintenue dans sa possession du cours de la rivière qui vient de Blangy-lez-Arras, et le châtelain, dans le droit de réparer ses « ventelles »; mais cette réparation devait se faire dans un temps donné, sous les yeux d'un commissaire de la cour (1).

A la suite de cet arrêt, qui laissait entrevoir encore dans l'avenir bien des difficultés, il y eut un rapprochement entre la ville et le châtelain. Suivant leurs « lettres » du 1er octobre 1387, « Jehans, chastellain de Douay, ch^{lrs} et Mehaulx de Le Vingne, sa compaingne et espouse, chastellaine dudit lieu », accordèrent à bail aux échevins de Douai les droits de pêche et autres en la rivière de la Scarpe à Vitry : « Toute notre rivière, yaues et pesqueries, que nous avons et poons avoir à Vitery et ès mettes d'environ, mouvans des pons de Biach, descendans parmi les pons jet arques de Vitery, alans jusques au pont de Trehourt, et sur un autre lès alans jusques au wès de Bascon. Avoeuc le liu et manoir

(1) N° 623 de la *Table chronologique*.

de le Pesquerie, le coppe des hallos..... Avoeuc le moitiet de tous les jovenes chines qui seront, d'an en an, en ladite riviere et yaues, qui n'aroient enseingne d'autre seigneur... En pesquant..... de telle maille ou sanlable que les censeurs des yaues de l'eglise saint Vast d'Arras ont usé et acoustumé de pesquer ès yaues d'icelle èglise.. ... Et se autrement le faisoit, nous sommes tenu de y pourveir, afin que li dite riviere et yaues ne soient sourquises ne pesquiés desraisonnablement..... Et combien..... que les dis de Douay doivent avoir et goir..... dou lieu et manoir de le pesquerie, si ne doivent-il..... riens avoir de le coppe de hallos ne de herbages, plus avant que jusques au Riuscot qui va de le montée en le riviere, liquelle montée est comprise ou fait de ledite cense ». Ce qui fut convenu pour neuf années à commencer dudit jour, au « rendage » annuel de 50 francs royaux, avec un quarteron d'anguilles, un quarteron de carpes et un quarteron de «becqués » (brochets). Et attendu que la ville de Douai « a et doit avoir propriétairement le cours de l'iaue de ledite rivière passans et descendans desoubx les pons de Vitry », il fut convenu que cette « cense » ne porterait pas préjudice à l'arrêt prononcé en parlement, le 13 février 1386 (v. st.).

Un article du bail montre combien était toujours grande la détresse du châtelain : « A notre pryere et requeste, et pour secourre à no grant besoing et necessité, lesdis de Douay nous ont baillié et delivré en prest, sur le deu de ledite cense, le somme deux cens frans roiaulx ». Deux sceaux armoriaux pendent à l'acte. Le premier, petit et rond, représente un chef d'hermines (mal fait, ressemblant plutôt à un coupé), armes pleines de la maison de Douai; légende : « *S. Jehan castelain de Devai* ». L'autre, à droite, celui de la châtelaine est plus grand; c'est un écusson parti, au 1ᵉʳ, d'hermines (armes du châtelain inexactement reproduites), et au 2ᵈ, besanté à trois croissants ; légende : ... *Mehaut. d. le Vigne castelaine de*... (1). A ces lettres, en sont annexées d'autres, du même jour, émanées du garde-scel de la baillie d'Amiens, portant reconnaissance du contrat par les époux « demourans à Vitery » (2).

En vertu de ce bail, qui fut renouvelé pour une autre période de neuf ans, la ville eut le droit de commettre des gardes des « ventelles » à Biache et à Vitry ; on trouve aux archives deux commissions de ce genre, données le 2 et le 4 octobre 1402 (3). Ainsi fut apaisée, pour quelque temps, la difficulté relative aux « ventelles » de Vitry.

Nous venons de voir que le châtelain Jean avait renoncé au sceau équestre, insigne porté par ses ancêtres du XIIIᵉ siècle ; nous n'avons pas rencontré de sceaux de son père ni de son aïeul, mais nous présumons qu'eux non plus n'ont point eu de sceaux équestres. Ceux-ci deviennent, du reste, infiniment moins communs au XIVᵉ siècle qu'auparavant ; ils sont désormais réservés aux princes, aux comtes et aux grands barons.

L'union contractée par le châtelain Jean n'avait guère amélioré sa situation financière. Ainsi, nous avons vu qu'en 1375 il était en retard pour le paiement de la rente assignée par ses ancêtres sur sa terre de Vitry, en faveur de la chapelle dite *Salve* à Saint-Amé. D'autres créanciers, plus impatients, ne le laissaient point en repos ; notamment Watier Picquette, fils de Watier et de demoiselle Roeusse Catel, et

---

(1) Demay, *Invent. des sceaux de la Fl.*, Paris, 1873, in-4o, II, nos 5534 et 5535.

(2) Arch. municip, no 632 de la *Table*.

(3) Id., no 700.

neveu et héritier, par sa mère, de ce Jean Catel, à la bourse duquel Jean de Douai avait eu plusieurs fois recours.

Dès l'an 1369, Watier Picquette avait attrait son débiteur devant le gouverneur du souverain bailliage de Lille et présenté à celui-ci les causes, faits et raisons pour obtenir pouvoir de faire exécution sur les biens du châtelain, en vertu de l'obligation qu'il possédait contre lui. Suivant sentence du mois de juin 1371, rendue par le lieutenant à Douai du gouverneur au profit de Watier Picquette, contre le châtelain Jean, ledit Picquette, au nom et comme héritier de Jean Catel, fut déclaré bien « adhérité » d'une rente en blé à prendre sur le « gave » de la ville de Douai. Une autre sentence du «joedi en Pasqueres»(6 avril) 1385, émanée du gouverneur, condamna messire Jean de Douai à payer audit Watier la somme due à la succession de Jean Catel. Le châtelain, qui ne désirait que traîner la chose en longueur, en appela devant les«seigneurs du noble et discret conseil»du duc; mais par lettres, en date à Paris, du 8 juillet 1385, le duc de Bourgogne ordonna aux gens de son Conseil à Lille, de terminer de suite, selon les usages du pays, le procès pendant entre Watier Picquette, de Douai, qui avait adressé ses supplications à son souverain, et Jean, châtelain de cette ville, appelant de la sentence rendue par le gouverneur, qui l'avait condamné à payer audit Watier une somme que le châtelain niait lui devoir (1).

(1) Arch. départ., Ch. des comptes, B 926, 930, 932, 1031, 1035 et 1326. Invent. som., I, pp. 169, 170, 190, 191 et 263.
Contre l'appel interjeté par Jean de Douai, un mémoire fut présenté au Conseil du duc, pour faire juger que le châtelain était mal appelant; ce mémoire est fait, non-seulement en faveur de l'intimé, mais aussi pour le gouverneur de Lille, c'est-à-dire en faveur du juge dont on prétendait appeler.

Voici encore un document qui prouve que le créancier de Jean de Douai s'était fait mettre en possession d'une partie des biens de son débiteur ; il constate en même temps que celui-ci vivait encore en 1392: « Nefs et pontons mises en euwage par Waltier Piquette, aians cause de Monsr Jehan, chastellain de Douay, à le Saint-Jehan l'an iiijxx et xij (1392), pour recevoir à le Saint-Jehan l'an iiijxx et xiiij... Bacqués mis en euwage.... » etc. (1)

Il mourut peu de temps après (2), ne laissant point d'enfant de son épouse Mahaut de Le Vingne, qui lui survécut et qui devint dès lors châtelaine de Douai, de son chef.

Bien que la filiation entre ce dernier et les châtelains, ses prédécesseurs immédiats, ne soit pas établie d'une manière absolue par des titres explicites, il ne nous semble pas possible de douter que Jean de Douai n'appartînt à la même maison. Nous savons qu'il en portait et le nom et les armes; qu'il possédait non-seulement le fief principal, la châtellenie, mais encore d'autres biens provenus d'ancienneté à la maison de Douai, comme la terre de Wasquehal, la rente sur le « gavle » de Beaumez, etc.

Néanmoins, par suite d'une erreur, dont on n'aperçoit pas bien la source, le dernier châtelain de Douai de cette antique maison a été confondu avec un domestique ! Quoique grossière, cette erreur touche de trop près la maison de Douai, pour que nous ne l'exposions pas ici, afin d'en faire justice prompte et définitive.

---

(1) Cahier sur la couverture duquel est écrit : « Pappier des euwages medame le chastelaine de Douay ».—Arch. de la ville, n° 659 de la *Table*.

(2) Sur le document précité, on lit ces passages, qui prouvent que le châtelain Jean mourut avant le 21 juin 1393 : « Nefs et pontons mises en euwage par medame le chastelaine de Douay, à le Saint-Jean-Baptiste l'an mil ccc iiijxx et xij.... Bacqués.... » etc.

Voici dans quelles circonstances elle s'est produite. Dans un manuscrit de feu M. Guilmot, intitulé : Extraits (pages 211, 212 et 128), et reposant à la bibliothèque publique de notre ville (n° 1078), l'infatigable chercheur douaisien donne, en partie, l'inscription funéraire de la châtelaine de Douai, qu'il copie, dit-il, dans le tome Ier de l'Épitaphier de Malotau, sur une feuille volante annexée à la page 417 (1); cette dame y est indiquée comme « femme de messire Jehan de Douay, chevalier fort renommé ». M. Guilmot fait suivre cette inscription des réflexions suivantes : « Le P. Anselme dit que ce mari fut son second ; il avoit été domestique du premier et s'appeloit, je crois, *Jean Piau*. On lui donne ici le nom de *Douai* et on l'appelle *chevalier fort renommé*, pour cacher la mésalliance. — On trouve, dans l'état de la maison de Philippe le Hardi de France, parmi ses pensionnaires et principaux officiers, messire *Jean Pioche*, chambellan. Ne seroit-ce pas le châtelain de Douai, que le P. Anselme appelle Jean Piau ? Voir *Histoire de Charles VI*, par Jean Lefevre, seigneur de Saint-Remy, tome I, page 101 ». Et plus loin (page 485), ayant rencontré, dans le *Nouvel examen de l'usage général des fiefs en France*, par Brussel, (Paris, 1750, in-4°, tome II, page 754) ce passage : « 19 janvier 1346. *Joffroi Piaut*, voyer du Mans, qui étoit prisonnier en Châtelet de Paris, pour la ferme de ladite voirie »; toujours pénétré de la même idée, M. Guilmot ajoute : « *pour le châtelain de Douai, Jean Piau* ».

Or, il est faux que le P. Anselme fasse du domestique Jean Piau, le second mari de la châtelaine de Douai. On voit en effet, dans l'*Histoire généalogique et chronologique*

(1) La feuille a disparu du tome Ier de cet Epitaphier, conservé à la Bibliothèque communale sous le n° 888.

de la maison royale de France, par le P. Anselme (Paris, 1730, in-f°, tome VI, pages 53 et 54), que Guillaume de Neele, fils puiné de Guillaume et d'Alix, dame de Saint-Venant, fut «châtelain de Douai à cause de sa femme » ; les généalogistes appellent celle-ci « Mahaut de Wavrin, dame de Goussancourt (1), fille d'Hector, seigneur de Goussancourt » ; et ces époux auraient eu : Jeanne de Neele, héritière de Saint-Venant et du Sauchoy, qui épousa : 1° Robert de Boulogne *dit* le Tirant, premier écuyer tranchant du roi, seigneur du Tronquoy, qui testa en juillet 1415 ; 2° *Jean Piau, qui avait été domestique de son premier mari* ; 3° à plus de 60 ans, Robert, bâtard de Saveuse, qui n'en avait pas 21, et avec lequel elle vendit Saint-Venant à Colart de Commines (2). Ainsi, d'après le P. Anselme lui-même, le domestique Jean Piau n'aurait pas épousé la châtelaine de Douai, veuve de Guillaume de Neele, mais la fille de ce dernier. Peut-être que l'erreur, dans laquelle est tombé M. Guilmot, provient de l'idée qu'il avait alors, que Jeanne de Neele avait été, à son tour, châtelaine de Douai ; ce qui est une autre inexactitude, comme nous le verrons tout à l'heure.

Quant à la rectification qu'il prétend faire au passage précité de l'ouvrage de Brussel, pour mettre, à la place de *Joffroi Piau*, *Jean Piau*, le prétendu châtelain de Douai ;

---

(1) Le 5 avril 1410, fut reçue à la bourgeoisie de Douai Marie de Wavrin dite de Goisaucourt, veuve de Jehan Lyauwart dit Barult, dont elle avait retenu quatre enfants. (Arch. de la ville, 1er reg. aux bourg., f° xviij v°.)

Les généalogistes ont évidemment confondu notre Mahaut de Le Vingne avec cette Marie de Wavrin, dont ils ont fait en outre une *dame de Goisaucourt*.

(2) « Noble et puissant monseigneur Collart de Commines, chevalier, souverain bailli de la conté de Flandres », fit cette acquisition en 1438. (Arch. départ., chambre des comptes, carton B 1532.)

c'est une erreur encore plus grossière, à cause de la chronologie : car l'individu, âgé de plus de 25 ans en 1346, aurait certainement fait un singulier amant et mari, 70 ans plus tard, en 1416, alors qu'il aurait eu 95 ans passés !

Au surplus, M. Guilmot semble avoir abandonné ensuite cette idée erronnée, que Jean, châtelain de Douai, aurait été un domestique appelé Jean Piau ; car, dans le tome Ier (page 55) de ses Extraits manuscrits reposant aux Archives de la ville, à propos de l'acte de bail sus-mentionné, du 1er octobre 1387, passé par le châtelain Jean, il renvoie à celui du 16 janvier 1395, passé par Guillaume de Neele et la châtelaine de Douai, comme nous le verrons ci-après, et il ajoute cette réflexion : « Ainsi Jehan était le premier mari, et Guillaume de Neele le second ». C'est une rectification très-claire.

Avant d'en finir avec le dernier châtelain de l'antique maison de Douai, nous ferons remarquer en son honneur le titre de *chevalier fort renommé*, qui lui était donné sur l'épitaphe de sa femme, à Saint-Amé. Nous ajouterons aussi que sa noblesse et sa gloire devaient être bien éclatantes, puisque, longtemps après sa mort, vers 1418 au plus tôt, les héritiers ou les exécuteurs testamentaires de la châtelaine avaient tenu à rappeler, dans l'inscription funéraire consacrée à la mémoire de cette dame, l'alliance que celle-ci avait contractée autrefois avec lui ; alliance tellement honorable, que le souvenir s'en était conservé très-vivace, malgré un second mariage plus brillant encore ; en effet le deuxième époux, Guillaume de Neele, était de la maison princière de Clermont.

Enfin, sur la pierre bleue qui se trouvait en l'église Saint-Amé, au milieu du chœur, étaient représentés un homme et une femme ; elle recouvrait probablement les restes du châtelain Jean de Douai, dont, selon toute apparence, c'était la «représentation» qui se trouvait sur la pierre funèbre.

13. — Mahaut de Le Vingne, châtelaine de Douai (1393-1418), épouse: 1° de Jean, châtelain de Douai ; 2° de Guillaume de Clermont de Neele.

De Le Vingne : De... billeté de... à trois croissants de...

Nous établissons ainsi les armes de la famille de Le Vingne, d'après les sceaux et l'épitaphe de la châtelaine, combinés avec le sceau d'Olivier de Le Vingne, vassal de Bondues en 1378 (1).

Qu'était-ce que cette famille ? était-elle originaire de la châtellenie de Lille ? En 1401, Mgr de Le Vingne, proche parent de notre châtelaine, tenait, du seigneur de Roubaix et en justice vicomtière, son fief de Le Vigne, situé à Roubaix, aboutissant au Riez de la Maquellerie et au chemin de la Croisette du Pret (2). Selon toute apparence, elle était plus dotée de richesses que d'illustration nobiliaire. On verra toutefois que la châtelaine Mahaut était cousine du noble seigneur d'Inchy.

La châtelaine, âgée d'environ 45 ans, se remaria, vers 1395, avec le noble chevalier Guillaume de Neele (fils puîné de Guillaume de Clermont *dit* de Neele, seigneur d'Offemont, tué à la bataille de Poitiers en 1356, et d'Alix de Wavrin, dame de Saint-Venant) ; c'est ce que nous apprend

(1) Arch. du parlem. de Fl., greffe de Malines, sac n° 1353.
(2) Louridan, *Hist. des seign. de Roubaix*, Roubaix, 1862, in-8°, p. 297.

un acte du 16 janvier 1395 (v. st.), passé devant mayeur et échevins de Vitry : «Sont venus et personnellement comparus nobles personnes monseigneur Guillames de Neclles, chevaliers, chastelains de Douay, et madame Mehaulx de Le Vingne, se compaigne et espeuse, chastelaine dudit lieu, demourans à Vitry».Il s'agit d'un bail semblable à celui-ci-dessus : les époux « vendent », pour neuf ans, au magistrat de Douai, moyennant 450 florins d'or à l'écu (faisant 50 par an, comme dans l'ancien bail), « toute la rivière, yaues et pesqueries qu'ils ont à Vitery, mouvans des pons de Biach », etc., « avec le manoir de le pecquerie », que la ville avait déjà pour neuf ans, par un bail du 1ᵉʳ octobre 1395 ; «pour, de ladite rivière, pesquerie, avec les jovenes chisnes qui n'arient enseigne, jouir pendant ledit terme » (1).

Le châtelain et le Gavenier soutinrent un procès contre l'abbaye de Flines au sujet de leur « tonnelieu et winaige » qu'ils possédaient indivisément sur la Scarpe navigable. En juin 1397, plaids furent tenus au château, devant le lieutenant du souverain bailli, au sujet de l'arrestation faite sur la Scarpe par ordre de Mʳ d'Antoing (comme Gavenier) et Mʳ Guillaume de Nelle, « d'une nef et d'un baquet»appartenant à l'abbaye. La sentence du gouverneur fut rendue, le jeudi 19 juillet 1403, au profit des religieuses, qui établirent leur droit de mener leurs biens, « à nef ou bacquet », par la rivière, jusqu'à Douai, sans payer de redevance (2).

L'an 1398, le 20 juillet, pardevant échevins de notre ville, « hault homme et noble Mʳ le chastelain » loue, par cri public, pour trois ans, à 29 livres de

---

(1) Arch. municip., n° 656 de la *Table*.

(2) Arch. départ., Ch. des comptes. *Invent. som.*, I, p. 280.—Id., fonds de l'abbaye de Flines. Cf. Hautcœur, *Cartul.*, II, p. 749.

Flandres chaque année, « les droictures qu'il a et prend, à cause de medame sa femme, comme son hiretage, ès nefs amenant, par le riviere, en l'eschevinage de cheste ville, les biens et avoir chi après declarés, est assavoir : De cascune nef querquée de laingne (*bois*), deux faissiaux », etc., «et toute le droicture qu'il prend, à cause de vinage, en ledite riviere » (1).

Par acte du 9 juillet 1407, Jehan Hamelle, fils de feu Jehan, reconnaît devoir à «noble et puissant Mˢʳ Guillaume de Neelle, chlʳ, chambrelench du roi nostre sire et castellain de Douai, 102 livres parisis, monnoie de Flandres, pour le censse du visnage et tonlieu que prend ledit chastelain, à cause de se dite chastellerie, en la rivière de Douai, lequel vinaige et tonlieu doit tenir, ledit Hamelle, l'espace de trois ans, rendant par an 34 livres » (2).

Cet acte est le dernier où apparaisse le second mari de la châtelaine, et celle-ci redevint veuve vers cette époque. Elle n'avait pas eu non plus de postérité de Guillaume de Neele, de sorte que Jeanne de Clermont de Neelle, héritière de Saint-Venant, que les généalogistes donnent pour fille à Guillaume (3), n'a pu naître que d'un précédent mariage.

Dans une lettre adressée, vers l'an 1400, par le receveur du domaine de Douai à Mʳˢ de la Chambre des comptes à Lille, il y a divers renseignements sur le « quartier » de

---

(1) Arch. municip., actes en parchemin. Guilmot, Extraits, I, p. 153. Il s'agit ici du tonlieu ou vinage qu'avait le châtelain sur la Scarpe.

(2) Id , contrats en chirogr. Guilmot, Extraits, III, p. 1273.

(3) Le P. Anselme, VI, p. 85, dit qu'il épousa *Mahaut* de Wavrin, dame de *Goussancourt* et qu'il fut châtelain de Douai à cause de sa femme; le généalogiste ne mentionne pas d'autre alliance. Il y a eu évidemment confusion entre notre Mahaut de Le Vingne et une prétendue Mahaut (lisez : Marie) de Wavrin, ainsi que nous l'avons déjà indiqué plus haut.

Douai, et notamment celui-ci : la châtelaine de Douai et Mahieu Caulant, d'Orchies, lèvent à leur profit le «winage» du pont de «Rasse», à charge d'entretenir ce pont (1).

Depuis quelque temps la ville et le châtelain vivaient en meilleure intelligence et ils semblaient avoir renoncé à plaider l'un contre l'autre ; mais c'était plutôt une trêve qu'une paix définitive. En effet, la grosse question de la rivière de Vitry était toujours en suspens, malgré les baux successifs passés par le châtelain à M"' de Douai ; l'orage éclata en l'année 1409. De la part de la ville, on procéda comme en plein moyen âge, comme au plus beau temps des guerres privées ; les bourgeois sortirent en armes, marchèrent sur Vitry, où ils entrèrent de nuit pour détruire les écluses ainsi que d'autres ouvrages, que les échevins de Douai disaient préjudicier aux droits de la ville. Là dessus, plainte de la châtelaine, portée devant la justice royale, arrestation de deux bourgeois de Douai ; et grand procès en première instance devant le prévôt de Beauquesne (2) et en appel au parlement de Paris.

Durant ce grave débat, surgit une puissante intervention, celle du comte de Flandre et d'Artois, à qui déplaisait beaucoup l'action du pouvoir royal sur ses propres sujets ; on sait en effet que la politique des ducs de Bourgogne, les nouveaux seigneurs du pays, était d'éteindre insensiblement la puissance du roi dans leurs posssessions patrimoniales.

(1) Arch. départ., Ch. des comptes, 8° reg. des chartes, fo vj""vj vo. *Invent. som.*, II, p. 149, col. 2.

(2) La prévôté royale de Beauquesne, l'une des prévôtés foraines du bailliage d'Amiens, comprenait, dans son ressort, les comtés d'Artois et de Flandre ; elle s'étendait donc, le long de l'Escaut, jusqu'au delà de Gand. Elle avait été instituée par le roi Philippe-Auguste. Le prévôt connaissait des cas royaux, sauf appel au parlement de Paris. (Bouthors, *Coutumes du bailliage d'Amiens*, II, p. 191.)

Une mission courtoise, sous forme de lettre close ou lettre de cachet, fut donc adressée par le duc Jean Sans Peur à la châtelaine de Douai (10 mai 1409), pour la prier de se désister :

« De par le duc de Bourgoigne, conte de Flandres, d'Artois et de Bourg⁰. — Chière et bien amée. Pour ce que aucuns de nre ville de Douay, depuis certain temps ença, ont esté armés et embrunchés de nuyt, en vre rivière, à vous appartenant à cause de la terre de Vitry, et de fait y rompu et despecié les ventelles, escluses et autres ediffices estans en ladite rivière. Comme entendu avons, par vertu des lettres patentes que sur ce avez obtenues de Msr le roy, deux de nos subgets d'icelle nre ville de Douay sont detenus prisonniers par le prevost de Beauquesne. Et encores prétendez à plus avant y procéder. Nous vous prions, et néantmoins mandons, très acertes, que sur ce vous vueillez desister et cesser de plus avant poursuir, à ceste cause, aucuns desdis de Douay, jusques ad ce que prouchainement serons par delà. En quoy faisant, nous ferez très singulier plaisir, et se aucune chose voulez envers nous, nous le ferons de très bon cuer et voulentiers. Chière et bien amée, nre sgr soit garde de vous. Escript le X⁰ jour de may l'an mil cccc et neuf. (Signé) *Sauls.* —(Au dos) A nre chière et bien amée la chastellaine de Douay, dame de Vitry (1).

Une autre lettre, conçue dans une forme identique et sous la même date, fut adressée par le duc : « à nre chier et bien amé le seigneur d'Inchy..... Nous vous prions..... que sur ce vous vueillez desister et cesser, et faire desister et cesser la devant dite *chastellaine, v^{re} cousine,* de plus avant poursuir..... » (2). Nous verrons plus loin que le seigneur

---

(1) Lettre close en papier, aux Arch. de la ville, n° 730 de la *Table.*
(2) Id., lay. 108.

d'Inchy avait traité avec sa cousine, pour avoir la châtellenie après elle.

Le duc de Bourgogne réussit à accommoder les parties, au moyen d'une aliénation de l'objet en litige. Les conditions de la vente à faire au profit de la ville, par « noble dame » madame la châtelaine de Douai, « de le terre et rivière de Vitry », furent arrêtées, « présent Msr de Le Vigne, chevalier, medemiselle de Betencourt et medemiselle se fille, le venredi 22 novembre 1409, en l'ostel ledite dame à Vitry ». Le 31 janvier 1410 (v. st.), suivant contrat passé sous le « scel de la baillye » d'Amiens, « noble dame madame Mehault de Le Vingne, chastellaine de Douay, veuve de feu Msr Guillaume de Neelle, seigneur de Saint-Venant, au temps de sa vie chevalier, demeurant à présent en la ville de Vitery », vendit sa mairie de Vitry, au profit de la commune de Douai. Dès le 12 du même mois, le parlement de Paris, saisi de l'affaire, par appel du jugement du prévôt de Beauquesne contre les bourgeois de Douai, vu l'intention des parties de se concilier, avait mis l'appellation au néant, sans amende ni frais (1).

Aux termes du contrat du 31 janvier 1410, la châtelaine vendait, moyennant 3200 écus, ce qu'elle possédait à Vitry « comme son aqueste », savoir : « mairie, terres, héritages, rentes, revenues, la rivière, justice, seignourie, drois, franchises et libertés », ladite mairie tenue en coterie de l'évêque d'Arras. N'était pas comprise dans la vente « le maison que elle a audit lieu, tenue de Saint-Calixe de Chisoing ». Les échevins devaient jouir de suite « de ladite rivière, yauwes et pesquerie, prestement », et de « toutes les autres choses, tantost après le trespas de ladite dame ».

(1) Id., nos 733, 734 736 de la *Table*.

Indépendamment de la rente dont la mairie était chargée envers l'évêque, elle était en outre grevée des rentes ci-après : à l'abbaye de Saint-Aubert, 37 rasières une coupe et un « tiercheron » de blé, avec 20 rasières d'avoine ; à un chapelain de Saint-Amé, deux muids de blé livrés en la grange de Vitry; et au curé du chastel de Vitry, 18 rasières 2 coupes et 2 « tiercherons » de blé, 10 rasières d'avoine, le tout livré en la dite grange, plus 20 sols parisis (1). L'ensemble de ces rentes ne devait être à la charge des Douaisiens, qu'après le décès de la venderesse, « quant lesdits de Douay joiront entièrement de toute ladite mairie ».

Le rouleau en papier qui contient les clauses du projet de vente est muni, en trois endroits, d'un sceau plaqué, en cire rouge, dont voici la description : *De....billeté de..., à la bordure de..... et trois croissants de......*, celui en pointe visible seulement à moitié et celui à dextre invisible, étant cachés sous l'écu décrit ci-après. A dextre, un autre écusson brochant sur le premier, en manière de parti ; il est coupé, au 1ᵉʳ, de....., semé de trèfles de...., à deux bars adossés de.....; au 2ᵉ, de..... à un écu en abime de.....et au lambel de trois pendants de..... Légende : *S. Mahault.....*

Ainsi le sceau de la châtelaine, durant son veuvage, était à ses armes et à celles de son second époux. On sait en effet que la maison de Clermont de Neele porte : De gueules, semé de trèfles d'or, à deux bars adossés du même. Elles sont ici brisées (en forme de coupé, au lieu d'un écartelé) de celles de Wavrin, brisées elles-mêmes d'un lambel, comme portait, en 1364, le maréchal de France Robert de Wavrin, sire de Saint-Venant (2).

(1) Cf. *Preuves*, nᵒˢ XXXIII, XXXVIII, XLVI, XLIX, LXIII, LXV.
(2) Cf. le P. Anselme, VI, pp. 46 et 706.

Quant aux trois personnes, qui furent présentes à l'acte du 22 novembre 1409, c'étaient des proches parents de la châtelaine. Nous avons donné plus haut un renseignement sur le chevalier de Le Vigne ou de Le Vingne. La demoiselle de Bétencourt, femme ou veuve d'un gentilhomme, seigneur de Béthencourt en Cambrésis, était sœur de Mahaut de Le Vingne; car dans un compte des débours occasionnés par l'affaire de l'achat de Vitry, il est dit qu'il a été payé «à Mgr d'Inchy, pour Mad^{lle} de Betancourt, sœur de madame la châtelaine, par accord, 100 couronnes», et que le paiement fait à « madame » a été effectué « presents Mgr d'Inchy, Martin de Goy et autres » (1).

Dans un acte daté du jour de la Madelaine (22 juillet) 1413, figure« *Thumas Le Monnyer*, bailli de madame Mahaut de Le Vingne, chastelaine de Douai », à propos de l'exercice des droits de la ville sur le vaste terroir appelé depuis Frais-Marais; des gens de Lalaing s'étant permis d'y faucher de l'herbe ou de fouir de la terre, aux endroits dits : « au Marisson, en l'échevinage, entre la rivière de Scarpe et un cours d'yauwe qu'on dit le Boussart ; au Grant marès, en plusieurs places, emprès le lieu qu'on dit les Arsins », ils avaient été emprisonnés dans la Vièze tour et condamnés à aller sur les lieux pour accomplir les cérémonies d'usage, en réparation du tort causé à la juridiction échevinale (2).

La châtelaine mourut en viduité et assez âgée, en son château de Vitry, au mois de mars 1418 (v. st); elle avait vendu sa châtellenie, en se la réservant sa vie durant; cela résulte des documents ci-après.

(1) Archives de la ville ; Guilmot, Inventaire analyt., III, p. 1195.
(2) Arch. de la ville ; Guilmot, Invent. analyt., II, p. 472; n° 755 de la *Table.*

Dans un procès qu'eut, en 1422, avec la ville, le nouveau châtelain, il dit que « feu M⁵ʳ d'Inchy, son père, acheta la chastellenie, depuis certain temps enchà, de madame Mehault de Le Vingne, pour en jouir après la mort de ladite dame; que alors ledit feu seigneur d'Inchy et son fils demeuraient en la ville et chastel d'Inchy, à cinq ou six lieues de Douai; que ladite venderesse demeurait à Vitry, à deux lieues de Douai; que auparavant ladite vendition, ladite deffuncte estoit *anchienne simple femme* et qui faisoit, par gens estranges, gouverner ladite chastellenie; que après le trespas de ladite feue dame, qui survesqui ledit feu M⁵ʳ d'Inchy, son père, la chastellenie vint ès mains du châtelain actuel » (1).

L'an 1422, le 5 mai, comparut devant échevins Jaquemart Bel, bourgeois de Douai, «et remonstra que, en temps passé, il avoit presté à noble dame Madame Mehaut de Le Vigne, deffunte, en son vivant chastelaine de Douay, la somme de 15 couronnes d'or de France. Et depuis, ladite dame, elle estans *en son lit mortel*, en la ville de Vittry, recongnut, présent pluseurs personnes, devoir audit Jaquemart Bel ledite somme, pour la cause dite. Estoit allée icelle depuis de vie à trespas, sans lui faire satisfaction de ladite somme. Et depuis se seroit trais par plusieurs fois devers les executeurs du testament d'icelle, et eulx requis que il fust contentez de ledite somme. A quoi ils eussent et ont respondu que ils estoient et sont prest de le payer, des biens de l'execution, où cas qu'il appara deuement que ce lui soit deu. En requérant à nos dis pers (*les échevins*), à grant instance, que il leur pleuist oïr les tesmoings, que sur ce il administreroit pour le vérification de ladite somme,

---

(1) Archives de la ville; Guilmot, Inventaire analytique. I, p. 220.

et que si avant que de ce feroit apparoir, il peust avoir lettres de certification, pour lui valoir à sa preuve, si avant que raison donroit. Et sur ce, nosdis pers, en ottemprant à la requeste dudit Jaquemart Bel, ont oy et examiné par serement : sire Robert Du Puch, prestre, cappelain de Caignicourt, et Maroie Mauduite, demourant à Vittry, tesmoings produis par icelui Jaquemart. Par le deposition desquels, leur est apparu que, ou mois de mars qui fu l'an 1418, ladite dame Mehaut de Le Vigne, elle estans gissans en son lit, atainte de maladie corporelle, en son hostel en le ville de Vittry emprès Douay, recougnut devoir au dénommé Jaquemart Bel, lui estans presens, ladite somme de 15 couronnes d'or, pour prest à elle fait par icelui Jaquemart, à deux fois, volt et ordonna que, si elle aloit de vie à trespas, que il fust payez, sur ses plus apparens biens, d'icelle somme ; et ala, *lendemain d'icelle recongnoissance*, ladite dame *de vie à trespas*. De laquelle recongnoissance et de la prosécution dessus dite, yceli Jaquemart Bel nous requist lettres. Lesquelles ces présentes nous lui avons accordées » (1).

Longtemps après le décès de la châtelaine, son souvenir était encore religieusement conservé à Douai par quelques personnes, qui avaient eu sans doute à se louer de cette noble dame. Ainsi par un testament du 29 août 1425, Ernoul de Goy, bourgeois de Douai, fonda, pour être dit, en tel lieu et par tel prêtre que ses exécuteurs testamentaires voudront, un « trentel » (une trentaine) de messes de Requiem, *en faisant prier exprès pour l'âme de defunte Madame Mehault de Le Vigne, jadis chastelaine de Douai.*

(1) Arch. de la ville, reg. aux contrats, 1421-1423, f° 30.

Le même, qualifié cette fois écuyer, bailli de Douai, renouvela cette fondation par testament du 23 août 1438 (1).

En l'église collégiale de Saint-Amé, au milieu du chœur, on voyait une sépulture basse, de pierre bleue, où étaient représentés un homme et une femme ; et à l'entour il y avait une lame de cuivre où il était écrit que :

...... *La dame estoit de moult noble ligné, chastelaine de Douay et fem^e de mess^e Jehan de Douay chl^r fort renommé. Qui mourut lan 14..*

Du côté de l'homme étaient ces armes : De... billeté de... à trois croissants de..., qui est *de Le Vingne*. Et du côté de la dame : Un écu en losange, parti, le 1er, comme ci-dessus, et le 2^d, écartelé, aux 1 et 4, de Clermont de Neele ; aux 2 et 3, de Wavrin brisé d'un lambel de trois pendants (2).

C'était la tombe de Madame Mahaut de Le Vingne, châtelaine de Douai, veuve en premières noces de messire Jean de Douai, et en secondes noces de messire Guillaume de Neele, sire de Saint-Venant.

14. — Baugois, chevalier, seigneur d'Inchy et châtelain de Douai (1418-1450), époux d'Agnès de Heilly.

D'Inchy : Fascé d'or et de sable de six pièces, à la bordure de gueules.

Antique maison, illustre en Cambrésis et en Artois.

Nous avons vu que c'est encore par une vente, que la châtellenie passa de la famille de Le Vingne dans la maison

---

(1) Id., reg aux contrats, 1424-1425, f° 126 v°.—Id., testaments en chirographe. Guilmot, Extraits, III, p. 1146.

(2) Guilmot, Extraits divers mss., n° 1078 de la Bibl. de la ville, pp. 211 et 212. D'après un Epitaphier de Malotau.

d'Inchy ; la châtelaine Mahaut, qui était cousine du seigneur d'Inchy vivant en 1409, avait traité avec lui, probablement vers cette époque-là, et lui avait vendu son office féodal, à la condition de le conserver tant qu'elle vivrait. Toutefois ce ne fut point ce seigneur-là qui succéda à Mahaut de Le Vingne, puisqu'il mourut à la bataille d'Azincourt en 1415 ; mais ce fut son fils, « le jeune seigneur d'Inchy », comme l'appelle Monstrelet, quand il nous apprend aussi que ce dernier fut fait prisonnier à la même bataille (1).

Il y avait, dans la collection du président Bigant, qui fut vendue à Douai en 1860 (2), une charte intéressante du 24 avril 1433, commençant ainsi : « Baugois, seigneur d'Inchy, chevalier, chastelain de Douay, et nous Agnès, dame dudit lieu d'Inchy, de Heilly et de Pas en Artois, femme et espeuse de notre très honnouré et doubté seigneur dessus nommé. Salut. » Ces époux érigent en fief, au profit de Charlot de Pas, fils de feu Pierre, les biens situés à Heilly, que ledit feu Pierre avait tenus en « censsel »ou coterie, à l'exception du champ nommé les Lambergues et du pré Flagot ; « à condition du consentement de Révérend Père en Dieu notre très honneré seigneur Mgr (*l'abbé*) de Corbie, duquel nous tenons en parrie notre terre de Heilly, à cause de son église». Les deux sceaux ont été arrachés. Heilly est un village du canton de Corbie, arrondissement d'Amiens.

D'après Carpentier (*Histoire de Cambray*, tome II, pages 707, 708, 858), Baugois d'Inchy, marié à Agnès, « dame de

---

(1) *Chronique*, Paris, Renouard, 1859, in-8°, III, pp. 113, 120.

(2) *Catalogue des livres, manuscrits* etc., p. 196, n° 12. Cette pièce repose actuellement aux archives départementales, où on l'a placée dans le fonds de la Chambre des comptes. Elle est analysée inexactement dans l'*Inventaire sommaire*, I, p. 361, col. 1, et la dame de Heilly y est appelée dame de *Ailly*.

Holly et de Pas », serait fils de « Jean, sire d'Inchy, et de N..... de Rivery », et petit-fils de « Gérard et de Laurence de La Plancque »; mais, quant au prénom du père de Baugois, Carpentier fait très-certainement erreur : car nous avons vu, aux archives départementales, dans le fonds d'Anchin, un acte de « noble homme *Guerard*, seigneur d'Inchy, chevalier », du 9 mars 1401 (v st.) ; et vers 1415, messire *Gerard*, seigneur d'Inchy», portant les armes pleines de sa maison, était de l'association littéraire connue sous le nom de « La Cour amoureuse de France » (1) ; c'est donc Gérard qui périt à Azincourt, et c'est lui qui fut le père de Baugois.

Baugois d'Inchy figure honorablement au grand livre de l'histoire, parmi les chevaliers dévoués à la brillante maison de Bourgogne. En 1417, c'est-à-dire bien peu de temps après sa captivité, il accompagne le duc Jean Sans-Peur, dans son expédition de France contre les Armagnacs. Ses gens, logés au village de Sours, à deux lieues de Chartres, où il s'était retiré «pour la sûreté de son corps», furent assaillis par les Armagnacs durant la nuit ; un grand nombre furent pris et l'ennemi s'empara même de l'étendard du seigneur d'Inchy, dont était «gouverneur» le bâtard de Thian. Mais ni le frère du seigneur d'Inchy, ni ledit bâtard n'avaient été pris ; ce dernier jura de ne pas revenir sans savoir « quels gens c'étoit qui emportoient l'étendard de son seigneur »; s'étant mis à leur poursuite, avec quelques troupes qu'il avait pu rallier, il atteignit les ennemis, les mit en complète déroute et recouvra l'étendard (2).

Le 8 juillet 1421, le seigneur d'*Incy* accompagnait le duc

---

(1) Bibl. nation., Ms. fr. 10169, p. 10. — Cf. *Souvenirs de la Fl. wall.*, XV, p. 156.

(2) Chroniq. anonyme, imprimée à la suite de *La Chronique* de Monstrelet, VI, pp. 236, 243.

de Bourgogne Philippe le Bon, quand celui-ci partit d'Amiens pour aller trouver le roi d'Angleterre à Mantes(1). Baugois d'Inchy fut du petit nombre des chevaliers qui combattirent vaillamment avec le duc Philippe, contre les gens du dauphin, à la rencontre de Mons en Vimeu (30 août 1421), tandis que la plupart des capitaines bourguignons s'enfuyaient lâchement au premier choc, abandonnant leur seigneur. En 1436, il se trouvait avec le duc, devant la ville de Calais défendue par les Anglais (2).

Parlons maintenant de ses faits et gestes comme châtelain; et tout d'abord mentionnons l'acquisition que fit, le 2 juillet 1419, « noble et puissant seigneur mons' Baugois d'Inchy, chevalier », d'une terre voisine de notre ville, qu'on appelait alors le « manoir du Marés » et que l'on nomme aujourd'hui le château du Gônois; c'était un fief situé à Corbehem et mouvant de Brebières (3). Le nouveau châtelain ne possédant plus la maison d'été de Vitry, qu'avaient eue, pendant des siècles, ses prédécesseurs, peut-être le manoir du Marés était-il destiné à en tenir lieu.

A peine est-il en fonctions, qu'aussitôt il entre en procès avec la ville, pour revendiquer certains droits sur les pâtures et les chemins de la banlieue appelés « flégards » et « waresquaix », et notamment le droit de « plantis ». Une sentence arbitrale du 14 septembre 1422 termina la contestation entre « noble et puissant seigneur mons' Baugois, seigneur d'Inchy, chevalier, chastellain de Douay », et les échevins de la ville ; elle reconnut à celle-ci la propriété

(1) Id., VI, p. 296.
(2) Monstrelet, IV, p. 66 ; V, p. 216.
(3) *Souvenirs de la Fl. wallonne*, Douai, 1861, in-8°, I, p. 135.

des arbres croissant sur les marais ou pâtures, et au châtelain la propriété de ceux existant sur les « warechais » hors la porte Saint-Eloy jusqu'au « Saut bonnel » (saulo borne), c'est-à-dire à l'endroit où se trouvait le fief de Plachy, mouvant de la châtellenie. Une sentence de la gouvernance confirma cet arbitrage, en conséquence de«lettres»émanées de « Baugois, seigneur d'Inchi, chastelain de Douay, chevalier et chambellan de Mgr le duc de Bourgogne », du 26 septembre 1422 (1).

L'an 1427, le 13 décembre, devant échevins, « mons' Baugois, seigneur d'Inchy », chevalier, châtelain de Douai, Jehan d'Arras, fils de feu Jacques, et Gillot Le Machon, moyennant 200 florins d'or nommés « salus », créent une rente de 22 « salus », à deux vies (2). La constitution de rente viagère était l'un des modes usités alors pour contracter un emprunt; et il est probable que lesdits d'Arras et Le Machon, quoiqu'indiqués dans l'acte comme parties principales, n'étaient en réalité que les cautions solidaires du châtelain, le véritable emprunteur : c'était aussi une pratique du temps.

Le 20 juin 1435, « sire Jean du Fay, prestre, procureur de hault et noble Mgr d'Inchy », châtelain de Douai, poursuit Piérot d'Arras, « navieur », en paiement de la somme de 40 sols, « pour l'euwage d'une nef, portant 80 muys ou environ », qui appartenait à Piérart Du Sentier, « laquelle nef fut mise en euwage au droit dudit chastellain, en l'an 1431, et duquel euwage et des droittures pour ce deue et appartenant à payer, ledit Pierot d'Arras estoit demouré pleige (*caution*) dudit Pierart (3).

(1) Arch. municip., n° 791 de la *Table*.
(2) Id., contrats en chirogr., Guilmot, Extraits, III, p. 1309.
(3) Arch. de la ville, reg. aux sentences de l'échevinage de 1433, f° 12.

Le châtelain, non moins procédurier que ces prédécesseurs, fut longtemps en contestation avec un autre feudataire de Douai, le seigneur de Saint-Albin. Il y a, aux archives de la ville, un *rotulus* ou rouleau en parchemin relatif à un procès à juger par les échevins, entre « noble et puissant M^{er} d'Inchy, châtelain de Douai, et noble homme Jehan, seigneur de Saint-Aubin et de Fresnoy, escuier » (1). Voici ce dont il s'agissait. Les échevins, sur les poursuites et «calenge »du bailli de Douai, avaient condamné un individu demeurant à Escarpel-lez-Douai : 1° « en amende de x livres de douisiens et banissement, selon l'exigeance du cas, ladite amende au droit et pourflit de M^{er} le duc et de sa ville de Douai »; 2°« en autre amende de lx sols un denier douisiens, et ce, pour avoir foui sur le warescais de la ville et échevinage, assez près d'Escarpel et de la rivière de Scarpe, derrière l'abbaye des Prés » (2). A l'égard de la seconde amende, M^{er} d'Inchy, châtelain de Douai, ou son procureur *Jehan de Raincheval* prétendait qu'elle appartenait au fief de la châtellenie, « ayant tel droit, de tous ceux et chacun qui s'entremettent et entreprendent de fouir sur le warescais, sans autorité de loi (*du magistrat*) et dudit chastelain » ; mais Jehan Du Pont, procureur de « Jehan de Saint-Aubin, escuier, seigneur de la juridiction et seigneurie de Saint-Aubin, au lieu qu'on dit Delà l'iaue en Douai », disait au contraire que son maître avait les mêmes droits en sa juridiction de Saint-Albin, et que l'endroit où l'on avait foui en était. Le 14 janvier 1435 (v. st.), après l'exposé de l'affaire, remise fut faite à quinzaine, « pour

(1) Id., lay. 108.
(2) La première abbaye des Prés se trouvait hors de la ville, contre les glacis, entre le vieux chemin menant à Dorignies et à Escarpel, et la Scarpe; l'endroit où elle s'élevait s'appelle encore aujourd'hui le «champ de la Croisette ». Elle fut transférée en ville l'an 1477.

faire preuve offerte par les parties »; le 2 juin 1436, nouvelle remise à quinzaine (1). Le procès durait encore en juillet 1437, d'après une mention ajoutée au dos de la sentence arbitrale intervenue en 1422 entre le châtelain et la ville. On voit donc combien étaient enchevêtrées les unes dans les autres les attributions des principaux feudataires de notre ville ; nouvelle preuve de ce que nous avons répété plusieurs fois déjà, que ces différents fiefs de Saint-Albin, de la prévôté, du Gavène etc., si souvent en conflit inextricable avec la châtellenie, devaient leur naissance à des « éclissements » successifs du grand fief du châtelain de Douai.

Il y a d'autres procès devant le tribunal échevinal, en 1436 et 1437, dans lesquels nous trouvons le châtelain engagé.

« Sur ce que nagaires Jehan de Raincheval, procureur de hault et noble seigneur mons^r d'Incy, castellain de Douay, et de mons^r de Montmorency (*Gavenier*), et aussi Jehan Cordewan, à cause de son fief qu'on dist l'esculier en la ville de Douay » (voir 6e chapitre, article 1er), etc., « Jehan Painmoulliet » et autres « sergans à verge » (sergents de ville), « pour le droit et portion appartenant en propriété à ladite ville », demandeurs, « avoient fait adjourner Jehan Le Verd, marchant de sel, et à l'encontre de luy, fait demande des droits de *winage* de sel, pour la part de chacun d'eulx, d'une navée de sel admenée par le riviere en ceste ville, défendeur, lequel soutient que son sel étant venu clos et fermé en touniaux ou queues, il ne doit rien » ;

---

(1) Arch. de la ville, reg. aux sentences de 1435, f°s 83 et 159.

une sentence du 18 août 1436 le condamne à payer l'impôt (1).

Le procureur du châtelain et de M. de Montmorency, le possesseur du fief de l'Eculier et le procureur de la ville « pour l'office des sergens à vergue de la ville, demandeurs, avoient fait adjourner » des marchands de sel, « bourgois et manans à Douay, deffendeurs, pretendant d'eux le winaige, chacun pour ce qui le concerne, de deux nefs chargées de sel ». Les défendeurs ne prétendaient payer le droit que pour une seule nef, « mettant en fait qu'ils auroient acaté ou pays le querque de une nef de sel, portant 28 quartes, mesure du pays, qui est querque commune pour une nef, selon l'anchien usage et coustume, usé et entretenu en tele marchandise, lequele querque de sel ils avoient fait amener par le riviere, tout en une nef, jusqu'à Gant, et de Gant jusques en le ville de Tournay, et en le ville de Tournay fait mettre ledit sel en deux nefs, en deffaulte d'*escarpoise* (2), et dudit lieu, fait amener, par le riviere, en le ville de Douay, en paiant, à tous les passages là où winage est deu, tel droit qu'il est acoustumé de paier pour une nef seulement ». Ils concluaient à ne pas payer plus, et le procès fut jugé en leur faveur, le 15 octobre 1436 (3).

En 1445, le 17 novembre, « hault, noble et puissant seigneur M^{sr} Baugois d'Inchy, chl^r, seigneur dudit lieu et chastelain de Douai », loue à un particulier « le droit de pontenage et vinage que a, à présent ledit chevalier à *Raisse*,

(1) Id., reg. aux sentences de 1436, f° 22.

(2) On appelait : nef escarpoise » un bateau de dimension fixée, destiné à naviguer sur la Scarpe et non ailleurs.

(3) Arch. municip., reg. aux sentences de 1436, f° 57.

en tels droits, proffis et droitures qui s'en peuvent escheyr, et que on a acoustumé prendre et avoir, le terme et espace de trois ans, en rendant, chacun an, 36 livres parisis monnoie de Flandres » (1).

Pour ne rien omettre, signalons des travaux exécutés à la Vieille tour, par ordre du châtelain, vers 1450, ainsi qu'il ressort d'un article des comptes de la ville (2), ainsi conçu : Payé « à Robert du Payage, escuyer, et *Jehan de Court*, bailly de M^r le chastelain, pour l'accat fait à eulx, par les six hommes, ou nom de la ville, de xij navelées de roulle et moillons, que avoit ledit seigneur sur la place de la viese tour, venant du demolissement de certains pans de murs, que nagaires il a fait demolir et abattre sur ledite place, accaté au prix de quatre livres chacune navelée prinse audit lieu. Font xlviij livres. Plus ung monch de autres pierres de plusieurs fachons, si comme seulles, listeaux, corbeaux, chimaies, coiriaux et aultres parties venant desdits murs et autres ediffices d'illecq : viij livres. Somme : lvj livres ».

Au surplus, le vieux monument, témoin muet des âges passés, devenait de jour en jour moins habitable et plus malsain. Une épidémie qui y régnait attira même l'attention du magistrat, à cause des dangers que couraient les misérables qu'on y enfermait. Le 6 avril 1456 (v. st.), en « quaresme », le bailli et les échevins consentent, « pour ce que esdites prisons y a, de present, mortalité de maladie de impedimye », à ce que les gens qu'on envera « ès prisons de la ville, que on dist en le viese tour », puissent être enmenés

(1) Arch. de la ville, reg. aux contrats, 1443-1445, f° 93 v°.

(2) Arch. de la ville, reg. aux comptes, 1450-1, semaine du 16 novembre 1450, f° 69 v°.

par *Pierre Poulle*, bailli du châtelain, dans sa propre maison, sauf à lui à en répondre (1). Nul doute que, depuis longtemps, nos châtelains n'avaient fui cette demeure.

Nous en avons fini avec Baugois d'Inchy ; on ignore la date de son décès. L'une de ses filles, Antoinette d'Inchy, épousa, en 1467, Philippe de Montmorency, seigneur de Croisilles, Gavenier de Douai. (Voir 4ᵉ chapitre, article III.)

15. — Philippe, chevalier, seigneur d'Inchy et de Pas, châtelain de Douai (1450-1464), fils de Baugois d'Inchy et époux : 1° de Marie de Blois, 2° de Marguerite de Luxembourg, bâtarde de Saint-Pol.

C'était aussi un grand seigneur que Philippe d'Inchy, notre dernier châtelain. Jeune capitaine, il avait été fait chevalier à la journée de Dieppe, quand le dauphin (depuis, le roi Louis XI) força les Anglais à lever le siège de cette ville, le 15 août 1443 (2). Plus heureux que son père, il n'avait pas dû combattre dans les rangs des anciens ennemis de la France.

Lors de la guerre du duc Philippe le Bon contre les rebelles Gantois qui étaient venus assiéger Audenarde, vers la Pâque de 1452, le seigneur d'Inchy fut l'un des premiers qui répondirent à l'appel de leur prince. Sa conduite fut beaucoup moins honorable à la bataille de Montlhéry

---

(1) Arch. municip., cartul. R., fº 75. Cf. 985 de la *Table*, où l'on a imprimé *impedicine* au lieu de *impedimye*, épidémie. Encore un mot, prétendument nouveau, à rayer des glossaires.

(2) Monstrelet, *Chronique*, VI, p. 80.
On trouve aussi un Eustache d'Inchy, armé chevalier, en octobre 1437, quand les Bourguignons assiégent Le Crotoy défendu par les Anglais. (*Id.*, V, p. 313.) Est-ce un frère aîné de Philippe et qui serait mort jeune ?

(16 juillet 1465), où il prit la fuite, abandonnant son jeune seigneur Charles le Téméraire, dès le commencement de l'action; la panique l'emporta jusqu'au pont de Saint-Cloud et de là jusqu'à Pont-Sainte-Maxence, sur l'Oise, où il tomba au pouvoir des gens du roi, avec plusieurs autres capitaines de l'armée bourguignonne, qui avaient donné le signal d'une fuite honteuse (1).

Le chroniqueur Jacques Du Clerc rapporte aussi une anecdote assez curieuse sur « Philippe, s^r d'Inchy », qui, ayant perdu sa femme, « fille du s^r de Treslon en Hainaut », se laissa abuser, vers l'an 1460, par un imposteur, qu'on appellerait maintenant un spirite: celui-ci faisait croire que la défunte lui apparaissait; « et feit faire au s^r d'Inchy moult de pelerinage pour elle, et dire plusieurs messes et donner plusieurs aumosnes ». Tout le monde, d'ailleurs, partageait cette erreur « par toute la comté d'Artois et ailleurs », « mesme les princes et seigneurs ». Cet individu fut appréhendé à Inchy, mené à Cambrai dans la prison de l'évêque et en fin de compte brûlé comme « familié du diable » et hérétique.

Philippe d'Inchy, veuf de Marie de Blois, fille du seigneur de Trélon, prit une seconde alliance avec Marguerite de Luxembourg, bâtarde du trop fameux comte de Saint-Pol, connétable de France, décapité en 1475 (2).

(1) Jacques Du Clerc, *Mémoires*, II, p. 19, III, pp. 29 et 30, IV, pp. 164, 173 et 174; Bruxelles, 1835, in-8º. — Jean de Haynin, *Les Mémoires*, Mons, 1842,in-8º, I,pp. 15 et 43.—Cf. Ms. 631 de la Bibl. publique de Douai, fº 58 vº; Chronique de la maison de Bourgogne et de la ville de Douai, 1369-1477, composé par un Douaisien, après l'an 1480.

(2) Turpin, *Comitum Tervanensium* (comtes de St-Pol)..... *Annales historici*, Douai, 1731, in-8º, p. 270.
On sait que le connétable était seigneur d'Oisy, ville très-rapprochée de la terre d'Inchy en Artois. En 1494, notre Philippe d'Inchy était gouverneur et bailli d'Oisy.

Il y avait peu de temps que Philippe d'Inchy était parvenu à la châtellenie, lorsqu'au mois d'avril 1450, il exerça en personne les devoirs de son office, dans une expédition entreprise par la commune pour aller détruire certains ouvrages faits par les moines d'Anchin, le long de la Scarpe, «oultre le chastel de Raisse, vers le fossé du Boussart, en alant vers Lalaing » ; il y avait là « rouillies et empechemens de quesnes et de halos, couquiés de plat l'un sur l'autre»,ainsi que des plantations, qui gênaient la navigation,«et ne pooient les nefs passer que à grant péril ». La longue relation qu'a consignée dans le registre, Noel Pollet, second clerc juré de la ville, de l'expédition du lundi 13 avril 1450, après Pâques, entreprise par la commune, conformément à l'antique usage, constate qu'y ont pris part : le lieutenant-bailli, les échevins,« messire Ph^e, s^{gr} d'Inchy et de Pas, chastelain de Douay, chevalier, avec ses varlets, sire Jehan du Fay, son receveur à Douay, chanoine de Saint-Amé », les deux clercs de la ville, des archers de la confrérie du grand serment, des « navieurs, carpentiers, pionniers, bosquillons » etc. La relation authentique constate que le cérémonial ordinaire a été soigneusement observé : «Et tappa, ledit lieutenant, le premier cop d'une cuigné, au nom de Mgr le duc. Et puis, ledit seig^r chastelain fist faire ledit demolissement (1). Et y fu on, depuis le point du jour jusques à soleil couchant. Et s'en revinrent, les eschevins, chastelain et officiers, souper en halle, et les ouvriers furent paiez de leur journée, paine et sallaire ».

---

(1) « Nous ou nos baillieus de Douay, par le chastelain de Douay et par les hommes ou par le communité de la ville de Douay, soumes tenu et serons plainement à amender les atteintes portées à la propriété des marais, pâtures et eaux dépendant de la banlieue. (Charte du comte, du mois de mai 1241. Cartul. T, f^o xliij ; n° 43 de la *Table*.)

L'expédition, qui devait ainsi se terminer par un bon repas que s'offraient les généraux aux frais du peuple, n'avait du reste présenté aucun danger ; l'ennemi n'était apparu que sous la forme d'un seul moine, qu'on avait laissé parler sans lui répondre, et en affectant de ne pas le voir, conformément au plan de campagne arrêté la veille entre les chefs..

La relation ajoute encore : « Quant tout fu deffait, M' d'Inchy, chastelain de Douay, fist prendre tous lesdis halos, quesnes et pillos, les fist mettre et querquier en deux ou trois nefs qui là estoient, et les fist, par ledite rivière, admener à Douay. Et comme à lui appartenans, les fist mettre et desquerquer à le Viese tour, pour ce que les mairiens, sourfaix et empechemens sont à son droit, et il les doit faire hoster et démolir à ses deppens » (1).

Dans une information judiciaire du mois de septembre 1462, faite par des officiers de la gouvernance, il est question de *Jean Le Couvreur*, bailli du châtelain de Douai (2).

Philippe d'Inchy est surtout connu chez nous par la vente qu'il fit de sa châtellenie, au profit de la ville. Cette acquisition fut, pour les échevins, une importante affaire, qu'ils traitèrent avec soin et sollicitude.

En novembre 1463, il y eut « conseil » de la ville, c'est-à-dire que les échevins « régnants » convoquèrent, suivant l'usage usité pour les résolutions d'un intérêt majeur, les deux échevinages précédents ou les deux « tours », ainsi qu'un certain nombre de notables laissés au choix des échevins. En cette assemblée, il fut exposé qu'on savait que

---

(1) Arch. de la ville, cartul. R. f° lij.
(2) Id., lay. 89.

« M⁰ Phᵉ, seigneur d'Inchy, chastelain de Douay, voloit et avoit intentionné vendre sa chastelenie de Douay ; qu'on entendait l'achat de ladite chastelenie estre bon, utile et pourfitable pour la ville » ; et que « Mʳ de Vilers, qui s'en melloit », en demandait « la somme de trois mille francs ». Il fut résolu d'acheter la châtellenie, « pour la meilleur pris que faire se pouroit ».

Le marché fut conclu, « bon werp, bon argent », moyennant ladite somme, le jeudi 1ᵉʳ décembre 1463, en l'hôtel de la Teste d'or, « où estoient lesdits sʳˢ d'Inchy et de Vilers. »

Le jeudi 23 février 1463 (v. st.), nouvelle réunion du conseil, le prince faisant des difficultés pour approuver le contrat, à cause des arrière-fiefs de la châtellenie, qui lui devaient le service militaire. « Messieurs de la Chambre des comptes avoient dit et adverti que Mʳ le duc ne soufferoit point que la ville possessast de ladite chastelenie, se les fiefs qui en sont tenus de lui demeurent tenus de lui, et que les hommages ne lui demeurent ». En conséquence, il fut résolu « qu'on poursuivra de avoir ladite chastelenie, en délaissant à mondit sʳ le duc lesdits fiefs et hommaiges, tenus de lui, sans en riens ne autre chose paier à lui pour avoir son otroy » (1). L'autorisation du duc fut donnée par lettres patentes du 3 mai 1464 (2).

Afin de fournir toute garantie aux acquéreurs, une déclaration fut passée à Térouane, le 3 juin 1464, devant « auditeurs du roy en la ville et cité de Therewane, establis par Mʳ le bailli d'Amiens ». « Nobles demoiselles, demoi-

(1) Arch. de la ville, 1ᵉʳ reg. aux Consaux, fᵒˢ 15 vᵒ et 16.
(2) Id., nᵒ 1038 de la *Table.*—Dans le compte de la ville de 1464-1465, la date du 2 juin 1464 est donnée comme celle de l'acquisition de la châtellenie.

selle Jehenne d'Inchy, vesve de feu Anthonne Quieret, en sa vie escuier et seigneur de Ramecourt et de Pipemont, et seureur de Mgr Philippe d'Inchy, chevalier, seigneur dudit lieu d'Inchy et chastellain de Douay; et d^{elle} Jehenne *Quierette*, fille dudit feu Anthonne et de ladilte demoiselle Jehenne d'Inchy », exposèrent que Mgr Philippe, « fils et seul hiretier de deffunct monseigneur Baugois, seigneur d'Inchy », ayant abandonné autrefois, à sa sœur Jeanne et à l'époux de celle-ci, la terre et seigneurie de Beaumont, valant environ cent livres parisis de rente, laquelle terre avait été promise en mariage par feu Mgr Baugois à sa fille Jeanne; elles consentaient toutes deux à ce que Mgr Philippe pût aliéner la châtellenie de Douai, et elles renonçaient à tout droit sur elle (1).

Pour compléter, autant que possible, l'histoire de nos châtelains, il ne nous reste plus qu'à examiner quelles ont été leurs résidences diverses tant à Douai qu'aux environs.

Nul doute que la Vieille tour n'ait été, à l'origine, leur demeure habituelle ; à chaque pas, dans leur histoire, on en rencontre la preuve évidente. Témoin cette chapelle qu'ils y avaient fondée, et que chaque génération tenait à enrichir ; témoin cette générosité héréditaire envers Saint-Amé, leur paroisse; n'oublions pas non plus les précautions que prend un châtelain, pour défendre de faire ni « huis », ni fenêtre, ni vue, ni « salie », ni « basecambre », ni « nokiere », « pardevers le tor », lorsqu'en 1260 il cède à Saint-Amé une parcelle de son manoir de la Vieille tour. *Preuves*, n° LXI.

Ce devait être cependant une triste demeure que cet antique monument, avec ses murs épais de 20 à 25 pieds,

(1) Arch. de la ville, n° 1000 de la *Table*.

avec sa cour humide et sombre comme un puits, avec de malheureux prisonniers pour voisins ! Un tel séjour ne pouvait convenir qu'aux rudes générations du XI° siècle et du XII°. Aussi croyons-nous qu'au siècle suivant, qui fut une époque de transition, les châtelains, aux mœurs moins âpres que celles de leurs prédécesseurs, commencèrent à déserter leur prison et cessèrent d'en disputer le séjour aux malheureux confiés à leur garde; au XIV° siècle, il n'est plus du tout question de leur présence en la Vieille tour.

D'après Gramaye, dans ses recherches sur les Antiquités douaisiennes, les châtelains auraient très-anciennement quitté leur sombre tour, pour s'installer dans un vieux manoir, qu'ils auraient rebâti, à un endroit agréable, au milieu des prairies; c'était « la Motte de Saint-Aulbin ». (5° chapitre, article I.) Peut-être l'hôtel de Saint-Albin leur servit-il de maison d'été, quand la belle saison les invitait à sortir de leur Vieille tour; en effet, nous verrons que ce manoir, situé hors de l'enceinte fortifiée, possédait tous les agréments de situation, d'étendue, etc., qui manquaient absolument à la Vieille tour. Nous avons établi qu'en 1097 le fief de Saint-Albin était déjà séparé de celui de la châtellenie; donc, au XII° siècle, il ne peut déjà plus être question du séjour de nos châtelains en l'hôtel de Saint-Albin.

En 1260, le châtelain avait un « manoir » à Gœulzin, dans la partie du village qui dépendait du Hainaut; au XV° siècle et au XVI°, cette antique résidence de nos châtelains était appelée « château du Petit-Hordaing »; celui-ci s'élevait à côté du château principal de Gœulzin. Dès 1225, nos châtelains avaient dans ce village des possessions importantes.

Ils paraissent s'être habitués, au XIII° siècle, à passer

l'été au château de Vitry; les châtelaines douairières Hawit et Jeanne de Roisin y résidaient en juillet 1257 et en mai 1286; l'église paroissiale de Vitry et la chapelle du château sont dotées de fondations pieuses, en 1296, par le testament du châtelain Wautier VI. Enfin il semble que ce fût dans cette terre qu'ils transportèrent leur résidence habituelle, quand ils eurent complétement déserté leur Vieille tour; le châtelain Jean y avait son domicile en 1387; la châtelaine Mahaut de Le Viugne mourut, en 1418, « en son hostel en le ville de Vittery emprès Douai ».

Signalons aussi, comme ayant servi de résidence passagère aux châtelains, durant le XIII° siècle et le XIV°, la terre de Wasquehal, venue par un mariage dans la maison de Douai.

Quant aux derniers châtelains, les seigneurs d'Inchy, rien ne révèle leur séjour en notre ville; c'étaient du reste des personnages de la cour des ducs de Bourgogne, auprès desquels les retenaient des charges de palais. Il est même probable que des considérations tirées de son éloignement de notre ville, ne furent point étrangères à la détermination, prise par le seigneur d'Inchy, de se défaire de la châtellenie de Douai.

CHAPITRE DEUXIÈME.

FIEFS TENUS DU CHATELAIN

A L'ORIGINE

ET MOUVANT DIRECTEMENT DU CHATEAU DE DOUAI

DEPUIS 1464.

Dans le précieux dénombrement de la châtellenie de la ville de Douai, du 15 août 1369, le châtelain s'exprime ainsi : «J'ai neuf hommes de fief, qui tiennent de moi certains héritages en fief, à certain relief, les uns à 60 sols, et les autres à sept sols et demi de parisis..... Ci après, la déclaration des hommes de fief que j'ai, pour ma castelenie de Douai..... Sur lesquels fiefs, j'ai telle justice que à visconte peut et doit appartenir. Et je puis faire bailli pardevant mes hommes de fief ou par mon seellet ».

Les renseignements sur les arrière-fiefs de la châtellenie de Douai, que nous trouvons dans le dénombrement précité, sont d'autant plus importants que, dès l'année 1464, par suite d'une condition mise à l'acquisition de la châtellenie par la ville de Douai, ces fiefs relevèrent immédiatement du château et de la cour féodale du bailliage, et qu'ils se confondirent avec les autres; il eût donc été très-difficile, en l'absence du document de l'an 1369, de déterminer d'une manière certaine quels avaient été, à l'origine, les arrière-fiefs de la châtellenie.

Selon la coutume féodale de Douai, le droit de relief des fiefs mouvant directement du château se payait au Temple; après 1464, les possesseurs des anciens arrière-fiefs de la châtellenie semblent avoir aussi acquitté ce droit entre les mains du receveur du Temple; mais en 1572, un bailli de Douai manifeste l'intention de percevoir désormais, au profit du roi, le relief dû, « quand ils eschéent à relever, par les vj ou vij fiefs et hommages, que sollaient estre tenus de la chastellenie, esclichez d'icelle en 1464, et joinctz et unis au demaine, pour estre tenus nuement du chastel » (1).

En 1369, le châtelain avait neuf feudataires ou vassaux. L'étude de ces neuf fiefs fera l'objet des articles suivants; il est à remarquer que plusieurs d'entre eux ne se retrouvent pas à une époque plus moderne; ils auront disparu, soit par le rachat de charges et de services féodaux, soit autrement.

I.

Arrière-fief du prévôt de la ville de Douai; le prévôt, vassal du châtelain, à cause de sa basse justice, doit une rente en monnaie douisienne. — Extinction de la rente et du fief.

« Et premier. Le prévost de Douai... est mon homme... Me doit, le prévost de Douai, 14 livres de douisiens de

(1) Arch. départ., Chambre des comptes, compte du bailli de Douai, 1572-1573.

rente, de quoi il est homme lige à moi de la basse justice ».
Telle est la déclaration faite par le châtelain, dans son dénombrement de 1369 (1), qui est le seul document que nous ayons trouvé touchant la vassalité du prévôt vis-à-vis du châtelain.

Ceci vient encore à l'appui de ce que nous avons déjà répété souvent, que la prévôté n'est qu'un ancien démembrement de la châtellenie. Quand cette séparation s'opéra, le possesseur de l'office de prévôt tint le gros de son fief du souverain de Douai, comme le châtelain lui-même : c'était la loi féodale; mais la prévôté ainsi créée fut chargée, au profit de la châtellenie, d'une rente de quatorze livres en monnaie douaisienne (2), pour garantie de laquelle fut affecté son droit de basse justice (3ᵉ chapitre, article 1ᵉʳ, 1°); en outre le prévôt fut soumis, pour plus de sûreté, à la juridiction du châtelain, et il devint l'un des « hommes » de ce dernier; en cas de contestation touchant cette rente, il était jugé par ses « pairs », les vassaux du châtelain. Quand on a détaché la prévôté de la châtellenie, sans doute au profit d'un cadet, il semble qu'on se soit efforcé d'imposer certains caractères de vassalité au nouvel office féodal, vis-à-vis de l'office primitif.

Des points de contact qui existaient si nombreux entre ces offices féodaux, la châtellenie, la prévôté, le Gavène, le fief de Saint-Albin, il ressort à l'évidence qu'ils n'en ont formé autrefois qu'un seul, tenu par le châtelain, lequel,

---

(1) Cependant, en 1370, le prévôt disait et répétait tenir sa *basse justice*, avec sa prévôté, *du comte* de Flandre lui-même, et en *un seul fief*. (3ᵉ chap., art. 1ᵉʳ 1°.)

(2) Cette stipulation de monnaie douaisienne prouve que la rente remontait à une époque très reculée ; dès le XIIIᵉ siècle, l'usage s'établit de créer des rentes en *parisis*, au lieu de *douisiens*, lesquels tombèrent peu à peu en discrédit.

au XIe siècle, la châtellenie encore intacte, était véritablement *le vicomte* (*vicecomes*, lieutenant du comte ou du seigneur) de la ville de Douai.

Dans la suite des temps, la prévôté étant arrivée, par succession, entre les mains de puissants seigneurs, ceux-ci se seront affranchis, par rachat ou autrement, des devoirs de vassalité envers le châtelain, ainsi que de la rente de quatorze livres douisiennes.

Ce n'était pas la seule possession pour laquelle le prévôt fût, à l'origine, vassal du châtelain ; nous verrons plus loin (article IV), qu'il tint aussi le fief de Briffœul, consistant en terres sises à Sin et Dechy. Ces deux fiefs occupent même les nos 1° et 2° dans la nomenclature de 1369. Peut-être n'en formaient-ils d'abord qu'un seul, qui aura été divisé en deux, quand Briffœul fut attribué à un cadet de la maison d'Antoing, alors en possession de la prévôté.

II.

Fief de la justice du métier des tanneurs et des cordonniers de Douai ; clains et respeux. — Documents curieux. — Famille Toulet, de Goy et Audefroy. — Extinction du fief par ré-incorporation à la châtellenie. — La justice du métier subsistait encore en 1789.

« *Heuvin de Goy*, fus *Wibert*, est mon homme, pour la justice des cordewaniers de Douai, laquelle a ses échevins, qui connaissent des cordewaniers, de clains et de repeux.... Item. Ai-je, sur la justice des cordewaniers, 60 sols parisis, chacun an, et 28 paires de souliers de vache, au jour saints Simon et Jude..... » C'est la déclaration du châtelain, contenue dans son dénombrement de 1369.

Le châtelain, à cause de son office, et madame la châtelaine, sa femme, étaient, avons-nous dit, protecteurs du métier des tanneurs et des cordonniers, dont ils garantissaient les privilèges, et en échange de cette protection, le métier leur payait certaines redevances ; au XIII° siècle, ou même sans doute auparavant, alors que tout était susceptible d'être concédé en fief, le châtelain avait inféodé à quelque *cordewanier* la *justice* du métier, en *clains* et en *respeux*, moyennant ladite rente de 60 sols et de 28 paires de souliers, ainsi que sous la réserve de ses droits en *soilers, heuses, estivaus,* etc. (1ᵉʳ chapitre, article I, 10°).

A ce sujet, voici un document curieux, de la seconde moitié du XIII° siècle; c'est une sorte de règlement ou ban édicté par les échevins de Douai, pour constater le droit et les obligations du métier (1).

« Nous faisons assavoir ke, de le rente que *Jehans Toulés* tient, ke tout chil ki leur estaus prendent de lui, li doivent 1. sestier dou milleur vin de Douay, au ban de le ville, et tout chil ki leur estaus prendent de lui, li doivent. xxxv. douysiens par an, et cascuns sures de Douay, une paire de cauchiers par an. Et se par tant ne pooient iestre payet xxviij. paire de cauchiers, que Jehans doit le chastelaine, il le deveroient parfaire.

» Et si ne puet nus ki soit en ceste ville pendre cauchiers hors de sen huys, ke Jehans Toulés ne les saisisse comme siens, jusques au dit des eskievins dou mestier, s'estaliers n'est, se il le pent pour vendre.

(1) Arch. de la ville, n° 314 de la *Table*.
Guilmot (Invent. analyt. ms., I, p. 237) dit, en tête de sa copie de ce document, que le métier des tanneurs et des cordonniers comprenait aussi les corroyeurs, les marchands de cuir et les savetiers.

» Et se li justiche semont, par lui u par sen message, de ses justichaules, pour faire le loy de le ville, venir i doit. Et se il ni venoit, si com il est, il est enkeus, deviers le justiche, en fourfait de .xxv. douysiens. Et se on voit homme en péril, li justiche le doit amener, pour faire le loy de le ville, pardevant les eskievins del mestier.

» Et si doivent, li eskievin del mestier et li justiche, traire as eskievins de le ville et pryer ke il leur doinsent plache là u il se puissent estendre et aaisier......... ......

» Et les .xxxv. douy. ke li estalier doivent à le justiche, il en doivent .xxj. douy. à le nuit saint Simon et saint Jude, et ki, cele nuit, ne paieroit à le justiche, il seroit en fourfait de .xxv. douy. lendemain. Et .vij. douy. au Noel et .vij. à Paskes.

» Et si repairent, li eskievin del mestier, pour ij coses, en le halle, pour plache querre, se on remue le markiet, et pour enqueste.

» Sachant tout que li justiche del mestier doit à le contesse de Flandres, toutes les eures que ele vient en cheste ville, pour sejourner .iij. jours u plus, .iij. paire de sollers eschevilliés. Et de chou, li doit ele tierche livrison à lui tierch de tel bien ki vient à court. Et se li doit le rente warandir enviers tous hommes, se on tort leur faisoit.

» Et si doit li justice, le castelain de Douay, .xij. paire de sollers lachis, par an, et unes heuses de vaque, au Noel, et uns estivaus de cordewan, à Pasques. Et le castelaine, .xij. paire de sollers escevilliés, tous com il doit à le contesse. Et se li doit .xxviij. paire de sollers de vake, pour .ij. deniers douysiens, que'il en doivent rendre à cheus ki leur sollers liverront. Et si doit-on rendre ces sollers pour eskievins dou mestier. Et si doit, li castelains et li castelaine, warandir cest mestier et cheste rente, se nus leur en voloit tort faire, as us et as coustumes que il doit aler, par le rente que il en rechoivent. »

Jehan Toulet, bourgeois de Douai, celui qui « le rente tient », ou « le justiche del mestier », était alors vassal ou homme du châtelain, à cause de cette justice ; il portait un très-vieux nom douaisien ; on trouve à l'échevinage, en 1172, un Jean Tolez, et de 1201 à 1217 un Thierry Tolés.

Les « cordewaniers » avaient donc un tribunal spécial, dont les juges « allaient à enquête », dans les cas difficiles, auprès des échevins de la ville. Il y a, aux archives (1), une sentence de l'an 1337, du « procain diemence devant l'Assention », au mois de mai, qui fut rendue par les « eschievins le justice le chastelain de Douay », après avis de ceux qui « à ce tamps régnoient en l'eschievinaige de Douay ». L'exposé de la difficulté commence ainsi : « Il avint en le court de le justice des cordewaniers, qui est le chastelain de Douay, pardevant ses eschievins, que uns homs clama sour .j. autre, de lx s. parisis, et maintint, en le fondation de sen clain, que se chuis sor qui il clamoit li voloit tenir ses convenenches, telles qu'il li eut convent par devant boine gent, il se déporteroit dou clain..... » Au dos du parchemin, sont l'enquête, l'avis et le jugement : « Dit fu et kierkiet dou sens de maistre, rendu en plaine halle par eschievins de Douay....... »

Heuvin de Goy, fils de Wibert, qui en 1369 était vassal du châtelain pour la justice des « cordewaniers », appartenait à une famille patricienne de notre ville, qui portait

(1) Arch. de la ville, layette aux anciens privilèges, n° 425 de la *Table*.

pour armoiries un fascé vivré (1). En 1379, il affermait à un «cordewanier», pour 27 livres par an, sa justice « en tous proutis tant de sollers comme autrement » (2).

En 1440, c'était *Jehan Audeffroy*, bourgeois de Douai, qui louait, à raison de douze livres l'an, toujours à un « cordewanier », « sa justice que on dist des cordewaniers, tasneurs, coureurs et chaveliers, avec tous les droits et de amener à cognoissance des eschevins dudit Audeffroy, à cause d'icelle justice, toutes prinses, arretz, adjournemens et autres exploix qu'il appartiendra oudit office. Et si sera tenu de faire et payer à son frait et despens, chacun an de sadite censse, au jour saint Simon et saint Judde, ung soupper tel qu'il est acoustumé de faire, où sera ledit Audeffroy et avec lui, sy luy plaist, les douze eschevins dudit mestier et leur clerc » (3).

Nous avons encore trouvé, aux archives municipales, un acte curieux concernant la justice de ce métier (4); c'est une convention du 5 octobre 1443, intervenue dans les circonstances suivantes. Un marchand de Valenciennes avait fait « clain, arretz et demande » sur la personne d'un tanneur de Douai, pour une somme de 2100 livres, à cause de «certaine marchandise de laignes, lequel clain et arrest fait par la justice des tasneurs et cordewaniers de la ville de Douai, présent eschevins d'icelle justice appartenant à Jehan Audeffroy, l'aisné, bourgeois de Douai ». A raison duquel exploit « et à ceste cause », le tanneur douaisien

---

(1) Cf. Demay, *Invent. des sceaux de la Flandre*, I, n° 4339, le sceau de « Heuvin de Guy, l'aîné, fils de feu Heuvin », de l'an 1340.
(2) Contrats en chirogr. aux archives de la ville. Guilmot, Extraits, t. III, p. 1207.
(3) Id., pp. 1339-1340.
(4) Reg. aux contrats, 1443-1445, f° 4 v°.

avait été mis et détenu prisonnier ès prisons de ladite justice ». Mais prévoyant le cas où le prisonnier s'échapperait « par force ou autrement », avant le jugement, Jean Audefroy, pour sa sûreté et celle de sa justice, demande à être garanti contre les chances d'évasion de son prisonnier ; cette garantie lui est donnée devant échevins de la ville, par deux bourgeois et un tanneur.

De cette convention, il ressort que le vassal du châtelain devait, à cause de sa « justice des cordewaniers », avoir une prison pour dettes, comme les deux grands feudataires qui exerçaient aussi une « justice de claius et de respoux », le prévôt de la ville et le seigneur de Saint-Albin ; il ressort aussi que ce « justice » mettait alors peu d'empressement à accomplir son office, sans doute parce que les émoluments n'étaient plus en rapport avec les risques et les peines qui lui incombaient. Il n'est donc pas étonnant que, vingt ans plus tard, lorsque le châtelain vendit son office à la ville, en 1464, on trouve la justice du métier des tanneurs et des cordonniers réunie au fief de la châtellenie, cette ré-incorporation s'étant effectuée, soit par un abandon volontaire consenti par le possesseur de la justice, soit par une sentence de la cour féodale, qui aura dépossédé de son fief un vassal en défaut d'accomplir son office.

L'un des soins des échevins, quand ils eurent acheté la châtellenie, fut de commettre un bailli de la justice du métier des tanneurs, chargé de présider la « cour » échevinale du métier, aux lieu et place de l'ex-vassal du châtelain ; ils nommèrent aussi le sergent ou « justice » chargé de faire les exploits requis. On lit ce qui suit dans le deuxième registre aux priviléges de la ville (cartulaire R, f° 100) :

« Pour les seremens des bailli, eschevins et justice du

fief des taneurs et cordewaniers, dépendent de la chastelenie de nouvel acquestée par la ville de Douay. — Aujourd'hui 24° jour de juillet 1464, par eschevins comme seigneurs de le chastelenie de Douay, de nouvel par eulx aquestée à M⁺ Philippe d'Inchy, ch⁺, Jehan de Cambray, procureur en court laye, fut commis bailly du fief des taneurs et cordewaniers, membre de ladite chastelenie. Et en fist les erement pertinent en tel cas. Et Noel Lenglés parellement fu commis à l'exerssite de la justice dudit fief, qui semblablement fist le serement, en le présence de loy. Et ce fait, ledit bailly fit faire serement, à l'eschevinaige desdits taneurs et cordewaniers, les personnes qui s'enssuivent, c'est assavoir : Robert Laubegoix,..... » etc., en tout neuf noms d'échevins du métier (1).

Un article de recette du compte de la ville, de 1469 à 1470, prouve que les échevins ne tardèrent pas à affermer les profits qu'on pouvait encore retirer alors de la possession de cette justice ; parmi les charges qui incombaient au chef de la justice du métier, figure le souper traditionnel de la fête de Saint-Simon et de Saint-Jude :

« De Noel Lenglés, pour le censse et ferme de le justice que on dist des tasneurs et des cordewaniers, appartenant à ladite ville, que est de ladite chastellenye. A le charge que ledit Noel est tenu de faire les services et debvoirs acoustumez ou fait de ladite justice, aussy de soupper qui se fait, chacun an, le nuit saint Simon et saint Judde. Se l'a reprins ledit Noel, ausdites charges parmy rendant, chacun an, à ladite ville, iiij livres ».

Ce qui rapportait 27 livres en 1379 et 12 livres en 1440 était tombé à 4 livres en 1470, malgré la dépréciation inces-

(1) Arch. de la ville, nᵒˢ 1063 et 1240 de la *Table*.

sante de la monnaie. Néanmoins cette «justice» subsista jusqu'à la Révolution ; elle fut même encore adjugée le 28 octobre 1789, moyennant cent florins par an (1); les profits de la « justice des tanneurs et cordonniers » consistaient alors « en une paire de souliers de quarante patars à chaque maître cordonnier et la moitié lorsqu'un savetier passe maître ».

III.

Fief de Plachy-lez-Douai ; justice foncière ; terres et rentes féodales. — Eclissement *du gros du fief. Autre fief innommé au XIVe siècle.* — *Familles douaisiennes : de Goy, Picquette, Muret, Turpin, etc.* — *Derniers possesseurs ; familles de Nébra et van der Meere.*

On lit dans le dénombrement de 1369 : « Messire Ricard Pourchiaux est mon homme lige, de terre ahanable, qu'il tient de moi, qui gist entre Douay et le Gibet.... Item. Me doit messire Ricard Pourchiaux, pour onze rasières de terre situées desoure le pire des Bougres, vingt-deux deniers parisis. »

Le Gibet de la ville de Douai et le *pire* (chemin pierré) des Bougres étaient situés dans la partie de la banlieue de Douai qu'on appelait, de haute antiquité, Placy ou Plachy; ce lieu-dit s'étendait hors de la porte Saint-Eloy (aujourd'hui de Paris), à droite, jusqu'à la Scarpe et jusqu'au terroir de la paroisse de Lambres; à gauche, jusqu'auprès de la route partant en ligne directe de la porte Notre-Dame, et jusqu'au terroir de la paroisse de Sin. En suivant la route

(1) Arch municip., reg. des fermes de 1789, cc 793, f° 60.

de la porte Saint-Eloy, on traversait le lieu appelé Plachy, pour arriver jusqu'au *Rasquet* et au Gibet. Plachy dépendait de l'échevinage de la ville et de la paroisse Saint-Nicolas, ancien démembrement de la paroisse Saint-Pierre.

Aujourd'hui le nom de Plachy n'est plus conservé qu'à une ferme dite Château-Plachy, sise à l'extrême limite du terroir de Douai, entre la digue de la Scarpe et le chemin de Lambres (1).

Le « pire » des Bougres, appelé d'abord des Lépreux et ensuite de l'Écorchoir, menait de la porte Notre-Dame à celle de Saint-Eloy et d'ici vers Lambres ; il rappelle un souvenir lugubre : là furent brûlés vifs, vers l'an 1234, en présence des princes et des évêques du pays, dix malheureux hérétiques, qu'on appelait par dérision « bougres » ; la chronique de Saint-Amé, en rapportant ce fait odieux, fixe ainsi le lieu de l'exécution : « hors la porte Olivet (ou de Saint-Eloy), au chemin des Lépreux qui mène à Lambres » (2).

Nous n'avons pas donné la qualité de *seigneurie* au *fief* de Plachy, pas plus qu'aux autres fiefs n'ayant que la justice foncière. Voici nos raisons, une fois pour toutes.

Désireux d'établir un peu d'ordre et de clarté dans notre travail, nous réservons le nom de *seigneurie* aux fiefs qui remplissaient ces deux conditions : 1° d'avoir au moins le droit de justice vicomtière ; 2° de tirer leur appellation du nom du village, du hameau ou du lieu-dit. En effet, la justice foncière n'était, en réalité, qu'une sorte de privilège pour la perception des rentes, et le véritable seigneur ou chef de la justice, dans l'étendue d'un tel fief, était le pos-

---

(1) *Souvenirs de la Fl. wallonne*, Douai, 1873, in-8, XV, p. 56.
(2) Id., 1872, XII, p. 107.

sesseur du fief dominant, celui qui y exerçait les droits de seigneur vicomtier. D'un autre côté, beaucoup de fiefs à justice vicomtière, longtemps innommés, ont retenu le nom de l'un de leurs anciens possesseurs; on a pu très-bien dire: le fief d'un tel, et même la seigneurie de N....., tandis qu'il est absurde de s'instituer, comme on l'a fait si souvent : *seigneur d'un tel*.

Comme application de cette règle, nous disons : *fief de Plachy*, quoique Plachy soit un nom de lieu, parce qu'il y avait ici absence de justice vicomtière. Tout-à-l'heure (article V) nous dirons *fief de Le Vacque*, quoique sa possession donnât la justice vicomtière, mais parce que Le Vacque n'est que le nom d'un individu.

Le fief de Plachy, ainsi nommé assez anciennement (1), était un noble « tenement », soumis au relief de 60 sols et devant le 10º denier en cas de vente, don ou transport. Le « gros » consistait en 35 à 36 rasières de terres situées hors la porte Saint-Eloy, *emprès le Plancquelle* qui mène de Douai à Férin (2); mais le tout fut « éclissé », vendu et aliéné, vers le milieu du XVIº siècle. C'était une justice foncière, avec rentes en blé « telles que à quatre deniers près de la priserie de Saint-Remi à Douai », en avoine, en

---

(1) « Le fief de Plachy, lequel souloit être tenu de Mgr d'Inchy, à cause de la châtellenie de Douai ». Dénombr. du 31 août 1506. (Petit registre en papier des fiefs tenus de Douai et d'Orchies, 1re partie, fo 3. Arch. départ., Ch. des Comptes, reg. D 31.)
Dans le dénombr. du 19 mars 1502 (v. st.), ce fief paraît être encore innommé. (Id., fo 2.)
Le nom de Placi, Plassy ou Plachy était aussi donné, au XVIIº siècle et au XVIIIº, à un fief sis à Aniche, tenu du seigneur d'Auberchicourt, et consistant notamment en 91 rasières de terres. Son appellation semble lui être venue, non point d'un nom de lieu mais plutôt du nom d'une famille qui l'aura anciennement possédé. (Communication de M. Amédée de Ternas, d'après les archives de la famille Le Boucq de Ternas, à Douai.)

(2) Dénombr. cité, du 19 mars 1502 (v. st.).

eauwes (aulx), en *cappons* (chapons), en *oysons*, en sols parisis et sols douisiens, en *courouwées* (corvées) ; plus un droit de terrage de huit *garbes* (gerbes) au cent ; avec amendes « telles qu'à justice foncière appartient, au jugement des hommes cotiers » ; enfin les terres cotières en dépendant devaient le 10° denier, en cas de vente, don ou transport, et le double de la rente pour relief, à la mort de « l'héritier » ou possesseur.

Pour exercer sa justice, le feudataire avait le droit de commettre bailli, greffier, procureur d'office ; il pouvait en outre créer un sergent *messier* (1), pris parmi ses tenanciers.

Au nombre des héritages tenus en «coterie» du fief de Plachy, signalons : « Une maison, contenant trois coupes un quarreau, ès faulxbourgs Saint-Eloy, tenant à la cauchie de Douai au Racquet, faisant coin du grand chemin de Lambres, tenant au chemin des Bougres menant à Lambres, et à une rasière de l'hôpital des Wez » (2) ; cette maison, nommée la Marlie, fut lontemps le « lieu plaidoiable » dudit fief (3) ; des terres sises hors la porte Notre-Dame, la « voyette » qui mène de ladite porte, passant « parmi » ; d'autres, au terroir de Lambres ; des terres tenant au che-

---

(1) Sorte de garde champêtre, chargé de surveiller la moisson, afin d'assurer la perception des droits de terrage et autres. « Messier » du latin *messis*.

(2) Dénombr. du 18 avril 1572. (Reg. aux dénombr. des fiefs tenus de Douai, 1560-1594, f° 198 vo. Arch. départ., Ch. des comp., reg. D 10.)

(3) Dénombr. du 7 septembre 1763. (Reg. aux dénombr. du bailliage de Douai, 1758-1777, fo 25 ro, aux Archives de la ville.)
D'après ce dénombr., la maison n'existait plus alors. En effet de grands travaux ont été exécutés, tant au XVIIe qu'au XVIIIe siècle, hors de la porte Saint-Eloy, pour la fortification de la ville, pour l'établissement des glacis, du chemin couvert, de la redoute de la porte St-Eloy, dite aussi le Fort Tanchon ou le Pâté. Tous ces ouvrages ont sensiblement modifié l'état du lieu anciennement nommé Plachy.

min qui mène de Lambres à la Justice de Douai et à la Croix Huon, dite aussi Huon des Hanas, ou Noir-Dieu ou Croix de Plachy; d'autres, sises au Bailie Hordoulle, ruelle Radoul de Billy (par corruption, Hordobillie) à Plachy ; des terres menant de la Justice de Douai à Lambres ou chemin des Allemands etc., etc.

Le châtelain de Douai, seigneur dominant du fief de Plachy, jouissait, dans l'étendue de ce fief, des droits afférents à la justice vicomtière, et notamment de celui de « plantis. » Aussi une sentence arbitrale, du 14 septembre 1422, adjugea-t-elle au châtelain, et non à la ville, la propriété des arbres existant sur les *warechais* (petits chemins) hors la porte Saint-Eloy (1).

Dans nos recherches pour découvrir les anciens possesseurs de ce fief, nous nous sommes occupé quelque temps d'une famille chevaleresque *de Placi* ou *Potin de Plachy*, qui avait sa résidence dans ce faubourg de Douai, qui semble pouvoir être rattachée à la maison de Lambres et dont il est question dans un grand nombre de titres du XIIIe siècle, notamment dans les archives de l'ancienne maison des Huit-Prêtres, déposées à la bibliothèque publique de Douai ; mais nous n'avons pu, en fin de compte, trouver aucun point de contact entre cette famille et notre fief de Plachy.

Par son testament, du 13 novembre 1282, le riche bourgeois de Douai, Ricard Dou Markiet, lègue à sa fille cadette Emmelot, femme de Robert Boinebroke, « un mui de tiere, à la petite mesure, ki gist entre le Gibet et le pire

(1) Arch. de la ville, no 791 de la *Table*.

des Bougres », à la condition que, si elle décédait sans enfant, le bien retournerait aux descendants de Marote, fille aînée du testateur, mariée à Jakemon *Porcel* ou *Porciel* et mère de Ricardin, « neveu » (petit fils) du testateur (1).

Voilà un renseignement qui cadre assez bien avec l'indication contenue dans le dénombrement du châtelain de 1369, puisque, par la suite, le muid « de petite mesure », compté pour onze rasières, se retrouve aux mains de la famille *Pourchel*, héritière des opulents Du Markiet. En effet, le chevalier *Ricard Pourchiaux* était, en 1369, homme lige du châtelain, à cause « de terre ahanable qui gist entre Douay et le Gibet »; en outre il lui devait une rente de 22 deniers parisis, à raison d'«onze rasières de terre, situées deseure le pire des Bougres »; ce chevalier fut seigneur de Frémicourt et gouverneur de la Flandre wallonne en 1364. Dans une nomenclature des biens qu'avait possédés feu *Amoury Pourchel*, écuyer, fils du précédent, figurent : « onze rasières de terre tenues en fief du castelain de Douay », sur lesquelles sa mère, Marie des Wastines, prit son douaire, suivant transaction du 18 avril 1382 (2).

Une sentence arbitrale du 11 juillet 1348, qui mit fin à un procès entre l'abbaye de Saint-André du Cateau-Cambrésis et le chapitre de Saint-Pierre de Douai, à cause duquel il y avait eu «plais en le court no signeur le roy de France, ou castiel à Douay, pardevant M⁺ le gouverneur

---

(1) Testam. en chirogr. aux archives de la ville. Guilmot, Extraits, t. III, pp. 1107-1108.

(2) Contr. en chirogr. aux arch. de la ville. Cf. Guilmot, Extraits, t. III, p. 1217.

ou son lieutenant», tend à prouver que le fief d'onze rasières, avant d'échoir au seigneur de Frémicourt, avait bien appartenu à son père, le chevalier Ricart Pourchel, seigneur de Le Mote. En effet le débat avait porté sur la dîme d'une terre sise en l'échevinage de Douai, vers le Gibet, « au grant kemin », tenant d'une part « à le tière Mr Ricart Pourchiel le père » et d'autre part à la place du Gibet (1).

Toutefois, au temps où le châtelain de Douai reconnaissait pour son vassal le chevalier Ricard Pourchel, le fief qui a été nommé depuis: fief ou seigneurie de Plachy, appartenait à une autre famille. Cela résulte des documents que nous allons analyser.

Quant au fief des onze rasières de terre situées près du Gibet et qu'il faut distinguer de l'autre, il ne se retrouve plus dans les temps modernes; apparemment il fut converti en roture et se confondit avec les autres terres cotières de l'échevinage de Douai.

D'un acte passé devant échevins, le 16 juin 1354, il appert qu'un bourgeois de cette ville vendit « deux rasières huit vergielles de terre abanaule, qu'il avoit et tenoit de la *tenance et seigneurie*, que tenoit jadis en fief feu Sanset de Baustignies *et que tient ad present, à cause de certains viages*, Heuvins de Goy, *fils de feu Wibert*, ladite terre séante entre la *Croix Huon des Hanas* et le chemin qui va de Lambres à Sin (2), et devant audit seigneur, chacune

---

(1) Arch. d'part., fonds de St-André du Cateau.

(2) Cette pièce de terre, qui fut achetée pour la Table du St-Esprit de St-Pierre de Douai, est ainsi désignée dans un dénombrement servi au possesseur du fief de Plachy, le 9 août 1694 : « 2 rasières 8 vergelles, sur l'échevinage de Lambres, au lieu dit Par la Voye, par où on va de la ville de Douai à Lambres à la Croix Hanap. » (Arch. des hospices, fonds de la Table du St-Esprit, n° 683 de l'*Invent.* de 1839.)

rasiere, deux coupes de blé, à la mesure de Douai, et *à quatre deniers parisis près* (en moins) *du meilleur du marché de Douay à la saint Remi*. Ce qui fut fait devant ledit Heuvin, comme *seigneur ad présent* de ladite tenance, et par le jugement de plusieurs hommes rentiers d'icelle tenance, au conjurement dudit seigneur » (1).

Cette « tenance et seigneurie », qu'avait possédée, avant 1354, un certain Sanche de Baudignies (?), n'est autre assurément que le fief moderne de Plachy. Le bourgeois de Douai, Heuvin de Goy, fils de feu Wibert, ou ses ayant-cause surent convertir un titre précaire de « viage » en une possession définitive, puisqu'au siècle suivant c'est la famille de Goy qui détient le fief.

Au nombre des vassaux du châtelain de l'an 1369, figure *Heuvin de Goy*, fils de *Heuvin*, sans autre indication ; peut-être tenait-il le fief de Plachy.

Par son contrat de mariage avec Nicaise Li Ogiers, demeurant à Valenciennes, ledit contrat reçu par échevins de Douai le 28 avril 1411, demoiselle *Jehane de Goy*, fille de feu *Heuvin*, assistée de ses « avoués », savoir: M⁵ʳ Jean de Belleforière, seigneur dudit lieu, Evrard Le Kièvre, Lambert Audefroy et Jacques Picquette, fils d'Andrieu, déclare apporter un fief de 36 rasières, entre la porte Saint-Eloy et la Justice, tenu de la châtelaine de Douai (2). La même, alors veuve sans enfant de Nicaise Logiers, par son testament du 11 mai 1424 (3), lègue à son exécution testamentaire le revenu de trois ans de son fief « tenu de Mʳ d'Incy

---

(1) Arch. des hosp., n° 639 de l'*Inventaire*.

(2) Chirogr. aux Archives de la ville. Guilmot, Extraits ms., I, p. 91.

(3) Arch. de la ville, reg. aux contrats de 1423-1424, fo 141 v°.

(châtelain de Douai), entre la porte Saint-Eloy et la Justice, contenant 36 rasières », et choisit comme exécuteurs : M⁶ Jean d'Auby, son neveu, Jaqueme Piquette, époux de Jeanne Le Monnyer, Engherran d'Avion, sire Ansel de Rouvespiere (1) et Piérot de Wendin.

Des indications, de date postérieure, concernant le fief de Plachy, relatent encore la «d^{elle} Jeanne de Goy», comme ayant possédé ce fief; nous les avons relevées dans les comptes de la Table du Saint-Esprit de Saint-Pierre : (2)

« 1490. Payé à Gilles Picquette, pour rente à lui due sur une rasière (ou mieux deux) de terre séant emprès la Croix aux Hanas et appartenant à ladite Table, à cause du fief qui fut d^{elle} Jehenne de Gouy, au terme de saint Remy, une rasière de blé, *quatre deniers parisis mains (*en moins*), sur la rasière, que le priserie de Douay ne porte.* — 1540. A Pierre Muret (possesseur du fief de Plachy; voir ci-après), pour rente à lui due sur une rasière de terre emprès la Croix à Hanaps, à cause de son fief qu'il a eu de Madam^{le} de Gouy. — 1550. A Pierre Muret, pour rente due sur une rasière séant emprès la Croix au Hanaps, pour et à cause de son fief de Placy, venant de Madem^{le} de Gouy. — 1555. Aux hoirs Pierre Muret ».

Nous allons voir la famille Picquette servir, en 1502 et 1506, des dénombrements du fief de Plachy, qui passa ensuite aux Muret.

---

(1) Ecclésiastique, probablement de la famille du trop fameux terroriste. — Dans ses recherches sur les Robespierre, Mr A. de Marquette cite, en 1431 «sire Bauduin de Rouvespierres», chapelain perpétuel en l'église de Cambrai, comme le plus ancien membre de cette famille qu'il ait rencontré. (P. 301 du t. III de l'*Hist. génér. du comté de Harnes*, Lille, 1867, in-8.)

(2) Arch. des hospices; n° 711, à la page 220, de l'*Invent.* de 1839, et n° 712, à la page 221.

Enfin, pour ne rien omettre, nous mentionnerons encore le document suivant : 1344, 3 juin ; vente de trois coupes de terre en *courtius* (jardin), séant à Plachy, tenues de Piéron de Moutiers, fils de Jake de Moutiers «qui fut », et chargées, envers ledit Pierre, d'une rente de neuf *auwes* (aulx). Pour accomplir les formalités de « deshéritance », la terre fut «rapportée en le main Jaquemon des Lices, qui là fut comme sires, ès liu du signeur dessus dit, pardevant les hommes jugeurs audit Pieron de Moutiers». Au dos du titre on lit cette mention : « Chest contre partie wardent comme homme jugeur à Piéron de Moutiers, en leur huge » (1).

L'opulente famille de Moutiers, qui figure, à cette époque, dans notre échevinage et qui posséda, vers ce même temps, la terre de Lambres, avait donc, elle aussi, un fief situé à Plachy. En août 1333, Jacques de Moutiers avait fait « lever » cinq rasières de blé sur la dépouille de trois rasières de terre « gisans entre le Gibet et la Crois Huon » (2). En 1348, à propos de terres avoisinant le Gibet, il est parlé d'un « camp qui fu feuz Jaquemon de Mouthiers, au lès deviers Lambres » (3).

Nous reprenons maintenant la série des possesseurs du fief de Plachy, dans la famille Picquette, héritière des de Goy précités : car Jeanne de Goy, décédée vers 1424, avait une sœur germaine, Marguerite de Goy, mariée en premiè-

---

(1) Arch. des hospices, fonds des Chartriers, no 253 de l'Invent. supplém. manuscrit.

(2) Compte de la succession de Jehan Hautlecuer, mort en 1331. Arch. des hospices, fonds du St-Esprit, no 711 de l'*Invent.* de 1839.

(3) Acte capitulaire de St-Pierre de Douai, du 11 juillet 1348, aux arch. départ., fonds de St-André du Cateau.

res noces à Andrieu Picquette, bourgeois de Douai, dont elle eut un fils, Jacques *dit* le Graille, et en secondes noces au chevalier Witasse de Ligny, chef des échevins (ou maire) de Douai en 1416, mort en 1424; la dame de Ligny vivait encore en 1432 (1).

Le 19 mars 1502 (v. st.), *Gilles Picquette*, écuyer, servit, à la cour du souverain de Douai (et non plus au châtelain, depuis que la ville avait acheté la châtellenie), le dénombrement de son fief, consistant encore alors en terres « ahanables », rentes en blé, « cauwes », chapons, « duisiens », en terrages, le « gros » étant de 34 rasières 3 coupes de terre, hors la porte Saint-Éloy, emprès la Plancquelle qui mène de Douai à Férin (2).

Gilles Picquette était fils d'Andrieu, chef-échevin et qualifié écuyer en 1462, mort en 1467, et de Catherine de Vendegies ; et petit-fils de Jacques (3) *dit* le Graille (cité plus haut) et de Jeanne Le Monnyer, remariée, vers 1430, avec Jean Petit, écuyer, huissier d'armes et capitaine des archers de corps du duc de Bourgogne et son bailli d'Orchies (4).

(1) Arch. de la ville, testaments du seigneur de Ligny (f° 148 du 1er reg. aux testam.) et de sa veuve (Guilmot, Extraits, t. III, p. 1146).

(2) L'original en parchemin de ce dénombrement se trouvait encore à la Chambre des comptes, à la veille de la Révolution, ainsi que le constate un inventaire des dénombrements des fiefs de Douai et d'Orchies, dressé dans les dernières années de l'ancien régime. (Liasse D 78). Il a disparu, comme presque tous ceux qui concernent les fiefs situés à Douai et dans la banlieue.

(3) Carpentier, dans son *Hist. de Cambray*, t. II, p. 493, cite, d'après Laurent Le Blond, un « Jacques Piquette, sr de Placy », marié à Jeanne Danchel, d'une famille lilloise. Quant à l'expression de *sr de Placy*, ce n'est qu'une fantaisie de généalogiste, attendu qu'elle n'était pas encore en usage au temps où les Picquette tenaient le fief de Plachy.

(4) Contrats en chirogr. aux arch. de la ville. Guilmot, Extraits, t. III, pp. 1350, 1370 et 1377.

Les Picquette, dont les veuves trouvaient de nouveaux époux dans l'ordre équestre, étaient de vieux patriciens de notre ville, bien avant de parvenir à la noblesse: de 1380 à 1474, ils ont fourni six chefs du magistrat ou maires de notre ville.

Picquette : D'argent fretté d'azur, semé de roses de gueules. (D'après les sceaux d'Andrieu Pikette, bourgeois de Douai en 1360, et de Watier Pikette en 1381 (1), et les *Quartiers généalogiques* de Le Blond, pages 228 et 339 de l'édition de Bruxelles, 1788, in-8°.)

Gilles Picquette, déjà majeur en 1468, est repris en 1476 sur la liste des nobles vassaux des châtellenies de Lille, de Douai et d'Orchies; il était en retard de s'acquitter du service militaire qu'il devait comme *tenant* fief (2). C'était, comme on dit, un *mangeur*; aussi fut-il interdit par des lettres patentes en date, à Bruges, du 12 mai 1487, où il est exposé que ses père et mère lui avaient laissé quatre à à cinq cents francs de rente, que la dot de sa femme, Magdelaine Sucquet, avait été de plus de 2000 livres: « au moyen de quoi, il avoit largement revenue pour le vivre et entretenement de lui, sa femme et mesnaige honnourablement », y compris ses cinq petits enfants (3).

Le 24 août 1506, ce fut le tour de *Jean Picquette*, écuyer, fils de feu Gilles, de servir le dénombrement du fief de Plachy (ainsi nommé), « lequel souloit être tenu de mons' d'Inchy, à cause de la châtellenie de Douai » (4).

---

(1) Demay, *Invent. des sceaux de la Flandre*, n°s 4311 et 2126.
(2) Arch. départ., Chambre des comptes, cahier coté L 918, f° 8.
(3) Arch. du parlem. de Fl., fonds de la gouvern. de Douai, registre au rôle de 1485-1487.
(4) Arch. départ., Ch. des comptes, reg. D 31 ou petit reg. des fiefs tenus de Douai et d'Orchies, 1° partie, f°s 2 et 3.

Le testament de Magdelaine Picquette, « fille à marier » de feu Gilles, écuyer, et de dam¹ᵉ Magdelaine *Chucquet* (Sucquet), daté du 15 juin 1547, est aux archives municipales (1) ; elle élit sa sépulture « ès cloistres » de Saint-Amé et laisse ses biens à sa sœur Marie Picquette, veuve de Nicolas Pottier, bourgeois de Douai. Nous y avons aussi trouvé (2) un acte testamentaire, fait le 18 juillet 1538, par Jean Picquette, écuyer, paroissien de Saint-Abin, qui veut être enterré « ès cloistres » de Saint-Amé, auprès de sa mère, et qui parle de sa femme et de leurs enfants ; son testament fut « empris » le 30 juillet suivant, par sa veuve, dam¹ᵉ Marie Bedenne. C'était probablement le possesseur du fief de Plachy, le dernier représentant, dans notre ville, d'une famille patricienne qui avait été longtemps à la tête de la cité.

En 1510, le fief désormais nommé le fief de Plachy, était passé dans la famille Muret. Pierre Muret, fils de Pierre, mort receveur de la ville en 1513, et d'Agnès de Buissy, en testant le 30 mai 1554, dispose du « fief et seign¹ᵉ » de Plachy, venant du lez et costé de feue sa femme, dam¹ᵉ *Françoise Daussut* (alias *Dossut*), par certain partaige par lui fait, devant les échevins ». Il déshérite son fils aîné, Jean Muret, avec lequel il était en procès, ainsi que les enfants de celui-ci ; il attribue les terres du fief à ses trois filles, Françoise, veuve de Vaast Lhonneré, Jeanne, femme de Nicolas du Maisnil, et Philippotte, femme de Jean de Monchaux, et il assigne à Hélaine Muret, sa « nièce », fille de son fils Bon, les rentes foncières, le terrage, etc. dudit fief.

(1) Reg. aux testam., 1510-1517, f° 232.
(2) Id., f° 128 d'un cahier détaché dont il ne reste que les f°ˢ 113 à 118.

Il mourut vers le commencement de juillet 1554 (1). Le même Pierre Muret, né vers 1487, fut « subrogé » bailli de Douai en 1519 ; de 1519 à 1526, receveur du domaine ; de 1523 à 1527, receveur de la ville ; en 1541 et années suivantes, il était receveur du Gavène. Cette famille patricienne de Douai a fourni un chef du magistrat (maire) dans la personne de Colart Muret, en 1480 et 1483 ; c'était le père du receveur de la ville, de 1482 à 1513, et l'aïeul du receveur du Gavène.

Dam^{lo} *Hélaine Muret*, petite-fille du précédent, hérita donc des rentes féodales de Plachy ; quant aux 35 rasières environ de terres, qui formaient le «gros» du fief, elles en furent alors définitivement « éclissées ». Mariée avec Antoine Soupplet, greffier du bailliage de Lens en Artois, elle et son époux vendirent, devant notaires à Lens, le 6 octobre 1564, leur fief de Plachy, à *Dominique Turpin*, bourgeois de Douai (2).

Dominique Turpin est cité, avec sa fille Agnès, dans le testament, en date à Douai du 4 août 1562, de sa mère Agnès Muret, veuve de Jean Turpin, écuyer (3). Son père paraît être le chef du magistrat de 1527, échevin en 1514, 1517, 1520, 1524, et celui qui, en 1509, se qualifiait «procureur et entremetteur des affaires de M^{er} d'Antoing , prévôt de Douai ».

Une famille Turpin, qui florissait à cette époque, portait : D'azur à la croix à la croix engrêlée d'or (qui est Sapignies ?). (Le Blond, *Quartiers généalogiques*, Bruxelles, 1788, in-8°, p. 312.)

---

(1) Reg. aux testam., 1517-1553, f° 372.

(2) Arch. de la ville, reg. aux plaids du bailliage.

(3) Id., reg. aux testaments, 1551-1562, f° 385 v°.

En 1554, le 18 octobre, Dominique Turpin se portait caution de M⁰ Antoine Turpin, écuyer, son frère, « exécuté en ses biens»(1). Jeanne Creton, veuve de M⁰ Antoine Turpin, est citée, avec ses enfants, dans le testament de sa belle-mère, dont il vient d'être parlé.

En 1561 et 1562, Dominique Turpin, « bourgeois marchand, demeurant à Douai », plaidait en appel à Malines, contre Loys de Hernandez, écuyer, demeurant à Douai, à titre d'époux de dam^lle Michelle de Mailly, veuve de Henri de Boufflers, écuyer, ayant la garde-noble de Marie de Boufflers, sa fille. Il revendiquait des droits sur une maison sise à Douai, contenant étable, colombier, jardin, d'une étendue de deux rasières, rue du Temple, au devant de la maison des Moyes, et faisant le coin par derrière aux Verdes rues (2).

En 1562, il était receveur de la prévôté; il figure sur la liste de l'échevinage de 1564, au neuvième rang, avec la qualification de « bourgeois rentier et marchand *grossier* ». En 1568, il était receveur de l'aumône Jean Testart, fondée en la bonne maison des Chartriers (3).

Quand il servit un denombrement de son fief, le 18 avril 1572, il se qualifia *escuier* (4); dans les idées du temps,

(1) Id., p. 1222 de l'Invent. de Guilmot.

(2) Arch. du parlem. de Fl., greffe de Malines, sac n° 462.
En 1572 « Louys de Hernandes, s^r de la Bretaigne, grand bailly d'Armentières», au nom de dame, Michelle de Mailly», sa femme et de la fille q̄ e celle-ci eut de feu messire Henry de Boufflers, chevalier, s^r de Villers-Ployich, son premier mary», vendit à l'abbaye d'Anchin cette maison qui était tenue en arrentement du Béguinage. (Arch. départ., fonds d'Anchin.)

(3) Arch. des hosp. n° 510 de l'Invent. suppl. manuscrit.
Il conserva cet office jusqu'à sa mort, et les échevins le remplacèrent le 10 septembre 1579. (Arch. municip., 2e reg. aux Mémoires, f° 31 v°.)

(4) Reg. au dénomb. de fiefs tenus de Douai, 1560-1594, f° 208 v°. Arch. départ., Ch. des comptes, reg. D 10.

c'était une usurpation, attendu qu'il avait dérogé en se livrant au négoce. Le 26 août 1572, il obtint de Mʳˢ de la Chambre des comptes à Lille, l'autorisation d'appliquer à moudre le blé un moulin à huile, qu'il avait été autorisé, le 30 avril 1569, à ériger sur une parcelle de terre, tenue de son fief de Plachy, contenant deux quareaux et demi, et située entre les villages de Sin, Lambres et Férin (1).

Il fit, le 28 octobre 1575, un testament, qui ne fut « empris » que le 27 avril 1580 (2).

Le 15 novembre 1584, *Simonne Pollet*, veuve de Dominique Turpin, présenta un homme « desservant » en la cour féodale, à raison de son fief de Plachy (3).

Agnès Turpin, l'une des filles de Dominique et de Simonne Pollet, avait épousé, à Douai, par contrat du 7 avril 1567, Porrus Clicquet, né à Harnes en 1545 (fils de Porrus, écuyer, bailli de Harnes, et de Martine des Noyelles), reçu bourgeois de Douai le 20 septembre 1568 ; leurs quatre enfants, Melchior, Catherine, Jean et Guillaume, par acte passé à Douai le 1ᵉʳ juillet 1597, ratifient une vente (4), qui est peut-être relative au fief de Plachy.

Aux plaids du bailliage, du 26 octobre 1588, après distribution des deniers provenant de la vente « du fief et seigneurie de Plachy, demeuré ferme à noble homme messire *Henri de Nedra, chevalier*, seigneur dudit lieu », celui-ci fut « adhérité » du fief, en payant les droits d' « estrelins » dûs, en pareil cas, aux « hommes » du château de Douai (5).

---

(1) Arch. départ., Ch. des comptes, 3ⁱᵉ reg. des chartes, B 1626, f⁰ xlj v⁰.
(2) Arch. de la ville, reg. aux testam, 1576-1582, f⁰ 90.
(3) Arch. de la ville, reg. aux plaids du bailliage.
(4) Généal. de la famille Clicquet, par M. A. de Ternas; p. 150 du. t. VII des *Souv. de la Fl. wall*, Douai, 1867, in-8⁰.
(5) Arch. de la ville, reg. aux plaids du bailliage.

Dans le compte de 1588-1591, rendu par le bailli, celui-ci reconnaît avoir reçu de « Henri de Nebra, *escuier*, 56 livres 10 sols de 40 gros, pour le droit seigneurial de l'achat fait du fief et seigneurie de Plachy, vendu par décret et subhastation de justice, devant les bailli et hommes de fief, pour le prix de 565 livres » (1), somme peu importante, même pour le temps.

La dignité de chevalier, dont Henri de Nébra semble avoir voulu se parer, lui était contestée; sur divers documents de nos archives, le mot *chevalier*, inscrit d'abord, est rayé et remplacé par celui d'*escuier*.

Plachy resta entre les mains de ses héritiers jusqu'à la Révolution.

DE NEBRA : D'azur à l'échelle de cinq échelons d'or posée en pal.

Famille de la noblesse d'Allemagne, venue aux Pays-Bas, à la suite de la maison d'Autriche. La terre de Nébra relevait de l'évêché d'Halberstad.

Henri de Nébra, né vers 1526 d'Henri-Frédéric, écuyer, et de Marguerite d'Attorf, avait épousé Philippa de Croix *dit* Bourguignon (Ecartelé: aux 1 et 4, d'argent à la croix ancrée de sable; aux 2 et 3, d'or à trois fasces de sable), fille de Gilles, écuyer, et d'Antoinette de Fives (2). C'était un officier qui s'était allié, sinon à une douaisienne, du moins à une demoiselle, d'origine lilloise, qui avait été élevée à Douai par sa tante maternelle, Philippa de Fives, femme de Mᵉ Jean d'Ablaing, écuyer, conseiller pensionnaire de la

---

(1) Arch. départ., Ch. des comptes.

(²) Dumont, *Fragm. généal.*, V, pp. 81 et 83, Gand, Duquesne, 1860.— *Hist. chronol. des évêques de Gand*, Gand. 1772, in-8°, p. 255, lisez : *de Fives*, au lieu de : *Fispe*.

ville. « Popotte Bourguignon, niepce de ma femme, à present demeurant avec moy », est citée dans le testament de ce dernier, du 16 juillet 1512. « Dam¹ˡᵉ Phlᵒᵗᵗᵉ Le Bourguignon, ma niepche, de present, femme Henri de Nebra, escuier », est mentionnée, avec deux de ses filles, Jossine et Françoise de Nebra, dans le testament de sa tante, du 8 novembre 1574 (1). Henri de Nébra résidait ordinairement en notre ville, puisqu'il figure, le 8 octobre 1565, parmi les gentilshommes appelés au conseil par le magistrat (2), et qu'en août 1566, il sollicitait l'exemption du droit sur le vin et la bière (3). En juillet 1568, « Henri de Nebra, escuier », plaidait à la gouvernance de Douai (4). En 1576, « M. de Nebra » habitait, rue des *Jacopins* (5) ou des Dominicains, dans la maison de feu Mᵉ Jean d'Ablaing.

Dans l'apport de sa femme s'était trouvée une ferme sise à Plachy, ayant appartenu au conseiller d'Ablaing; on l'appelait alors *Jérico*, nom qu'elle portait déjà au XIVᵉ siècle ; il la convertit en maison de campagne, « pour aulcune fois et par saison d'esté y faire sa résidence » ; en 1565 et 1572, il obtint de la ville certaines autorisations en vue d'améliorer cette maison et ses abords, notamment pour

---

(1) Arch. de la ville, reg. aux testam. de 1540-1547, f° 208 v°, et reg. de 1563-1576, f° 303 v°.

(2) Arch. de la ville, 2ᵉ reg. aux Consaux, 1532-1571, f° 178; on l'y nomme : « Henri, sʳ de Nebra ».

(3) Reg. aux Consaux du 29 août 1566, f° 205 *bis* ; il est appelé: « Henry de Nebra, porte-enseigne de la compagnie du prince d'Oranges ». Il s'agit de la compagnie d'hommes d'armes, dont le prince avait alors le commandement. Cf. *Corresp. de Guillaume le Taciturne*, II, pp. 318 et 320, Brux., 1850, in-8.

(4) Arch. du parlement de Fl., fonds de la gouvernance de Douai, reg. aux Dictums, 1567-1571.

(5) Id., greffe de Malines, sac n° 823.

faire une avenue plantée depuis le chemin de Lambres jusqu'à sa porte. Dans sa requête du 28 juin 1572, il se qualifie ainsi : « Henry de Nebra, escuyer, porteur d'ensseigne de la bende d'ordonnance du duc d'Alve, gouverneur pour Sa Majesté en ces pays bas » (1). Lorsque Henry de Nébra eut acquis le fief de Plachy, l'ancien Jérico changea son nom en celui de château de Plachy ou communément Château-Plachy, nom qu'il porte encore aujourd'hui (2) ; ce n'était cependant qu'une terre cotière, tenue de l'échevinage de Douai et absolument étrangère à notre fief de Plachy.

Lors des troubles, en mars 1578, au plus fort de la lutte contre les Espagnols, Henry de Nébra fut nommé, par la cour d'Anvers, capitaine et gouverneur particulier de notre ville, charge dont il fut forcé de se démettre, le 13 janvier 1579, quand l'intention des Douaisiens fut bien arrêtée de rompre l'union générale et de pactiser avec l'Espagne. Sous l'influence de la réaction, il fut en butte aux persécutions, malgré les services qu'il avait rendus dans des temps difficiles ; ainsi, le 16 juillet 1579, dans l'assemblée des états de la ville, on résolut de procéder à une enquête « sur le faict des mauvais offices que le sr de Nebra a faict vers Son Altesse et prince d'Orange » ; le 31 août suivant, on délibéra « de s'asseurer des srs de Nebra et Malbotrie (*ex-bailli*), pour les mauvais offices qu'ils font, l'intelligence tacite et collusion que *pourroient avoir* avæcq ceulx qui sont party aux provinces reconciliées ». Le 16 mars 1580, comme il avait présenté requête au magistrat, pour avoir 600 florins

---

(1) Arch. de la ville, lay. 333, Plachy.

(2) Voir ce que nous en avons dit au commencement du présent article. Cf. *Sour. de la Fl. wall.*, XV, pp. 56 et suivantes.

que les états de la ville lui avaient votés le 13 janvier 1579, le Conseil les lui refuse, ordonnant « au remonstrant de soy contenter, sans y plus retourner, *et pour cause* » (1).

Le 19 novembre 1579, on lui avait fait la grâce de pouvoir rentrer en ville, à la condition de renoncer de nouveau à son office de gouverneur et de prêter le serment de réconciliation (2); enfin, avec le temps, les rancunes politiques s'effacèrent, et le vieux gentilhomme put mourir en paix chez lui, avec l'emploi de commissaire des *monstres* (revues) de Sa Majesté, à l'âge de 67 ans, le 7 avril 1593 ; sa femme l'avait précédé dans la tombe, étant morte, âgée de 53 ans, le 3 juin 1588. Ils furent enterrés aux Dominicains, sous une épitaphe posée « à la mémoire de noble seigneur *messire* Henry de Nebra, *chevalier*, seigneur dudit lieu, de la noble et illustre maison des seigneurs de Nebra. Lequel, pour le service de l'empereur Charles-Quint et de Philippe II, roi d'Espagne, a porté les armes, l'espace de 48 ans, s'étant trouvé en huit batailles rangées, tant en Allemagne, Italie, France que Pays-Bas, avec plusieurs et honorables charges » (3).

Son fils aîné, *Hercules de Nébra*, né à Douai vers 1572, fut le premier qui s'intitula *seigneur de Plachy*, qualité que conservèrent ses successeurs ; en réalité, la possession de ce fief, à simple justice foncière, laquelle n'était qu'une sorte de privilège pour le paiement des rentes féodales, ne donnait pas le droit de s'intituler *seigneur* ; mais on n'y regardait plus de si près, au XVIIe siècle, et encore moins

---

(1) Arch. de la ville, reg. aux Consaux, 1573-1581 f°s 49 vo, 119 vo, 125 ro et 133 ro.

(2) Id., 2e reg. aux Mémoires, fo 32 ro : « Henry de Nebra, escuier. »

(3) Le P. Philippe Petit, *Fondation du couvent de la Ste-Croix*, Douai, 1651, pp. 112 et 113.

au XVIII*, où des gens allèrent jusqu'à se qualifier seigneur d'un champ ou d'une pièce de terre.

Le 31 mars 1593, « Hercules de Nebra, escuier, s' de Plachy », servit au roi le dénombrement « d'un fief et noble tenement, à lui venu par succession et donation testamentaire de feu *messire* Henry de Nebra, en son temps *chevalier*, commissaire des *monstres* de S. M., s' de Plachy, avec *seigneurie* foncière ès fauxbourgs de St-Éloy » (1).

Dans son compte de 1591-1593, le bailli fait recette de 60 sols parisis, touchés de « Hercules de Nebra, escuier, pour le relief du fief de Plachy, à lui échu par la mort de *Henri*, son père » (2).

L'an 1605, le 22 décembre, fut reçu à la bourgeoisie de notre ville : « Hercules de Nebra, escuier, s' dudit lieu, célibataire, âgé de 33 ans, natif de Douai, fils de *messire* Henry ». Il demeurait auparavant à Tournai.

Il épousa, le 3 novembre 1615, Marie-Françoise de Maulde, fille de Georges, écuyer, s' de Maulroy, Anserœuil etc, et de Jossine de Courteville, héritière de La Buissière (3). Il testa, le 28 octobre 1637, devant notaires et auditeurs, et son testament fut « empris » en halle à Douai (4).

(1) Arch. de la ville, liasse de dénombrements du bailliage ; original en parchemin.
(2) Arch. dép. rt., Ch. des comptes.
(3) Dumont, *Fragm. généal.*, V, pp. 82 et 83 ; Gand, Duquesne, 1860.— Le crayon général de la famille de Nebra y laisse beaucoup à désirer comme exactitude ; ainsi Hercules est donné comme frère aîné d'Henri, qui est en réalité son père. — Généal. de la famille de Maulde, par J. Cordonnier ; 313 du t. II des *Annales de la Société hist., arch. et litt. d'Ypres*, 1863, in-8o.
(4) Cabinet de l'auteur, invent. [des pièces produites lors du procès de 1669 rappelé ci-après. Le registre aux testaments de cette époque n'existe plus aux archives de notre ville.

Le sr de Nébra habitait la maison de campagne, qu'avait fait bâtir son père et qu'on décorait pompeusement du nom de château de Plachy.

Maximilien-Louis de Nébra (1), écuyer, *seigneur* de Plachy, fils et seul héritier de feu Hercules, sr de Nébra, Plachy, etc., fit relief, le 22 novembre 1637, devant la cour féodale de Douai, de sa *seigneurie* de Plachy, qu'il affirma consister en : « maison seigneuriale et jardins, enclos de fossés, et bassecour avec bâtiments et jardins, en terres, prairies et bois, en rentes, etc., au relief de dix livres parisis, dû au Temple » (2). Mais dans son dénombrement du 16 août 1640 (3), il rectifia toutes ces erreurs et avoua que son fief de Plachy ne consistait (ainsi que l'avaient déclaré son père et son aïeul) qu'en justice foncière, au relief de 60 sols.

Il se maria, par contrat passé devant notaires d'Artois, le 15 juillet 1649, avec Anne-Françoise d'Assignies, héritière de la seigneurie de Lambres; il déclara « en son portement, lui compéter et appartenir, entre aultre chose, ladite terre et seigneurie de Plachy; *item* la terre et seigneurie de Nebra en Allemagne, qu'il declara consister en hault fief relevant de l'ovesché d'Halberstad, avec grande estendue de bois, et aultres choses en dependantes, dont il a fait

---

(1) Dans les *Fragm.* de Dumont, il est prénommé *Alexandre* et présenté comme fils aîné d'Henri, qui fut en réalité son aïeul.

L'auteur de ce travail a été assez heureux pour découvrir, il y a quelques années, parmi des parchemins et des papiers, voués à une destruction imminente, cinq à six pièces intéressantes, concernant ce possesseur du fief de Plachy. Il en fera usage ici.

(2) Arch. de la ville, reg. aux plaids du bailliage.

(3) Id., liasse de dénombrements du bailliage; orig. en parchemin.

porter la revenue à deux mille cinq à six cents florins par an »(1).

M. de Nébra résidait en son « château de Plachy », situé sur l'échevinage de la ville de Douai ; mais sa situation de fortune se ressentait de la misère générale (2). « Il estoit si pauvre et incommodé, qu'il a été obligé de défaire des murailles de son chasteau, pour en vendre les bricques ; qu'il a été obligé d'engager des pistolets, mousqueton et un calice », objets qui allèrent rejoindre au mont-de-piété de cette ville « tous ses meilleurs meubles » qu'il y avait déjà portés. Sa misère n'avait pu être soulagée ni par des emprunts successifs, montant en capital à 10000 florins environ, somme levée à cours de rente, faisant environ 667 florins par an ; ni par la vente d'immeubles situés vers Termonde, qui avait produit 13 à 14000 florins. Quand le s^r de Nébra mourut, en son château délabré, le 20 septembre 1661, « il n'y avoit la maille en la maison mortuaire, en sorte que la veuve a été obligée de prendre à crédit les choses nécessaires pour faire les funérailles, jusque là que d'emprunter de l'argent ». Outre le capital et les arrérages « notablement arriérés », les dettes « de somme pour une fois » montaient à 2639 florins. Quant à ce qui garnissait le château, c'était « fort peu de chose, si comme : meubles, chevaux et vaches, grains battus et à battre, dont le tout, prisé et estimé, ne sauroit porter davantage que 1000 florins, une fois ». C'était sa veuve qui se trouvait contrainte de faire ces pé-

---

(1) Copies d'sintendit » à la gouvernance de Douai en 1669, contre les créanciers du feu s^r de Nébra. Cabinet de l'auteur.

(2) Nous insistons sur les détails, parce qu'un grand nombre de pièces que nous avons rencontrées, en compulsant les archives, nous ont démontré que la gêne et presque la misère s'étaient alors assises au foyer d'une foule de familles d'ancienne noblesse, de celles qui n'étaient pas parvenues aux hauts emplois par les faveurs de cour.

nibles aveux et d'exposer sa situation nécessiteuse; ajoutant que « depuis la mort dudit sire, que auparavant, elle a tousjours vescu fort ménagèrement, en sorte qu'elle ne tient aucun train », et qu'elle a dû vendre « deux chevaux de carosse, depuis la prise de ceste ville ». Elle se défendait alors contre les créanciers de feu son mari, et notamment contre M° Jean Tampère, bailli de Lambres, procureur et auditeur à Douai, qui avait, paraît-il, abusé de l'ignorance de cette dame en affaires, pour lui persuader « de prehender la communion (*communauté*) et de renoncer à son droit de douaire conventionnel », dès le surlendemain du décès de M. de Nébra. Lorsque ce procès se démenait à la gouvernance de Douai, en 1669, la veuve de Maximilien-Louis de Nébra était remariée à Ambroise de Mutigny, écuyer, capitaine « entretenu » pour le service de S. M. Catholique (1).

Le sr de Nébra décédait « sans délaisser enfant masle », circonstance qui acheva de ruiner sa succession, parce que « la terre de Nebra, etant un fief masculin, retourna au seigneur dominant », ainsi que le sieur Christophe Alhagen en informa par lettre la veuve, sa parente (2).

Cet héritage, assurément peu brillant, échut à *Marie-Caroline de Nébra*, fille aînée de Maximilien-Louis et d'Anne-Françoise d'Assignies (3). Soit qu'elle ait continué

(1 et 2) Copies d'«intendit », 1669. Cabinet de l'auteur.

(3) Le relief du fief de Plachy fut fait, le 7 décembre 1661, devant la cour féodale, par Jean Tampère, comme procureur d'Anne Françoise d'Assignies, dame de Lambres et Placy, veuve de feu noble seigneur Maximilien-Louis de Nebra, écuyer, seigneur desdits lieux, demeurant au château de Plachy, échevinage de Douai, mère et tutrice de dall° Marie-Charles Philippe de Nebra, fille aînée, et de dall° Anne-Françoise de Nebra, » (Arch. de la ville, reg. aux plaids du bailliage.) Le dénombrement ne fut servi que le 7 septembre 1671, par Ambroise de Mutigny, écuyer, sr de Varelles, et Anne-Françoise d'Assignies, sa femme, dame de Lambres etc., mère et tutrice de dalles etc. (Orig. en parch. aux archives de la ville, liasse de dénombr. du bailliage.)

à vivre « fort ménagèrement », soit qu'elle ait réussi à satisfaire les créanciers du défunt, la veuve du s' de Nébra sut empêcher l'aliénation du fief de Plachy, qui continua de rester dans la famille. L'héritière de Plachy, M^{ell} de Nébra, fit même un brillant mariage, en épousant le chevalier Josse-Albert van der Meere, seigneur de Brouanne, chef-échevin (maire) de Douai en 1661 ; elle devint dame de Lambres, après la mort de sa mère. Depuis cette époque jusqu'à la Révolution, c'est-à-dire pendant plus d'un siècle, Plachy et Lambres, qui se touchent, ne cessèrent d'être réunis dans les mêmes mains. En 1698, « noble dame Marie-Caroline de Nebra, dame de Plachy, Lambres, etc. », était déjà veuve ; en 1702, nous la trouvons remariée à « noble seigneur Adrien-Joseph des Martin, écuyer, s' de Rosbecq, Hurtebize, La Marlière, etc. » (1).

Le fief de Plachy (2) échut aux enfants du premier lit, puisqu'en janvier 1711, l'hommage fut fait au nom de « *Joseph-Henri van der Meere*, écuyer, s' de Brouanne, Lambres, Placy, etc. » (3) Le 20 septembre 1723, M° Etienne-François-Joseph de La Vallée, avocat en parlement, présenta, au Bureau des finances de Lille, au nom du même gentilhomme, un dénombrement du fief de « Placy », dont récépissé fut délivré le 12 août 1724 (4).

(1) Arch. des hospices, n° 278 et 588 de l'*Invent.* de 1833.

(2) Il subit, durant quelque temps, la confiscation, comme appartenant à un sujet des Pays-Bas espagnols. Dans une liste des fiefs, dressée en 1691, on lit: « Seigneurie de Placy, confisquée ». Sur une autre de l'an 1701 : « Fief de Placy, à dame Marie-Brigitte Hocquet, femme de M' du Châtelet; estimé 150 florins ». (Arch. municip., reg. aux plaids du bailliage.) Cette dame, mariée à François Vandendriessche *dit* du Trieu, écuyer, s' du Châtelet, possédait la maison dite Château-Plachy, en 1703 et encore en 1723. (Id., layette 333.)

(3) Arch. municip., reg. aux plaids du bailliage.

(4) Arch. départ., Bur. des finances, portef. D 245.

Van der Meere : D'azur à trois feuilles de mûrier d'or *alias* de myrte, penchées vers la droite de l'écu et renversées Cimier : deux bottes, les pieds en haut, l'une d'argent et l'autre de sable, éperonnées de l'un à l'autre, *alias* toutes deux de sable éperonnées d'or (*Supplément généalogique à l'Histoire chronologique des évêques.... à Gand*, Gand, 1777, in-8°, page 201. — Van ter Heyden, *Nobiliaire de Belgique*, Anvers, 1853, in-8°, I, page 172. — *Annuaire de la noblesse de Belgique*, Bruxelles, 1867, petit in-8°, page 165.)

Famille flamande, originaire d'Audenarde.

Jean-Baptiste-Joseph van der Meere, écuyer, seigneur de Lambres, *Plucy* etc., demeurant à Audenarde, fils du précédent, donna pouvoir, le 13 mai 1739, pour accomplir les devoirs féodaux, par suite de la mort de son père (1).

Louise-Joseph-Jeanne van Slype, unique héritière du précédent, était mineure et orpheline, quand son tuteur, le comte van der Meere, « seigneur du village, comté et terre de Cruyshautem, Woorde, etc. ». passa procuration, le 21 septembre 1750, à Audenarde (2). L'héritière de Lambres, Plachy, Brouane, etc., était née à Séville en Espagne, le 20 septembre 1740, d'Albert-Joseph van Slype, lieutenant de cavalerie en Espagne, et d'Anne-Pétronille d'Estrada; le lieutenant van Slype était lui-même fils d'Eugénie-Marie-Magdelaine van der Meere, qui avait épousé, à Audenarde, en 1695, Roger-Godefroid van Slype, capitaine au régiment du général-major Wynbergen, au service des Provinces-Unies. Elle se maria, le 6 décembre 1758, à son cousin, Charles van der Meere,

(1) Arch. municip., reg. aux plaids du baillage.
(2) Id.

écuyer, seigneur de Wyngaerde, échevin de la Keure à Gand, de 1751 à 1759, puis bourgmestre d'Audenarde et député aux états de Flandre. La charge de bourgmestre d'Audenarde avait été exercée par son père, Charles-François, seigneur de Cranevelde, Carliers, etc., mort en 1733, ayant épousé Aldegonde-Barbe-Onuphrie de Crane, fille du seigneur de Wyngaerde; et par son aïeul, Emmanuel van der Meere, époux de Marie-Pétronille Ballet, et décédé en 1693 (1).

Divers titres de 1766 et 1769 concernant Plachy et Lambres mentionnent Charles van der Meere, écuyer, « seigneur de Wyngaerde, Lambres, Auchel, *Placy*, Brouwaenne, Tenbossche et autres lieux » (2). Le 7 septembre 1763, il présenta, au Bureau des finances, le dénombrement du fief de Placy, appartenant à sa femme (3).

Ayant ensuite hérité de la terre de Cruyshautem (1795), il y décéda, en son château, le 24 octobre 1798 (4). Il avait eu, de son mariage, plusieurs filles et un fils, Charles-Aimé-Emmanuel, né à Audenarde, le 31 mai 1766, et marié à Bruxelles, le 27 juillet 1789, à Catherine-Louise-Josèphe de Beelen-Bertholff, née en 1764, fille de Nicolas-Ferdinand-Antoine-Ignace, seigneur d'Overhem, et de Charlotte-Eugénie de Castro y Toledo.

A la Restauration, ce gentilhomme releva le titre de comte van der Meere et de Cruyshautem; il devint

---

(1) Suppl. généalog.,... à l'Hist. chronol. des évêques.... à Gand, pp. 201 à 205.—Ann. de la nobl. de Belg., 1867, pp. 182 a 185.

(2) Arch. des hosp., fonds des Chartriers, n° 1.8 de l'Invent. de 1819.

(3) Arch. départ., fonds du Bureau des finances; orig. en parch. dans le portef. D 245.

(4) Goethals, *Dict. généal. et hérald. des familles nobles du royaume de Belgique*, III, Bruxelles, 1850, in-4°; voir *Huyttens*, tableau 2.

membre de la première chambre des états généraux sous le gouvernement des Pays Bays, chambellan du roi Guillaume I", fut reconnu par ce prince dans la noblesse du royaume, fut président de l'ordre équestre de la Flandre Orientale, et fut fait chevalier de l'ordre du Lion Néerlandais. Il est mort le 7 mars 1837.

Son fils unique, Auguste-Louis-Nicolas, comte van der Meere et de Cruyshautem, fut général-major au service de Belgique, chevalier de l'ordre de Léopold, commandeur de l'ordre d'Isabelle la Catholique et chevalier de l'ordre du Saint-Sépulcre de Jérusalem (1).

La Révolution avait anéanti le fief de Plachy, qui depuis longtemps s'était transformé en fief « en l'air », ne consistant plus qu'en rentes foncières, sans un pouce de terre.

IV.

Fief de Briffœul, à Sin et Dechy, consistant en terres, sans aucune attribution de justice. Il est partagé en deux vers 1573. — Ses possesseurs. La branche de Briffœul de la maison d'Antoing. Familles de Sapignies, de Carnin et de Longueval. Vente de l'année 1560. — Les Jésuites et après eux le collège d'Anchin en ont une moitié. — Familles Commelin, Laude, Le Moisne, de Lannoy et Patou, pour l'autre moitié. — Morcellement de celle-ci.

Le document de 1369 parle de 57 rasières de terre, tenues du châtelain de Douai, en un fief lige alors innommé. Un dénombrement du 14 février 1571 (v. st.), nous renseigne

(1) Id.—Vander Heyden, Nobil. de Belg., I, p. 172.

davantage; c'était « un fief, par avant la vente de la chastellenie, tenu d'icelle, appelé d'ancienneté fief de Briffœul, sis à Sin, Decy et environ », et consistant : 1° en la moitié d'un manoir alors non « amasé », contenant, « parmi » le jardinage, deux rasières, dont moitié est échevinage de Sin, devant l'hôpital dudit Sin-lez-Dechy (1), tenant à dix coupes du fief de Lassus (2); 2° en 55 rasières 2 coupes de terres en différentes pièces, sises au chemin de Dechy à Férin, à la Grande Cousture de Saint-Amand, au chemin des Allemans, à la Voie de Gœulzin, en la Vallée de Ronco, au chemin de Dechy à Cantin, au Mont de Roucourt, au chemin de Cambrai, etc.; 3° en une rente de deux sols douisiens et deux poules, qui se levait sur sept coupes sises à Dechy et appartenant à l'« aumône » dudit lieu. Ce fief devait 60 sols parisis de relief « et le tiers cambellage », le dixième denier en cas de vente, don ou transport, et le service de cour et de plaids (3).

On voit donc que cette terre de Briffœul n'avait presqu'aucun des attributs féodaux : ni justice vicomtière, ni même justice foncière; le possesseur n'avait le droit de commettre ni bailli, ni lieutenant, ni le moindre officier. En un mot, Briffœul n'était fief que de nom.

(1) L'hôpital de St-Nicolas de Sin-lez-Dechy était situé à droite de la route de Douai à Valenciennes, sur le terroir de Sin, mais à l'extrême limite de celui de Dechy. Il possédait une chapelle. Son existence remonte au XIIe siècle. (Brassart, *Notes historiq. sur les hôpitaux*, Douai, 1842, in-8o, p. 236.

Le manoir de Briffœul était donc situé à gauche de la grand'route, paroisse de Sin, tout près du terroir de Dechy.

(2) Réuni en 1550 au gros de la seigneurie de Dechy en Hainaut, appartenant à l'abbaye de St-Amand.

(3) Registre aux dénombr. de fiefs tenus de Douai, 1460-1594, f° 260, Arch. départ., Ch. des comptes, reg. D 10.

Un bien de cette nature avait l'avantage de se prêter, mieux qu'un fief véritable, aux combinaisons diverses de la vie civile ; tandis que ce dernier était, par son essence, presqu'immuable, d'une vente difficile, d'une administration coûteuse, l'autre se vendait, se partageait, se divisait à l'infini ; il entrait sans encombre dans le commerce. Aussi voyons-nous Briffœul se diviser en deux parties, dès l'an 1573 ; l'assignation des parts se faire, par acte du 27 mars 1657 ; puis, tandis que la première moitié, amortie au profit d'une congrégation, demeure intacte jusqu'à la Révolution, on assiste, à partir de 1764, au morcellement complet de l'autre, dont les lambeaux deviennent autant de petits fiefs séparés.

Voici ce que nous avons trouvé sur la série des possesseurs de Briffœul.

En 1369, «la dame de Monmort, qui fut sœur monsieur *Allart de Briffeul* ». Cette simple mention, renfermée dans l'acte de 1369, nous permet de faire remonter beaucoup plus haut l'origine de ce fief, et d'atteindre jusqu'aux prévôts de Douai, et par suite jusqu'aux châtelains.

En effet *Hugues Ier*, sire *d'Antoing* et d'Espinoy, prévôt de Douai (dans la seconde moitié du XIIIe siècle), fils de *dame Ide*, prévôte héritière, eut, d'un second mariage, *Allard d'Antoing, seigneur de Briffœul* (près de Leuze en Hainaut), qui fut l'auteur de la branche de Briffœul. Un *Alard d'Antoing*, chevalier, seigneur de « Brifuel » et de Senech, florissait à la fin du XIIIe siècle ; en août 1295, il figure comme l'un des arbitres choisis pour l'héritage de la maison de Landas (1).

(1) J. de St-Genois, *Invent. analyt. des chartes des comtes de Flandre*, Gand, 1843-1846, in-4°, n° 779.

Froissart cite avec éloge, sous les années 1365 à 1367, « messire *Allard*, sire *de Briffœul*, un baron du Hainaut, bon chevalier », qui suivit l'illustre Bertrand du Guesclin à la guerre d'Espagne, ordonnée par le pape contre Pierre le Cruel, roi de Castille, et qui fut pris, ainsi que le sire d'Antoing, son compagnon, à la bataille de Navarette (3 avril 1367), perdue par le roi Henri de Castille et du Guesclin, contre le prince de Galles.

Le fief des 57 rasières fut donc nommé *de Briffœul* à cause du titre qu'ont porté plusieurs de ses anciens possesseurs.

Montmort est un bourg en Champagne. Le nom de ses seigneurs apparaît dans l'histoire des guerres civiles du XVe siècle. Le chevalier Jacques de Montmort, chambellan du roi, prisonnier des Parisiens, est massacré comme Armagnac par la populace, dans la tuerie du dimanche 21 août 1418. Monmort, capitaine français, est pris par les Bourguignons, à la rencontre de Mons en Vimeu, le 30 août 1421. (Monstrelet.)

Jean du Buisson, bourgeois de Douai (chef-échevin en 1422, 1425 et 1428), teste en 1431, laissant à son fils cadet *Jacques* dit *Blancardin*, « sa terre en la ville et terroir de Dichy et de Sin, avec la maison près en rench, tant en fief et cotterie comme main ferme » (1). Il s'agit ici de notre fief, que ce bourgeois avait acquis depuis quelque temps déjà, puisqu'en 1416 il déclarait posséder par acquêt un fief à Dorignies (voir 6e chapitre, article III), une rente sur le Gavène (même chapitre, article IV 2°), le Dimeron

---

(1) Arch. de la ville, reg. aux testam., 1425-1434, f° 100.

de Saint-Albin (3ᵉ chapitre, article V 2°), le fief de Briffœul etc. (1).

Bientôt après, nous trouvons celui-ci désormais nommé
Briffœul, aux mains de la famille de Sapignies, d'origine
chevaleresque. Par testament du 13 mars 1464 (v. st.),
passé devant échevins de Douai, « dᵐᵉ *Isabelle de Sapignies*,
veuve de Bauduin du Bos *dit* le Besgue, écuyer, » dispose
de son fief de *Brifeul* en faveur de sa petite-fille, dᵐᵉ *Jeanne
de Carnin*, fille de Hue, lequel la testatrice avait eu de son
premier mariage (2).

Grâce aux recherches qui ont été faites sur la terre de
Planques-lez-Douai (3), nous connaissons Isabelle de Sapignies, qui posséda Planques, depuis 1450 jusqu'à sa mort
arrivée vers 1466. Dans un testament du 24 novembre
1410, le chevalier Godefroid de Sapignies, seigneur des
Planques, la nommait « Isabel des Plancques, fille de Martel
de Sapignies, son frère », et lui léguait sa terre de Sauchy.
Elle était sœur de Charles de Sapignies *dit* le Béhaignon
(Bohémien), écuyer, qui fut seigneur de Planques dès 1417,
après son oncle Godefroid, et qui, à défaut d'enfant légitime, céda cette terre à sa sœur, par acte du 4 août 1450. En
nous occupant du fief de Le Vacque à Roucourt, tenu
aussi du châtelain de Douai, nous retrouverons Isabelle de
Sapignies.

---

(1) Déclaration inventoriée, avant la Révolution, parmi les dénombrements des fiefs de Douai ; elle est aujourd'hui perdue. Arch. départ., Ch.
des comptes, liasse D-78.

(2) Arch. de la ville, testam. en chirographe. Guilmot, Extraits ms., III,
p. 1134.

(3) *Souv. de la Fl. wall.*, II, p. 109 ; III, p. 188 à 190.

SAPIGNIES : D'azur *alias* de gueules, à la croix engrêlée d'or.

Briffœul paraît avoir eu, un siècle durant, les mêmes destinées que la terre de Planques (qui passa par vente des Carnin aux Longueval-d'Escoivres); mais en 1560, *Louis de Longueval*, écuyer, seigneur d'Acq (près d'Arras), vendit son fief de Briffœul à Simon Le Camus, bourgeois marchand de Douai, qui achetait pour sa belle-mère, *Guillemette Le Regnier*, veuve de Melchior Du Bois, en son vivant brasseur à Douai. L'acte de dessaisine fut reçu, le 24 août, par le bailli et des hommes de fief du château de Douai ; on voit, dans les pièces annexées à ce contrat, que le vendeur avait donné procuration « à nobles hommes : François de Longueval, écuyer, s' d'Esvin, son frère, à Jacques *de* Baudain, écuyer, s' de Mauville, son beau-frère », etc. Louis et François sont omis dans les généalogies de la maison de Longueval (1); ils étaient frères cadets du chevalier Renom, seigneur d'Escoivres, capitaine de Douai en 1557, mort en 1564; leur sœur Anne avait épousé Jacques Baudain de Mauville.

Louis de Longueval figurera honorablement parmi les membres de cette maison chevaleresque, grâce au document inédit qui concerne la vente de Briffœul, et qui contient les états de services de l'enseigne et du capitaine, tout en lui faisant remise de la moitié du droit seigneurial (montant à 300 florins, ou le 10° denier du prix, qui était de 3000 florins); ce qui fut accordé par le Conseil des finances du roi d'Espagne à Bruxelles, le 10 octobre 1560, en considération des faits exposés dans une supplique (2) :

(1) Voir Goethals, *Miroir des notabilités nobil.*, II, p. 838; Bruxelles, 1862, in-4°.

(2) Arch. départ., Ch. des comptes, portef. D 387.

« Remontre Loys de Longueval, écuyer, s' d'Acq, capitaine d'une enseigne de gens de pied de la garnison de notre ville de Bapalmes. Comme pour subvenir au paiement de plusieurs ses debtes et autres ses nécessités à lui survenues durant le temps de la guerre dernière, tant à cause de ce qu'il n'auroit ou tiroit quelque fruit ou prouffit de sadite terre et seigneurie d'Acq et autre bien qu'il a séant sur les frontières de notre pays et comté d'Artois, que parce que lui seroient deuz aucuns arrieraiges de ses gaiges et pension, à cause de sadite charge.... En considération des bons services qu'il nous a fait durant ladite guerre, ayant exposé sa vie à l'assaut et prise de la ville de Thérouenne (1553), estant lors porteur d'enseigne du capitaine Goingnyes, où il auroit tellement fait son debvoir, qu'il seroit retourné en grand péril de mort, meismes eu regard qu'il n'auroit eu récompense des pertes de sondit revenu annuel...... »

La veuve de Melchior Du Bois servit son dénombrement le 14 février 1571 (v. st.), sous le « scel » emprunté à son beau-fils Simon Le Camus, qu'elle dénomma pour « homme desservant ledit fief », c'est-à-dire pour acquitter, à sa place, le service de cour et de plaids au château de Douai (1).

Aussitôt sa mort, la division se fait par moitié entre : *Jean Commelin*, fils mineur de Martin, bourgeois de Douai, et de feu demoiselle Jeanne Du Bois, sa femme, fille de feu Melchior et de ladite dem¹ᵉ Guillemette Le Regnier ; et *Philippe Du Gardin*, fils mineur de Jean, bourgeois de Douai, et de feu demoiselle Marie Du Bois, sa femme, fils des susdits ; ainsi qu'il résulte de deux dénombrements, du 2 juillet 1573 (2).

(1) Arch. départ., fonds de la Ch. des comptes, reg. aux dénombr. des fiefs de Douai, D 10. 1560- 595, fo 260.
(2) Arch. départ., Ch. des comptes, reg. D 10, fos 303 et 305. Les originaux en parch. existent encore dans le portef. D 387.

La moitié échue à Philippe Du Gardin fut relevée, le 13 juillet 1584, par Jean d'Auby, bourgeois de Douai, au nom de *Jeanne Du Gardin*, sœur germaine du précédent, en payant au bailli 30 patars pour droit de relief. Le 25 août 1586, ladite Jeanne, fille à marier, âgée de 32 ans, donna aux Jésuites, pour leur collége de Douai, sa moitié des 58 rasières 3 coupes de terres labourables à Sin, formant le fief de Briffœul, pour en jouir après son trépas; Jean De le Haye, recteur dudit collége, en fut « adhérité » le 24 février 1588 (1).

Le 19 mars 1655, le R. P. Philippe Sarre, ministre du collège de la Compagnie de Jésus, en l'absence du R. P. recteur, «droitura» la moitié des 60 rasières à Sin-le-Noble, « au relief de dix livres parisis, dû aux chevaliers de Saint-Jean de Jérusalem » (2).

Les Jésuites de Douai, après avoir possédé indivisément, firent, le 27 mars 1657, avec le propriétaire de l'autre moitié, un partage contenant assignation et division définitive. Lors de la suppression des Jésuites, leurs terres de Briffœul passèrent, ainsi que leurs autres biens, au collège d'Anchin, vers l'an 1765. C'est pourquoi nous voyons, à la date du 1er mars 1772, les administrateurs de ce collége servir à « Très haut, très excellent et très puissant prince Louis XVe du nom, roi de France et de Navarre », un dénombrement, signé par leur secrétaire Claro, et dans lequel ils désignent, comme «homme vivant et mourant», au décès duquel serait dû le relief de 60 sols parisis, «l'auguste personne de Mgr le comte d'Artois » (3). Enfin à la Révolution, l'Etat s'empara

---

(1 et 2) Arch. de la ville, reg. aux plaids du bailliage.

( ) Arch. départ., fonds du Bur. des fin., orig. en parch. dans le portef. D 247. Joli cachet aux armes d'Anchin; légende: *College d'Anchin*.

de ces biens, comme dépendant de l'Université de Douai alors supprimée, et il opéra la vente des 28 rasières 2 coupes de terres en labour.

L'histoire de l'autre moitié du fief de Briffœul est un peu plus longue. Antoine Laude, bourgeois marchand de Douai, — comme mari de d[elle] *Anne Commelin*, fille et héritière de feu Jean, bourgeois de cette ville, et de d[elle] Françoise Taisne, sa veuve, usufruitière dudit fief, — « droitura », le 22 février 1625, en payant le relief « dû au Temple » (1).

Le 9 août 1644, Me Nicolas Le Moisne, docteur et professeur ès droits en l'Université de Douai, procureur général de cette ville, - aux noms de : *Jean-Baptiste Laude*, Louis Le Blan, mari de d[elle] *Agnès Laude*, d[elles] *Marie-Jeanne, Catherine* et *Marthe Laude*, tous lesdits, du nom Laude, enfants et héritiers de feu Antoine et d[elle] Anne Commelin, — fait relief, au nom de celui à qui le fief tombera en partage (2.) Le docteur Le Moisne, qui avait épousé *Marguerite Laude*, agissait sans doute aussi à cause de sa femme, quoique cela ne soit pas exprimé dans l'acte, probablement par oubli. Il est cité, à la date du 19 mars 1655, comme étant en possession de la moitié de Briffœul(3). Il concourut au partage précité, du 27 mars 1657; c'est dans son lot que tomba le manoir faisant face à l'hôpital de Sin-lez-Dechy; il eut aussi diverses pièces de terre, plus la moitié de la minime rente, à l'encontre de l'autre possesseur. Par son testament du 24 juin 1661, il chargea le fief de fidéicommis.

Me Philippe-Marie-Florent de Lannoy, licencié ès droits,

(1 à 3) Arch. de la ville, reg. aux plaids du bailliage.

avocat à la gouvernance, comme époux de « damoiselle » *Agnès Le Moisne*, fille de feu M° Nicolas et de Marguerite Laude, « droitura », le 3 avril 1664, en payant 60 sols parisis de relief, « dû à S. M. à cause de son chastel » (1). Sa veuve servit un dénombrement, le 28 juillet 1681 (2).

Le 26 mars 1692, M° *Albert-Florent de Lannoy*, avocat en parlement de Tournai, demeurant à Douai, pour lui et son frère, Jacques-François-Antoine, par suite du décès d'Agnès Le Moisne, leur mère, « droitura », en payant le relief de 60 sols, dû au roi; le 5 septembre 1693, il servit le dénombrement en son propre nom (3). « Damoiselle » Marie-Françoise Darnent, veuve du précédent, releva, au profit de *Marie-Anne de Lannoy*, sa fille, le 7 octobre 1700. En 1711, étant remariée à François-Joseph Petit, elle soutenait, en parlement, au nom de sa fille, un procès contre le susdit Jacques-François-Antoine de Lannoy, qui réclamait le quint du fief (4). On sait que le quint ou la cinquième partie était attribuée aux cadets par la loi féodale.

Marie-Anne de Lannoy épousa, vers 1729, M° Jean-Etienne Patou, avocat en la cour de parlement de Flandres à Douai, qui, en sa qualité de mari et « bail », servit, le 10 juin 1735, un dénombrement, dont récépissé lui fut accordé le 29 octobre suivant (5). Leur fille, *Marie-Anne-Joseph-Florence Patou*, se maria à Douai, le 19 avril 1756, avec le conseiller Charles-Augustin-Hyacinthe Cordier, sei-

---

(1) Arch. municip., reg. aux plaids du bailliage.

(2) Id., liasse de dénombr. du bailliage, orig. en parchemin.

(3) Id., reg. aux plaids et dénombr. orig. en parchemin.

(4) Id., reg. aux plaids du bailliage.

(5) Arch. départ., fonds du Bureau des finances, orig. en parch. dans le portef., D 247.

gneur de Caudry, Bournonville et autres lieux, fils de Pierre-François Cordier, conseiller au conseil provincial de Valenciennes, puis conseiller honoraire au parlement (dès le 21 octobre 1733). M' et Madame de Caudry obtinrent du roi des lettres, en date à Compiègne du mois d'août 1764, contenant autorisation d'« esclisser » leur fief de Briffœul; en conséquence ils aliénèrent successivement, en 1770 et 1787, presque toutes les terres, ainsi que le manoir, au profit de divers particuliers. Chaque portion ainsi « éclissée » forma à son tour un petit fief séparé, soumis au relief de 60 sols parisis, au droit du 10° denier en cas de vente, etc, (1).

Sur de tels biens, la Révolution ne pouvait avoir aucune influence préjudiciable; au contraire, elle venait les affranchir de ces droits de relief, de vente, de dénombrement, etc., ainsi que des dîmes, anciennes redevances et autres charges, en remplaçant le tout par l'impôt foncier. Son seul effet portait donc sur la vente de *la moitié des deux sols douisiens et deux poules*, qui, d'origine féodale, était condamnée à disparaître par les lois révolutionnaires; le sacrifice n'était pas considérable.

Quant au conseiller Cordier de Caudry, ayant obtenu des « lettres d'honoraire » en 1777, il se retira, avec sa femme, dans son château de Caudry. Il mourut à Douai, le 19 août 1803, âgé de 76 ans.

---

(1) Arch. de la ville, reg. aux dénombr. du bailliage, 1780, f° 2 v° et 180 v°; Id., 1715-1722, f° 361 r°; Id., 1758-1777, f°° 131 r°, 135 r° et 136 r°.
Cf. Plouvain, *Parlement de Flandres*, Douai, 1809, in-4°, p. 28.

V.

Fief de Le Vacque à Roucourt : « dîmage », terrage et rentes seigneuriales, justice vicomtière. — Ses possesseurs : familles douaisiennes du Bos, Botin, Senallart et Aparisis ; familles de Barbey, Dongier et Mairesse. — Le fief est acheté par le dernier seigneur de Roucourt, M. Bérenger.

Dans son aveu de 1369, le châtelain de Douai dit : « *Le Vacque de Roucourt* est mon homme lige, pour terre qu'il tient à Roucourt. »

Le « fief de Roucourt, tenu du châtelain », est cité dans un acte de l'an 1448 ; c'est évidemment le même que celui nommé « le fief de Rocourt, qu'on dit le fief à Le Vaque », dans un titre de 1464. On le retrouve, en 1473, 1504 etc., désigné sous le nom de « fief de Le Vacque » ; en 1578, le « dismaige de Rocourt dit le fief de Le Vacque », etc.

Il consistait en un droit de « dîmage » et terrage, avec rentes de blé, avoine, chapons et deniers douaisiens, qu'on levait sur plusieurs terres et manoirs situés à Roucourt, ainsi qu'à Lewarde, Gœulzin, Flesquières, Cantin, Dechy etc. J'ai, dit le possesseur, dans un dénombrement de 1504: « sur tout ledit terroir de Rocourt, en terres abanables, de chacun cent de garbes qui croissent sur ledit terroir, j'ai et prens quatre garbes du cent, à disme Dieu, allencontre de M™ les religieux de Saint-Amand, quy en ont pareillement à leur droit, à cause de leurs dismes, aussi quatre garbes de chacun cent, comme moy. Item, sur ledit terroir de Rocourt et environ, un autre droit de dismage, sur aucunes terres, là ou que quelque personne que ce soit n'a aucun droit de disme, fors que moy seulement. Laquelle disme est pareillement de huit garbes de chacun cent de garbes de bled et de tous autres ablais. Où le seigneur de Roucourt a droit de terraige, j'ai à mon droit le disme, seul et nulz autres. »

Le possesseur de ce « noble tenement » y avait la justice vicomtière, pour l'exercice et la garde de laquelle il créait un mayeur à Roucourt, et cet officier jugeait avec l'assistance d'hommes «cotiers» ou tenanciers du fief. Il avait aussi le droit de commettre un sergent « messier » (1).

Le fief devait au seigneur dominant 60 sols de relief et le dixième denier en cas de vente, de don ou de transport.

Par rapport à la situation du fief de Le Vacque, nous ferons remarquer que le village de Roucourt dépendait de l'antique comté d'Ostrevant, autrefois annexé à celui de Hainaut ; c'était donc une enclave de la châtellenie de Douai (Flandre) dans le pays d'Ostrevant (Hainaut).

Sur le rôle de 1694 des fiefs relevant du château de Douai, « le fief de Le Vacque à Rocour » figure dans la troisième classe, avec les grands fiefs de la châtellenie et de Saint-Albin (2).

Nous ne possédons aucun renseignement sur l'individu désigné en 1369 sous l'appellation bizarre de *Le Vacque de Roucourt* ; son nom est resté à son fief.

Par testament du 20 février 1448 (v. st.), passé devant échevins de Douai, *Bauduin du Bos* dit *le Besghe*, écuyer,

(1) Dans le dénombr. du 2 janvier 1761, la qualité de ce commis est ainsi travestie : «sergeant et messire » ! Le « messier », sorte de garde champêtre, confondu avec un chevalier !

(2) Arch. municip., reg. aux plaids du bailliage, 1683-1691, fo 72 v°.

veuf en premières noces de Jeanne Bel et époux en secondes noces d'Isabelle de Sapignies, veut que sa femme Isabelle jouisse, sa vie durant, du fief de Roucourt, tenu de Mʳ le châtelain de Douai, lequel fief « retournera, comme plusieurs autres biens, aux hoirs de sa première femme ». Sa succession ne tarda pas à s'ouvrir, puisque son testament fut «empris» le 6 avril suivant (1).

Du Bos : Ecartelé ; aux 1 et 4, d'argent au lion de sable, lampassé et armé de gueules (qui est *Fiennes*), à la bordure de gueules ; aux 2 et 3, contre-écartelé d'or et de sable (qui est *de Lens*) (2).

On trouve, dans un vieux registre aux condamnations criminelles, qu'en 1429, le 11 octobre, on bannit Bauduin du Bos *dit* le Beghe, écuyer, et deux de ses « varlés », l'espace d'un an et un jour, « pour ce que, eux ensamble et chacun d'iceulx ont mis à cache autre personne, par tele maniere que, pour luy garantir, il entra en une maison, en ceste ville, et en le dite maison ont lanchié et feru d'armeure deffendue sur ledite personne et icelly navré de plusieurs playes de loy, en commettant assault de maison. » Chacun d'eux est en outre condamné à 10 livres, à 50 livres et à deux fois soixante livres. Ils rachètent leur « ban » et paient au contrôleur, pour le droit de la ville, 36 livres (3) Voilà un spécimen des mœurs du temps ; et cela n'empêcha point le banni de devenir bientôt le premier magistrat de la cité.

Bauduin du Bos *dit* le Besgue, écuyer, natif de La Bourse

---

(1) Arch de la ville, testam. en chirog Guilmot, Extraits ms., III, p. 1123.

(2) Cf. Demay, *Invent. des sceaux de la Flandre*, Paris, 1873, in-4, II, n° 7594.

(3) Arch. municip., reg. aux bannissements, 1421-1431, f° 112 r°.

près Sailly (aujourd'hui Sailly-La-Bourse, arrondissement de Béthune), reçu bourgeois de Douai le 16 janvier 1432 (v. st.), étant alors marié à Jehane Bel et sans enfant, fut chef-échevin (maire) de Douai en 1432, 1436, 1439, 1442 et 1445.

Son frère, Lancelot du Bos, écuyer, mayeur de Lens en Artois, l'an 1460, fut son principal héritier (1).

La famille du Bos était une branche cadette de la célèbre maison de Fiennes; elle a fourni un gouverneur et un bailli de Douai.

La veuve de Bauduin du Bos, « demoiselle » *Isabelle de Sapignies*, par son testament du 13 mars 1464 (v. st.), lègue à sa petite-fille, « demoiselle » *Marguerite de Carnin*, fille de Hue, son fils, et femme de Simon de Landas, écuyer, « le fief de Roucourt, que on dist le fief à Le Vacque » (2).

Une déclaration donnée par *Jehan Botin le josne*, le 11 février 1473 (v. st.) et signée de lui, constate qu'à cette époque le fief de Le Vacque était en sa possession; son droit de « dismage » sur des terres à Roucourt, Vésignon, etc., « lequel je baille à cense », dit-il, lui rapportait six muids de blé, valant 50 livres 8 *saulx* (sols); quant aux rentes seigneuriales, elles ne donnaient qu'un bien faible revenu, attendu que l'évaluation de tous les profits du fief n'atteint que la somme de 53 livres 9 sols 3 deniers (3).

Il fut échevin de notre ville en 1474. « Jehan Botin, le jone, fils de feu Ricard », plaidait à la gouvernance en

---

(1) Id., n° 1020 de la *Table*.

(2) Id., testam. en chirographe. Guilmot, Extraits ms., III, p. 1134, — Cf. art. IV ci-dessus.

(3) Arch. départ., Ch. des comptes, portef. D 288.

1485 (1). Le 17 novembre 1505, « demoiselle Peronne Regnault, veuve de Jean Bottin, fils de aussy défunt Ricard Bottin, et soy faisant fort de damoiselle Barbe Bottin, sa fille », vend une rente sur une maison à Douai (2). Ricard Bottin, père dudit Jean, après avoir été plusieurs fois échevin de Douai, de 1439 à 1462, devint lieutenant de la gouvernance, de 1465 à 1476; il portait une croix cantonnée de quatre besants, avec une bordure.

Vers 1490, le fief était aux mains de *Grard Senallart* (3), bourgeois de Douai, qui vraisemblablement l'avait eu par achat. C'était un riche brasseur de *haquebart* (sorte de bière), qui demeurait en la rue du Grand Més (aujourd'hui des Minimes), où il possédait plusieurs maisons, ainsi que le constatent les mentions suivantes, de l'an 1490 : « Rue du Grant Mez. Maison Grard Senallart, qu'on dit La Rose, faisant touquet (*coin*) d'une ruyelle (*ruelle des Minimes*) qui mène du Mez en la rue des Foulons; qui fut Jean de Fierin; tenant à l'héritage dudit Grard où il demeure à présent. — Rue du Pond-Aval (*de la Mairie*). Le tenement Jean Lefevre *dit* des Rabos, tenant à l'héritage Jacques de La Pappoire, nommé Les Ryelles, et à l'héritage Grard Senallart, brasseur de baquebart » (4). Il demeurait en la brasserie *dite* du Grand Hacquebart, où furent établies, au XVIe siècle, les prisons de la ville (aujourd'hui hôtel n° 22 de la

---

(1) Arch. du parlem. de Fl., fonds de la gouvern. de Douai, reg. au rôle de 1485-1487.

(2) Arch. départ., fonds de l'abb. des Prés de Douai.

(3) Petit reg. des fiefs tenus de Douai et d'Orchies; 2e partie, fiefs tenus de l'archiduc, a cause de son château de Douai, f° 20. Arch. départ., Ch. des comptes, reg. D 31.

(4) Arch. des hospices, n° 711 de l'*Invent.* de 1839; compte de la Table du St-Esprit de St-Pierre.

rue des Minimes, rang sud). Il fut plusieurs fois échevin, de 1481 à 1504.

SENALLART : D'azur au chevron d'or, accompagné en chef de deux étoiles et en pointe d'une rose du même. — Quant à Grard Senallart, il se contentait d'un emblème indicatif de sa profession ; son sceau représente deux pelles de brasseur, dites « waghes », posées en sautoir, la tête en haut. Il l'apposa, en qualité d'homme de fief de l'abbé de Marchiennes, à l'acte de foi et hommage, fait à l'abbé par le prévôt de Saint-Pierre, en 1502 (v. st.), le 22 janvier, à Douai, en l'hôtel du Constantin ou refuge de Marchiennes (1).

Famille de la bourgeoisie douaisienne, elle acquit le fief de La Cocquerie à Landas; en 1530, elle était en possession de la noblesse.

Par son testament du 1ᵉʳ mars 1503 (v. st.), le riche brasseur fit un partage de plusieurs de ses possesions entre ses huit enfants et attribua notamment à « demoiselle » *Ghille Senallart*, sa fille, femme de Jean Aparisis, « le fief de Le Vacque, à Lewarde lez Vesignon, tenu du chastel de Douay, dont on rend sept muys de bled et treize capons »; ainsi qu'une maison à Douai, appelée les Noeufs greniers, en la Rique rue (du Gouvernement), où demeuraient lesdits époux Aparisis. Ce testament fut « empris » en 1505 (v. st.), le 20 février (2).

Jean Aparisis, bourgeois de Douai, servit le dénombrement du fief appartenant à sa femme, le 12 février 1504 (v. st.) (3). Celle-ci mourut en septembre 1530, après son

(1) Arch. départ., fonds de Marchiennes.

(2) Testam. en chirogr. aux archives de la ville. Guilmot, Extraits, III, pages 1150-1151.

(3) Arch. départ., Ch. des comptes, portef. D 388, original en parchemin; sceau perdu.

époux, qui était décédé le 14 août 1512 (1), ayant été échevin en 1506 et 1509.

APARISIS, anciennement *As Parsis* (aux écus) : D'argent à la hure de sanglier de sable, armée d'argent, allumée et languée de gueules, au chef d'azur chargé de trois étoiles d'or.

Famille échevinale de notre ville, qui posséda, au XVII° siècle, la seigneurie du Bray à Raimbaucourt, relevant du château de Douai, celle de Tréhou à Vitry, tenue de l'évêque d'Arras, etc.

Le fief de Le Vacque resta plus d'un siècle et demi dans cette famille douaisienne, qui, déjà en 1440, avait à Roucourt un petit fief tenu de l'abbé d'Anchin (2). M° *Hugues Aparisis*, licencié ès lois, avocat à la gouvernance, en son temps échevin de Douai (petit-fils de la précédente), posséda le dîmage de Roucourt *dit* le fief de Le Vacque ; il mourut en juin 1574, laissant ses biens à son frère (3) *Jean Aparisis*, qui servit, le 20 août 1575, un dénombrement du fief de Le Vacque (4). Fils de Jean et de « demoiselle » Théodore de La Vacquerie, fondateur du séminaire du Soleil ou des Six Prêtres, rue Saint-Thomas, au profit duquel son fief fut chargé d'un « canon » annuel de 13 rasières de blé,

---

(1) Arch. de la ville, registres aux testam., 1510-1513, f° 174 v°, et 1522-1537, f° 112.

(2) 1442, 2 avril ; dénombr. servi par Anthonin As Parsis, aîné fils de feu Piérot, au temps de sa vie demeurant à Douai, pour un fief de 7 rasières 3 coupes de terre à Roucourt, tenu à hommage lige, selon la coutume de Hainaut. (Arch. départ., fonds d'Anchin.) Dans son testam. du 8 février 1534, Jean Aparisis mentionne son fief à Roucourt, tenu d'Anchin. (Arch. de la ville, reg. aux testam., 1582-1585, f° 123 v°.)

(3) Arch. de la ville, reg. aux testam., 1563-1578, f° 290.

(4) Arch. de la ville, liasse de dénomb. du bailliage, orig. en parchemin.

ce riche bourgeois (que nous retrouvons plus tard parmi les possesseurs du fief de Mégille à Coutiches, relevant de Rache) fit son testament, le 8 février 1584; il y nomme « damoiselle » Anne Bonnenuict, sa femme ; il lègue à Mᵉ Jean Aparisis, son fils, époux de Marguerite Grenet : le fief de Le Vacque, tenu du roi, en seigneurie vicomtière, de son Chastel de Douai ; sa maison *dite* de Belleforière, avec les deux y « joindantes », rue du Puich Philory (rue du Clocher-Saint-Pierre), etc. Sa mort suivit de près son testament, puisque celui-ci fut « empris » le 19 avril suivant (1).

Mᵉ *Jean Aparisis*, licencié ès lois, « sieur » de Tréhou, etc., conseiller de Sa Majesté et son receveur des exploits au Conseil provincial de Flandres résidant à Douai (à cause des guerres), servit son dénombrement le 13 juin 1585 (2). Il avait « droituré », devant la cour féodale, après le décès de son père, le 17 mai 1584, à charge de dénombrer dans les 40 jours et en payant le droit de relief de 60 sols parisis « dont le bailli s'est contenté » (3). On le trouve, à Douai, chef des Six hommes en 1600, 1604 et 1606 ; il mourut échevin en 1631 (4). Il acquit, en 1593, la seigneurie du Bray à Raimbaucourt, mouvant de Douai.

« Damoiselle »*Marguerite Aparisis*, fille de feu Mᵉ Jean, licencié ès droits, avocat à la gouvernance et échevin «régnant» de ladite ville, releva le fief à elle échu par le testament de son père et présenta, comme homme«desservant», Mᵉ Jean Aparisis, licencié ès droits, « sieur » de Tréhou, son frère,

---

(1) Arch. de la ville, reg. aux testam., 1582-1584, fo 193 vo.

(2) Arch. départ., Ch. des comptes, portef. D 588, orig. en parch. Manque le « seel armoié de ses armes ».

(3) Arch. de la ville, reg. aux plaids du bailliage.

(4) *Souv. de la Fl. wallonne*, III, p. 77, en note.

le 30 décembre 1631. Le 16 mai 1642, Hubert Le Maire, échevin moderne, « garni de missive du 10 », envoyée par ladite damoiselle, fut reçu «homme servant» à la place dudit M⁰ Jean Aparisis, dont la résidence était alors incertaine (1).

M⁰ *Philippe Aparisis*, prêtre, docteur ès droits, « sieur » du Bray, releva, le 27 avril 1660, par suite de la mort de ladite Marguerite, sa sœur, et désigna, comme « homme servant », Hugues Le Sellier, son gendre ; il dénombra le 10 mai suivant (2).

En 1665, le 10 septembre, le conseil des finances du roi à Bruxelles, sur la demande de Pierre Hattu, conseiller pensionnaire de la ville de Douai et exécuteur testamentaire de feu Marguerite Aparisis, en son vivant fille « franche » demeurant à Douai, accorda remise d'un quart du droit seigneurial, auquel avait donné ouverture la vente du fief de Le Vacque, «demeuré à Emmanuel de La Croix, escuier, sʳ du Troncquoy, pour 6000 florins ». Le 10ᵉ denier, dû en pareil cas, montait donc à 600 florins, « payement fort desadvantageux à ladite execution, chargée de grand nombre de legats pieux », disait l'exécuteur testamentaire, « et aussi fort rude, puisqu'il ne se trouve pas de seigneur particulier qui ne fasse moderation d'un tiers ou d'un quart de pareils droits » (3).

En 1672, le fief de Le Vacque appartenait à «demoiselle» *Marguerite Aparisis*, veuve d'Emmanuel de Barbey, écuyer, «sieur» de La Croix, demeurant à Douai, en vertu d'achat fait «de feu damoiselle Marguerite Aparisis, sa tante, décédée en célibat.» Elle testa le 7 octobre 1675.

(1) Reg. aux plaids du bailliage.
(2) Arch. de la ville, reg. aux plaids du bailliage.—Id., liasse de dénombr. du bailliage, orig. en parchemin.
(3) Arch. départ., Ch. des comptes, portef. D 388.

François de Barbey, écuyer, « sieur »du Toncquoy et de La Croix, bourgeois de Douai, fils aîné de la précédente, releva, le 29 mai 1677, après le décès de sa mère, et servit son dénombrement, le 14 janvier 1681 (1).

De Barbey : De..... à trois épées de..... (Cachet de François de Barbey, au dénombrement de 1681.)

En 1677, François de Barbey, écuyer, « sieur du Troncquoy, plaidait contre son frère Emmanuel de Barbey, écuyer, « sieur » de La Croix, au sujet du fief de Le Vacque (2).

M*e* *Robert Dongier*, docteur ès droits, conseiller du roi et lieutenant particulier de la gouvernance de Douai, ayant acheté le fief audit « sieur » du Tronquoy, dénombra, le 3 mars 1683 (3). Il mourut en exercice l'an 1686. « Damoiselle Catherine-Claire Hustin, sa veuve, servit un dénombrement du fief de Le Vacque, comme mère et tutrice de Marie-Claire et Françoise-Isabelle Dongier, le 15 novembre 1694 (4).

Dongier : D'azur au lion d'or, la queue passée entre les jambes et retroussée, au chef d'or chargé d'un sautoir écoté et alaisé de gueules. (*Armorial de Flandre*, Paris, 1856, page 131 ; lisez : *Dongier* et non *Donges*.)

Le sceau du lieutenant particulier de la gouvernance fut employé par sa veuve pour sceller son dénombrement de

---

(1) Arch. de la ville, reg. aux plaids du bailliage.—Id., liasse de dénombr. du bailliage, orig. en parchemin.

(2) Registre aux plaids du bailliage.

(3) Arch. de la ville, liasse de dénombr. du bailliage, orig. en parchemin.

(4) Arch. départ., Bureau des finances, portef. D 246, orig. en parch. scellé.

1694 ; il représente un coupé, au 1ᵉʳ, deux bâtons noueux posés en sautoir, et au 2ᵈ, un lion passant.

Marie-Claire Dongier, fille et héritière du précédent, épousa Jean-Baptiste Mairesse, demeurant à Cambrai, qui donna pouvoir, le 17 avril 1728, afin de « droiturer » le fief de Le Vacque ; il s'intitulait, en 1732, « écuyer, conseiller du roi, trésorier payeur des gages et augmentation des gages des officiers de la chancellerie près le Conseil provincial d'Artois » (1).

Jean-Baptiste Mairesse, écuyer, « sieur » de Neuvilly et d'Ewars, demeurant en son château d'Ewars (2), vendit le fief qu'il avait hérité, vers 1750, de feu Marie-Claire Dongier, sa mère, à Marc-Antoine-Joseph Remy, écuyer, conseiller secrétaire du roi etc., seigneur de Cantin, pour le prix principal de 9500 livres, suivant contrat passé à Douai, le 21 mars 1757 ; mais le retrait lignager fut effectué par le frère germain du vendeur, *Adrien-François-Joseph Mairesse*, écuyer, avocat en parlement, demeurant à « Estrumelle en Cambrésis » (3).

MAIRESSE : D'argent à un navire équipé d'or et girouetté de gueules, flottant sur une mer d'azur, et une étoile de gueules posée au canton dextre du chef. (D'après les blasons de feu Mathieu Mairesse, marchand et échevin de Cambrai, présenté par sa veuve, Marguerite Foulon; et de François Mairesse, « sieur » de La Vieville. *Armorial de Flandre*, 1696-1710, pages 98 et 96.) Famille échevinale de Cambrai.

(1) Registre aux plaids du bailliage.
(2) Echevin de Cambrai en 1751. (E. Bouly, *Diction. hist. de la ville de Cambrai*, Cambrai, 1854, in-4º, p. 339.)
(3) Arch. muncip., reg. aux plaids du bailliage.

Adrien-François-Joseph Mairesse servit son dénombrement, le 2 janvier 1764, et vendit, bientôt après, le fief de Le Vacque ou dernier seigneur de Roucourt, *Jean-François Bérenger*, qui donna pouvoir, le 29 décembre 1768, pour « droiturer » devant la cour féodale (1). Ce commissaire général des fontes de l'artillerie de France présenta au Bureau des finances, un dénombrement du 15 février 1775, dont il obtint récépissé le 11 juillet 1777 ; il s'y qualifie de « seigneur de Roucourt, *Delvacque* et autres lieux » (2).

Né à Douai en 1725, de François-Simon, commissaire ordinaire des fontes de l'artillerie, mort en 1747, et de Barbe-Marguerite-Louise de Rond, il succéda à son père, dans la direction de la fonderie de Douai, et rendit à l'État des services considérables, en même temps qu'il se fit un nom dans son art. Il collabora, pour cette partie, à la fameuse *Encyclopédie*. Il fut anobli en avril 1775 et reçut pour règlement d'armoiries : Ecartelé d'or et de gueules ; en 1776, le roi Louis XVI le décora du collier de son ordre.

A l'assemblée de la noblesse du bailliage, ouverte le 30 mars 1789, Jean-François Bérenger, chevalier de l'ordre de Saint-Michel, comparut à cause de sa « seigneurie de Le Vacque en Roucourt. »

Pendant la Révolution, l'ex-gentilhomme continua à servir son pays, avec un redoublement de zèle, ce qui néanmoins ne l'empêcha point de tomber en disgrâce, au mois d'octobre 1793, c'est-à-dire aux plus mauvais jours ; forcé alors, par ordre ministériel, de quitter la Fonderie, il con-

(1) Reg. aux plaids du bailliage.
(2) Arch. départ., fonds du Bureau des finances, portef. D 247, orig. en parchemin.

sentit ensuite à reprendre ses fonctions, le 23 septembre 1795. Il mourut en 1802, laissant une nombreuse postérité de sa femme, Laurence Maritz, fille de Jean, écuyer, commissaire général des fontes à Lyon et à Strasbourg, et de Judith Deonna (1).

Quant au fief de Le Vacque, consistant uniquement en redevances féodales, il périt entièrement entre les mains de M. Bérenger, par l'effet des lois révolutionnaires.

VI

Fief d Cantin ; rasière ou mesure d'avoine fourmentereche ; transformations successives.—Familles douaisiennes de Courcelles (fondue dans la maison d'Eule), de Goy et Le Maire ; famille de Hennin dite de Haynin.

Nous ne sommes arrivé que difficilement à jeter un peu de lumière sur l'histoire de ce petit fief, qui est toujours resté innommé ; pour exposer, avec clarté, le résultat de nos recherches, nous indiquons chronologiquement les documents recueillis par nous, et au besoin nous les expliquons

Dans son aveu de 1369, le châtelain de Douai cite comme ses « hommes » : Heuvin de Goy, fils de Heuvin, et *Colart de Courcelles*, fils de Jaquemon, sans indiquer la nature des fiefs de ses vassaux. Quant à Heuvin, nous croyons qu'il tenait le fief de Plachy. (Voir ci-dessus, article III.)

---

(1) Généalogie de la famille Bérenger, par M. A. de Ternas, dans les *Souv. de la Fl. wall.*, VII, p. 83.

Les riches familles de Goy et de Courcelles possédaient, au XIVe siècle, des biens dans le village de Cantin. En 1349, les fermes ou censes (*villae*) de Martin de Goy et de Jacques (*Jaquème, Jacquemart* ou *Jacquemon*, en langage wallon ; *Jacobus*, en latin) de Courcelles, bourgeois de Douai, sises à Cantin, furent ravagées par le seigneur d'Escoives, qui avait déclaré la guerre aux Douaisiens (1). Jacques de Courcelles était chef du magistrat (maire) de Douai, en 1377 et 1382 ; Colart fut échevin en 1380.

Collard de Courcelles, fils de Jaquemon et de feu *Marie de Goy*, en épousant, par contrat du 17 juin 1375, demoiselle Catherine Pourchel de Frémicourt, fille de feu le chevalier Ricart Pourchel, seigneur de Frémicourt, et de dame Marie des Wastines, déclare apporter en mariage : « Un fief contenant un terage courant sour pluiseurs terres » à Cantin ; c'est l'un des fiefs des Parchonniers de Cantin, dont il sera parlé dans un autre volume. « Item. Un autre fief, oudit terroir de Quantin (*Cantin*), tenu de noble homme monsseigneur le chastellain de Douay, et contient environ dix rasieres d'avaine *fourmentercche* et six sols de douesiens de rente par an, deux sour pluiseurs lieux et hiretages situés ou terroir de ledite ville de Quantin. Liquels chils fiefs vuint et esquey audit Collart par le mort et succession de deffunte demisielle Marie de Goy, jadis mère audit Collart ». « Item. Un manoir contenant un muid de terre dans son enclos, à l'opposite du chastiel de Quantin... ». « Item. Une maison à Douai, ou Petit Més, où demeure ledit Jaques de Courcelles, qu'on dit la maison d'Antoing.... » (2).

---

(1) Chroniq. de Douai, par J. Lhoste ; voir page 346 D des *Annal. Gallo-Flandr.* du P. Buzelin.

(2) Arch. de la ville, contrats en chirographe. Cf. Guilmot, Ext. ms., III, p. 1189.

En 1394, dame *Marie de Courcelles*, fille de feu Colart, était mariée à « noble homme M⁺ʳ Guillaume, seigneur d'Éule, chevalier », auquel elle porta les grands biens qu'avait sa famille à Douai, à Cantin et aux environs. Le lundi 16 juin 1399, ce seigneur comparut en halle à Douai, porteur d'une procuration de sa femme, passée « soubs le seel de l'aduoerie de Terouane », pour vendre certains biens repris au contrat de mariage du 17 juin 1375 (1). La « terre du seigneur d'Eule » à Cantin, est citée dans un acte du 4 février 1441 (v. st.) du fonds d'Anchin, aux archives départementales.

Le fief passa ensuite dans la famille *de Goy* et appartint aux descendants du chevalier Arnoul de Goy, seigneur d'Auby, bailli de Douai, décédé haut bailli de Gand en 1459, dont le fils, « *Jacques de Goy*, chevalier, seigneur d'Auby, conseiller et chambellan » du duc, fit, vers 1473, la « declairation » du fief qu'il avait à Cantin, chargé d'un relief de dix livres, avec le dixième denier en cas de vente, et consistant en rentes d'argent, d'avoine, de chapons et de pains, savoir : « xvj rasieres demi quarel d'avaine fourmenteresse ; lij sols xj deniers oboles douisiens, quy valent environ, à monnaie de Flandres, xvij sols, ij deniers oboles ; iiij cappons, de xvj sols, et iiij pains. Dont il y a, au present, aucunes des terres quy doibvent lesdites rentes, en riés. Par quoy ne vallent, chacun an, que : xij rasieres d'avaine, mesure dite ; xij sols de Flandres ou environ ; iiij cappons et iiij pains ». Du même fief dépendait alors une terre de quinze rasières, « dont on rend en censse

---

(1) Arch. de la ville, contrats en chirographe. Cf Guilmot, Ext. ms., III, p. 1189.

xv rasieres de bled et dix rasieres d'avaine, mesure de Douay, l'une portant l'autre » (1).

Il fut ensuite possédé par *Jacqueline de Goy*, héritière de cette famille, dont le mari, François de La Tramerie, chevalier, seigneur de *Drehaucourt* (Drocourt), Forest, etc., le vendit, vers le milieu du XVIe siècle.

L'acquéreur, *Jean Le Maire*, bourgeois de Douai, servit son dénombrement, le 22 juin 1559, et déclara que son fief consistait en une rente d'onze rasières « un quarel d'avaine à la mesure fourmentresse », et de 18 « sols oboles douisiens » sur des terres à Cantin, Flesquières et aux environs, à sept sols et demi de relief, dû au Temple de Douai, et le dixième denier en cas de vente (2). La rasière à froment ou à blé était plus petite que celle à l'avoine.

Entre 1375 et 1559, la rente avait donc subi quelques modifications : onze rasières et un « quarel », au lieu de dix ; dix-huit sols oboles, au lieu de six sols.

Un siècle après, avaient encore eu lieu des modifications, à la suite desquelles il se trouvait ainsi transformé : un fief de dix rasières de terre, à Cantin, avec justice foncière et rentes seigneuriales, chargé d'un relief de sept sols six deniers parisis. Sous cette forme nouvelle, il appartenait, en 1663, 1686, 1694 etc. (3) à la famille de Hennin *dite* de Haynin, qui se fondit, au XVIIIe siècle, dans la maison de Nédonchel.

---

(1) Double déclaration, sur papier, sans signature ni sceau, écriture du XVe siècle; aux archives départ., Chambre des comptes, portef. D 387.

(2) Arch. départ., Ch. des comptes, reg. aux dénombr. des fiefs tenus de Douai, D 10, f° 21.

(3) Arch. de la ville, reg. aux plaids du bailliage.

Sur le rôle de 1694 des fiefs relevant du château de Douai, figure le « fief de dix rasieres une couppe de terre à Cantin », rangé dans la quatrième et avant-dernière classe, avec le fief de Plachy (voir le présent chapitre, article III), avec celui des Pourchelets (6e chapitre, article II), avec la Damoisellerie de Dorignies (6e chapitre, article III) etc. (1)

La famille de Hennin avait à Cantin, différents autres fiefs, notamment un grand marché de terres, « édissé » du domaine de Cantin, et un terrage tenu du seigneur de Saint-Albin. La maison de Nédonchel paraît avoir aliéné le tout, quelque temps avant la Révolution.

VII et VIII.

Fiefs à Dury. Parcelles de terre sans aucune attribution de justice. — Familles douaisiennes de Haucourt, Pinchon, de Haynin, Aparisis etc., le séminaire du Soleil. — Le fief Lossignol. Une dame du Rossignol au XVIIIe siècle.

Le châtelain, dans son dénombrement de 1369, donne des renseignements précis sur ces deux fiefs : « *Pierre de Pernat* (?) est mon homme pour quatre rasières de terre, séant au senteron qu'on dit au Mont de Dury, à 60 sols de relief. *Jean Cornache*, mon homme, à sept sols et demi, pour trois rasières de terre. »

Le 1er février 1473 (v. st.), *Jean de Haucourt*, clerc de l'échevinage de Douai, déclare posséder un fief de quatre rasières de terres, sis à Dury, relevant du château de Douai

(1) Id., reg. 1683-1694, f° 73.

et ci-devant de la châtellenie (1). *Antoine de Haucourt,* écuyer, fils de feu Jean, servit son dénombrement, le 6 juin 1490, pour le fief de quatre rasières de Dury, au lieu dit Guigarbe (2). Il est facile de reconnaître ici le fief possédé, en 1369, par Pierre de Pernat. Antoine de Haucourt, en 1480, « centenier » ou capitaine d'une compagnie bourgeoise de Douai, fut chef du magistrat en 1505 et mourut en 1503 sans enfant d'Isabelle Coppin, sa femme. Son père, Jean de Haucourt, lieutenant-bailli en 1418, plus tard greffier de la ville, figure, en 1462, parmi les « pairs » du château de Douai, probablement à raison du fief de Dury.

Damoiselle *Béatrix Pinchon,* veuve d'Hector Soldoyer, décéda à Douai, en janvier 1556 (v. st.), laissant son fief de Dury (3) à l'une de ses filles, *Marthe Soldoyer,* dont le mari, Antoine Senelle, fournit, le 4 mars 1557 (v. st.), un dénombrement muni du « seel armoyé de ses armes », pour le fief de quatre rasières, à Dury, tenant aux terres du seigneur de L.écluse et à neuf coupes des pauvres de Dury, ledit fief chargé du relief de 60 sols et du dixième denier en cas d'aliénation (4). Sur la liste des fiefs de Douai, dressé en 1578, ces époux figurent encore comme tenant alors la parcelle de terre de Dury (5).

Sur une autre liste, confectionnée en 1602, c'est *Adrien de* Hennin, écuyer, « sieur du Cornet », demeurant à Cam-

---

(1) Arch. départ., Ch. des comptes, cahier D 78; inventaire des dénombrem. de Douai et d'Orchies, dressé à la veille de la Révolution. L'original de la déclaration ne se trouve plus dans les portefeuilles.

(2) Id., orig. perdu.

(3) Arch. de la ville, reg. aux testam., 1554-1563, fo 110.

(4) Arch. départ., Ch. des comptes, reg. aux dénomb. des fiefs de Douai, D 10, fos 20 vo et 376 vo.

(5) Liste ajoutée à la plupart des manuscrits des Coutumes de la gouvernance de Douai.

brai, qui est indiqué comme possesseur des quatre rasières de Dury (1); ce gentilhomme figure dans les généalogies de la famille de *Haynin*, issue de l'antique maison de Denain, qui portait une croix engrêlée. Dans son compte de 1597-1600, le bailli de Douai fait recette du droit seigneurial payé « par Adrien de *Hennin*, escuier, sieur du Cornet, pour achat du fief de 4 rasieres à Dury, vendu par Marthe Souldoier, veuve d'Anthoine Senelles, demeurant à Douai » (2).

En 1630, les quatre rasières appartenaient à Me *Jean Aparisis*, licencié ès droits, « sieur de Tréhou, du Bray, etc. », bourgeois de Douai, qui acheta, cette année-là, l'autre fief de Dury ; c'était le fils de Jean Aparisis, fondateur du séminaire du Soleil. (Voir ci-dessus, article V.) Après lui, les quatre rasières passèrent à cette fondation, au nom de laquelle les devoirs furent accomplis, devant la cour féodale, notamment les 12 octobre 1680 et 29 novembre 1700 (3).

Quant au fief tenu en 1369, par Jean Cornache, il appartenait, au début du XVIe siècle, à *Maselence* (Maxellende) *Lossignol*, mariée à Gilles Taisne, dont le fils *Charles Taisne* servit, le 12 octobre 1559, son dénombrement pour un fief à Dury, contenant trois rasières, en une pièce, tenant aux terres du seigneur de Lécluse, à sept sols six deniers de relief et le tiers pour « cambellage », et, en cas de vente, le dixième denier (4).

---

(1) Arch. départ., Ch. des comptes, portef. et liasse D 268.

(2) Id., Ch. des comptes.

(3) Arch. de la ville, reg. aux plaids du bailliage.

(4) Arch. départ., Ch. des comptes, reg. aux dénombr. des fiefs de Douai, D 10, f° 34.

Dans son compte de 1576-1577, le bailli de Douai fait recette du droit seigneurial acquitté par *Jean de Leuvacque*, « labourier, demeurant à Dury, qui avait acheté, de Charles Taisne et de Magdelaine Fournel, sa femme, le fief de 3 rasieres à Dury, pour le prix de 400 livres » ; ce qui faisait, pour le dixième denier, 40 livres ; l'acquéreur, non noble, avait payé en outre, « pour le droit d'affranchissement » ou de franc-fief, 4 livres (1). Sur la liste de 1578, ce fief, nommé *Lossignol*, du nom des anciens possesseurs, est indiqué comme tenu par Jean de Leuvacque, laboureur à Dury.

Le 10 février 1599, furent mises en adjudication par décret, au siège de la gouvernance, les trois rasières de terres labourables à Dury, tenues en fief de Son Altesse, à cause de son Chastel de Douai, et ayant appartenu à Jean de Leuvacque, et après lui à ses enfants; demeurées à *Claude du Carieul*, écuyer, moyennant 178 florins « de deniers principaux » (2). Claude du Carieul, écuyer, « sieur de Miramont en Pèvle », du consentement de ses enfants, Guillaume et Antoine, écuyers, et damoiselle Françoise du Carieul, vendit son fief, le 24 mai 1617, à *Jean Acquart*, laboureur à Dury (3). Jean Acquart vendit, le 14 février 1630, au susdit M⁰ *Jean Aparisis*, les trois rasières sises à Dury, en la Solle de Queusnech, tenant à des terres du seigneur de Lécluse et à quatre rasières de l'acheteur (4); ces quatre rasières constituaient le fief ci-dessus, de manière que les deux fiefs de Dury appartinrent alors à la famille Aparisis.

(1) Arch. départ., Ch. des comptes.
(2) Arch. du parlement, fonds de la gouvernance de Douai, n⁰ 42 des distributions. — Dans le compte du bailli, de 1597-1600: « fief du Lossignol ».
(3) Arch. de la ville, reg. aux plaids du bailliage.
(4) Id.

Le docteur *Philippe Aparisis*, fils de feu M° Jean, releva le fief Lossignol, le 30 décembre 1631 (1). Pierre De la Haye, « sieur du Mont-Sergeant », mari de « damoiselle » *Antoinette Aparisis*, fille de feu M° Philippe, prêtre, « sieur du Bray », docteur ès droits en l'université de Douai, dénombra, le 26 août 1686, pour les trois rasières de Dury, dites le fief *du Rossignol (sic; Lossignol, Lossignot*, ancienne orthographe), tenant à quatre rasières du séminaire du Soleil (c'est le fief ci-dessus) (2); il « droitura », le 17 décembre 1686, en payant le relief de sept sols six deniers parisis et le tiers « cambellage », et il dénomma, pour « homme servant, » son fils, Nicolas-Philippe-Joseph De la Haye (3).

Joseph De la Haye, «sieur du Mont-Sergeant », releva, devant la cour féodale, le 7 mars 1711, après le décès de sa mère, et il dénombra, le 18 avril suivant (4). Le 29 janvier 1737, *Marie-Françoise De la Haye*, femme séparée, quant aux biens, d'Arnould de Surcques, conseiller pensionnaire de cette ville, releva, par suite de la mort de Joseph, son frère (5). Elle avait épousé en premières noces, à Douai, en 1698, Pierre-Louis Honoré, écuyer, « sieur du Locron », qui devint, en 1707, chevalier d'honneur au Conseil provincial de Hainaut à Valenciennes, et mourut en 1711. La « Généalogie de la famille Honoré du Locron » (6)

(1) Id.

(2) Arch. départ., Ch. des comptes, portef. D 318, copies sur papier de dénombr. de fiefs de Douai.

(3) Arch. de la ville, reg. aux plaids du bailliage.

(4) Id. et orig. en parch., parmi les dénombr. du bailliage.

(5) Arch. de la ville, reg. aux plaids du bailliage.

(6) *Souv. de la Fl. wall.*, Douai, 1866, in-8o, VI, p. 136.

constate qu'elle prenait la qualité de *dame du Rossignole !*
Rien n'est ridicule et absurde comme la manie des qualifications féodales, au XVIII° siècle ; une humble parcelle de terre devient alors une seigneurie !

Sur le rôle de 1694 des fiefs mouvant du château de Douai, « le fief Rossiniol, à Madlle De la Haye », et celui « de quatre rasières de terre appartenant au seminaire du Soleil » sont rangés dans la cinquième et dernière classe, avec celui du Vieil-Chastel d'Hamblaing (voir l'article suivant), etc. (1).

Tels sont les renseignements que nous avons recueillis sur les deux fiefs de Dury. Le « gros » de ce village, notamment l'église paroissiale, dépendait de la « poeté » de Lécluse, le surplus, de l'Artois et du Cambrésis ; les sept rasières de terre y constituaient donc une enclave de la châtellenie de Douai.

Pour épuiser la liste des fiefs tenus du châtelain, en 1369, il ne nous reste plus à parler que de celui d'Heuvin de Goy, fils d'Heuvin ; malheureusement, le précieux document, qui nous a servi de guide, ne dit point en quoi consistait ce fief.

Peut-être n'est-il autre que celui du Vieil-Chastel d'Hamblaing, créé en 1238, par le châtelain de Douai, au relief de sept sols et demi ; parce que : 1°, en considérant l'ordre dans lequel sont rangés les fiefs, dans le dénombrement de 1369, on voit que les quatre premiers devaient le grand relief, ou 60 sols, tandis que les autres n'acquittaient que le relief inférieur, ou sept sols et demi ; 2° parce qu'il ne reste absolument que celui-là auquel on puisse appliquer l'indication fournie par l'aveu de 1369.

(1) Arch. municip., reg. aux plaids du bailliage, 1683-1694, f° 71.

IX

Fief du Vieil-chastel d'Hamblaing. Sa création en 1238. — Ruisseau d'Hamblaing, entre la Sensée et la Scarpe. Château d'Hamblaing. —« Éclissement » du quint du fief. — Divers possesseurs; familles artésiennes des Castelet, Gosson, de La Plancque, Petit, Le Bourgeois, Lambert, Lepoivre, Baudelet.

La création du fief du Vieil-Chastel d'Hamblaing remonte à l'année 1238, en juin ; le châtelain de Douai, en présence de ses vassaux, inféode à *Gilles Castelet*, citoyen d'Arras (ou bourgeois de Cité-lez-Arras), le cours d'eau d'Hamblaing, avec tous ses profits, depuis le lieu dit le Wès de Lécluse, jusqu'à Sailly et jusqu'à Hamblaing, ainsi que le droit de parcourir en bateau la rivière appartenant au châtelain (Scarpe alors non navigable) jusqu'à Vitry et jusqu'à l'Estanque de Biache (*stanca*, retenue d'eau). Devait être compris dans ce fief le manoir dudit Gilles, qu'il avait à Hamblaing, qu'on appelait le château (*castrum*) et qui sera le chef-lieu du fief ainsi constitué. Le châtelain y retient « le sang et le larron », c'est-à-dire la justice vicomtière. Pour toutes charges, le vassal paiera, en cas de relief, sept sols et demi, et il siègera, trois fois l'an, aux plaids du châtelain, lorsqu'il y aura été convoqué par ses pairs, au chef-lieu de son fief ; s'il fait défaut, il encourra dix sols d'amende, envers le châtelain, au jugement de ses pairs. En cas de « forfait » envers le châtelain, le vassal, s'il est condamné par ses pairs, sera quitte en payant dix sols parisis. *Preuves*, n° LV.

Le ruisseau de Lécluse à Biache se remarque encore aujourd'hui entre la Scarpe et la Sensée; il a servi plusieurs fois, au moyen âge et dans les temps modernes, pour détourner l'eau de la Scarpe descendant vers Douai, et pour la rejeter dans la Sensée, au grand détriment de la défense de notre ville.

Vers la fin du XV° siècle, quand nous retrouvons le fief créé en 1238, il ne consiste plus qu'en « une viese place démolie, dite le château de Hamblaing, qui est à présent en usage de prairie, et valant par an 24 sols d'Artois». Un document plus explicite, du 12 septembre 1563, nous apprend que le fief consistait, à cette époque, en « six rasières de terre, en une pièce, au village de Hamblaing, en prés, bois, eaux, manoir non amasé et terre en labour, tenant au marais de Vitry; à sept sols six deniers parisis de relief et le tiers cambellage, avec aide pareille au relief, quand le cas y eschet; et au 10° denier, à la vente, don ou transport ». Il est à remarquer que le fief d'Hamblaing avait subi un « éclissement » du quint (le 5°, part des cadets), puisque, le 7 octobre 1559, il est fourni dénombrement pour « une coupe de pré, prise en un quint de fief, icelui quint pris en six mencaudées », ladite coupe chargée des mêmes reliefs et droits que ci-dessus (1). Une remarque plus importante, c'est qu'il n'est déjà plus parlé alors des droits de propriété et de parcours sur le ruisseau de Lécluse à Biache, droits concédés en 1238 par notre châtelain à son vassal.

Sur le rôle de 1694 des fiefs relevant de Douai, celui du « Vieil-Chastel d'Hamblaing, de cinq rasières une coupe de

---

(1) Arch. départ., Ch. des comptes, reg. aux dénombr. des fiefs tenus de Douai, D 10, f° 33, v°.
Le quint du Vieil-Castel d'Hamblaing fut morcelé en deux ou trois petits fiefs, dont on trouve un grand nombre de dénombrements modernes.

terre », est rangé dans la cinquième et dernière classe, avec le fief Rossignol (voir l'article VIII, qui précède), avec celui du séminaire du Soleil (article VII), etc. (1).

Enfin, à la Révolution, le fief « du Vieil-Chastel d'Hamblaing-les-Prés » consistait en cinq rasières une coupe et huit pieds, mesure d'Artois, ou en quatre rasières 95 verges quatre pieds, mesure d'Ostrevant, tant en « manoir non amasé », qu'en prés, bois et terres à labour, tenant « de liste » au marais de Vitry, d'un bout « à la borne au milieu de la fontaine Lagache, continuant le long de son égout en forme de fossé jusqu'au marais de Vitry » ; ledit fief faisant les quatre quints (4/5) de six rasières 58 verges sept pieds, mesure d'Artois, ou six rasières dix-neuf verges, mesure d'Ostrevant, à l'encontre des possesseurs de l'autre quint.

Recherchons maintenant quels ont été les successeurs du « citoyen » d'Arras au profit duquel le châtelain de Douai érigea le manoir d'Hamblaing en arrière-fief de la châtellenie.

Le dénombrement de 1369 ne nous apprend rien à cet égard ; mais, depuis le XVe siècle, nous trouvons constamment cette terre aux mains de familles artésiennes. Vers 1470, *Jean Gosson* dit *d'Erre* (ou *Desre*) déclarait tenir, du souverain du château de Douai, l'emplacement du vieux château d'Hamblaing (2) ; vers 1490, c'était *Agnès Gosson* qui possédait le fief, et puis, vers le commencement du

---

(1) Arch. municip., reg. aux plaids du bailliage, 1683-1694, fo 74.

(2) Arch. départ., Chambre des comptes, liasse D 78, invent. des dénombr. des fiefs de Douai, dressée à la veille de la Révolution. La déclaration orig. sur papier, signée du déclarant, ne se retrouve plus.

Sur cette branche de la famille Gosson, voir pp. 26-27 du t. XV des *Souv. de la Fl. wallonne.*

XVIᵉ siècle, *Hubert Gosson*, indiqués tous deux comme nobles (1). On le voit ensuite à « damoiselle *Catherine de Gosson*, damoiselle de Saint-Florisse », épouse de Louis de La Plancque (2), écuyer, seigneur des Wastines, du Brulle, etc., qui, en qualité de mari, fournit un dénombrement, le 12 septembre 1563 (3). En 1578 et 1584, c'est *Louis de La Plancque*, écuyer, « sieur de La Comté » (4). Dans l'histoire des troubles d'Artois de l'an 1578, ce gentilhomme, indiqué comme « sieur de La Comté et des Watines, gendre du sieur de Naves (Pierre-Albert Asset), président d'Artois », est signalé parmi les plus ardents partisans de l'Espagne (5). Au compte de 1597-1600, le bailli de Douai fait recette de sept sols, six deniers parisis, qu'il avait touchés « de dame *Barbe de La Plancque*, veuve de messire Charles de Ghistelle, seigneur de Provene, pour le relief du Vieil-

---

(1) Petit reg. en papier des fiefs tenus de Douai et d'Orchies; 2ᵉ partie, fiefs tenus de l'Archiduc, à cause de son château de Douai, fo 19. Arch. départ., Ch. des comptes, reg. D 31.

(2) Sur un exemplaire du livre intitulé: *C. Plinii Cæcilii secundi Novocomens. Epistolarum Libri X. Jod⁰ Badius Ascensius*, Paris, janvier 1533, in-f⁰ (n⁰ 668 du catalog. impr. de la bibl. de notre société académique), nous avons remarqué cette mention écrite sur le titre de l'ouvrage:

1550. | *A Loys de La Plancque sgr des Wattinnes.*
1550. | *Doubter ne fault* | *La Plancque.*

C'était la devise de ce gentilhomme, ou peut-être même celle de sa famille; le jeu de mots qu'elle contient était bien dans le goût du temps.

(3) Arch. départ., Ch. des comptes, reg. aux dénombr. de fiefs tenus de Douai, D 10, 1500-1504, fo 38 vo.

(4) Liste des fiefs, à la suite des coutumes manuscrites de la gouvernance. — Reg. aux plaids du bailliage, aux archives de la ville.

(5) Le Petit, de Béthune, *L'hist. des Pays-Bas*, à Saint-Gervais, 1601, pet. in-8⁰, I, p. 688. — Pontus Payen, d'Arras, *Mémoires*, Brux, 1661, in-8⁰, II, p. 74. — Cf. Plouvain, *Conseil provincial d'Artois*, Douai, 1823, in-4⁰, pp. 7-8.

Chastel de Hamblain» (1). Sur une liste des fiefs de Douai, dressée en 1602, cette dame, demeurant à Béthune, est reprise pour le Vieil-Castel d'Hamblaing (2).

La Plancque : D'argent, billeté de sable, au lion du même, armé et lampassé de gueules. — Barbe de La Plancque, dame des Wastines, de Saint-Floris et de La Comté, était fille de Louis, seigneur des Wastines, et de Catherine Gosson, héritière de Saint-Floris ; son mari, qu'elle avait épousé le 1er juillet 1570, fut gouverneur de Malines pour l'Espagne, et mourut le 19 juillet 1592. D'eux sont descendus les marquis de Saint-Floris et un prince de Ghistelle (3).

Charles Petit, «sieur» de Béhagny, rentier à Arras, possédait le Vieil-Chastel d'Hamblaing, vers le milieu du XVIIe siècle ; son neveu, Me *Jean Le Bourgeois*, prêtre de la congrégation de la Mission, demeurant à Lyon, donna pouvoir, en cette ville, le 27 juin 1685, pour relever le fief (4). *Floris Le Bourgeois*, demeurant à Arras, frère dudit feu Me Jean, servit un dénombrement, daté du 13 juin 1697, dont il lui fut donné récépissé le 5 juillet suivant (5). Après la mort des enfants du précédent, *Floris* et *Philippe-Joseph Le Bourgeois*, leur tante, *Marie-Jeanne Le Bourgeois*, dame de Béhagny, demeurant en la ville d'Arras, veuve de Jean-Antoine de La Motte, écuyer, « sieur » de La Martinie, dénombra, pour le Vieil-Chastel d'Hamblaing, le

---

(1) Arch. départ., Ch. des comptes.

(2) Id., portef. et liasse D 263.

(3) Le Blond, *Quartiers généalog.*, Brux., 1789, in-8o, p. 235. — *Suppl. au Nobil. des Pays-Bas*, Louvain, pet. in-8o, p. 22.

(4) Arch. de la ville, reg. aux plaids du bailliage.

(5) Arch. départ., Bureau des finances de Lille, portef. D 215.

10 mai 1729 (1). Sa nièce et son unique héritière, « damoiselle *Marie-Rose Lambert*, dame de Béhagny », fille à marier, demeurant à Arras, eut le fief du Vieil-Chastel, pour lequel elle signa un dénombrement, à Arras, le 30 septembre 1733 ; signé : « Marie-Rose Lambert de La Croix » (2). Enfin l'héritière de cette damoiselle fut *Marie-Rose-Albertine Lepoivre*, qui épousa Dominique-Victor-Amédée Baudelet d'Hautefontaine, conseiller du roi, président de l'élection provinciale d'Artois, demeurant en la ville d'Arras. Sa femme étant décédée le 7 décembre 1779, Baudelet servit à « très-haut, très-puissant et très-excellent prince, Louis XVI° du nom, roi de France et de Navarre », un dénombrement daté du 12 septembre 1780, pour le fief échu à ses enfants mineurs, savoir : Dominique-Joseph-Albert, Marie-Rose-Angélique-Charlotte, Philippine-Joseph et Jules-César (3).

L'aîné, *Dominique-Joseph-Albert Baudelet* d'Hautefontaine, né en 1762, fut pourvu d'un office de conseiller au conseil d'Artois, le 19 novembre 1788 ; il était en exercice à la suppression de cette cour de justice (4).

Quant au manoir d'Hamblaing, comme il ne s'y trouvait attaché ni justice ni rente seigneuriale, la Révolution n'eut d'autre effet sur lui que de le débarrasser de sa qualité de fief et de l'affranchir d'entraves surannées.

Le village d'Hamblain-les-Près, situé à droite de la Scarpe, limitrophe de Vitry, dépendait de la gouvernance d'Arras ; le Vieil-Chastel y formait donc une enclave de la châtellenie de Douai.

(1) Id. — Voir aussi le reg. aux plaids du bailliage, à la date du 4 août 1729, aux arch. de la ville.
(2) Arch. départ., Bureau des finances, portef. D 245.
(3) Arch. départ., Bureau des finances, portef. D 245.
(4) Plouvain, *Conseil prov. d'Artois*, Douai, 1823, in-4°, p. 9.

CHAPITRE TROISIÈME.

PRÉVOTÉ DE LA VILLE DE DOUAI

ou

OFFICE DU PRÉVOT.

Peu de mots ont eu autant de significations diverses que n'en a reçues, au moyen âge, le mot prévôt, en latin *prepositus*, c'est-à-dire *préposé à*; pour s'en convaincre, il suffit de jeter les yeux sur le Glossaire de du Cange (Paris, 1845, in-4°, V, pages 404 à 408), où près de cinq pages sont consacrées à faire connaître ce qu'on a entendu par ce terme.

Il a été employé d'abord pour désigner l'un des dignitaires d'une église cathédrale : *Prepositus. Dignitas in ecclesiis cathedralibus.* On comprit aussi sous ce titre le chef d'un église collégiale; ainsi nous avons rencontré, dans l'histoire de nos châtelains, le prévôt Sohier (*Sigherus prepositus*) en 1024, Ason, prévôt, en 1051, Raimar, prévôt de Douai (*Raimarus prepositus Duacensis*) en 1076, et nous avons avons fait observer que ces personnages n'étaient autres que des prévôts de la collégiale de Saint-Amé de Douai. Ce terme a été adopté ensuite pour désigner des dignitaires laïques, revêtus d'attributions très-différentes.

Ainsi, pour ne parler que de notre région du Nord, le prévôt était à Lille, à Tournai, à Valenciennes, à Cambrai, etc., un personnage important de la magistrature locale ; et encore ses fonctions n'étaient-elles point les mêmes dans ces villes. A Lille, le prévôt était un officier du prince ; à Valenciennes, il y avait deux prévôts, le prévôt-le-comte, c'est-à-dire le bailli du souverain, et le prévôt de la ville, c'est-à-dire le maire ou le chef des échevins ; à Cambrai, le maire s'appelait prévôt, etc. On nommait également prévôt un juge royal, inférieur au bailli de la province ; au XIII° siècle et au XIV°, le nord du royaume était divisé en bailliages, et ceux-ci en prévôtés ; il est souvent question à Douai du prévôt de Beauquesne, placé sous le bailli d'Amiens. Cette institution se perpétua dans le comté de Hainaut. N'oublions pas de citer le prévôt des maréchaux, qui exerçait son office sur les gens de guerre, et le prévôt des marchands, à Paris, qui était le premier magistrat de la grande commune parisienne.

Bien que cette énumération soit déjà longue et quoique nous puissions l'étendre encore, il est impossible de faire rentrer le prévôt de Douai dans aucune des catégories ci-dessus. Qu'était-il donc ? Une courte réponse ne pourrait être exacte en cette matière ; car les attributions de cet officier étaient si variées, qu'il faut nécessairement les énumérer toutes, pour faire bien connaître quels furent ses droits et ses devoirs. En somme, c'était un feudataire, qui exerçait dans l'échevinage de Douai quelques-unes des attributions retenues par le prince, après l'établissement définitif d'une commune grandement privilégiée. Comment l'exercice de ces droits avait-il été détaché du domaine souverain ? Evidemment, par le moyen d'une concession à titre de fief, faite par le prince, dans le temps où toute chose était susceptible d'être donnée à ce titre; le fief, c'était ici le droit d'exercer certaines attributions, domaniales à l'origine; les revenus, c'étaient les profits et les salaires en résultant.

I.

La prévôté était un dénombrement de la châtellenie. Le prévôt apparaît au XII° siècle; ses fonctions et ses prérogatives. Hôtel de la prévôté; garde des meubles saisis et des prisonniers pour dettes; justice des clains et respeux, des saisines. — Exécution des sentences civiles du tribunal échevinal. — Droits sur les brasseurs, merciers, foulons. — Droits sur les épaves. — Garde de l'ancienne enceinte fortifiée. — Droits sur les moulins; le moulin banal de l'échevinage. — Le justice ou sergent de la prévôté. Le receveur. — Tentatives réitérées de la commune pour acquérir cet office féodal.

La prévôté de la ville de Douai, ainsi que nous l'avons souvent répété, n'était que l'un des nombreux « éclissements » ou démembrements de la châtellenie; mais c'était l'un des plus anciens et le plus considérable. En effet, le prévôt apparaît vers l'an 1140; à lui fut attribuée la garde de l'ancienne enceinte fortifiée ou du *castrum*, fonction tellement importante qu'à l'origine elle était de l'essence même de l'office du châtelain ; car qu'était-ce qu'un châtelain ? *castellanus: custos castri, seu qui ratione feudi castro domini prefectus est.*

Le fief de la prévôté, nous disent les dénombrements, consistait dans tous « les droits, prérogatives et honneurs qui s'ensuivent ».

Primo. L'hôtel de la prévôté situé sur la Grand'Place, rang nord (aujourd'hui maison n° 41). En 1372, il était ainsi désigné : « Une maison séant sur le Marché au bled, joignant au tenement qu'on dit du Cauchon, d'une part, et aboutant par derrière sur un lez de la viese forteresse, et d'autre part au tenement qu'on dit des Pourchelez, par derrière aboutant à l'autre lez à la rue Dame Augut. » En 1500, c'était : « Une maison manable, au Marché au bled, tenant d'un lez au Mouton, qui appartient à Giard Snellart, haboutant par derrière, d'un lez aux murs de la ville et d'autre part à la ruelle des Maugus », par corruption de Dame Augut; c'est aujourd'hui la rue des Fripiers. En voilà une autre, de l'an 1551 : « La maison de la prevosté, seant au Marchiet devant le plache de le Vielserie, tenant à le maison que l'on dist des Cauchon, et ayant icelle son yssue sur la rue Damauguz et aboutant par derrière à l'anchienne fortresse » (1). Enfin voici une désignation plus détaillée, qui date de 1571 : « Une maison manable séant au Marché au bled, joignant d'un lez le Mouton et à l'hostellerie où pend pour enseigne Saint-Martin; le jardin étant (une) partie des rejets des fossés de ladite ville, entre le courant de la rivierette fluant un moulin des Wez et l'ancienne muraille de la vieille ville, laquelle muraille, à cet endroit, est du comprins de notre dite maison, et sur icelle, *une grande vieille tour de grès* servant à des vielz anciens edifices, salles et chambres, employés à présent à la garde des grains et autres meubles saisis ou arrestés par *le justice* de ladite prévôté ». Enfin le dénombrement de 1714 constate que l'ancienne muraille a été démolie (sans doute depuis longtemps) « et unie aux

---

(1) Arch. départ., Ch. des comptes, reg. D 33, intitulé : « Cartulaire du gavene de Douai, 1551 ».

nouveaux bâtiments faits à la prevosté »; il témoigne aussi de la disparition de la grande tour de grès.

Un titre des précieuses archives de Saint-Amé constate l'existence de l'hôtel de la prévôté vers 1140 : *Wirinbaudus*, doyen de Saint-Amé, donne alors une rente due *causa cujusdam terrae quae*, IN FORO DUACI, retro LAPIDEAM DOMUM PRÆPOSITI, *in quodam viculo, cognoscitur sita*; étant présents comme témoins : Didier, prévôt de Saint-Amé, Lanvin, prévôt de Saint-Pierre, etc. L'hôtel du prévôt de la ville, bâti en grès (*lapidea domus*), situé sur le Marché (*forum*) ou Grand'place et tenant par derrière à l'étroite rue (*viculus*) voisine de l'hôtel où habitait alors « dame Augut », épouse de Ricart Du Markiet (*de Foro*), la bienfaitrice des Chartriers (1), se distinguait des maisons bourgeoises, ses voisines, qui à cette époque reculée étaient construites en bois.

Un document de l'année 1291 (2) signale « en dedans la porte dou Markiet, le tenement le provost de Douai, qui fut Werin Le Maieur, tenant à le maison dou Caucon, celle-ci tenant à le maison Agniès Dou Riès, laquelle aboute au Prayel et à le porte dou Markiet ». Un vieux « cœuilloir » des rentes appartenant en 1324 à la bonne maison des Malades, constate l'existence d'une rente de quatre sols douisiens, six chapons et un marc (3) sur « le

---

(1) De concert avec son mari, elle fonda la chapellenie des Chartriers, ainsi qu'en témoigne un acte de l'an 1175, conservé aux archives municip., et faussement indiqué, dans la *Table chronol.*, no 171, sous la date de 1275. — Cf. Plouvain, *Souvenirs*, p. 327.

(2) « Coeuilloir » des rentes appartenant à Jehan De Franche, bourgeois de Douai, dit « Cartulaire Jehan De Franche », écrit en octobre 1291; petit reg. en parchem., parfaitement conservé. (Archives des hospices, fonds des Chartriers, no 180 de l'*Invent.* de 1839.) Ce ms. est du plus haut intérêt pour la topographie douaisienne du XIIIe siècle.

(3) Monnaie de compte. Le marc valait chez nous vingt sols douisiens ou une livre; il se divisait en deux demi-marcs et en quatre « ferlons ».

maison le prouvost de Douai, ki fut Werin Le Maieur, ou Markiet au blet » ; la mention de cette rente est répétée dans le « cœuilloir » renouvelé en 1352 (1). Les dénombrements de 1372, de 1571 et de 1732 la relatent en ces termes : « laquelle maison loit, le rente heritiere aux malades Saint-Ladre, quatre livres parisis, trois sols douisiens et quatre chapons à la priserie de ladite ville ».

Quant à Wérin Le Maieur, il y a eu un échevin de ce nom, notamment en 1201 et en 1217. Nous en trouvons aussi un, en 1231, parmi ces riches douaisiens, les Du Markiet, les De Franche, les Pilate, les Malet, qui prêtaient continuellement de l'argent aux grands seigneurs (2) ; en 1249, il est cité parmi les bienfaiteurs du béguinage de Champfleuri auquel il venait de donner, entre autres biens, une rente sur sa maison et demeure, sise au Marché (3) : *domus dicti Werini Majoris, in qua ipse W. manet, sita in Foro.*

Quels que soient les termes des documents de 1291 et de 1324 : « le tenement » ou « le maison le provost de Douai, *qui fut Werin Le Maieur* », il ne faut point en conclure que ce bourgeois ait possédé tout l'hôtel de la prévôté avant les prévôts eux-mêmes. Nous croyons volontiers que Wérin Le Maieur aura cédé à un prévôt, vers le commencement du XIIIe siècle, une maison ou un « tenement », comme on disait alors, pour l'incorporer à l'hôtel de la prévôté ; et c'était cette parcelle-là qui était grevée de la rente

---

(1) « Cartulaires des Malades » de 1331 et de 1352; petits reg. en parch., bien conservés. (Arch. des hosp., fonds du Petit-saint-Jacques, n°s 239 et 240 de l'*Invent.* de 1839.)

(2) Cf. no 38 de la *Table* des archives de la ville.

(3) Arch. départ., fonds de l'abbaye des Prés.

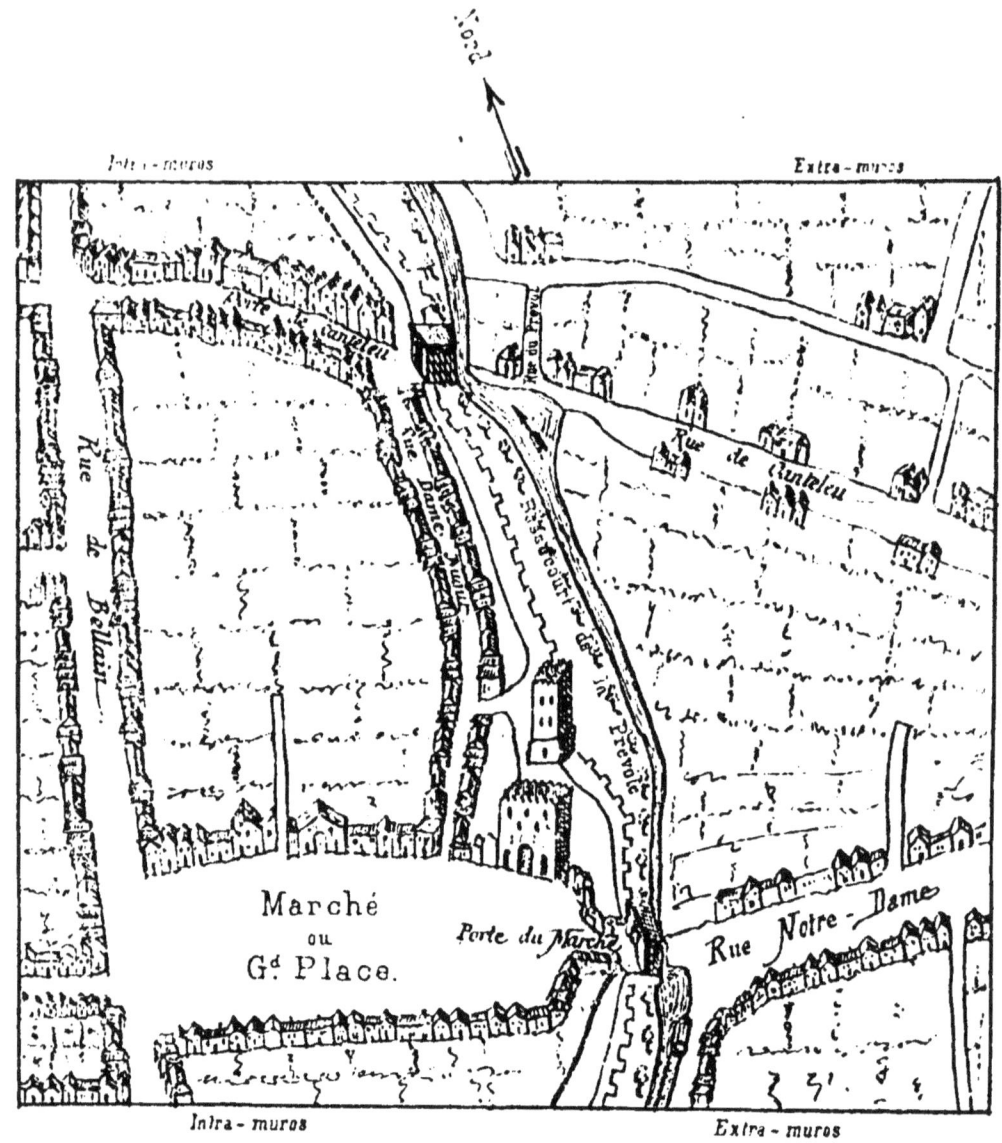

HÔTEL DE LA PRÉVÔTÉ ET TERRAINS VOISINS, VERS 1140

Echelle 1/2500.

au profit des Malades, rente cotière, qui frappait certainement un « héritage cotier » ou anciennement tel. Cette parcelle cotière ou roturière, réunie à un fief, aura changé de nature et sera devenue elle-même féodale, soit qu'on ait observé les formalités d'usage, c'est-à-dire par acte du prince intervenu après le consentement du pouvoir échevinal (1), soit par l'action du temps.

L'hôtel de la prévôté devait aussi une rente de dix-huit livres de douisiens au fief du Gavène, qui la percevait pour le prince. Dans le précieux compte du domaine de l'an 1187, l'article de la recette de la rente est ainsi conçu : *Ex preposito Duaci, xviij l. Preuves*, n° XLI.

Les quelques renseignements ci-dessus nous permettent d'entrevoir ce que fut autrefois cet hôtel (2). Placé le long du mur de l'ancienne enceinte qui, en cet endroit, faisait corps avec lui; dans le quartier de la ville forte opposé à celui que défendait le château du prince; avec sa grande tour de grès reposant à droite et à gauche sur la vieille muraille ; protégé, du côté de la campagne, par un large fossé toujours rempli d'une eau abondante; l'hôtel du prévôt nous apparaît comme un véritable manoir féodal, une forteresse de ville au moyen âge. Moins important, au point de vue de la défense, que le château comtal, il devait être cependant d'un grand secours pour renforcer les portes voisines, celles du Marché et de Canteleu, entre lesquelles il se trouvait placé.

(1) Le souverain n'avait pas le droit de transformer, de sa seule volonté, une « coterie » en fief; mais le contraire, c'est-à-dire le changement d'un fief en « coterie », était dans ses pouvoirs. En effet, le premier cas donnait lieu à une augmentation des revenus du prince, au détriment de la commune; tandis que, dans le second, il y avait diminution pour le prince et profit pour la ville.

(2) Voir le plan ci-joint.

L'étendue de ce manoir avait été assez grande; mais elle se trouvait fort amoindrie à la Révolution, lorsque, depuis des siècles, ce n'était plus la demeure habituelle du prévôt. Quoique n'ayant qu'un front de rue assez restreint, le manoir allait en s'élargissant par derrière. A main droite, il s'étendait le long de l'ancien fossé de défense, depuis la porte du Marché jusqu'à celle de Canteleu, sise en la rue de ce nom; dans tout ce parcours, non-seulement les vieux murs de grès, mais aussi le terrain appelé rejets du fossé, compris entre celui-ci et l'ancienne muraille, tout cela appartenait entièrement au prévôt et dépendait de son hôtel. Le jardin était formé de ces rejets eux-mêmes; ici, ils étaient beaucoup plus larges que dans toute autre partie de la vieille enceinte, puisqu'ils mesuraient jusqu'à 40 pieds entre le fossé et la muraille. C'était donc là comme une sorte de « bassecourt », sise au-devant du manoir féodal, et destinée à en faciliter la défense en cas d'attaque; peu à peu la « bassecourt » aura été transformée en jardin à l'usage de ceux qui habitaient l'hôtel du prévôt. Une autre remarque à faire, c'est qu'en cet endroit il n'y a nulle apparence de « cresteaux », c'est-à-dire de levées de terres appuyées à l'intérieur contre le mur crénelé, ainsi qu'on le rencontre dans les autres parties de la vieille enceinte. Il est probable que la *grande tour de grès*, encore debout au XVIIe siècle, avait remplacé avantageusement ici le système ordinaire de défense. Au dehors de la porte de Canteleu, à gauche, s'ouvrait une petite rue, que le voisinage de l'hôtel fit appeler rue du Prévôt; elle existe encore aujourd'hui. A main gauche de l'hôtel, en partant de la Grand'Place, le manoir était limité par les maisons peu profondes de la rue Dame Augut; à certains endroits et notamment vers le débouché de cette rue sur la Grand'Place, des dépendances de l'hôtel de la prévôté se trouvaient à front de rue.

Il serait trop long et trop peu intéressant d'énumérer toutes les aliénations partielles consenties par les propriétaires de la prévôté, à partir surtout du XVI° siècle ; c'était par voie d'arrentement perpétuel, qu'ils procédaient chaque fois. Citons seulement les aliénations faites en 1523 et en 1531, au profit des Franciscains ou Cordeliers, dits ensuite Récollets wallons, d'une « partie du jardin, provenant des anciens rejets, entre le fossé et la vieille muraille, contenant : en longueur 80 pieds, en venant depuis le bout d'en haut dudit jardin en amont, et 40 pieds de large ; derrière la maison de la prevosté, au long de l'eau passant contre le couvent ; avec permission de faire un pont au-dessus de ladite rivière, pour venir de leur couvent à icelle portion de jardin; à charge de 14 livres parisis, à deux fois l'an; somme employée au paiement de deux obits que sont tenus de dire les Cordeliers, l'un le 24 mai et le second le 9 juin ». Citons encore les arrentements : 1° de « dix pieds d'héritage, pris au pourpris de ladite Prevosté, qui faisait la porte d'icelle, du costé de la rue des Maugiers » (des Fripiers) ; il s'agissait là évidemment d'une porte de service ; 2° d'un petit héritage derrière le grenier de ladite Prévôté, frontant ladite rue des Viésiers, tenant par derrière au jardin des Récollets ». Au surplus, beaucoup des maisons voisines, tant de la rue des Fripiers que de la Grand'Place, situées en deçà du fossé par rapport à la Prévôté, s'étaient agrandies aux dépens de l'hôtel du prévôt.

Pour exposer avec clarté les nombreuses et différentes attributions du prévôt de la ville de Douai, il convient de les diviser ainsi : 1° Basse justice, comprenant le profit des actes extra-judiciaires et de la garde des prisonniers pour dettes, les redevances dues par les brasseurs, les merciers etc.; cette basse justice ne s'exerçait que dans les limites de la prévôté, ou Deçà l'eau, c'est-à-dire à Douai rive droite ; 2° garde de l'ancienne enceinte ; 3° garde des cours d'eaux et de différents bras de la Scarpe ; 4° droits sur les moulins ; ces dernières attributions, le prévôt les exerçait en dedans et en dehors des limites de la prévôté, Deçà et Delà l'eau ou sur les deux rives de la Scarpe.

1° *Basse justice Deçà l'eau.* — « Appartient au prévôt, en ladite ville, la justice des clains et respeus et des saisines (1) d'actions civiles et personnelles en cas pécuniaire, avec les profits et amendes qui pour raison de ce s'ensuivent. » L'article I du chapitre dix-huitième de la coutume de notre ville (2), homologuée en 1627, porte : « Tous arrests se font par les Justices de la Prévosté et de S. Albin, chacune en ses termes et limites. » Ainsi tout acte extrajudiciaire à faire dans les cas susdits, comme une assignation, une saisie etc., était de la compétence du prévôt. C'était en réalité la concentration en une seule main de plusieurs offices d'huissiers ou sergents du tribunal échevinal, pour la partie de l'Echevinage dite *Dechà le pont à le Laigne* ou Deçà l'eau, c'est-à-dire dans la paroisse Saint-Pierre (y compris ses démembrements, les paroisses de Saint-Jacques ancienne, Saint-Nicolas et Notre-Dame) et dans la paroisse Saint-Amé. On voit par les titres du XIII° siècle et du XIV°, qu'on appelait alors *ville de Douai* proprement dite, cette partie de la cité douaisienne, qui était de beaucoup la plus importante, et que les noms de Deuyeul

---

(1) *Clains* et *respeux*, demandes et défenses; du latin *clamare* et *respondere*. *Saisines*, saisies; ce mot avait une signification plus étendue ; il servait à désigner non-seulement ce que nous entendons par une *saisie*, mais aussi ce que nous appelons encore, dans la langue du droit, *saisine* ou mise en possession.

(2) *Coustumes de la ville et eschevinage de Douay*, Douai, 1720, pet. in-8°, p. 66.

et de Saint-Albin étaient donnés aux quartiers de la rive gauche.

On appelait *justice de la prévôté*, l'individu commis par le prévôt pour exercer les actes extra-judiciaires de la compétence de notre office féodal (1). La coutume protégeait le « justice » contre les violences dont il pouvait être victime dans l'exercice de ses fonctions ; il était cru dans sa déposition, en pareil cas ; le bris d'une « saisine » était également puni. *Preuves*, n° LXXXVII.

Outre la compétence en matière de « clains, respeux et saisines », le prévôt avait encore, ainsi que nous l'avons déjà vu, la garde des grains et des autres meubles saisis et arrêtés par son commis ; ces meubles étaient transportés en son hôtel pour être gardés.

« Item. Appartient au prévôt, en ladite ville, la garde et détention des prisonniers pour dettes (2), à être gardés en ladite maison de la prévôté, dans laquelle il a droit *d'une prison sur rue*, ainsi que la coutume de la ville porte. Et est ledit prévôt ou le *justice*, son commis, tenu de rendre au créditeur (*créancier*) le prisonnier sur qui il aura été *clamé*, ou l'argent, au chef de sept jours et sept nuits, pourvu que le prisonnier ait été mis en la prison. » Ici encore le prévôt n'était compétent que dans les limites sus-indiquées ou Deça l'eau.

Au surplus nous renvoyons aux *Preuves* (n° LXXXVII),

---

(1) On disait aussi : le *justice* du Gavène ou de Potes, le *justice* de Saint-Albin etc.

Le mot *justice* s'entendait également de la juridiction elle-même. Ainsi un ban de 1315 constate que les choses « estraières », les épaves, telles que or ou argent, appartiennent moitié à la ville, moitié *as justices* de la ville. (Cartul. QQ, f° 15 v°; n° 85 de la *Table* des archives.)

(2) Quant à la garde des prisonniers pour méfaits justiciables des échevins, elle appartenait au châtelain, qui les emprisonnait dans sa Vieille tour.

pour connaître les règlements des prisons pour dettes à Douai, règlements applicables tant à la prévôté qu'au fief de Saint-Albin.

Quant au droit d'exploiter ainsi que d'arrêter un débiteur bourgeois ou « forain », dans les limites de la prévôté, il appartenait aussi au Gavenier, à cause de sa justice dite *de Potes*, mais à la charge, par son commis, de mener, en la prison du prévôt, la personne arrêtée au corps. Du reste nous en reparlerons plus longuement en faisant l'histoire de l'office du Gavenier. (4e chapitre, article I.)

« A nous (dit le prévôt dans son dénombrement) ou à notre dit officier (*le justice*) pour nous, appartient, et à nul autre, ès termes de notre dite prévôté, de mettre à exécution toutes les sentences et ordonnances civiles données des échevins de la ville de Douai. »

On lit dans le mémoire de l'intendant de Flandre, rédigé en 1698, ce passage relatif à l'exécution des sentences échevinales : « Les jugements du magistrat de Douai (au civil) sont mis à exécution par *deux prévôts* (sic), dont les offices sont féodaux et appartiennent, savoir : le plus considérable que l'on nomme le *prévôt de la ville*, à Mr le prince d'Epinoy, et l'autre, que l'on nomme le *prévôt de Saint-Albin* (sic), à Mr le comte d'Egmont. Ces deux seigneurs nomment chacun un lieutenant-prévôt (*justice* ou commis), qui fait les fonctions en leur place. » (1) Ces renseignements sont exacts en ce qui concerne le prévôt; mais quant au possesseur du fief de Saint-Albin, il n'a jamais eu le nom de prévôt, ainsi que nous le verrons au cinquième chapitre.

On trouve, en outre, dans le vieux dénombrement de

(1) *Bull. de la Com. hist.*, Lille, 1868, in-8°, x, pp. 475-476.

1375, les articles suivants règlant les anciens tarifs des actes extra-judiciaires.

« Item. On doit, de chaque clain fait par le justice devant échevins, de chacune saisine où il y a échevins et de chacun arrêt fait présents échevins, 12 deniers douisiens. — Si aucun homme ou femme, tenu de rendre deniers par loy, n'acquitte le justice de son corps ou la debte payer, le justice en a 12 sols douisiens. Et si celui qui clame ne vient à son jour, il est à 3 deniers douisiens de chacun clain, et si celui sur qui on clame ne vient à son jour, il est à 4 sols douisiens de chacun clain. — Si celui qui clame jure, et il se mesprend, il est à 3 sols douisiens de chacun clain. Et si celui sur qui on clame mesprend, il est à 10 sols douisiens de chacun clain. » Dans le registre du XVe siècle où est copié le dénombrement de 1375, il est mentionné en marge de ces articles qu'il « y a nouvelle ordonnance »: ce qui prouve que les tarifs avaient été modifiés.

Le même document ajoute : « Ne peut-on prendre wages (*gages*) de rentes ne d'ostaiges (*loyers de maison*), puis que par loy on le veut sievyr (*poursuivre*), sans la justice de la prévôté à qui on se serait traict. »

Au surplus nous renvoyons aux *Preuves* (n° LXXXVII), où l'on trouvera le « Tarif des doits compétens aux justices de la prévôté et de Saint-Albin » ; nous nous contentons ici de faire remarquer que dans plusieurs cas les droits dûs à la prévôté étaient moindres de moitié

En 1412, le prévôt affermait l'ensemble des droits détaillés ci-dessus, moyennant 40 couronnes d'or par an; ceux de la justice de Potes ou du Gavène ne rapportaient alors que le quart ou dix couronnes.

Quand le pouvoir royal s'occupa du gouvernement de

notre ville, après la confiscation de l'échevinage en 1366, le régime des «clains et respeux » lui parut très-critiquable ; aussi se réserva-t-il de le réformer plus tard. On lit en effet cet article dans l'ordonnance royale du 15 septembre (1) : « Quant est des basses justices pour clains et respeus, ès quelz il a pluseurs choses à veir et à considerer, demourront en estat quant à present ».

Bientôt après, lorsque notre ville fut retombée sous la domination flamande, une ordonnance rendue à Gand, le 23 février 1371 (v. st.), d'accord avec les parties intéressées, régla à nouveau le fait des « clains et respeux » (2).

Passons maintenant à un autre ordre de prérogatives, en continuant, pour faire cette énumération, à suivre les anciens dénombrements :

« Nous avons droit (poursuit le prévôt) sur chacune cambe brassant (*camba*, brasserie), ès termes et limites de de notre prévôté, de douze deniers douisiens chacun an, à la saint Remy, pour l'eau. Et si l'on était en défaut de payer, on ne peut prendre waige (*gage*) fors le chaudron, le vaissel ou le pollye (*poulie*). Nous avons droit, sur chacune cambe brassant tatebault, goudale, cheutte, cervoise, hacquebart et autres quelconques breuvages bouillis, de quelques noms qu'ils soient appelés, par chacun brassin, six lots vinerés ou un franquet (3). Et aussi nous appartient un droit

---

(1) Arch. municip., n° 542 de la *Table*.

(2) Id., n°ˢ 562 à 564.

(3) Sur un autre droit de « franquet », montant à 24 lots du brassin et ne s'exerçant aussi que sur la rive droite, voir l'appendice au 4° chap., Gavène de Douai.

Le seigneur de Saint-Albin percevait, sur la rive gauche, un droit de « franquet » de même valeur que celui levé sur la rive droite par le prévôt, ou six lots. Le châtelain, sur la rive droite seulement, percevait 18 lots.

nommé le tourillage, à savoir : de chacune toureille (*tourelle de brasseur*) servant à touriller grains à employer auxdits brassins, sept rasières de bray (*grains braisés employés pour faire de la bière*), chacun an au jour saint Remy ».

Telles étaient les redevances dont étaient chargés envers le prévôt les brasseurs exerçant Deçà l'eau ou sur la rive droite de la Scarpe. En 1443, le prévôt affermait ces droits-là pour 50 livres parisis.

Il résulte de cette énumération que le prévôt ne levait point de droit sur le vin dans l'étendue de sa juridiction, où les quatre lots dûs pour afforage étaient demeurés au châtelain ou à ses ayant-cause. Sur la rive gauche, le seigneur de Saint-Albin percevait le droit d'afforage de quatre lots à la pièce de vin. (Voir 5ᵉ chapitre, article I 2ᵉ.)

» Item. Avons droit de prendre et avoir, chacun an, sur chacun estal, Deçà l'eau, sur lequel on vend pain, au jour Saint-Remy, quatre sols six deniers douisiens. De chacun estal de merchier, sept deniers douisiens, par an ; et de chacun estal là où on vend poivre, sieu (*suif*) ou oing, sept deniers douisiens. Et si lesdits estaux, de quoy que ce soit, ne passent hors de la maison plus de pied et demy, on ne doit rien. Et peut homme ou femme vendre sur tant d'estaux qu'ils voudront, parmy payant un seul estalage chacun an.

» Item. Nous doit-on, de chacun troncq de foulon étant en ladite ville, deux deniers douisiens par an, et du maistre troncq cinq deniers douisiens.

» Item. Tous avoirs estraiers ou espaves sont à notre droit de ce qui serait trouvé ès mettes de notre fief. »

Un ban de 1245 statue que de « toutes les choses estraières, si comme or et argent, la moitié en doit être à la ville, l'autre moitié *as Justices* de la ville ». (Cartulaire QQ, f° 15 v°.)

La coutume de Douai, homologuée en 1627, constate également que le droit d'épave appartient « pour la moitié au prévôt héréditaire de ladite ville ou au sieur de Saint-Albin, à savoir à celui d'eux sous la seigneurie duquel tels biens seront trouvés, et pour l'autre moitié à ladite ville. » (Chapitre VIII, article 3, de la coutume de la ville de Douai et de l'échevinage.)

« Item. Nous appartient, de tous faulx argents trouvez, le tierch. Item. Que les faulx poids ou fausses balanches et les fausses mesures, eschéans et trouvès, sont et appartiennent à notre droit, quand on en fait justice d'ardoir (*brûler*), et aussi la tierche part du fourfait de la loy, et le denier douisien qui est deseure.

» Item. Si aucun arbre chiet (*tombe*) enrachié, ès pires ou warescaix, ou on le coppe, ce nous appartient. »

L'ensemble de tous ces droits, « clains »; saisines, garde des détenus pour dettes, droits sur les bières, sur les « estaux », etc., constituait ce que l'on appelait la *basse justice* du prévôt de la ville de Douai. En 1369, le châtelain prétendait que le prévôt était, à cause d'elle, son vassal, et que celui-ci lui devait une rente de quatorze livres douisiennes. (Voir 2° chapitre, article 1.) Dans les documents que nous avons consultés, même dans le dénombrement de 1375, il n'y a plus de traces ni de ce fief distinct, ni de cette rente; au contraire, le prévôt déclare tenir du prince, en un seul et même fief, son office de la prévôté et notamment sa basse justice.

Pour tout ce qui concerne celle-ci, on peut encore se reporter à l'énumération des droits semblables qui appartenaient, sur la rive gauche, au fief de Saint-Albin. (5° chapitre, article I 2°.)

2° *Garde de la vieille enceinte, sur les deux rives.* — Le prévôt, avons-nous dit, eut dans ses attributions la garde de l'ancienne enceinte fortifiée, élevée pour la défense de la ville, c'est-à-dire qu'il posséda l'une des prérogatives essentielles de l'office primitif du châtelain, vicomte ou gardien du *castrum*, mot employé dans le sens de ville forte. Au XIV° siècle, époque à laquelle les dénombrements nous renseignent sur la manière dont le prévôt exerçait ses droits, la vieille enceinte, enfermée de toutes parts dans un cercle de fortifications qui entourait la ville considérablement agrandie, n'était plus que d'une médiocre importance pour la défense de Douai; néanmoins le prévôt avait conservé ses droits sur les vastes terrains, « cresteaux », crêtes et fossés, qui constituaient l'ancien système de fortification et qui avaient été détournés de leur destination première ; il jouissait de tous les profits qu'il en pouvait tirer, notamment en les arrentant par parcelles, soit à terme, soit à toujours. Avec le temps, l'ensemble de ces arrentements devint même pour le prévôt une source de revenus assez importants.

Quoiqu'il en soit, les titres de la prévôté concernant le droit de garde de l'ancienne enceinte, nous fournissent de précieux renseignements sur la topographie du vieux Douai.

« Appartient au prévôt la garde de l'ancienne forteresse ou des vieilles murailles de la ville (*le long de l'enceinte du castrum ou première ville forte*), ainsi que le profit des fossés et crêtes ou rejets dehors les vieux murs de pierre (*grés*) de la ville de Douai et tout autour d'iceux, tant à un lez comme à l'autre (*sur les deux rives*). C'est à savoir : Depuis le mur du Gart du castel jusqu'à la poterne de l'Aunoit (*par corruption* : Lannoy) dite Fort-huis (*forte issue*); depuis ladite poterne jusqu'à la poterne Saint-Nicolas; de là à la porte au Cerf; de là jusqu'à la porte du Marché; de celle-ci à la porte de Canteleu, l'ancienne muraille étant, dans cet espace, du compris de l'hôtel du prévôt; depuis la porte de Canteleu jusqu'à celle de la Neufville dite ensuite porte Saint-Jacques; de celle-ci, à la porte des Wez; de là jusqu'à la porte à l'Estancque et jusqu'au Neuf moulin dit ensuite moulin de la Prairie-Saint-Albin; sauf et réservés ici : le cours de la grande rivière (*la Scarpe*), qui flue parmi la porte des Arcs, et les warescais étant entre ledit moulin et la grande rivière. » Mais, depuis ce moulin jusqu'à la porte d'Esquerchin, et de là jusqu'à la porte d'Arras (1), le prévôt n'avait aucun droit ni sur les vieux murs, ni sur les crêtes ou rejets du fossé, qui, dès le XIV° siècle, appartenaient à un particulier, comme bien « cotier » et roturier. « Enfin il avait la garde des vieux murs depuis le pont de ladite porte d'Arras, jusqu'au toucquet (*coin*) de la maison darraine (*dernière*) vers le chastel. » Quant à l'espace compris entre ce côté du château (vers la rue des Moudreurs) et le côté opposé (vers la rue d'Infroi) le prévôt n'avait aucun droit ni sur les murs, , ni sur la crête du fossé; la propriété en était demeurée au souverain, attendu que ces ouvrages extérieurs formaient la limite séparative entre le château et la Bassecourt. Le prince avait eu soin de se réserver cette partie de l'ancienne enceinte, lors de l'inféodation : en bon propriétaire, il avait tenu à conserver intact le domaine qu'il gardait.

(1) Il s'agit ici des vieilles portes d'Esquerchin et d'Arras, qui s'ouvraient dans l'ancienne enceinte, et non point des nouvelles portes qui ont conservé le nom de leurs aînées.

Au XIIIe siècle, la vieille enceinte s'effaçait déjà derrière une foule de maisons qui s'étaient élevées au dehors et qui formaient comme une nouvelle ville. Vers 1310, les échevins commencèrent à construire les murs et les remparts de la seconde enceinte, qui est à peu près celle que nous voyons aujourd'hui; elle enfermait complètement les vieux murs, qui ne tardèrent même pas à disparaître peu à peu, à mesure que les échevins « employaient les étoffes (*pierres*) qui en procédoient, en l'édification de la nouvelle forteresse ». Dans ces circonstances, le prévôt chercha à tirer profit, tant des terrains où s'étaient élevés les murs et les « cresteaux », que de ceux appelés *rejets* et compris entre les anciennes murailles de grès et les fossés de la vieille enceinte, il employa le mode usité alors, c'est-à-dire l'arrentement ou terminatif ou perpétuel.

Ainsi, entre le château et le Fort-Huis ou poterne de Lannoy, il céda notamment aux arbalétriers de « plaisance », qui avaient leur jardin le long du fossé, entre le château et la Bassecourt, dans cette partie de l'ancienne enceinte demeurée au domaine du prince (1), un terrain provenant de la largeur de la vieille muraille, duquel terrain ils firent une petite ruelle menant à leur jardin.

Entre les poternes de Lannoy et de Saint-Nicolas, la majeure partie des rejets du fossé appartint longtemps aux archers de Notre-Dame de plaisance, qui y avaient leur jardin et leurs berceaux. (Voir le plan de Blaeu, 1620.)

Entre la poterne de Saint-Nicolas et la porte au Cerf, une grande partie des rejets appartenait aux arbalétriers du « serment » de la ville « sous monsieur saint Martin »,

---

(1) Dès le commencement du XVIIIe siècle, le Jardin des arbalétriers de *plaisance* était réuni à la Fonderie.

à charge d'entretenir les édifices qu'ils y avaient faits, les plantations d'arbres, etc. (Id.)

Dans le long espace compris entre la porte au Cerf et la porte du Marché, parmi les nombreux arrentements partiels, on remarque celui fait au profit des archers du « serment » de la ville « sous monsieur saint Sébastien », qui y avaient leur jardin, avec chambres et galeries, le long de la « riviérette ». En outre une ruelle, dite ruelle des Archers, s'était formée entre les deux portes et était devenue *wareschais* (chemin) de la ville. (Voir ledit plan de 1620.)

En parlant de l'hôtel de la prévôté, nous avons déjà fait connaître que l'espace compris entre la porte du Marché et celle de Canteleu n'était qu'une dépendance du manoir du prévôt.

Entre la porte de Canteleu et celle de la Neufville, les « cresteaux » et les rejets étaient occupés vers 1515 par les archers de « plaisance »; ils furent ensuite réunis au jardin d'une grande maison ayant son entrée principale près de la porte de la Neufville, ou porte Saint-Jacques, qui était située à la hauteur des n°ˢ 15 et 18 de notre rue Saint-Jacques ; cet hôtel devint le séminaire de La Motte (1). L'arrentement comprenait en outre « autres deux crettes, circuites d'eau, en forme d'islettes ».

De la porte Saint-Jacques à celles des Wez, il y avait notamment deux parties arrentées, l'une au chapitre de Saint-Pierre, l'autre au séminaire du Roi, comme en témoignent les mentions suivantes:« Les prévôt, doyen et chapitre de l'église Saint-Pierre tiennent en arrentement la largeur de la vieille muraille faisant clôture de leur cloistre

---

(1) Aujourd'hui, le Cercle commercial, n° 10 de la rue Saint-Jacques, rang est.

allencontre du jardin du séminaire du Roi, à six sols flandres au jour de Saint-Remi, et prier Dieu pour les âmes des seigneurs prédécesseurs et successeurs prévôts de Douai. — Le séminaire du Roi, pour héritage séant le long de la rivière fluante au moulin des Wez, depuis la porte de la Neufville jusques à la rue que l'on dist le pont de la Plancque Amoureuse, tenant au cloistre desdits chanoines, la vieille muraille entre deux, et à front de la rue nommée la Plancque Amoureuse. A charge de souffrir, sur ledit héritage, les rejets et surfaix de ladite rivièrette (1). » Enfin les « cresteaux », ainsi que les rejets du fossé, « depuis la rue de la Plancque Amoureuse jusqu'à la rue où anciennement était la vieille porte des Wez », avaient été réunis à une grande maison sise en face du séminaire du Roi (2).

Entre la porte des Wez et la Scarpe, était un terrain « aboutant du lez à front de rue où anciennement était la vieille porte des Wez, de la largeur de treize pieds, tenant à la chapelle de Notre-Dame des Wez ; et par le costé le long de la Sablonnière de la ville, cinquante et un pieds », que le prévôt céda à titre d'arrentement perpétuel, « sans que, par bâtiment ou autrement, il soit fait préjudice au moulin des Wez et cours des eaux d'icelui, et de ne point ôter ou diminuer les vues de ladite chapelle ». Cette chapelle, qui existait déjà au XIIIe siècle, se trouvait sous la vieille porte des Wez, à droite en entrant ; son emplacement est occupé par le cabaret n° 1 de la place Saint-Martin,

---

(1) Le séminaire du Roi est en partie occupé aujourd'hui par le n° 20 ter de la rue des Blancs-Mouchons, rang est, hôtel de M. A. Preux, procureur général à la cour de Limoges.

(2) Actuellement l'hôtel de feu M. le sénateur Maurice, ancien maire, n° 39 de la rue des Blancs-Mouchons, rang ouest.

rang ouest. Quant au terrain cédé par le prévôt, il est actuellement compris dans la brasserie n° 3 de ladite place, également sur le rang ouest.

Sur la rive gauche, entre la Scarpe et la porte à l'Estancque, une parcelle des « cresteaux » et des rejets fut réunie à une maison appelée la Verde-porte et qui a donné son nom à la rue.

Nous avons remarqué que partout où le prévôt cède des parcelles de terrain touchant au fossé de défense, il stipule la charge de souffrir, sur les portions cédées, les rejets et « surfaix » provenant du curage de la « rivierette ».

3° *Garde des cours d'eaux et de différents bras de la Scarpe non navigable.*—Le prévôt ayant des droits sur les moulins situés dans la ville et dans la banlieue, il était naturellement le gardien de l'eau qui faisait mouvoir ces moulins.

« Item. Lui appartient la garde de la rivière, tant de l'eau qui, par les ventelles des Hours, vient en l'Aunoit, comme de l'eau qui vient parmi les ventelles d'en costé un foulenet as Hours, pour venir au Four des eaux. » Voilà deux bras de la Scarpe dont le prévôt avait la garde; le premier est aujourd'hui le canal, depuis l'Entrée-des-eaux jusqu'au pont des Augustins; l'autre coule à découvert, le long de la rue dite actuellement du Grand-bail et anciennement du Four-des-eaux, et va rejoindre la grande rivière au moulin des Wez. On appelait tour des Hours une grosse tour des remparts, sise contre la Scarpe, rive droite.

« Lui appartient la garde de la rivière mouvante du moulin Tacquet jusqu'au pont Sainte-Marguerite, et dudit pont jusqu'au pont Caffan. » C'est le courant qui, presqu'en face de la rue des Vierges, se détache d'un autre (anciennement la grande rivière) descendu des moulins de la rue des Moudreurs ; qui coule à découvert devant l'église Saint-Jacques actuelle, qui passe sous la rue Saint-Julien, à l'endroit dit autrefois pont Sainte-Marguerite, et qui va se jeter dans la Scarpe près du lieu anciennement nommé Petit-rivage. Il faisait mouvoir le moulin Tacquet, aujourd'hui supprimé.

Il est à remarquer que, dans la désignation ci-dessus, on procède en remontant le cours de ce petit bras de rivière; dans nos explications, nous avons suivi son cours véritable.

« Est garde du courant d'eau prenant depuis la ventelle qui fut vers la Trinité, à l'un lez et à l'autre du fossé, jusqu'à la porte de la Neufville. » Il s'agit ici du courant de l'hôpital général, passant derrière les maisons du rang sud de la rue Saint-Jean et rejoignant le courant des Wez un peu en-deçà du pont Saint-Jacques.

« Est garde de l'eau depuis la fontaine Sainte-Rictrude jusqu'au Pont-à-l'Herbe. » C'était un bras de rivière, qui partait autrefois du moulin Tauvoie, près du couvent des Dominicains et de la rue des Basses, pour rejoindre, au Pont-à-l'Herbe, le courant de dessous la rue des Foulons.

« A la garde de la rivière monnante du pont à le Laigne, en allant au lez desseure, jusqu'à Biarch (*Biache-lez-Vitry*), et co jusqu'au dit et jugement des échevins. » C'était la grande rivière ou le bras principal de la Scarpe qui, descendu de Biache, entrait en ville, suivait les rues d'Arras, Saint-Samson et de la Cloche, et qui ne devenait navigable qu'au-delà du pont du Marché au Poisson. Aujourd'hui ce n'est plus qu'un bras secondaire, celui de gauche à l'entrée, et c'est le courant dit de Lannoy qui est devenu le canal actuel, à la suite des grands travaux du XVIIᵉ siècle pour rendre la Scarpe navigable jusqu'à Arras.

Il y a un courant sur lequel le prévôt n'avait absolument aucun droit : c'est celui « qui vient des nouveaux fossés derrière Barlet, par une ventelle et par-dessous le pont de la rue Pepin et le ponchel de Barlet, au fossé des Wez, dehors la porte du Marché. »On remarquera qu'il est situé en dehors de l'ancienne enceinte ; aussi appartenait-il à la ville, qui l'avait sans doute établi elle-même, vers la fin du XIIᵉ siècle ou le commencement du XIIIᵉ, lors du premier agrandissement depuis la porte du Marché jusqu'à la porte Notre-Dame (1).

Ces droits sur la presque totalité des petits cours d'eau qui sillonnent notre ville engendrèrent bien des contestations entre le magistrat et le prévôt. En 1532 notamment, on plaidait à la gouvernance au sujet des « seuyeres des petites rivierettes », l'une coulant du côté du moulin des Wez et l'autre du côté de la prairie Saint-Albin ; le procès ayant été jugé « au préjudice de ceste ville », le « conseil », dans ses assemblées du 17 décembre 1532 et du 9 janvier suivant, voulut qu'on soutînt l'« appellacion, en tant que ladite sentence est prejudiciable au cours de la riviere et desdites rivierettes », et que, le débat durant, « lesdites senyeres » fussent « closes et fermées, au plaisir d'eschevins et six hommes, comme elles ont esté par avant ledit procès » (2). Déjà en 1524, le prévôt avait adressé à la ville une réclamation pour obtenir, dans l'intérêt de ses moulins, l'ouverture de deux « soyeres et tenues d'eauwes, quy sont ès ventelles du Baille » ; mais on lui avait répondu

---

(1) Pour les droits du prévôt sur les vieux murs et les cours d'eau, cf. nos *Preuves*, r.o LXXXVIII.

(2) Arch. municip., 2ᵉ reg. aux Consaux, fᵒˢ llj vᵒ et liij.

que la coutume prescrivait de ne les ouvrir qu'une seule fois par an, la « nuict » (veille) de la Saint-Jean (1). De là sans doute naquit le débat qui, au bout de huit années, n'était jugé qu'en première instance.

4° *Droits sur les moulins.* — Dans le dénombrement de la prévôté servi en 1375, se trouve transcrite une très-ancienne et curieuse coutume relative aux moulins de Douai; en effet, l'une des plus importantes attributions du prévôt était la défense et la conservation des droits des « mauguiers » (*molendinarii*) ou possesseurs de moulins. Parmi les moulins, il y en avait cinq principaux, dont la propriété appartenait en tout ou en partie à cet officier.

Il est à remarquer que l'un des moulins de notre ville, celui du Pont-à-l'Herbe, à droite, constituait un fief tenu du seigneur d'Aix en Pèvele, vassal des antiques barons de Landas et de Bouvignies, eux-mêmes feudataires du château de Douai.

« Plus, appartient au prévôt, à cause de son fief, le moulin à l'eau séant au lieu que l'on dit le Pont-à-l'Herbe, près Sainte-Catherine, nommé vulgairement le moulin à Taillant. » L'antique chapelle Sainte-Catherine au Castel bourgeois, en face du Marché au Poisson, est actuellement le magasin de bois, n° 1 de la rue des Dominicains, rang est. C'est donc par erreur que Plouvain, dans ses *Souvenirs* (page 677), fait du moulin d'Enfer, près la rue des Foulons, l'ancien moulin à Taillant.

« Item. Lui appartient propriétairement la totalité du moulin des Wez, au lieu que, ci-devant, ses prédécesseurs n'en avaient que quatre parties de onze. » Cette indication se trouve dans le dénombrement de 1732.

---

(1) Id., 1er reg. aux Consaux, f° 165,

« Lui appartient le moulin appelé anciennement le Neuf moulin et à présent le moulin de la Prairie Saint-Albin, au dehors et assez près du lieu où anciennement était la porte à l'Estancque. Chargé de deux muids (24 rasières) de blé à la chapelle dite *Salve*, fondée en l'église Saint-Amé. » D'après le compte du domaine de l'an 1187, le Neuf moulin devait au souverain une rente de six muids de blé : *Ex novo molino, tr. vj m*ˢ (*Preuves*, n° XLI), réduite ensuite à quatre, puis éteinte avant 1372 (*Preuves*, n° XCIX).

Au commencement du XIII° siècle, ce moulin appartenait, en partie du moins (1), au chevalier Pierre de Douai (voir 5° chapitre, article II), qui le chargea d'un muid de blé en faveur de Saint-Amé. En 1248, son petit-fils et successeur, le chevalier Pierre de Douai *dit* de Rieulay, donna à Saint-Amé quatre rasières de blé à prendre au Neuf moulin. Plouvain, dans ses *Souvenirs* (page 676), dit que ce fut « M. de Fransus, descendant des châtelains de Douai », qui le vendit à un prévôt. S'il en était ainsi, la vente aurait dû être faite avant 1372. Quoiqu'il en soit, le Neuf moulin est indiqué déjà, dans un document de l'année 1270, comme appartenant (en tout ou en partie), au prévôt de Douai (2).

Le nom de Neuf moulin et sa situation au dehors de l'ancienne enceinte prouvent qu'il avait été établi plus ré-

---

(1) Au moyen âge, un moulin à eau était d'un revenu relativement considérable et constituait une fortune ; aussi, grâce au système des rentes foncières (qui, avant le Code Civil, équivalaient à une part de propriété), un moulin appartenait d'ordinaire à bon nombre d'individus. Les parts de moulin étaient avidement recherchées par les riches bourgeois, les communautés religieuses et les maisons de bienfaisance. A la Révolution, les hospices de Douai, tant par suite d'achats qu'en vertu de donations remontant à bien des siècles, se trouvaient avoir une quote-part de propriété dans presque tous les dix-sept moulins à eau existant alors dans notre ville.

(2) Arch. municip., n° 162 de la *Table*.

cemment que les autres moulins de Douai, situés dans l'enceinte du vieux *castrum*. Il n'aura même été bâti qu'à une époque où les anciens remparts commençaient à devenir moins utiles, c'est-à-dire vers le milieu du XII° siècle.

« Du moulin dit d'Escouflers, de six parts l'une » ou un sixième. Au XIII° siècle, on l'appelait moulin d'Escouffliel. Il existe encore aujourd'hui, à côté du suivant.

« Lui appartient le moulin au Brai (ou *Braserech*) avec une maison y joindante, du compris et corps de la prévosté, à front de la rue d'*Infroy* (au XIII° siècle d'*Andinfer*, paroisse Saint-Amé), par derrière sur la rivière descendante dudit moulin, tenant d'un côté à une maison des doyen et chapitre de Saint-Amé. Lequel est *bannier* (ou mieux : *banal*), et a telle noblesse, que personne aucune, au pooir de l'échevinage et banlieue de Douai, ne peut moudre aucun brai ou autres grains pour employer à brasser boires bouillies, si ce n'est audit moulin. Et ne peut-on admener brais en la ville, qu'ils ne soient admenés devant ledit moulin, et prendre la molture d'iceux brais, aussi bien que s'ils étaient mollus audit moulin (1). Chargé chacun an héritablement : 1° de 23 muids d'avoine, envers un particulier ; 2° de 12 muids d'avoine, à la chapelle Saint-André, fondée en l'église de la Magdelaine en la ville de Cambrai, présentement annexée à la cure de Saint-Martin audit Cambrai ; 3° de 11 muids 8 rasières d'avoine, envers un particulier ; 4° de 13 rasières de bled et 4 livres parisis à la chapelle Sainte-Catherine, fondée en l'église Saint-Amé de Douai. »

Les 46 muids 8 rasières d'avoine ci-dessus paraissent

---

(1) Sur la banalité du moulin au Brai, cf. le bail de 1774, mentionné au présent chapitre, art. IV, et la sentence de 1571, aux *Preuves*, n° XCI.

être le restant d'une rente de 60 muids de brai, que le prince levait sur le moulin au Brai, et qu'il donna en fief, l'an 1230. Les rentes, numérotées 1° et 3° ci-dessus, étaient encore fiefs à la Révolution. (Voir 6ᵉ chapitre, article IV 3₀.) La rente n° 4 avait été créée au profit de Saint-Amé, suivant convention de l'an 1229. (Voir ci-après, article II.)

D'après le compte du domaine de 1187, le prince percevait alors un revenu de 80 muids de *mouth.*, très-probablement du brai. *Preuves*, n° XLI.

Pour ne pas multiplier les citations, nous renvoyons à un document du XIIIᵉ siècle, intitulé : « Chest li escris de le justice de Douai et les droitures des moelins », existant aux archives de la ville et analysé dans la *Table chronologique* sous le n° 162. On y verra que personne ne pouvait ériger de moulin en cette ville, sans la permission des échevins et du prévôt.

« Item. A cause de sondit fief, sont tenus deux arrière-fiefs », à l'histoire desquels nous consacrerons quelques pages. (Voir au présent chapitre, article V.)

Enfin « toutes ces parties et droitures mouvaient, en un seul fief, du château de Douai, à dix livres parisis de relief, au dixième denier en cas de vente, don ou transport, et aux autres services et droitures que doivent les pairs et compagnons tenant semblables fiefs ».

Tel était cet office féodal, dont il est impossible de déterminer la nature au point de vue de la juridiction ou justice, attendu qu'il n'était ni une haute justice, ni une justice vicomtière, ni une justice foncière ordinaire ; à la vérité il participait des deux dernières, mais sans pouvoir être classé ni dans l'une ni dans l'autre. C'était donc une étude curieuse à faire, pour l'histoire de la féodalité et des rapports de celle-ci avec le pouvoir échevinal.

Lors d'un procès important soutenu contre le prévôt par le magistrat, celui-ci, avec assez de raison, définissait la prévôté : « Un simple office inféodé, sans justice ni seigneurie, érigé pour l'exécution des sentences des échevins » ; à la suite de quoi, intervint un arrêt du parlement de Flandres, du 29 mai 1759, qui enjoignit au prévôt de se contenter du titre de *prévôt héréditaire* de la ville de Douai, avec défense de prendre celui de *seigneur prévôt* (1).

Dans le rôle des fiefs relevant du château de Douai, dressé en 1694, « la prevosté de Douay, appartenante au seigneur prince d'Espinoy », est rangée dans la deuxième classe, avec le fief du Gavène, avec les seigneuries de Montigny, d'Estrées, de Marquette, de Rache, de Flines, etc., tandis que le fief de la châtellenie et celui de Saint-Albin ne figurent que dans la troisième classe. Un seul fief d'ailleurs était de la première : c'était la terre de Bouvignies (2).

Enfin, une dernière remarque : c'est que, chose rare, le fief de la prévôté ne fut jamais vendu, mais qu'il passa de main en main par succession, depuis le XIIe siècle jusqu'au nouveau régime, ainsi que nous allons le voir en continuant nos recherches sur la prévôté, par l'histoire de ses possesseurs.

Pour l'exercice de ses droits, le prévôt n'avait d'autre officier, reconnu par la loi féodale, que le *justice*, c'est-à-dire le sergent commis à l'exécution des sentences échevi-

---

(1) Plouvain, Ms. intitulé : Echevinage, p. 103 ; à la Bibl. publique de la ville.

(2) Arch. municip., reg. aux plaids du bailliage, 1683-1694, f°s 71 et suivants.

nales, à la pratique des saisies, etc., etc. Il n'existait pas d'office de bailli de la prévôté.

Néanmoins, par la force même des choses, le prévôt eut nécessairement à Douai un ou plusieurs agents, chargés de la direction de ses affaires, de la recette de ses revenus, profits, etc. Aucun titre stable n'était attaché à ces fonctions, exercées tantôt par une seule, tantôt par plusieurs personnes; on les nommait *procureur* ou *receveur*, *entremetteur des affaires*, *intendant*, quelquefois *bailli*, ainsi que nous l'indiquerons dans la suite de ce chapitre.

Le *justice* ou sergent, nommé par le prévôt ou par son agent, devait être présenté aux échevins et leur prêter serment avant d'entrer en fonctions. Nous trouvons, dans le registre aux Mémoires de l'échevinage (1575-1585, f° 15 v°), la mention de cette formalité : « Le 24 décembre 1576, *Philippe de le Val*, escuier, s' de Graincourt, Peule en partie, bailly de ceste ville et *super intendent des affaires* (1) de mons' le viconte de Gand, prevost hereditaire d'icelle ville, a presenté en halle Christien Gallant, pour exercer l'estat de *justice* de la prevosté. Lequel a esté receu par eschevins, et sy a fait le serment en tel cas requis ».

La multiplicité des prérogatives du prévôt rendait son office au moins aussi gênant pour le pouvoir municipal, que l'avait été l'office du châtelain incorporé définitivement au domaine de la ville en 1464 ; aussi notre magistrat a-t-il dû nécessairement souhaiter d'éteindre la prévôté, comme

---

(1) Il s'intitulait aussi « recepveur et entremecteur general de toutes les terres et seigneuries » du vicomte de Gand (27 avril 1531, Arch. départ., Ch. des comptes, reg. D 33, Cartul. du Gavène), ou « entremecteur des affaires » du vicomte de Gand « en sa prevosté de Douai (bail du 11 avril 1564 « avant Paques », communiqué par le propriétaire de la Prévôté).

Outre cet intendant général, le prévôt avait, en 1531, un bailli, et en 1562, un receveur de la prévôté.

il l'avait fait pour la châtellenie ; plusieurs tentatives furent renouvelées dans ce but, depuis l'an 1550 jusqu'en 1611.

A l'assemblée du « conseil » de la ville, du 20 novembre 1550 (1), le magistrat remontra que le nouveau prévôt, en entrant en exercice, venait de déclarer « qu'il seroit content vendre sondit fief de la prevosté, ensemble tout ce qui en deppend, sy avant que seroit de l'enclos et comprins de l'eschevinaige. Qui seroit bonne acqueste, pour éviter aux querelles et difficultez qui journellement adviennent allencontre de l'un l'autre, et au retardement de la justice qui est delayée et cessé par la negligence des officiers et sergens de la prevosté ». Aussi l'assemblée s'empressa-t-elle de délibérer « de adviser et trouver moyen de l'acheter, pourveu que ce fut à pris raisonnable, et y exposer jusques au denier quarante ».

Quinze ans durant, on continua d'inutiles pourparlers. En 1560, le chef-échevin et le procureur se rendaient à Arras, « par ordonnance du conseil, pardevers monsieur le viconte de Gand et ses officiers, pour traicter de l'achapt de la prouvosté de ladite ville » (2). Aux assemblées du « conseil » du 14 et du 23 septembre 1564 (3), il fut encore « mis en terme d'acheter la prevosté, du visconte de Gand, pour eviter à plusieurs difficultez et retardement des executions par les officiers d'icelle » ; mais « n'a aucune chose esté résolu. »

En 1609, on crut un instant avoir atteint le but désiré. On eut, en effet, connaissance de « lettres missives et procure de madame la princesse de Ligne, envoyées à Tous-

---

(1) Arch. municip., 2º reg. aux Consaux, fº lviij.

(2) Id., compte de 1559-1560, fº cxxv vº.

(3) Id., 2º reg. aux Consaux, fºˢ clxvj rº et clxvij vº.

sains Du Pret, son recepveur et procureur, afin d'exposer en vente la maison de la prevosté de ceste ville, avecq l'exercice de la justice d'icelle, les droix seigneuriaulx sur les ventes de maisons, inventaires et depostz, et aultres declarez par ladite procure, que seroit à vendre pour sept mil deux cens florins et non meins. Auquel achat seroient, par lesdites lettres, preferez à tous aultres messieurs du magistrat». Aussi fut-il résolu, au « conseil » du 18 juillet (1), « d'en faire l'achat, moiennant que en soit donnée bonne asseurance et garandissement, et que ce soit au meilleur marché que faire se pourra ». La garantie était d'autant plus nécessaire que les droits de la princesse sur la prévôté ne résultaient que des confiscations espagnoles, attentatoires à nos privilèges. Néanmoins les pourparlers se continuèrent, ainsi que le prouve la délibération prise par les échevins, le 6 août (2) : « Pour les bons debvoirs, tant par lettres, voyage que aultrement de Toussaint Du Pret, procureur receveur des comte et comtesse de Ligne, pour la vente de la justice de la prevosté en ceste ville, par luy faicte, au nom d'iceulx, au prouffict de ladicte ville, soubz la reserve faite par lesdits comte et comtesse, de la reprendre en dedens six mois, selon qu'est porté par les lettres pour ce faites. A esté accordé et donné audit Du Pret une vaisselle de chincquante florins, advenant et à furnir lorsque ladite vente tiendra irrevocablement, et non devant ny aultrement. »

La rentrée en possession du légitime héritier de la prévôté ayant rendu inutiles les conventions passées avec le prince et la princesse de Ligne, une nouvelle mise en vente

---

(1) Arch. municip., 4° reg. aux Consaux, f° ije v°.

(2) Id., reg. aux Mémoires, 1607-1641, f° xxvij r°.

ramena la question sur le tapis, quelques années après ; mais tant de démarches vaines avaient découragé la majorité, de sorte qu'au « conseil » du 21 octobre 1611 (1), sur une nouvelle « proposition faicte touchant l'achat de l'exercice de la prevosté de ceste ville, que expose en vente Son Excellence d'Espinoy, la resolution a esté remise à aultre assemblée, pour l'absence de la pluspart de messieurs du conseil. Neantmoins, pour la plus saine partie des presens, l'on a incliné de n'en plus parler ».

Nos échevins n'obtinrent donc point la réalisation d'un vœu que chaque génération transmettait à la suivante ; les conflits et les procès continuèrent ; mais la prévôté resta debout, jusqu'à ce que la Révolution vint balayer ce vestige de l'antique vicomté de Douai.

II.

Liste des prévôts. La maison de Douai au XIIe siècle et au XIIIe. Le prévôt Robert; il se fait moine d'Anchin. Présomptions sur l'origine de cette famille. Les trois Gérard ; leur affinité avec les sires d'Oisy, châtelains de Cambrai; leurs seigneuries et leurs manoirs féodaux de Cuincy-le-prévôt, d'Escarpel, d'Estrées et d'Emerchicourt. Gérard III; son sceau équestre : il adopte pour armes un lion. La prévôte Ida et ses deux maris. Les prévôts de Douai enrichissent l'église Saint-Pierre.

Dès la première moitié du XIIe siècle, le démembrement le plus considérable qu'ait subi le fief de la châtellenie

_____
(1) Id., 4e reg. aux Consaux, fo ij^c xij v^o.

était consommé ; il se trouvait, dans la ville de Douai, un nouveau feudataire qui, sous le nom de prévôt, était destiné à éclipser avant peu le châtelain lui-même.

Les plus anciens prévôts de Douai qui, jusqu'ici fussent connus, étaient les Gérard, que mentionnent des chroniques et des titres du XII° siècle ; nous en avons découvert un autre encore plus ancien, qui s'appelait Robert.

1. — ROBERT, prévôt de Douai.

Il vivait vers les années 1140 et 1150. A l'imitation d'un grand nombre de seigneurs de ce temps-là, il quitta l'habit de chevalier pour endosser la robe monacale ; il finit ses jours dans l'abbaye d'Anchin.

L'existence de ce personnage est prouvée par les documents suivants.

En 1166, l'abbé de Saint-Amand Hugues II régularisa une donation faite autrefois aux religieux d'Anchin par *Robert, prévôt de Douai, qui se rendit moine* dans cette abbaye ; celui-ci avait donné à ses confrères une terre tenue de Saint-Amand et redevable de la dîme et du terrage. *Preuves*, n° LXXVI.

Dans les archives de la collégiale Saint-Pierre de Douai, dont nous devons déplorer la perte, il y avait des titres concernant : 1° une « chapelle de *requiem* fondée par *Robert, prévôt de la ville de Douai, et Gérard, son fils* » (1) ; 2° des prébendes ecclésiastiques instituées grâce aux libéralités de *Robert, prévôt, de Simon et de Gérard*. Quelques vieilles chartes nous ont été conservées dans le tome III

(1) Bibl. communale, Ms. 1066, II, f°ˢ 109 et 110. Preuves de l'Histoire de la collégiale, écrite par le chanoine Doutart vers 1735.

(Bruxelles, 1734, in-f°) du fameux recueil diplomatique de Le Mire et de Foppens : celui-ci les tenait du chanoine Doutart. La plus ancienne bulle pontificale du fonds de Saint-Pierre datait de 1163 et émanait d'Alexandre III, qui confirma les biens de cette collégiale à la prière du chef du chapitre, le prévôt Hugues (page 51); le pape confirme notamment l'institution des prébendes fondées à Saint-Pierre, grâce aux libéralités *du prévôt Robert, de Simon et de Gérard*, à la condition que la collation de ces bénéfices ecclésiastiques ne pourra appartenir à des laïques : *De præbendis quoque mutandis quæ de bonis Roberti præpositi, Symonis et Gerardi, in ecclesia vestra sunt rationabiliter institutæ, quorumlibet laicorum assensus, contra ipsius ecclesiæ consuetudinem, nullatenus admittatur.*

Le même paragraphe est répété dans la bulle confirmative de 1189, émanée de Clément III (page 356). D'où nous concluons qu'antérieurement à l'année 1163, des laïques, le prévôt Robert, Simon et Gérard avaient fondé des prébendes en l'église Saint-Pierre; qu'eux-mêmes ou leurs héritiers auraient voulu avoir le droit de conférer ces bénéfices, et qu'une bulle pontificale écarta leurs prétentions en défendant à tout laïque de s'immiscer dans la collation des prébendes.

Il y avait, dans le fonds de Saint-Pierre de Douai, une autre bulle, délivrée le 10 janvier 1197 par Célestin III et dont une copie a été prise par le chanoine Doutart sur l'original scellé (Ms. 1067, I, f° 2); en voici la date : *Laterani, iiij idus januarii, pontificatus nostri anno sexto*; le souverain pontife confirme les bénéfices des vicaires fondés autrefois par *feu de bonne mémoire le prévôt Robert*, et plus récemment par le chevalier R., par Gérard du Pont (1) et par R., échevin de Douai : *helemosinas et beneficia vobis, ad usus vicariorum praesbiterorum, a bonae memoriae R. praeposito, R. milite, G. de Ponte, R. scabino et aliis X¹ fidelibus, collata confirmamus.*

Il y eut donc un prévôt de la ville de Douai, nommé Robert, qui vécut vers 1140 et 1150 ; il fut le bienfaiteur de la collégiale Saint-Pierre, de concert avec ses fils Simon et Gérard ; il prit l'habit à Anchin, laissant la prévôté à son second fils Gérard, l'aîné Simon étant probablement mort avant son père.

C'était vraisemblablement son obit qui se célébrait à Saint-Pierre, le 16 février, et dont était chargée, ainsi que d'autres obits de personnes privées, certaine fondation par lui faite. On lisait en effet dans l'obituaire renouvelé en 1333 (2) : *Robertus praepositus, cujus capellani (3) referuntur teneri solvere varios census pro obitibus fundatis a quibusdam privatis.*

---

(1) En 1198, vivait un notable bourgeois appelé Jacques, fils de Gérard du Pont ; ce même Jacques du Pont est échevin en 1201, 1202, 1204, 1205, 1207 et 1212. (Titres de Saint-Amé.)

(2) Biblioth. communale, Ms. 1066, II, f° 56. Preuves de l'Histoire de St-Pierre par le chanoine Doutart, écrite vers 1735.

Doutart a fait de ce prévôt de la ville un prévôt de St-Pierre et l'a placé vers 1147. Cf. I, fo 32 v. et p. 154 du t. III de la collection de Miraeus et Foppens, Bruxelles, 1734, in-fo. Mais il n'y a pas de place pour lui à cette époque ; car le prévôt de St-Pierre Hugues, déjà en fonctions en 1161 (*Preuves*, no XXXIII), devenant « élu » de Cambrai en 1197, fut remplacé par son fils Pierre, qui était en exercice en 1208 et sans doute encore en 1237.

Les titres de St-Pierre, analysés plus haut et dans lesquels il est parlé de notre prévôt Robert, ont encore trompé Doutart, en lui faisant croire à l'existence d'un prévôt de St-Pierre Robert Iᵉʳ, qu'il a placé tantôt en 1162 (p. 154 du t. III de Foppens), tantôt vers 1136 (Ms. 1036, I, fo 32).

(3) La chapelle de *requiem* fondée par le prévôt de la ville Robert et par son fils Gérard fut divisée en deux, longtemps avant 1370. Ms. 1066, II, fos 109 et 110.

Ainsi, tandis que nos châtelains enrichissaient l'église Saint-Amé, les prévôts de la ville de Douai, paroissiens de Saint-Pierre, entouraient de leur pieuse sollicitude notre seconde collégiale. Plus tard (en 1250), on verra un prévôt faire encore une fondation à Saint-Pierre.

De qui descendait le prévôt de Douai Robert ? C'est une question qu'il n'est pas facile de résoudre avec des données aussi vagues que celles que nous possédons. Il est très-probable qu'il descendait d'un châtelain de Douai ; mais de quel châtelain ? et puis, en était-il fils ou seulement petit-fils ? Nous avons établi qu'il existe dans l'histoire de nos châtelains une lacune de plus de trente ans (1087-1122), et précisément elle se rapproche beaucoup de l'époque présumée de la formation de la prévôté. Le contemporain du prévôt Robert était le châtelain Wautier II, qui fut l'un des plus fidèles vassaux des comtes Thierry et Philippe ; au contraire, nous allons voir le fils du prévôt Robert céder à des influences de famille ou d'intérêts communs, et se révolter contre le comte de Flandre ; aussi croyons-nous que Robert se rattachait à Wautier II par des liens plus éloignés que ceux qui unissent deux frères ; c'étaient plus vraisemblablement des cousins, de la même famille, du même nom, comme l'on dirait de nos jours.

C'est ici le cas d'appliquer ce que nous avons exposé dans notre premier chapitre, articles II et III, touchant l'affinité qui a existé, au XIe siècle, entre les châtelains de Douai et ceux de Cambrai. Wautier Ier, châtelain de Douai (1050-1086), et Hugues Ier, châtelain de Cambrai (1048-1111), étaient deux frères, ainsi que nous l'avons prouvé. Le sire d'Oisy, châtelain de Cambrai, cadet de la maison de Douai, posséda l'hommage de la terre d'Escarpel, qui était une dépendance de la paroisse Saint-Albin de Douai; le prévôt de Douai, officier féodal créé aux dépens du châtelain, tint Escarpel en fief du sire d'Oisy, resta fidèle à celui-ci, qu'il soutint en 1157 dans sa lutte contre le comte de Flandre, prit pour armes, au XIII° siècle, un lion, à l'imitation de son suzerain, etc. Ne ressort-il pas de tout cela que le prévôt Robert se rattachait par des liens étroits de parenté à Simon d'Oisy, châtelain de Cambrai (1144-1170), fils de Hugues II d'Oisy (1121-1133) et petit-fils du châtelain de Cambrai Hugues I", cadet de la maison de Douai ? et que probablement il descendait lui-même de ce dernier ?

Le problème n'est pas résolu sans doute ; mais les présomptions ne sont-elles pas dignes de l'attention des curieux ?

Avant de poursuivre la série de nos prévôts, l'étude d'une charte contenue dans le *Liber albus* de Saint-Amand, f° 16 (1), nous retiendra un instant L'an 1116, le 16 décembre, le comte de Flandre Bauduin, étant en l'abbaye avec sa cour, règle les droits et les devoirs du prévôt de la ville de Saint-Amand, vassal de l'abbé. Voici les noms des témoins qui figurent après le comte, deux abbés et le chancelier : Godefroid avoué, Alard avoué, Amaury connétable, Roger, châtelain de Lille, Roger, prévôt de Lille, Robert, prévôt de Douai (*Robertus prepositus Duacensis*), Alard, prévôt de Formezelle, Gautier, fils de Fastré, Amaury de Landast, Jean de Herchengehen, Ratbod de Dossemer.

Que sont ces personnages qualifiés de prévôts de Lille, de Douai et de Formezelle? Si ce sont des ecclésiastiques,

---

(1) Arch. départ., cartul. du fonds de Saint-Amand. La charte est publiée, mais inexactement, dans le recueil de Le Mire et Foppens, II, p. 1153.

ils auraient dû venir après les abbés et le chancelier ; mais il est vrai que l'ordre des préséances n'est pas toujours rigoureusement observé dans les chartes ; et ici, ce n'est même pas l'original, c'est une copie insérée dans un cartulaire, et l'on sait que les scribes ne s'astreignaient pas toujours à copier très-exactement, surtout pour les séries des noms de témoins (1). A Formezelle, village flamand, existait alors un monastère de chanoines réguliers, dont le chef prenait le titre de prévôt; le prévôt de Formezelle était donc assurément un ecclésiastique; une liste de ces dignitaires porte, vers 1100, un individu nommé *Alvoldus* ou *Albaldus* etc. ; des chartes de cette maison religieuse désignent *Alboldus* comme prévôt en 1109 et 1117 (2). Ainsi voilà déjà une inexactitude constatée dans la copie donnée par le *Liber albus* : il faut lire *Alboldus*, au lieu de *Alardus prepositus de Formasela*.

A Lille existait aussi un dignitaire ecclésiastique, qui prenait le titre de prévôt : c'était le chef de la fameuse collégiale de Saint-Pierre. Sur la liste des prévôts de Lille, on ne trouve pas de Roger à cette époque ; mais pour les temps anciens ces sortes de listes laissent beaucoup à désirer. Il y eut en outre à Lille un prévôt laïque, officier du prince établi auprès du magistrat de la ville; mais ce fonctionnaire subalterne ne paraît guère avant la seconde moitié du XIIe siècle.

Quant à Robert, prévôt de Douai, c'est le prévôt de

---

(1) En voici une preuve, à propos de notre charte elle-même, dont une copie, du XVe siècle, existe aux Archives nationales, layette J 520, n° 376. (*Layettes du trésor des chartes*, I, p. 38, Paris, 1863, in-4°.) Le nom d'Amaury de Landast y est placé avant nos trois prévôts; le châtelain de Lille y est appelé seulement Roger de Lille etc.

(2) Sanderus, *Flandria illustrata*, II, pp. 370 et 413; 1732. — Le Mire et Foppens, III, p. 31.

Saint-Amé, qui est cité dans les chartes de ce temps et qui figure sur la liste des chefs de notre antique collégiale.

Comme il nous semble bien établi, d'après les remarques précédentes, que les trois prévôts, nommés dans la charte de 1116, sont des clercs, nous ne devons pas ranger, parmi nos prévôts de la ville de Douai, comme nous avions cru pouvoir le faire tout d'abord, le personnage nommé et qualifié, en l'an 1116, Robert, prévôt de Douai.

2. — Gérard Ier (1), prévôt de Douai, fils de Robert.

Voici dans quelles circonstances les chroniqueurs nous le font connaître.

En l'an 1157, Thierry, comte de Flandre, arrivé à Arras dans l'intention de partir pour la terre sainte, convoque tous ses barons pour le 12 mai, 1er dimanche après l'Ascension. Nicolas, évêque de Cambrai, refuse de se rendre auprès du comte; le châtelain de Cambrai Simon s'y refuse également; le même jour, Gérard, prévôt de Douai, abjure aussi son hommage, ce qui lui causa dans la suite bien du malheur, puisqu'il fut réduit à la misère (*ad nocumentum contigit, quoniam valde attritus egestate fuit*). Le comte fut fâché de ces mauvaises nouvelles, et après avoir recommandé son fils Philippe aux princes de sa terre, il partit. Le jeune comte Philippe marcha une première fois contre

---

(1) De 1157 à 1222, nous trouvons le prévôt de Douai constamment prénommé Gérard; évidemment ce n'a pu être un seul personnage qui ait tenu la prévôté durant un espace de temps aussi long; nul doute qu'il n'y en ait eu plusieurs, mais la difficulté est de les distinguer les uns des autres.

Nous croyons qu'il y en eut trois : Gérard Ier, qui vivait en 1157; Gérard II, son fils, qui apparaît sur la scène politique en 1177 et qui en disparaît avant 1187; enfin Gérard III qui surgit en 1187, qui épousa Ida de Saint Omer et qui ne laissa point de postérité mâle.

le châtelain Simon, et à sa seconde expédition il rasa *Hinci* (Inchy), forteresse du châtelain de Cambrai ; l'année suivante (1158), il fit encore une expédition heureuse contre le châtelain Simon (1).

On voit que notre prévôt Gérard épousa énergiquement la querelle du Cambrésis contre la Flandre, survenue à la suite de la convention de l'an 1153, par laquelle l'évêque Nicolas, mécontent de son châtelain et parent Simon, avait imprudemment donné en fief au comte de Flandre l'hommage de la châtellenie de Cambrai ; ce dont il n'avait pas tardé à se repentir. Selon les usages du temps, Gérard abjura, au début de la guerre, l'hommage qu'il devait à celui contre lequel il allait combattre ; or il s'agit surtout ici de la prévôté de Douai, qui était certainement le fief le plus considérable qu'il tînt du comte de Flandre. Il déclarait par là qu'il était résolu à ne plus reconnaître ce comte comme seigneur, et à défendre ou à reconquérir son fief les armes à la main. La conséquence fut à coup sûr la confiscation de la prévôté au profit du comte, maître de la contrée où se percevaient les revenus de cet office. On doit en conclure aussi que le prévôt Gérard était richement doté hors du comté de Flandre, en Cambrésis, en Hainaut etc, pour oser défier son seigneur ; au surplus nous verrons tout-à-l'heure que son fils et son successeur était en effet un riche et puissant baron.

Le châtelain de Cambrai Simon ayant eu constamment le dessous dans sa lutte contre le comte de Flandre, Gérard partagea les malheurs du chef auquel il s'était attaché ; non-seulement il perdit sa prévôté de Douai, mais aussi les terres

(1) Lambert de Watreloos, *Gesta Cameracensium episcoporum* (chronique contemp.); *Recueil des hist. de Fr.*, t. XIII, p. 515.

qu'il possédait hors du comté de Flandre, dans les pays où le comte Philippe s'avança en vainqueur.

La querelle entre la Flandre et le Cambrésis s'apaisa au moyen d'un mariage ; le comte Thierry et le châtelain Simon unirent leurs enfants : Hugues d'Oisy, futur héritier de la châtellenie de Cambrai, épousa Gertrude de Flandre, fille du comte Thierry et sœur du comte Philippe. Le prévôt de Douai rentra donc aussi en grâce et recouvra les fiefs qu'il tenait du comte de Flandre

Le prévôt Gérard 1er figure en outre dans plusieurs chartes du temps. En 1156, à Oisy, il est l'un des témoins devant lesquels son seigneur, Simon, châtelain de Cambrai, affranchit de tout droit les choses de l'abbaye de Saint-Amand passant par la terre dudit Simon ; notre prévôt de Douai est nommé seulement : *Gerardus prepositus.* Voici les noms des témoins cités après les enfants du châtelain de Cambrai et après les clercs : Wautier sénéchal, Simon, son fils, Hugues de Lambres, *Gérard prévôt*, Jean Papelart, Alard (de Sauchy), fils de Landry, etc. *Preuves,* n° LXXVII.

En 1162, à Douai, au cloître Saint-Amé, Gérard, prévôt de Douai, est témoin d'une charte de Thierry, comte de Flandre, touchant le *gavène* de Sailly, qui fut cédé à l'abbaye de Marchiennes. Parmi les témoins figurent aussi : Simon d'Oisy (châtelain de Cambrai), Michel, châtelain de Douai, Wautier, châtelain de Rache, etc. *Preuves,* n° XXXIV.

En 1166 (v. st.), le 13 février, à Lille, le même (*Gerardus, prep^s Duaci*) est témoin d'une charte du comte Philippe concernant Etienne, avoué de Marchiennes. A Arras, le 27 octobre 1168, le même (*Gerardus, ppositus Duac^s*) est témoins d'une charte du comte Philippe, concernant le comte de Saint-Pol et dans laquelle figure Simon d'Oisy (1).

Enfin nous attribuons encore à Gérard Ier le renseignement suivant : 1169, à Valenciennes ; charte de Bauduin IV, comte de Hainaut, et de Bauduin, son fils, *Dei miseratione Haynonensium comes junior nuncupatus*, au sujet de la mairie (*villicatio*) de Bruille et de différents biens que possédait en Ostrevant l'abbaye de Cysoing; présents ces barons: S. *Ade dapiferi. S. Eustachii de Rueth.* S. *Gerardi de Duaco prepositi.* S. *Goberti de Bruila. S. Joannis de Hasencort, S. Stephani de Obercicort, fratrum. S. Raineri de Wallers. S. Berneri de Roecort*, etc. (2). Cet acte prouve que notre prévôt occupait aussi un rang élevé à la cour de Mons et de Valenciennes, à cause des fiefs qu'il possédait en Hainaut. Le chevalier Bernier de Roucourt, cité dans cette charte, sera indiqué en 1181 comme cousin du prévôt Gérard II.

Le prévôt Gérard Ier, que nous avons vu s'associer avec son père pour enrichir notre seconde collégiale, semble avoir ajouté lui-même d'autres bienfaits : *ex titulo, ipsum designante constat censum annuum quatuor solidorum debuisse parocho S. Petri, ad usum chori nostri*; ainsi s'exprime le chanoine Doutart (3) en parlant du prévôt Gérard, dont il fait un prévôt de Saint-Pierre, renouvelant ainsi l'erreur par lui commise pour le prévôt de notre ville Robert, père et prédécesseur de Gérard Ier.

---

(1) Arch. départ., fonds de l'abbaye de Marchiennes.
(2) Titres de Cysoing. F° 73 du vol. 83 des 184 Colbert-Flandres, ms. de la Bibl. nationale.
(3) Bibl. comm. de Douai, Ms. 1036, I, f° 32. Il le place sur sa liste des prévôts de Saint-Pierre, vers 1150, et en fait le prédécesseur immédiat de Hugues (1160-1197). Il ne le fait pas figurer sur sa liste imprimée. (Le Mire et Foppens, III, p. 181.)

C'était vraisemblablement son obit qu'on célébrait à Saint-Pierre, le 20 octobre. On lisait en effet dans l'obituaire renouvelé en 1333 (1) : *Obiit Gerardus praepositus, qui reliquit semi marcam* (10 sols) *pro obitu.*

3. — GÉRARD II, prévôt de Douai, chevalier, fils de Gérard Ier.

C'est à lui que nous rapportons le renseignement tiré du traité conclu en 1177, entre l'évêque d'Arras Froumaut et le comte Philippe, au sujet de leurs juridictions respectives; notre prévôt (*Gerardus prepositus Duacen*^{s}) figure au nombre des témoins, après Michel, châtelain de Douai, Wautier d'Arras etc. *Preuves*, n° XXXVI.

En 1178, le même (*Gerardus prepositus Duacensis)* est témoin d'une charte du comte de Hainaut constatant un échange entre l'abbaye d'Anchin et le seigneur de Lalaing. Etaient présents : Gérard de Saint-Aubert, Gérard, prévôt de Douai, Ibert de Gommegnies etc. (2).

Encore en 1180 (*Gerardus prepositus de Duaco*), il figure comme témoin d'une charte de l'évêque de Cambrai, en faveur de l'abbaye de Saint-Aubert, au sujet d'une donation faite à celle-ci par Hugues III, châtelain de Cambrai ; il est cité, le premier des laïques, avant Etienne de Lambres, Alard de Paluel, Alard de *Salci* (Sauchy) (3), etc.

(1) Ms. 1063, II, f° 46.

D'après cette seule indication de l'obituaire, Douart a mis, sur sa liste des prevôts de Saint-Pierre, un Gérard II qui aurait vécu vers 1215 (Ms. 1066, I, f° 32 v°); mais il ne lui a pas donné de place, et avec raison, dans sa liste de la p. 151 du t. III de Foppens.

(2) Arch. départ., fonds d'Anchin.

(3) Le Glay, *Gloss. topog. de l'ancien Cambrésis*, Cambrai, 1849, in-8°, p. 68.

Nous savions que déjà Gérard Iᵉʳ était puissant au comté de Cambrésis; il en fut donc de même de Gérard II, son fils.

Encore en ce temps-là (*Gerardus Duacensis prepositus*), il figure à Lille, avec les barons du pays, comme témoin d'une charte du comte de Flandre Philippe, en faveur de l'abbaye de Cysoing, au sujet de la dîme de *Cérenz* ; il est cité après Amauri de Landast (1).

A Valenciennes, le 31 mars 1180 (v. st.), le même (*Gerardus ppositus Duacensis*) est témoin de la charte du comte Philippe, touchant la restitution de la dîme d'Aniche à l'abbaye de Marchiennes (2).

Nous traduisons ici un curieux passage de la chronique de Hainaut, composée à la fin du XIIᵉ siècle par Gilbert de Mons : « L'an 1181, Gérard, prévôt de Douai (*Gerardus prepositus Duacensis*), chevalier riche et puissant, hautement apparenté tant en Hainaut qu'en Flandre et en Vermandois, possesseur de beaucoup de biens qu'il tenait en fief lige du comte de Flandre et du comte de Hainaut, blessa un sien cousin (3), Bernier de *Rocurt* (4), à cause de certains différents qui existaient entre eux. Le comte de Hainaut l'apprit à son retour du tournoi de Blangi. Comme ce crime avait été perpétré au mépris des lois de sa terre (*contra justitiam et pacem terre sue*), le comte vint lui-même brûler les maisons du prévôt à *Ermencicort* en Ostrevant, abattre la forteresse (*firmitas*) qu'avait celui-ci dans le village; enfin, vers l'automne, il s'était emparé de tous les biens

---

(1) Titres de Cysoing, vol. 73 de la collection des 182 Colbert-Flandres, ms. de la Bibl. nat., fᵒ 83.

(2) Arch., départ., fonds de l'abbaye de Marchiennes.

(3) *Consobrini*, enfants de deux sœurs.

(4) Il y a dans le texte *Renerus* ; lisez *Bernerus*.

qu'avait dans ses États (*sub dominatione Hanoniensi*) le prévôt de Douai. C'est pourquoi, enflammé de colère, un petit-fils ou un neveu du prévôt (*quidam ipsius prepositi nepos*), le chevalier Willaume de *Rueth*, frère d'Hugues, tua, au village de *Dichis* (Dechy), vers la fin du temps Paschal (*termino Paschali*), un sergent (*serviens*) sans défense appartenant au comte de Hainaut, pour faire à celui-ci injure et dommage. Mais le comte vint en toute hâte dans l'Ostrevant, incendia le village de *Rueth* (Roeulx), et pour tirer une vengeance éclatante, il fit subir le même sort aux maisons et aux villages d'Ostrevant de tous les parents (*consanguinei*) du prévôt, bien que ceux-ci fussent innocents de la faute. Enfin ils obligea les proches et les amis du prévôt à abjurer toute alliance avec le coupable, sans souffrir la moindre réserve. »

Après avoir narré cet épisode des mœurs brutales de l'époque, l'historiographe du comte de Hainaut Bauduin V ne daigne pas nous apprendre si notre prévôt put rentrer en grâce auprès de son seigneur ; du reste Gérard II disparaît à cette époque de la scène politique ; son nom ne figure plus dans les chartes ni de la Flandre ni du Hainaut.

Grâce à Gilbert de Mons, nous avons bien des renseignements sur le prévôt Gérard II et sur sa famille. Il possédait en Ostrevant, à Émerchicourt (arrond' de Valenciennes), une petite forteresse que le comte de Hainaut lui-même ruina en 1181 ; nous verrons que Gérard III conserva la terre d'Émerchicourt. Un grand nombre des gentilshommes de l'Ostrevant étaient alliés à notre prévôt. Bernier de Roucourt, la cause innocente de l'incendie et de la ruine de plusieurs villages de ce pays, était son cousin ; à Roucourt près Douai, se trouvait une forteresse importante qui fut assiégée par le comte de Flandre en 1150 ; nous avons vu plus haut ce gentilhomme mentionné dans une charte de 1169 ; tout à l'heure il le sera dans une charte du prévôt Gérard III de l'an 1187 ; en 1191, le même (*Bernerus de Roulcourt, vir nobilis*) fut chargé par le comte de Hainaut d'une mission importante auprès du roi des Romains. (Gilbert de Mons.) Quant aux chevaliers Hugues et Willaume de Rueth, petits-fils ou neveux de Gérard II (car le mot *nepos* est amphibologique), ils tiraient leur nom d'un village de l'Ostrevant, qu'on appelle aujourd'hui Rœulx (arrondissement de Valenciennes) ; il ne faut pas confondre la famille de Rueth en Ostrevant, qui portait : D'argent à la *roue* de sable (armes parlantes, suivant le goût du temps), avec celle de Ruet en Hainaut, qui tirait son nom de la ville du Rœulx près de Mons.

Sur la fin de sa vie (entre 1182 et 1187), il fit un traité avec Eudes, abbé de Saint-André du Cateau-Cambrésis, au sujet de sa terre de Cuincy, qu'on appelait Cuincy-le-prévôt ou le grand Cuincy, et qu'il tenait en fief du seigneur de Lambres, vassal lui-même du sire d'Oisy ; ce traité fut bientôt confirmé par son fils et son successeur, ainsi que nous allons le voir.

4. — GÉRARD III, prévôt de Douai, chevalier, fils de Gérard II et époux d'Ida de Saint-Omer.

Il venait de prendre possession de l'héritage paternel, quand il ratifia en 1187 les conventions arrêtées entre son père et l'abbaye du Cateau ; par le même acte, il donna satisfaction à l'abbaye au sujet des legs pieux faits par sa mère ; enfin il fut stipulé que la postérité des deux prévôts Gérard, les épouses et les enfants de ceux-ci auraient droit de sépulture dans le cimetière de l'église de Cuincy. Passé en présence de ses parents et amis, les chevaliers : Anselme d'Aigremont, Hugues de Lambres, *Hugues de Ruet*, Enguerran de Noyelle et Jean Hastet, son frère, Robert de Montigny, Bauduin de Quinci (seigneur de Cuincy-Bauduin, le petit Cuincy), *Bernier de Roucourt*, Adam, sénéchal de Bouchain, Floris de Bouchain. Le sceau équestre de Gérard II pend à la charte. *Preuves*, n° LXXVIII.

Vers 1190, le dimanche 3 février, notre prévôt (*Gerardus, prepositus de Duaco*) figure en tête des chevaliers qui, à Férin, furent présents à un arbitrage mettant fin à une contestation entre l'abbé de Saint-Amand Eustache et le chevalier Etienne de Lambres, au sujet du terrage de quelques pièces de terre sises au lieu dit la Vallée de Lambres (sur les limites des terroirs de Férin, Lambres et Sin). L'abbé Eustache s'y trouva en personne. La sentence arbitrale fut prononcée devant l'archiprêtre de Douai Robert, et les curés de Lambres et de Férin, ainsi que devant tous les échevins et presque tous les paroissiens de Férin (1). On verra plus loin que notre prévôt était l'un des avoués de Dechy et de Férin, domaines de l'abbaye de Saint-Amand soumis à la souveraineté du comte de Hainaut.

Il est question du prévôt de Douai (*prepositus Duaci*) dans le pacte secret de Pontoise, conclu l'an 1195, entre le roi Philippe-Auguste et la comtesse douairière Mathilde, afin de tenter de faire passer Douai aux mains du roi ; la comtesse promet la ratification du prévôt, ainsi que celle de la commune, du châtelain, etc. Nous avons exposé en détail

---

(1) Arch. départ., *Liber albus* de Saint-Amand, XIII siècle, f° 222 v°, pièce cotée cclxj et 193.

cet épisode peu connu de notre histoire, dans le premier chapitre, article III, n° 5, à propos du châtelain Wautier III. Notre prévôt ne paraît pas avoir eu, plus que les autres Douaisiens, l'idée d'adhérer à ce pacte et de trahir son seigneur.

Parmi les gentilshommes du comté de Hainaut qui s'assemblèrent au château de Mons, le 28 juillet 1200, pour consigner par écrit les coutumes féodales de cette cour, sous la présidence de l'illustre Bauduin (de Constantinople), comte de Flandre et de Hainaut, apparaît Gérard, prévôt de Douai, nommé avant ses parents Wautier, châtelain de Douai et Pierre de Douai. *Preuves*, n° XLV.

En 1205, le même (*Gerardus prepositus Duacensis*) confirme, en qualité de l'un des avoués de Dechy et Férin, la loi pénale donnée à ces villages par l'abbé de Saint-Amand ; comme ce domaine de l'abbaye de Saint-Amand était soumis à l'avouerie du comte d'Ostrevant et qu'il dépendait du Hainaut depuis la réunion des deux pays, Gérard III ne donna son approbation qu'après que Willaume *dit* l'oncle du comte, régent de Hainaut en l'absence de Bauduin de Constantinople, eût confirmé la loi ainsi établie. Celle-ci était calquée sur la loi pénale de la commune de Douai. *Preuves*, n° LXXIX.

Au mois d'octobre 1206 (*Gerardus prepositus de Duaco*), il assiste à la solennité de la translation de saint Amé et il reçoit du chapitre une parcelle des reliques du saint ; d'autres parcelles furent données en souvenir aux chapitres et aux abbayes qui s'étaient fait représenter à cette cérémonie (1). Comme c'est le seul laïque qui ait eu part à la dis-

(1) *Acta SS. Belgii*, Bruxelles, 1787, in-4, IV, p. 598 ; d'après le *Liber argenteus* ou *ms. codex eccl. colleg. S. Amati Duacensis*.

tribution, on peut juger quelle haute position sociale occupait notre prévôt.

En mai 1207 (*G. prepositus de Duaco*), il autorise l'engagement d'une dîme située à Marquette, que son parent, le chevalier Hugues de Rueth, tenait de lui en fief. Etaient présents, comme vassaux du prévôt : Adam de Quinci, Simon de Hangemeri, Wautoul d'Estrées, chevaliers, et *Fulcerus*. Etaient également présents : les chevaliers Bernier de Roucourt, Robert de Montigny, Hugues de Lambres et Hugues, fils de ce dernier. Les échevins de Douai, Bernard du Castel et Robert Porcelet, les bourgeois de la même ville, Wautier Pilate, Gérard, son frère, B. du Castel, Wérin Le Mayeur, ainsi que Vincent, curé d'Estrées, assistèrent à l'engagement de la dîme, fait au profit de Thomas, chanoine de Saint-Amé. (*Preuves*, n° LXXX.) Il résulte d'un acte du mois d'août 1234, qui sera analysé plus loin, que cette dîme de Marquette ne mouvait pas du château de Douai, mais qu'elle dépendait du comté d'Ostrevant.

En l'an 1207, Gérard, prévôt de Douai, et Ida, sa femme, étant en leur maison d'Estrées, approuvent l'engagement, fait par un vassal, de dîmes perçues à Estrées et à Hamel. Cautions et « pleges » : le chevalier Bauduin d'Aubencheul, Alard d'Antoing, leur gendre, et *Ida*, leur fille. Etaient présents les vassaux du prévôt et plusieurs autres personnages : Willaume d'Hamel, *Fulcerus* de Douai, Willaume de Placi (indiqué comme chevalier en 1213), Robert de Corbehem, Wautier Le Gros, Adam du Mont, Gérard de Wasiers (chevalier en 1213), Isabeau de Noyelle, Bauduin, doyen de Gouy, Raoul chapelain, Hugues de Lambres (seigneur dudit lieu), Willaume de Goy (chevalier, 1212), Robe de Kiéri (chevalier, 1223), Enguerran d'Hamel, Pierre de Lambres et Hugues, son frère. *Preuves*, n° LXXXI.

Le 28 décembre 1216, Raoul, évêque d'Arras, approuva un acte qui avait été passé le 26, au château de Cuincy, chez le prévôt de Douai, où se trouvaient réunis plusieurs seigneurs de la contrée ; il s'agissait de la vente d'une dîme à Estrées et Hamel, faite par un vavasseur ou arrière-vassal de Gérard III, au profit du chapitre de Sainte-Croix de Cambrai ; avaient été présents : le seigneur Hellin de Wavrin *dit* l'oncle (seigneur de Heudiucourt, Waziers, Raimbaucourt, etc.) et les chevaliers Hugues de Ruet, Jacques, son frère (parents de notre prévôt), Bauduin d'Aubencheul et Pierre de Lambres. La charte, par laquelle Gérard III confirma cette vente, fut passée à Douai le 30 décembre de cette année-là, en présence de plusieurs de ses vassaux : Wautier Le Gros, Pierre Frion, Thomas le Borgheignon et Ibert Leches. Là furent encore : le seigneur Hellin de Wavrin et les chevaliers Hugues de Roet, Jacques, son frère, Bauduin d'Aubencheul, Robert de Montigny, Pierre de Lambres, Willaume de Goy et Jean de Douai (fils du chevalier Pierre de Douai; voir 4° chapitre, article II), ainsi que plusieurs notables personnages. Gérard III se servait alors du même sceau équestre que précédemment ; mais il avait adopté, depuis quelque temps, un contre-sceau armorial représentant un écu *au lion*. (*Preuves*, n° LXXXIII.) Nous avons déjà dit que le lion avait été l'emblème de la maison d'Oisy ou de Cambrai (branche de celle de Douai), qui s'était éteinte vers 1190.

A propos de la seigneurie que possédait, à Estrées et à Hamel, le prévôt Gérard III, nous citerons encore sa charte du 16 janvier 1219 (v. st.), par laquelle, du consentement de son épouse Ida, il approuve la vente, au profit du chapitre de Sainte-Croix, d'une autre dîme qui se percevait auxdits lieux et qui était tenue de lui en fief. Passé devant ses vassaux : le chevalier Willaume de Placi, Thomas Bourgheignon, Wautier Le Gros et Pierre Frison. Etaient également présents : Arnoul, le prêtre d'Hamel, les chevaliers Mathieu du Castel et Hugues Potins, ainsi que plusieurs autres individus. L'acte fut passé à Estrées, en la chapelle du prévôt. *Preuves*, n° LXXXIV.

En février, l'an 1212 (v. st.), notre prévôt avait obtenu du chapitre de la cathédrale d'Arras l'arrentement d'une terre cotière ou de main ferme (*firma terra*) et d'une part de dîme, que le chapitre possédait à Emerchicourt en Ostrevant, moyennant un cens annuel ou une rente de dix-huit « mencauds » de blé, prix moyen, à la mesure de Douai et à livrer en cette ville, à la Saint-André. (*Preuves*, n° LXXXII.) On se rappelle que déjà Gérard II était seigneur d'Emerchicourt.

En 1215, l'évêque d'Arras Raoul, étant à Lambres, délivra une charte intéressante pour la famille seigneuriale de ce lieu ; Gérard III y fut présent, avec son parent, le chevalier de Roucourt, et plusieurs ecclésiastiques. Témoins : P(ierre), prévôt de Saint-Pierre de Douai, W., doyen de Gouy, Wilard, curé de Lambres, Robert, curé de Noyelle, H., curé de Housdaing, et M° Robert de Douai, enfin les chevaliers Gérard, prévôt de Douai (*Gerardus prepositus Duacen'*), et N... de Roecort (1).

Vers 1219, notre prévôt fut menacé des foudres de l'église, pour avoir exigé certains droits sur des objets appartenant à l'abbaye d'Hasnon et qui avaient passé sur la

(1) Arch. départ., fonds de St-André du Cateau.

Scarpe. « Raoul, évêque d'Arras, mande au doyen de chrétienté de Douai d'avertir nobles hommes le prévôt de Douai et Nicolas de Lalaing, chevalier, qu'ils aient à restituer, au plus tôt, les droits qu'ils avaient perçus pour vinage sur l'abbaye d'Hasnon ; en cas de refus de leur part, de les excommunier par tout le décanat et de jeter l'interdit sur leurs terres. » (1) C'était en qualité de seigneur d'Escarpel (vassal du sire d'Oisy) et de possesseur du vinage d'Escarpel (mouvant médiatement du château de Douai et vendu à la ville en 1271 par un descendant du prévôt de Douai), que Gérard III eut ce démêlé avec l'autorité ecclésiastique.

Le riche fonds des archives de Saint-Amé renferme aussi plusieurs chartes de ce prévôt. Il y en a une de l'an 1210, munie du sceau équestre de ce chevalier, avec le contre-sceau au lion, par laquelle il approuve certaines procédures qui avaient été passées en son absence dans une cause intéressant son domaine de Cuincy. On voit dans une charte de Raoul, évêque d'Arras, de cette année-là, que Gérard III (*nobilis vir Gerardus prepositus Duacensis*) était en contestation avec le chapitre de Saint-Amé et le chevalier Wérin de Planques, au sujet du cours de l'eau (l'Escrebieu) du moulin de Planques ; qu'un compromis avait remis l'arbitrage aux chevaliers Pierre de Lambres et Wautier d'Oignies, et que la sentence arbitrale avait été prononcée dans l'église de *Quinci*, en présence de Bauduin, abbé d'Hennin, de deux moines de Saint-André du Cateau, de *noble dame Ida, prévôte de Douai (a marito suo coram arbitriis constituta ad audiendum arbitrium)* etc.

En février 1220 (v. st.), dans le cloître de Saint-Amé,

---

(1) Cart. d'Hasnon, f° 88 v°; copie prise par dom Queinsert. Collection Moreau, à la Bibliothèque nationale, t. 1, 127, f° 36.

Gérard, prévôt de Douai, confirme, comme sire, la vente faite au chapitre, par le chevalier Gossuin de Saint-Aubin, d'un tiers de la dîme commune (ou grosse dîme) du terroir de Saint-Albin, que Gossuin tenait en fief du prévôt; celui-ci la remit aux chanoines, affranchie de tout hommage ou charge féodale et militaire; pour prix de cette complaisance, Gossuin céda (*restauravit*) au prévôt l'hommage du fils du chevalier Wautier de Geulesin. Passé en présence des hommes ou des vassaux du prévôt : Willaume de Placi, chevalier, Sohier Moriaux (*Sigerus Morials*), Pierre Frions, Gilles d'Estrées et Marie Coillons. Le sceau de Gérard III, avec le contre-sceau (comme ci-dessus, en 1210), pend à l'acte. (*Preuves*, n° CVIII.) Parmi les fiefs qui, à la Révolution, mouvaient encore de la prévôté, nous trouverons un autre tiers du Dîmeron de Saint-Albin.(Voir article V 2° du présent chapitre.) Ainsi, le seigneur de Saint-Albin était, pour certaines de ses possessions, vassal du prévôt, comme celui-ci l'était du châtelain ; cet enchevêtrement de vassalités diverses était bien de l'essence du système féodal. C'est encore une nouvelle preuve de ce que nous avons dit si souvent, que la châtellenie, la prévôté, Saint-Albin, etc., avaient été originairement réunies dans les mains des châtelains ou vicomtes de Douai du XI° siècle.

L'an 1221, Gérard III avait, contre Saint-Amé, un nouveau procès, qui fut terminé en juillet de cette année-là. A Douai, devant Névelon, maréchal du roi (gouverneur d'Arras, Douai, etc., pour Philippe-Auguste), comparut notre prévôt (*Girardus, miles, prepositus Duacensis*) et reconnut qu'à tort il avait fait fermer le moulin *Tollevoie* que l'église Saint-Amé possédait librement (par donation du châtelain Wautier Ier, vers 1070), à l'occasion de certain *past*, repas (*pro quodam pastu*) exigé par lui ; il répara le dommage causé à l'église.

Sur la fin de sa carrière, il prévint, par un arrangement, les difficultés qui auraient encore pu surgir avec Mrs de Saint-Amé, au sujet du moulin de Planques. Suivant ses lettres scellées des mêmes sceau et contre-sceau qu'en 1210 et 1220, du consentement de son épouse, de Pierre et d'Hellin du Maisnil (*de Maisnillio*), ses cousins, et d'*Ida*, sa fille (alors veuve d'Alard d'Antoing), en présence de l'évêque d'Arras et des échevins de Douai, il cède à Saint-Amé trois muids de bonne mouture sur l'un de ses moulins de Douai, en la paroisse Saint-Amé, proche la porte d'Arras (ancienne), dit le moulin Sous-le-Mur ; il accepte en échange les droits de Saint-Amé sur le moulin de Planques, rapportant deux muids de froment par an. Il donne en garantie la part qu'il avait dans le moulin des Wez (*de Vadis*). Sa fille Ide appose son sceau (il est perdu) à côté de celui de son père. Voici un extrait de cette charte :

Cum molendinum de Plancis teneretur de ecclesia s. Amati, pro ij modiis frumenti redditus. Ego, pro redditu illo et pro jure quod ecclesia habebat in illo molendino, dedi eccl^e iij modios multure, super omnia que ego habebam in quodam molend^o meo, q^d est situm Duaci, in parochia s. Amati, prope portam Attrebat., et dicitur molendin. sub muro. Et illud molend. totum erat meum, preter mausneriam que de me tenebatur.

Il s'agit ici de l'un des deux moulins de la rue des Moudreurs, du seul qui subsiste aujourd'hui, et qu'à partir du XIVe siècle, on appela moulin Goulet. Le mur dont il est parlé était celui de l'ancienne enceinte, au-dessous duquel passait le bras de la Scarpe qui était la grande rivière d'alors.

De sa femme, Ida de Saint-Omer, — fille de Willaume, châtelain de ladite ville, en son temps illustre chevalier, et d'Ida d'Avesnes, — Gérard III n'eut qu'une fille prénommée également *Ida* (1) et qui hérita de tous les biens des antiques prévôts de Douai, tels que la prévôté, Escarpel, Cuincy-le-prévôt, Emerchicourt et les terres d'Ostrevant etc.

Il avait fait un testament (*devise*) devant échevins de Douai en 1211, au mois de septembre, notamment en ce qui concernait « tout l'héritage que le prévost Gérard de Dowai, qui jadis fut, avoit à celui jour, qui par échevins se justiçoit », c'est-à-dire pour les biens de nature cotière situés dans l'échevinage. Cet acte donna lieu, dans la suite (en 1250), à des contestations que nous rapporterons plus loin.

Tels sont les renseignements que nous avons recueillis sur les plus anciens prévôts de notre ville, qui ont été de hauts personnages, ne le cédant aux châtelains ni pour la naissance ni pour la richesse. Le premier, Robert, bienfaiteur de l'église Saint-Pierre, renonça aux gloires mondaines, pour se retirer dans un cloître, laissant ses dignités à Gérard Ier, son fils, assez hardi et assez puissant pour oser faire la guerre au comte de Flandre. Une foule de renseignements nous montrent Gérard II occupant une grande position en Flandre, en Ostrevant, en Cambrésis etc. Enfin cette maison arrive à son apogée avec Gérard III, qui, à l'instar des plus grands seigneurs du temps, adopte, dès l'an 1187, l'usage d'un sceau équestre, et qui vers 1210

---

(1) Anciennes généalogies de Hainaut *dites* de Bauduin d'Avesnes, fin du XIIIe s., éditées par le baron Leroy (Anvers, 1693, in-fo) sous le titre de : *Chronicon Balduini Avennensis, toparchæ Bellimontis, sive historia genealogica comitum Hannoniæ*...; pp. 43 et 44.—Cf. Gilbert de Mons, p. 56.

prend pour armes *un lion*, c'est-à-dire l'emblème de son suzerain et parent, Hugues III, sire d'Oisy, châtelain de Cambrai, vicomte de Meaux, mort vers 1190 sans postérité, emblème qu'avait repris Jean de Montmirail, sire d'Oisy, châtelain de Cambrai, comme héritier de son oncle maternel.

5. — IDA, prévôte de Douai, fille du prévôt Gérard III.

Elle avait épousé, en premières noces, au commencement du XIIIe siècle (vers 1204), Alard, sire d'Antoing et d'Epinoy, fils d'Hugues, sire desdits lieux, et d'Agnès de Mons (1). En 1222, elle était veuve avec un fils et deux filles. Bientôt elle se remaria avec un chevalier flamand, Henri de Hondescote, et quoiqu'elle approchât de la quarantaine, elle eut encore plusieurs enfants de son second époux. Celui-ci était, dit-on, fils cadet de Wautier, sire de Hondescote, mort en 1204, fondateur du monastère de l'ordre de la Trinité *dit* du Clair-Vivier à Hondescote.

C'est ici le cas de faire remarquer que le cadet portait des armoiries toutes différentes de celles de la maison de Hondescote; il avait adopté l'écu en abîmé, comme les Wavrin. Au surplus, il y eut bien des variantes dans l'écusson des Hondescote, sauf l'hermine qui ne changea jamais; en 1226, Wautier de Hondescote usait d'un sceau équestre, avec bouclier d'hermine à une bordure; en 1276, le sceau armorial du chevalier Wautier de Hondescote est d'hermine à une bande; en 1286, il est d'hermine à une bordure chargé de onze coquilles; enfin en 1297, Wautier, chevalier, sire de Hondescote, se sert du sceau équestre, aux armes d'hermine à la bande chargée de trois coquilles, qui

(1) Anc. généal. de Hainaut, précitées, pp. 19 et 41.

sont restées l'emblème définitif de cette maison (1). On sait qu'en général il n'y eut guère de fixité dans les armoiries des familles chevaleresques, avant la fin du XIII° siècle.

La prévôte Ida et son second époux apparaissent dans un certain nombre d'actes intéressant Douai et les environs.

En juillet 1228, le prévôt Henri *(Henricus, prepositus de Duaco, miles)* est témoin à l'acte d'une vente faite par Bauduin de *Quinoi*, seigneur de Hennin (et de Cuincy-Bauduin près Douai), et Mathilde, son épouse, au profit de l'évêque d'Arras, de tout ce que ledit Bauduin tenait en fief de l'évêque à Vitry, *Viteriacum* (2). On sait que le châtelain de Douai était le principal vassal de l'évêque d'Arras à Vitry ; notre prévôt était également feudataire de l'évêque.

Au mois d'avril 1229, « Mⁿ Henri, le prevost de Douai, et madame Ide, le prevoste, sa femme », amortirent, au profit du Temple, une terre sise à Coutiches, lieu dit la Fosse Escumont, que le chevalier Gossuin de Saint-Aubin tenait d'eux en fief. *Preuves*, n° CIX.

En 1229, intervint une convention entre Mⁿ de Saint-Amé, d'une part, et Mⁿ Henri de Hondescote, époux d'Ida, prévôte de Douai ; le chapitre, qui possédait un peu plus de la moitié de la mouture du moulin au Bray de Douai, *quod dicitur Braiseres*, appartenant à la prévôte, abandonna cette part, moyennant une rente de vingt-six sols huit deniers « sterlins » et treize rasières de blé de mouture sur le moulin. Ce traité est énoncé dans des lettres confirmatives, du mois de mai 1229, émanées d'Hugues, sire d'Antoing et d'Espinoy, fils de la prévôte Ida. Dix ans après, la

---

(1) Douet d'Arcy, *Collection de sceaux*, n°⁸ 2119 à 2132.

(2) Original aux archives de l'évêché d'Arras, copié par dom Queinsert en 1768. Collection Moreau, vol. 140, f° 103, à la Bibl. nationale.

convention fut renouvelée de la manière suivante : en juillet 1239, Henri de Hondescote, prévôt de Douai, et Ide, sa femme, prévôte de Douai, reconnurent tenir en arrentement de Saint-Amé la moitié du moulin *Braisereo*, à l'encontre de l'autre moitié leur appartenant en propre; moyennant une rente de treize rasières de blé de mouture et de quatre marcs du *paiement* de Douai. « Et se li paiemens de Doai kiet, nos devons paier, por les iiij mars, xxvj sols d'esterlins buens, à peine de c mars d'esterlins à prendre sor le molin ». Hugues d'Antoing ratifia en août. Le marc formait la livre douisienne, composée de vingt sols. A la Révolution, la rente de treize rasières de blé et de quatre livres grevait encore le moulin au Brai, au profit de Saint-Amé. (Voir ci-dessus, I, *in fine*.)

Le prévôt Henri et sa femme (*vir nobilis Henricus prepositus Duacensis, et Ida, uxor sua*) autorisèrent, comme sires, un échange entre l'abbaye d'Anchin et Robert, chevalier, seigneur de Montigny en Ostrevant (*dominus Robertus de Monte, miles*); celui-ci abandonna le fief et le « mez » ou manoir (*mansus*), qu'il tenait à Lewarde (*apud Wardam S. Remigii*) du prévôt de Douai, et reçut en échange neuf muids de terre, à la mesure de Douai (ou d'Ostrevant: 45 ares 22 centiares pour une rasière), situés au terroir de Fressain, qui étaient un alleu de l'abbaye ; l'acte fut passé devant les pairs dudit Robert, comme lui vassaux du prévôt. Au mois de mai 1231, Hugues d'Antoing approuva ce qui précède (1). C'est en qualité de seigneur d'Escarpel que le prévôt agit, quand il autorisa l'échange du fief de Lewarde;

---

(1) Cartulaire d'Anchin, XIII° siècle, f° 83. Collection Moreau, vol. 144, f° 143, à la Bibl. nation. Le précieux cartul. n'est malheureusement pas aux arch. départementales.

il y avait, dans ce village, des enclaves de la seigneurie d'Escarpel, laquelle mouvait d'Oisy. De son côté, le sire de Montigny était seigneur de la plus grande partie de Lewarde.

En 1231, « el mois de disembre. Nos jou Henris de Hondescote, cevaliers et prevos de Douai et Yde me femme, donnons à l'abbaye de Sin la dîme d'un camp de terre qu'on appelle le Bos, el terroir de Fersayn (*Fressain*). Témoins : M' Pierron Le Caisne, li prestre de Soy (*Sin*), et M⁵ʳ Brisson, le prestre de Saint-Aubin, et M⁵ʳ Henri, le prestre d'Estrées, et segneur Pierron Le Petit et *Huun, le clerc le prevost* ». Le sceau du prévôt Henri manque; mais il y a un fragment du sceau de la prévôté, qui représente une dame, avec un contre-sceau *au lion* (armes des d'Antoing) et cette légende : † *S' domine de Spinoi* (1). La prévôte Ida faisait donc encore usage, en 1231, du sceau qu'elle avait eu du temps de son premier mari. Fressain est un village de l'Ostrevant, proche d'Emerchicourt, la principale seigneurie de nos prévôts dans cette région-là.

La même année qu'ils enrichissaient l'abbaye de Sin, ils accordaient à celle d'Anchin l'exemption du paiement de tous droits à leur vinage d'Escarpel, en mémoire de feu le prévôt Gérard III. « Jou Henris, prevos de Douai, et Ide, me femme. Nous, pour l'âme le prevost Gerart et de nos anciseurs, avons donné, pour Diu en aumosne, à l'église de Awenchin, le wienage de toutes les propres choses de l'église, à tousjours mais, ki qui les maint par le trespas (*passage*) d'Escarpel et par ewe (*eau*) et par terre » (2). Le tonlieu ou vinage d'Escarpel, vendu à la ville en 1271 par un ayant-cause des prévôts, était tenu médiatement du souverain de

---

(1) Arch. départ., fonds de l'abb. de Sin.
(2) Cartul. d'Anchin, XIIIᵉ siècle, f° 83. Collection Moreau, vol. 115, f° 113.

Douai, tandis que la seigneurie elle-même mouvait d'Oisy. Dans le régime féodal, ces anomalies fourmillent.

En août 1234, Alexandre de Markete reconnaît que noble homme Hugues, seigneur de Ruet, possédait une dîme à Marquette en Ostrevant, tenue de noble homme Henri, prévôt de Douai, et de noble dame Ida, prévôte de Douai, sa femme, vassaux dudit Alexandre ; celui-ci approuve la vente qui en est faite au chapitre de Sainte-Croix de Cambrai, en présence des « pairs » dudit Henri et de ladite Ida, savoir : messire Gossuin d'Helemes, chevalier, et Pierre de Le Mote. N'ayant pas de sceau, il emprunte celui de son cher oncle (*avunculus*) Henri, chevalier, seigneur de *Maulnī* (Masny) ; ce sceau manque (1). Il a déjà été parlé de cette seigneurie, que possédait en 1207 le prévôt Gérard III, dans la partie de Marquette qui dépendait de l'ancien comté d'Ostrevant.

Au mois de janvier 1234 (v. st.), Henri de Hondescote, prévôt de Douai, et Ide, sa femme, autorisèrent l'abbaye des Prés-lez-Douai, à élever un moulin à vent dans la banlieue de la ville. Le prévôt se servait d'un sceau équestre, attribut des grands seigneurs ; toutefois l'usage en était beaucoup plus fréquent alors qu'il ne le fut au XIVe siècle et depuis ; le contre-sceau porte l'écu en abîme. Hugues d'Antoing s'empressa, comme toujours, de ratifier cette concession. Quelques années plus tard, en janvier 1241 (v. st.), les prévôts Henri et Ida, ainsi que leur fils Willaume, renoncèrent, en présence d'*Anseau* (Anselme), leur sergent, à une contestation élevée au sujet de ce moulin. (*Preuves*, n° LXXXV). Le moulin à vent des dames des Prés était situé hors de la porte d'Ocre, sur la gauche du chemin qui menait autrefois

---

(1) Arch. départ., fonds de Sainte-Croix.

de cette porte à l'ancienne abbaye des Prés et à Escarpel (1). Il fut démoli en 1680 et transféré sur le rempart, entre les portes Saint-Eloy et d'Arras, à droite du sommet de la rampe ouest de la porte Saint-Eloy ou de Paris. Ce second moulin fut démonté vers 1765. (Plouvain, *Souvenirs*, page 680.)

L'exemption du droit de banalité, résultant au profit de l'abbaye des Prés de l'acte de 1234, engendra des procès, notamment en l'an 1300 et à la veille de la Révolution, en 1783 ; chaque fois le prévôt s'inclina devant la production du titre constitutif.

L'époux de notre prévôte fut appelé à garantir, avec les principaux seigneurs du pays, les engagements pris par les comtes de Flandre envers le roi de France. Une première fois, il s'obligea par lettres datées de Douai, en décembre 1237, où il s'intitule: *Henricus, prepositus de Duaco, miles.* Son autre charte est du mois de février 1244 (v. st.); il s'y nomme: *Henricus de Hundescote, miles, prepositus Duacensis.* Il scelle avec un sceau équestre, le bouclier portant un écu en abîme ; le contre-sceau est aux armes de la face. Ces chartes sont encore aujourd'hui conservées aux archives nationales à Paris (2).

Il y a, aux archives des hospices, fonds du béguinage, n° 887 de l'*Inventaire* de 1839, l'original, muni du sceau mutilé du prévôt, des lettres par lesquelles il consent, comme sire, au rachat d'une rente foncière, que lui devait un bourgeois de Douai, son tenancier, et qui serait à l'avenir sous le jugement des échevins : « Jo Henris de Hondescote, provos de Douai......, ai vendu et werpi bien et

---

(1) Voir les plans de Douai de 1530 et de 1620.
(2) J 536, n° 6^{1s} ; J 538, n° 6^{s1}. Douet d'Arcq. *Collect. de sceaux*, n°^{s} 5185 et 5186.

loiaument à Tiebaut Toulet, bourgois de Douai, xxxij sols de doissiens et viij capons, que il me devoit par cascun an de rente, del fons de le terre de quatre cortius (courtil, *jardin*) que il tenoit de mi, liquel sient dehors le porte Olivier (*porte Saint-Eloi ou de Paris*), deriere le maison Jordain Lolyer. Et co li ai jo encovent plenierement à acuiter et à warandir duscal dit (*jugement*) des eschievins de Douai. Et à ceste covenence y fu com eschievins..... » etc. Cet acte, du mois de mars 1238 (v. st.), prouve qu'anciennement le prévôt, comme le châtelain, levait certaines rentes seigneuriales sur des héritages situés dans l'échevinage de Douai. De même que celles de la châtellenie, les rentes de la prévôté se seront éteintes peu à peu, soit par rachat soit autrement.

Par lettres du mois d'avril 1242, « Henris de Hondescote, provost de Douai, et Ide, sa femme », donnèrent à l'hôpital des Wez (le béguinage) un conduit d'eau, tiré du fossé de la ville (dépendant de la prévôté), pour les usages de l'hôpital, à condition qu'il serait ouvert tous les dimanches, depuis prime jusqu'après vêpres (1).

En 1250, surgirent des difficultés relativement à l'interprétation du testament du prévôt Gérard III ; les échevins, appelés à se prononcer, déboutèrent Henri de Hondescote de ses prétentions, par un jugement rendu le 30 septembre 1250 : « Les échevins de Douai, d'un même accord, disent par jugement, pour le mils (*mieux*) qu'ils savent, que par le devise que le prévôt Gérard de Douai, qui jadis fut, fit devant échevins de Douai en l'an 1211, au mois de septem-

---

(1) Orig. aux archives de la ville, no 41 de la *Teble*; sceau du prévôt, dégradé; celui de la prévôté, perdu. — Vidimus de ces lettres, avec petits sceaux des doyen et curé de St.Pierre, aux archives des hospices, fonds du béguinage, n° 847 de l'*Inventaire* de 1839.

bre, qu'en tout l'héritage que le prévôt Gérard devant dit avait à Douai, à celui jour, qui par échevins se justiçoit (*biens tenus en coterie de l'échevinage*), que messire Henris de Hondescote n'y a droit, sauf les moelins de le Posterne, qui sont mis hors de ce jugement ».

Il s'agit ici des deux moulins situés près de l'ancienne poterne de Saint-Nicolas.

Il est probable que, mécontent de cette décision, il menaça les échevins qui l'avaient rendue; car ceux-ci prirent, le 30 mai 1251, une résolution, aux termes de laquelle, si, à cause du *content* (débat) existant entre eux et « monsegneur Henri de Hondescote », celui-ci causait quelque dommage aux échevins à l'occasion de leurs fonctions, le tort leur serait restitué par la ville (1).

A cette époque, l'héritière des prévôts de Douai avait cessé de vivre ; et vraisemblablement la contestation, soulevée par Henri de Hondescote, portait sur la part qui lui revenait, comme survivant, dans la succession de sa femme.

Ida et son second époux avaient fondé une chapel'e à Saint-Pierre. Cela résulte notamment : 1° d'une charte de l'an 1253, par laquelle Hugues, sire d'Espinoy et d'Antoing, ordonne le paiement d'une rente de vingt-cinq rasières deux coupes de blé, pour une chapelle fondée à Saint-Pierre par sa mère (2) ; 2° d'une autre, du mois de janvier 1259 (v. st.), par laquelle le chevalier Guillaume *li Bleus* (de Hondescote) assigne sur le fief qu'il possédait à Ypres, tenu de la comtesse de Flandre, une rente de sept livres parisis, restant de la rente de douze livres, qui avait été don-

---

(1) Arch. de la ville, cartul. QQ, f° 31. Voir n°s 84 et 86 de la *Table*.

(2) Bibl. communale, Ms. 1066, II, f°s 105 vo, 108 ro et 109 vo. Preuves de l'Histoire de la collégiale, par le chanoine Douart, écrite vers 1735.

née à l'église Saint-Pierre de Douai par défunts Henri de Hondescote, prévôt de Douai, et Ide, prévôte de la même ville, ses père et mère, pour la fondation d'un chapelle dans cette église (1).

L'obit d'Ida et de sa famille se célébrait en l'abbaye des religieuses de Beaulieu-lez-Sin, le 8 juillet. On lit en effet cette mention dans l'obituaire de cette maison : *ij non Julii. Gerardi ppositi Duac' et uxoris ejus. Michælis de Harnes et Alardi de Antoie. Inde pposite et Henrici mariti sui. Pro quibus nos habemus decimam super al rasieras terre* (2). Il s'agit ici du prévôt Gérard III et d'Ida de Saint-Omer, sa femme ; de Michel de Harnes, beau-père d'Hugues d'Antoing, le prévôt qui va suivre ; d'Alard d'Antoing, père du même et premier mari de la prévôte Ida ; et enfin de celle-ci et de son second époux Henri de Hondescote.

La prévôte Ida avait eu des enfants de ses deux maris; d'Alard d'Antoing, un fils et deux filles, et d'Henri de Hondescote : 1° Willaume de Hondescote *dit* le Bleu, brave et renommé chevalier, mort sans lignée ; 2° Lucie (et non Ida) de Hondescote, femme du chevalier Guy, seigneur de Montigny (3).

(1) Arch. départ., Ch. des comptes, 2e cartul. de Fl., pièce 122, f° 68, et 3e cartul. de Fl.. pièce 250, fo 51 v°.
Cf. le Ms. 1056 de la Biblioth. communale de Douai, II. fos 101 v°, 107 ro. 108 vo et 109. D'après l'acte de fondation, de l'an 1250, les prévôts Henri et Ida avaient assigné les douze livres de rente sur leurs revenus de Cuincy et d'Estrées.

(2) Obituaire de l'abbaye de Sin, XIVe siècle, 1re moitié; Ms. 828 de la Bibl. de la ville.
Cf. l'acte de décembre 1231, contenant donation d'une dîme à Fressaing.

(3) Généalogies de Hainaut précitées ; p. 45 de l'édition d'Anvers, 1693.— A la ligne 37, Ida, femme d'Henri de Hondescote, est indiquée par erreur comme la veuve du prévôt de Douai, de manière qu'on la confond avec sa mère Ida de Saint-Omer. Les nombreux actes, que nous avons cités, permettent, en toute certitude de changer le mot *uxor* en celui de *filia* et de lire: *Ida supra dicta, prepositi Duacensis filia, post mortem dicti prepositi, domino Henrico de Hondescote nupta....*

D'après la loi féodale, la prévôté de Douai, qui était le fief principal de la succession maternelle, échut au fils aîné, Hugues d'Antoing, qui eut en outre la seigneurie de Cuincy-le-prévôt. Quant au cadet, il recueillit la seigneurie d'Escarpel (1), mouvant du château d'Oisy; à la mort du *Bleu chevalier* de Hondescote, Escarpel passa par succession dans la maison de Montigny en Ostrevant.

III.

Liste des prévôts (suite). La maison d'Antoing; les prévôts Hugues Ier*, Hugues II, Robert et Hugues III. Rectifications importantes à la généalogie de cette maison. La prévôte Isabeau contracte trois alliances illustres; son fils, le connétable Charles d'Espagne, assassiné en 1354. — Maison de Meleun, branche d'Antoing; les prévôts et prévôtes Marie I*^{re}*, Hugues I*^{er}*, Marie II, Jean I*^{er}* et Jean II. — Procès contre la ville. La basse justice de la prévôté affermée à des particuliers.*

6. — Hugues Ier, chevalier, sire d'Antoing et d'Espinoy, prévôt de Douai; fils aîné de la prévôte Ida; époux de : 1° Philippa de Harnes; 2° Marie de Cisoing.

D'Antoing : De gueules au lion d'argent. Cri : *Bury.*

Voilà déjà la prévôté passée dans une autre famille. On sait que la maison d'Antoing était l'une des principales du comté de Hainaut.

---

(1) 1251, mai; Willaume *li Bleus*, chevalier, énonce les droits que l'abbaye des Prés a sur son moulin d'*Escarpiel*, et assigne en garantie une rente sur une terre *as Causfours de Corcelés* (Courcelles). — Orig. aux Archives départ., fonds de l'abbaye des Prés de Douai; le sceau manque.

Hugues d'Antoing était depuis longtemps majeur, quand il hérita de la prévôté de Douai. En 1224, il avait pris possession de sa terre patrimoniale et avait prêté le serment, qu'en semblable occasion le sire d'Antoing faisait comme avoué ou défenseur du chapitre Notre-Dame d'Antoing (1).

Au mois de décembre 1231, à Lille, devant leur seigneur Robert, avoué d'Arras, sire de Béthune et de Termonde, Hugues, sire d'Antoing et d'Espinoy, chevalier, et dame Philippa, sa femme, fille de feu « de bonne mémoire » noble homme messire Michel de Harnes, chevalier, vendaient à l'abbaye de la Brayelle-lez-Aunay des terres dévolues par succession à ladite Philippa, gisant au terroir de Woestine, et tenues en fief dudit Robert de Béthune (2). Il y a une charte d'Hugues d'Antoing qui commence ainsi : « Jou Hues, sire d'Espinoit et d'Antoin, fache savoir que Thieris, le doyen de Condet, a rapporté...... huit bonniers de terre qu'il tenait de my à *Bury*..... 1232, le vigile dou Noel, el mois de décembre » (3).

En 1237, il fut appelé, comme les autres grands seigneurs des comtés de Flandre et de Hainaut, à donner au roi des « lettres d'assurance », par lesquelles il se portait garant, autant qu'il serait en son pouvoir, de l'accomplissement des engagements pris à Péronne par la comtesse Jeanne ; sa « lettre » est datée de Douai, en décembre (4).

Entre 1229 et 1253, Hugues d'Antoing ratifia plusieurs

---

(1) Cartul. d'Antoing, page 45, aux arch. de l'Etat, à Mons. *Annales du Cercle archéol. de Mons*, 1869, in-8°, IX, p. 111.

(2) Le Mire et Foppens, *Opera diplom.*, IV, p. 542.

(3) *Id.*, I, p. 739, en note ; tiré des archives du chapitre de Condé.

(4) Original scellé, aux archives nationales. Douët d'Arcq, *Collection de sceaux*, III, p. 315 ; sceau n° 10334 avec contre-sceau.

actes émanés de sa mère Ida et du second mari de celle-ci, selon ce qui a été exposé plus haut.

Au mois de décembre, « le merkedi devant le Nouel » de l'an 1257, « Hues, sires de Antoing, et Maroie », sa femme, font un échange avec la maison du Temple de *Coberiu* (Cobrieu), au sujet de leur fief de Genech, qu'ils tenaient de « Hellin le signor de Chissoing » (1).

Il se servait d'un grand sceau équestre, où il est représenté tenant un bouclier au lion, son cheval caparaçonné également aux armes d'Antoing : le contre-sceau armorial est aussi au lion.

Le sire d'Antoing et son fils Hugues, déjà devenu prévôt de Douai, se rendirent cautions de la comtesse Marguerite et du comte Guy, son fils, envers le comte de Saint-Pol, au sujet de l'union projetée entre le prince Hugues de Châtillon, fils aîné du comte de Saint-Pol, et la princesse Marguerite, fille aînée du comte Guy ; dans l'acte du mois de mars 1269 (v. st.), les noms des seigneurs garants sont ainsi indiqués : « Je Roberz de Wavrin, seneschaus de Flandres, je Maalins, connestables de Flandres, je Hues, sires de Antoing, je *Hues prevoz de Douay, fius le seingneur de Antoing*, je Eustaces, sires de Rues, » etc. (2).

Notre prévôt Hugues 1er s'était donc démis de sa prévôté en faveur de son fils Hugues. Il semble qu'il mourut vers 1270. Les généalogistes (3) nous apprennent qu'il eut une

---

(1) Archives nationales, Ordre de Malte, carton S 5209, pièce no 21. Deux sceaux : celui équestre brisé ; l'autre, représentant une dame, avec un contre-sceau armorial au lion.

(2) *Invent. chronol. des chartes de la ville d'Arras, Documents*, Arras (180.), in-4o, p. 37.

(3) Anciennes généalogies de Hainaut *dites de Baudoin d'Avesnes*, composées vers la fin du XIIIe siècle. Le baron Le Roy les a publiées (Anvers, 1693, in-fo) sous le titre de *Chronicon Balduini Avennensis*... Voir pp. 41 et 45.

très-nombreuse postérité de ses deux femmes, Philippa de Harnes et Marie de Cisoing. Parmi ses enfants du premier lit, nous citerons : Michel d'Antoing *dit* de Harnes, qui, selon toutes les généalogies, était l'aîné, bien qu'il n'ait eu pour sa part héréditaire que l'héritage maternel, peut-être parce qu'il décéda avant son père et qu'en Artois la représentation n'avait point lieu ;—*Hugues*, qui devint sire d'Antoing et d'Espinoy, prévôt de Douai etc. ; — Jean d'Antoing, qui épousa Béatrix de Vierve ; c'est très-probablement celui qui est qualifié seigneur de Bury dans le testament de Hugues II, le prévôt de Douai de 1284, dont il est l'un des exécuteurs avec trois de ses frères, ainsi qu'il sera exposé plus loin ; — Béatrix d'Antoing, femme du chevalier Jean de Rume, dont elle eut plusieurs fils, notamment Jean de Rume, neveu et exécuteur testamentaire dudit Hugues II.

Du deuxième lit, naquirent entre autres : Alard d'Antoing, chevalier, seigneur de Briffœul, dont nous avons parlé, à propos du petit fief de Briffœul à Sin, tenu du châtelain de Douai et provenant des anciens prévôts (1); en 1274, il vendit à l'abbaye de Vicogne des terres sises à Emerchicourt, antique domaine des prévôts de Douai ; — Wautier d'Antoing, chevalier, seigneur de Bellonne, qui portait le lion d'Antoing sur un semé de fleurs de lys (2) ; — Jean et Arnoul, qui furent d'église ; - Gilles d'Antoing, seigneur d'Assenaing. Ces trois derniers sont nommés dans le testament d'Hugues II de 1284.

7. — HUGUES II, chevalier, sire d'Antoing et d'Espinoy,

---

(1) Voir notre 2e chapitre, art. IV.

(2) Son sceau, aux archives nationales, à une charte de 1311. Douët d'Arcq, *Collection de sceaux*, III, p. 315, sceau n° 10331.

prévôt de Douai, fils d'Hugues I⁰ʳ et de Philippa de Harnes; époux de : 1° Sibille de Wavrin ; 2° Isabeau de Béthune ; 3° Mahaut de Picquigny.

L'un des écueils de notre travail historique et généalogique, pour les premiers siècles, c'est la répétition du même prénom dans les familles, de sorte que souvent l'on ne sait si l'on doit attribuer tel renseignement au père, au fils, ou même au petit-fils. Le moyen le plus certain de les distinguer entre eux, ce seraient les alliances ; mais le nom des femmes ne figure que dans un très-petit nombre de leurs chartes.

Nous nous sommes trouvé ici en présence d'une difficulté de ce genre, qui était encore aggravée par d'autres causes, notamment par de mauvais travaux généalogiques, qui avaient donné crédit à bien des erreurs. Pour essayer de sortir d'embarras, nous avons eu recours à une méthode qui n'a pas été suffisamment employée par nos devanciers: nous avons étudié avec soin et confronté entre eux les sceaux que nous avons pu découvrir dans les archives. Le résultat de nos recherches a amené des données nouvelles sur nos prévôts et des rectifications à la généalogie de l'importante maison d'Antoing.

Aux archives départementales, dans le fonds de Saint-André du Cateau-Cambrésis, il existe plusieurs chartes de l'an 1265, relativement à des difficultés qui avaient surgi entre les seigneurs de Cuincy et l'abbaye de Saint-André. L'une d'elles, du mois d'août 1265, débute ainsi : « Jou *Hues* d'Antoing, li jovenes, prevos de Douay et sires de Quinchi lo prevos ». Elle est munie d'un beau sceau équestre, le bouclier et le caparaçon aux armes : un lion sur un semé de croisettes ; légende : † *S'Hvon d'Antoing cevalier* ; contre-sceau armorial aux mêmes armes; légende : † *S'secreti*. Une autre, du mois de décembre, porte : « Hues d'Antoing, prevos de Douay et sire de Quinchi le prevost » ; mêmes sceau et contre-sceau. Enfin une troisième, du « semmedi devant le grant quaresme » 1265 (v. st.), scellée de la même manière, commence par ces mots : « Jou Hues d'Anthoing, chevaliers, prouvos de Douay et sires de Quinchi le prevost ».

Il y a plusieurs remarques à faire sur ces documents, qui sont à coup sûr émanés de celui que nous appelons Hugues II, fils du prévôt Hugues Ier. Cet Hugues d'Antoing, qui se qualifie *le jeune*, pour se distinguer de son prédécesseur, ne s'intitule pas, en 1265, seigneur d'Antoing et d'Espinoy, et ne porte pas les armes pleines d'Antoing, qu'au contraire il brise d'un semé de croisettes ; car son père, qui s'était démis en sa faveur de la prévôté de Douai et du domaine de Cuincy, existait encore à cette époque et continuait à posséder Antoing et Espinoy.

D'un autre côté, si notre prévôt Hugues possédait Cuincy en 1265, et encore en 1268, comme le prouve le don fait par Robert, comte d'Artois, à son « cher et féal Hugues d'Antoing, chevalier, prévôt de Douai », du marais de la Hotoie, situé entre la motte Walon et la « ladrerie » de *Quincy*-le-prévôt (1), cette portion de l'héritage du prévôt Hugues Ier ne resta point à Hugues II ni à sa branche ; car en 1291, Cuincy appartenait au chevalier Michel d'Antoing *dit* de Harnes (2), frère cadet de Jean, seigneur de Harnes, tous deux petits-neveux de notre prévôt Hugues II,

---

(1) Arch. dép., Chambre des comptes, 1er cartul. d'Artois, fo 42 vo, pièce 103.

(2) A. de Marquette, *Hist. générale du comté de Harnes en Artois*, Lille, 1857, in-8o, I, p. 171, en note.

fils d'Hugues d'Antoing *dit* de Harnes et petits-fils de Michel, frère de notre Hugues II. La seigneurie de Cuincy-le-prévôt, dont le sort avait été uni, pendant des siècles, à celui de la prévôté de Douai, suivit dès lors des destinées différentes ; elle fut définitivement perdue pour la branche d'Antoing ; recueillie par la branche de Harnes, son sort fut lié, pour deux siècles à peu près, à celui de la seigneurie de Harnes, et elle échut successivement aux Reinghersvliet, aux Ghistelle, aux Béthune et aux d'Ailly, héritiers ou ayants cause des d'Antoing de Harnes, portant « d'Anthoing à keuwe fourchue », suivant un vieil armorial de Hainaut (1).

De ce qui précède, il nous semble résulter que la succession d'Hugues, sire d'Antoing et d'Espinoy, fils de notre prévôte Ida et époux, en premières noces, de Philippa de Harnes, aura été quelque temps litigieuse entre notre prévôt Hugues II et le fils ou les petits-fils de Michel de Harnes, frère aîné dudit Hugues II ; la coutume d'Artois, province où était situé le château d'Espinoy, résidence ordinaire de cette famille, avantageait Hugues II au détriment des héritiers de Michel de Harnes, décédé avant son père Hugues d'Antoing ; de là, des procès qui auront été terminés par l'attribution des terres d'Antoing et d'Espinoy à la branche cadette, celle qui retint le nom et les armes pleines d'Antoing, et par l'abandon de Cuincy-le-prévôt à la branche aînée *dite* de Harnes.

Nous aurons si souvent l'occasion de parler des terres d'Espinoy et d'Antoing, que quelques renseignements sur

---

(1) Bibl. nat., ms. fr. 5230, f° 122 v°.
La queue fourchue était donc une brisure que la branche de Harnes, quoiqu'elle fût l'aînée, avait dû prendre, parce que la terre d'Antoing lui avait échappé.

elles sont ici nécessaires. La seigneurie d'Espinoy près de Carvin, au comté d'Artois, érigée l'an 1514 en comté, puis en principauté l'an 1545, mouvait du comté de Saint-Pol. Quand le sire d'Espinoy se rendait vers son seigneur, pour lui faire hommage, le comte était tenu d'aller au devant de lui, jusqu'à l'entrée du petit bois de Saint-Pol, dit vulgairement le Bocquet Caillimont ; alors le vassal était tenu d'offrir au comte un « fust » de lance sans fer ; puis le comte otait de son doigt une bague ornée d'une pierre précieuse et la passait au doigt du sire d'Espinoy. En 1707, le roi Louis XIV abolit l'hommage que le prince d'Espinoy devait au comte de Saint-Pol et ordonna que désormais Espinoy releverait directement de la couronne et de la grosse tour du Louvre (1). Quant à la terre d'Antoing, elle constituait une seigneurie importante du comté de Hainaut, sur la rive droite de l'Escaut, près de Tournai ; elle était tenue en haute justice du sire de Leuze.

En 1275 et 1278, le chevalier Hugues d'Antoing, comme les autres grands seigneurs du pays, donna au roi de France des lettres d'assurance (*litteræ securitatis*), au sujet de l'engagement pris par le comte Guy de Dampierre d'observer les traités faits entre les rois et les comtes de Flandre (2).

---

(1) Le P. Thomas Turpin, *Comitum Tervanensium..... Annales historici*, Douai, 1731, in-8o, pp. 386 et 387.

(2) Originaux aux archives nationales.

Le sceau d'Hugues d'Antoing se trouve encore, aux archives nationales, appendu à une charte de 1280. D'après les tables de la *Collection de sceaux* de M. Douët d'Arcq (tome I*er*, p. 114 et p. 226, n° 10332 avec contre-sceau), les armes sont: un *semé de croisettes au lion brochant sur le tout*; mais plus loin (t. III, p. 315, n° 10334) les armes seraient: un lion rampant (sans semé de croisettes). C'est la dernière indication qui est erronée; nul doute, vérification par nous faite aux Archives (grâce à l'extrême obligeance de M. l'archiviste Demay), et même aussi d'après la description générale et la légende du sceau équestre et du contre-sceau armorial, telles que les donne M. Douët d'Arcq (III, p. 315), qu'il y a

Voici l'analyse de son acte testamentaire: 1284 (v. st.), en janvier. Testament de *Hues*, sire d'*Espinoit* et d'Antoing, et d'*Isabelle*, sa femme, dame d'Antoing et de Haponlieu, « avoueresse » d'Usse. Ils font des legs pieux à Douai, à Arras, à Lens et à Béthune. Le sire d'Antoing veut que les biens, dont il a la libre disposition, soient partagés également entre ses fils *Huon d'Antoing*, *Robert*, *Hellin* et *Colart*, qu'il eut de Sibille de Wavrin ; mais s'il vient à mourir avant Isabelle, sa femme, celle-ci aura le tiers des meubles, à l'exception de ce qui sera au château d'Espinoy, et que prendra, sans « parchon », celui de ses fils qui sera sire d'Espinoy. Il confirme la *devise* (testament) qu'il a faite devant échevins de Douai. Les époux défendent à leurs héritiers respectifs de critiquer le présent testament, qu'ils s'interdisent, par serment, de révoquer. Enfin le sire d'Antoing désigne comme exécuteurs testamentaires : Mgr Jean d'Antoing, seigneur de Bury, Mgr Jean d'Antoing, archidiacre d'Anvers, chanoine de Cambrai, Mgr Arnoul d'Antoing, archidiacre de Valenciennes, chanoine de Cambrai, Mgr Gillon d'Antoing et Jean de Rume, son neveu. L'acte finit par une requête adressée au comte de Saint-Pol, pour qu'il veuille bien, « comme bon sire », contraindre un chacun à respecter « cette devise » (1).

identité parfaite entre les exemplaires de 1265 (aux archives départ., fonds de St-André du Cateau), celui de 1269 (aux archives d'Arras) et celui de 1285 (aux archives nationales). Enfin nous retrouverons tout-à-l'heure les mêmes sceau et contre-sceau pendus à une charte du mois d'octobre 1300 (arch. départ., fonds de l'abbaye des Prés de Douai). Toutes ces chartes émanent donc assurément de notre Hugues II d'Antoing.

(1) Arch. départ., Ch. des comptes, carton 219; copie du temps, sur parchemin.

Comme cette charte, très-importante pour la généalogie de la maison d'Antoing, n'est connue que par des analyses inexactes, nous la publions aux *Preuves*, no LXXXVI.

Une autre charte, qui a des rapports avec la nôtre, et qui est conservée à

Le prévôt Hugues II avait épousé en premières noces Sibille de Wavrin, fille de Robert II de Wavrin, sénéchal de Flandre dès l'an 1235, sire de Lillers et de Saint-Venant, et d'Eustachie de Châtillon-Saint-Pol. En secondes noces, il épousa Isabeau de Béthune, fille cadette de Robert, sire de Béthune et de Termonde, avoué d'Arras, et d'Isabeau de Moreaumez; Mahaut de Béthune, sœur aînée d'Isabelle, étant la femme de Guy de Dampierre, le sire d'Antoing eut l'honneur d'être beau-frère d'un comte de Flandre. Ladite dame Isabeau était elle-même veuve, avec enfants, du chevalier Hellin de Wavrin, seigneur de Haponlieu, qui possédait à Cantin un fief mouvant du château de Douai. En 1294, « M⁰ d'Antoing » exerçait à Cantin les droits seigneuriaux appartenant à sa seconde épouse, douairière de M⁰ʳ Hellin de Wavrin. Cette dame paraît avoir eu trois maris, puisque, dans un acte de l'an 1299 (1), jour de Sainte-Catherine, au mois de novembre, où elle s'intitule : « Isabeau de Béthune, dame d'Antoing », elle nomme les enfants qu'elle s'était retenus de son mariage avec messire Jean de Steelant, seigneur de *Huysse* (probablement avoué d'Usse). C'était, semble-t-il, le premier de ses trois époux.

Étant à Douai le dimanche 5 juillet 1282, le comte Guy

Gand, est ainsi analysée par M. V. Gaillard, dans son *Invent. analyt. des chartes des comtes de Fl.*, Gand, 1857, in 8o, p. 110, n.o 766 :

« 1284, 7 novembre. Ysabeau, dame d'Antoing et de Hapoulin (*sic*), ammaneresse d'Aissi (*sic*), déclare, avec l'assentiment du chevalier d'Espinois et d'Antoing, son mari, donner à Huon d'Antoing, son père (*sic*), et à Robert d'Antoing, son frère, tous ses meubles et cateux quelconques, après déduction des dettes qu'elle a contractées avec son prédit mari. »

(1) Goethals, *Dict. généal. et hérald.*, I, p. 450; *Brauwere van Steelant*; Brux., 1819, in-4o, sans pagination.

commet un individu pour prendre, « warder » et recevoir, en son nom, « tous les biens ki ore sont et ki eskeir puent, en le tiere M^{er} Watier d'Antoing, kil tient de Nous, pour metre et pour conviertir en l'aquit de le dete que medame de Haponliu doit à Jehan Lalain, bourgois de Douay, dusques adont que lidis Jehan Li Alins se tenra asols et apaiés de ledite dete que li dame devant nommée li doit, par boin conte et loial, fait pardevant Nous ou pardevant no commant » (1). Ainsi le comte de Flandre exposait ses propres deniers pour payer les dettes de sa belle-sœur. Le chevalier Watier d'Antoing était seigneur de Bellonne et frère consanguin de notre prévôt Hugues II.

C'est le cas de relever ici l'erreur commise par le P. Ruteau, dans sa généalogie d'Antoing, où, trompé par la qualité de la dame de Haponlieu, il donne une génération de trop. En effet, après avoir cité Hugues, sire d'Antoing, fils de Hugues et de Philippa de Harnes, et après avoir dit qu'il se maria : 1° avec Sibille de Wavrin, 2° avec Isabeau de Béthune, sœur de Mahaut, comtesse de Flandre, et veuve de Hellin de Wavrin, il lui donne pour fils un Hugues, « qualifié le jeusne, prevost de Douay et seigneur de Quincy, par une lettre de l'an 1265, succeda depuis à son père aux seigneuries d'Antoing et d'Espignoy; épousa *Isabeau* de Brunghenot, *dame de Haut-pont-lieu* ; firent leur testament l'an 1285 » (2). Avec ce que nous avons dit précédemment, il est facile de rectifier le P. Ruteau et tous ceux qui l'ont copié depuis.

---

(1) Lettre de commission reprise dans le procès criminel contre des gens de Lille et de Douai en 1281; originaux reposant à Gand aux archives de l'Etat. — Cf. Duthillœul, *Douai et Lille au XIIIe siècle*, Douai, 1850, in-4°, p. 24.

(2) Le P. Ruteau, *Annales... d'Haynau*, Mons, 1648, in-f°, p. 222.

Ce qui précède était déjà rédigé depuis quelque temps, lorsque nous avons découvert des documents qui confirment, de la manière la plus expresse, l'ordre généalogique tel que nous l'avons établi ci-dessus ; en voici des extraits :

1193. *Ego* Hugo, dominus de Antoing, *cum uxore mea Agnete....., condonavi ecclesie S^{ti} Landelini Crispiniensis wienagia seu vectigalia omnium vecturarum et navium per terram meam transeuntium......* Il s'agit ici d'Hugues d'Antoing, que nous appellerons l'ancien, et de sa femme Agnès de Mons, père et mère d'Alard d'Antoing, le premier mari de la prévôte Ida.

1242, *feria 3ª infra Pentecosten..... Ego vero Hugo, dominus de Antoing, presentem paginam a viro nobili avo meo, Hugone, condam d^{no} de Antoing, datam, sigilli mei impressione dignum duxi roborandam.....* (1). Le prévôt Hugues 1er confirme la charte de son aïeul, Hugues l'ancien.

Dom Queinsert, qui a copié ces chartes dans le cartulaire de Crespin, donne en outre, d'après l'original conservé aux archives de la même abbaye, la copie d'une charte du 2 mai 1292, par laquelle Hugues, fils d'Hugues, alors seigneur d'Antoing, vidime et confirme la donation faite par Hugues, aïeul de son aïeul, autrement dit son trisaïeul :

1292, *die veneris post dominicam qua cantatur Jubilate....... Ego vero Hugo, filius dⁿⁱ Hugonis, dⁿⁱ de Spineto et de Antoing, presentem paginam, a nobili viro Hugone, quondam d^{no} de Antoing, avo mei avi, datam, sigilli mei impressione dignum duxi roborandam.....,*

---

(1) Cart. de l'abb. de Crespin, fin du XIIIe siècle; copie prise par dom Queinsert. Collection Moreau, vol. 160, f° 63, à la Bibl. nationale.

quatenus jus habeo vel habere valeo in premissis.... (1).

Dans le cartulaire de Crespin précité, le même acte est donné en français :

« 1292, le venredi après le jour saint Jakeme et saint Phelippe..... Et jou *Hues, fieus* à mon signeur *Huon*, signeur d'Espinoit et d'Antoing, ceste presente pagene donnée de noble homme Huon, jadis signeur d'Antoing, *men trave*, ai fait renforchier de l'empression de men saiel, de tant qu'à mi en atient et parmi le mien » (2).

Voilà donc la succession des sires d'Antoing, prévôts de notre ville, clairement établie : I. Hugues l'ancien, vivant en 1193. — II. Alard, premier mari de notre prévôte Ida. — III. Hugues Ier, prévôt de Douai, vivant en 1242. — IV. Hugues II, prévôt de Douai, en 1292. — V. Hugues III, à son tour prévôt de Douai, en 1312.

Grâce aux renseignements qui précèdent, nous attribuerons sans hésiter les actes suivants à notre prevôt Hugues II et à son fils aîné :

1287, 30 décembre. « Noble homme M^{sr} Huon, seigneur d'Antoing, chevalier », étant en procès avec le chapitre de Notre-Dame d'Antoing, un compromis intervient grâce aux efforts de Guillaume, évêque de Cambrai ; « mesire Hues d'Anthoing, ainsnés fius et oirs M^{sr} Huon devant dit », approuve ; l'un des arbitres choisis est « M^{sr} Gillion d'Anthoing » (3). Le chevalier Gilles d'Antoing était un

---

(1) Arch. de l'abbaye de Crespin; restes de sceau pendant à simple queue de parchemin, et petit contre-sceau armorial au lion ; légende : + SECRETVM.... Collection Moreau, vol. 211, f° 133.

(2) Cartul. de l'abb. de Crespin, f° 70. Collection Moreau, vol. 211, f° 264.

(3) Cartul. d'Antoing, p. 64, aux archives de l'Etat à Mons. *Annales du Cercle archéol. de Mons*, 1869, in-8°, IX, p. 115.

frère cadet d'Hugues II, qui, en 1284, le choisit pour l'un de ses exécuteurs testamentaires; il périt en 1302 à Courtrai, dans les rangs de la chevalerie française.

1295, 20 juin et 5 juillet. « Jou Hue, le sire d'Espinoit et d'Antoing..... Helin, mon fils, canoine de Lilers ». Il s'agit d'un nouveau procès entre le seigneur et le chapitre, à l'occasion duquel le chanoine Hellin d'Antoing est désigné comme arbitre par son père. «Nous Hellin d'Anthoing, — fils à noble homme M^{er} Huon, seigneur d'Epinois et d'Anthoing, chevalier, — canoines de l'église de Lilers ». Il juge, de concert avec l'arbitre du chapitre; dans l'arbitrage, est rappelé celui ci-devant fait par « noble homme M^{er} Gillion d'Antoing, chevalier ». Le sire d'Antoing fournira la ratification de M^{er} Huon d'Antoing, son aisné fil » (1).

1299 (v. st.), 24 février, et 1301, 24 mai. Hugues, sire d'Espinoy et d'Antoing, et son fils aîné Hugues d'Antoing, sire de Bughenoth, passent certaines conventions avec le chapitre (2). Du vivant de son père Hugues II, l'héritier présomptif d'Antoing portait donc le titre de seigneur de Bughenout (3). Ce dernier nom, nous l'avons vu attribuer, par erreur, à la seconde femme de notre prévôt, Isabeau de Béthune, qu'un généalogiste a transformée en « Isabeau de Brunghenot, dame de Hautponlieu ». Hellin d'Antoing, chanoine de Lillers en 1295, est nommé avec ses frères, dans le testament fait par son père en 1284.

---

(1) Cartul. d'Antoing, p. 66. Annal. du Cercle archéol. de Mons, IX, pp. 119 et ss.

(2) C.rtul. d'Antoing, pp. 90 et 92. Annales, IX, pp. 129 et 131.

(3) Buggerhout, au nord de Bruxelles. En 1356, un gentilhomme, nommé Henri d'Anthoing, est qualifié « seigneur de Bugenot ». Arch. du royaume de Belgique, à Bruxelles, fonds de l'abbaye de Ghislenghien. Bull. de la Société hist. et litt. de Tournai, 1870, in-8o, tome 13, p. 190.

En octobre 1300, Hugues, sire d'Espinoy et d'Antoing, et Robert d'Antoing, son (second) fils, chevaliers, prévôts de Douai, reconnaissent que les dames des Prés ont le droit d'avoir un moulin à vent en l'échevinage. (*Preuves*, n° LXXXV 5°.) Hugues II d'Antoing continuait à user du sceau équestre, avec contre-sceau armorial, dont nous l'avons vu se servir en 1265, 1269, 1286, etc.; c'est ce dont nous nous sommes assuré nous-même, en confrontant, sur place, aux archives départementales, l'exemplaire de 1265 avec celui de 1300. Voilà qui achève de lever tous les doutes.

C'est encore au prévôt Hugues II que nous rapporterons l'indication suivante :« 1308 ; Hue, sire d'Antoing et d'Espinoy, chevalier, et *Jean* » (*sic*; probablement *jou*, je, moi) « Hue, son fils aîné, donnèrent une charte portant que, pardevant noble homme Jean d'Antoing, seigneur de Bury, *oncle dudit Hue*, et autres hommes de fief, Bauduin, sire de Péruez, chevalier, se deshérita, pour la fondation d'un hôpital à Péruez » (1). Selon nous, le seigneur de Bury serait l'oncle du fils du sire d'Antoing.

Le prévôt Hugues II nous paraît être sorti de ce monde vers l'an 1310. Dans les anciennes généalogies du Hainaut (*Chronicon Balduini Avennensis*, page 45), qui constituent le guide nobiliaire le plus sûr pour ces temps-là, on lui donne deux alliances, l'une avec la fille du sénéchal de Flandre Robert, d'où plusieurs fils, l'autre avec la fille de l'avoué de Béthune Robert, veuve de messire Hellin de Wavrin. On sait que ces généalogies s'arrêtent vers 1295. Les renseignements suivants nous obligent à lui assigner

---

(1) Extrait des titres du chapitre de Sainte-Waudru de Mons. Dom Caffiaux, *Trésor généal.*, Paris, 1777, in-4, p. 193.

une troisième épouse, qui a été omise par tous les généalogistes.

En la collégiale Saint-Martin de Picquigny, existait une chapelle dite Notre-Dame de Gouy, fondée en 1315 par Mahaut de Picquigny, dame de Gouy, femme du seigneur d'Antoing, prévôt de Douai, ladite fondation approuvée par le vidame d'Amiens Renault, frère de ladite Mahaut (1).

La Morlière, dans son *Recueil de plusieurs nobles et illustres maisons... du diocèse d'Amiens* (Paris, Cramoisy, 1642, in-f°, page 17), après avoir constaté que « le seigneur d'Antoing, prévôt de Douai, de la maison de Melun » (lisez : *d'Antoing*), épousa Mahaut de Picquigny, dame de Gouy, l'aînée des filles de Jean, sire de Picquigny, vidame d'Amiens (enfant en 1246, marié 1270, veuf 1303), et de Marguerite de Beaumez, ajoute que ladite dame d'Antoing, « l'an 1315, fonda en l'église collegiale de Picquigny, la chapelle dite de Gouy Sur quoy, s'étant par après émeu quelque different d'entre le chapitre de Picquigny et Hues de Melun, seigneur d'Antoing, et Marguerite de Picquigny, dame d'Ailly-sur-Somme, hoirs en ayants cause, ce dit le tiltre, de ladite Mahault de Picquigny, leur très-honorée dame, lettres intervindrent : premierement de Raoult, seigneur de Raineval et Pierpont, pannetier de France, et de Marguerite de Picquigny, vidamesse d'Amiens, son épouse, en date de l'an 1367, et puis autres, de l'an 1369, de Hues de Melun et sa femme, Marguerite de Picquigny, maintenant dits, contenant accord final avec le chapitre ». Marguerite, vidamesse d'Amiens, mariée en troisièmes noces à Raoul de Raineval, était la fille unique du vidame Regnault, lui-même fils aîné du vidame Jean et de Mar-

(1) Darsy, *Bénéfices de l'église d'Amiens*, Amiens, 1860-1871, in-4°, I. p. 427, note 6, et II, p. 361.

guerite de Beaumez ; quant à Marguerite, femme d'Hugues de Meleun, c'était la fille aînée de Jean de Picquigny, seigneur d'Ailly, la petite-fille de Ferry, seigneur d'Ailly, et l'arrière-petite-fille du vidame Jean et de Marguerite de Beaumez. Donc Mahaut de Picquigny n'avait pas retenu d'enfant du sire d'Antoing, puisque ses biens étaient rentrés dans la maison de Picquigny.

Elle était sans doute beaucoup plus jeune que son mari, attendu qu'elle lui survécut pendant près de trente années. En effet, il y a dans le fonds de Saint-Amé, aux archives départementales, deux actes où elle agit comme douairière des biens de la maison d'Antoing :

« 1334, novembre, devant lieutenant du seigneur et échevins de Carvins et de Espinoit en Carembaut. Fait du gré de haut homme et noble Mgr Jehan, viconte de Meleun, seigneur de Monstereul-Berlai, cambrelenc de Franche, et de noble dame Madame Yzabiel, dame d'Antoing et d'Espinoy, se chière espeuse, adonc hérititière d'Antoing et d'Espinoy; et de noble dame madame *Mehaut de Piquegny, dame d'Espinoy, possessans pour le tamps comme viagere.* » Cet acte est inséré dans un autre du mois d'octobre 1349.

« 1338 (v. st.) 18 mars; Jehan, vicomte de Meleun, seigneur de Monstreul-Bellay, chambellan de France. Ysabel, vicontesse de Meleun, dame d'Anthoing et prevoste heritiere de Douay. *Mahaut de Piquigny, prevoste de Douay, à cause de douaire* ». Cette charte, relative au moulin au Brai de Douai, est munie du sceau de la prévôté douairière: ce sceau représente une dame accostée de deux écus, celui placé à sa droite portant le lion d'Antoing, et l'autre deux fasces; le contre-sceau montre un parti, au 1er, un lion, au 2^d, un fascé de six pièces. La légende du sceau ainsi que celle du contre-sceau lui attribuent la qualité de dame d'Antoing (1).

Comme Mahaut de Picquigny ne peut avoir été la femme du sire d'Antoing que nous appellerons Hugues III, dans la série de nos prévôts, attendu que c'est l'épouse de cet Hugues qui survécut, et qu'elle convola même en secondes noces; elle n'a pu avoir d'autre mari, seigneur d'Antoing, que notre Hugues II, dont les alliances doivent être indiquées de la manière suivante. Il épousa :

1° Sibille de Wavrin, fille de Robert II de Wavrin, sénéchal de Flandre, et d'Eustachie de Chastillon-Saint-Pol. D'où quatre fils : Hugues, Robert, Hellin et Colart, cités dans le testament de 1284.

2° Avant 1284, Isabeau de Béthune, fille cadette de Robert, sire de Béthune et de Termonde, avoué d'Arras, et d'Isabeau de Moreaumez. Elle était veuve avec enfants de deux maris : Jean de Steelant, seigneur de Huysse, et Hellin de Wavrin, seigneur de Haponlieu ; ce dernier était frère cadet (et non fils, comme l'ont dit les généologistes) du sire de Wavrin Robert, ci-dessus nommé ; de sorte qu'Hugues d'Antoing se remaria à la veuve de son bel-oncle; elle devait être bien plus âgée que lui. Il n'en eut pas d'enfant.

3° Vers 1300, Mahaut de Picquigny, l'aînée des filles de Jean, vidame d'Amiens, et de Marguerite de Beaumez. Elle était sensiblement plus jeune que son époux, auquel elle survécut 30 ans et dont elle n'eut pas de postérité.

Les erreurs commises par nos devanciers ont rendu notre tâche difficile pour le prévôt Hugues II; on jugera si nous avons fait bon usage des nombreuses chartes dont on

(1) Cf. Demay, *Invent. des sceaux de la Fl.*, n° 5318.

n'avait tenu aucun compte, et si les données nouvelles que nous proposons pour la généalogie d'Antoing sont suffisamment justifiées par les titres.

8. — ROBERT D'ANTOING, chevalier, prévôt de Douai ; second fils d'Hugues II et de Sibille de Wavrin.

Il est cité dans le testament de 1284.

Nous le faisons figurer dans la série de nos prévôts, attendu que, du vivant de son père, il fut « adhérité » de la prévôté, puisqu'en octobre 1300 il confirme avec lui (chacun d'eux s'intitulant prévôt de Douai) les actes concernant le moulin à vent de l'abbaye des Prés. On voit, par son sceau armorial, qu'il portait le lion d'Antoing sur un semé de croisettes, et qu'il brisait d'un lambel de trois pendants ; la légende porte : *Seel Robt d'Anthoing, cheval^r, fil le segneur d'Anthoing. Preuves*, n° LXXXV.

Il mourut très-probablement sans lignée : car la prévôté fit retour au chef de sa branche.

9. — HUGUES III, chevalier, sire d'Antoing et d'Espinoy, prévôt de Douai ; frère aîné du précédent ; époux de Marie de Sottenghien.

Dans le testament de 1284, il est cité comme fils aîné. En 1300, du vivant de son père, il portait le titre de seigneur de Bughenoth. D'après Du Chesne, (*Maisons de Guînes, d'Avres*, etc., page 354), il « avait pour frères Henri et Gérard d'Antoing » ; sous ce rapport, nous sommes en désaccord avec l'illustre généalogiste du XVII° siècle ; car le testament de 1284 donne pour frères à notre Hugues III : Robert, Hellin et Colart.

« Hues d'Antoing » figura au tournoi de Mons en 1310, parmi les chevaliers de Flandre et de Hainaut (1).

Nous rapportons au prévôt Hugues III un acte de « rétablissement » ou de non préjudice pour la justice que le prévôt de la ville exerçait à Douai, où il gardait dans sa prison, en son hôtel de la Grand'place, les prisonniers pour dettes: « 1312, mardi devant Noël; Jehans Couzins, adont baillius de Douai, vint devant echevins qui estoient ou l'ont devant le halle (2), et là fist ramener par ses sergans un manant de Buvrey, — lequel il avoit fait prendre et oster par forche, par un de ses sergant, de le prison M^{er} d'Antoing à Douai, prouvost de le ville, *qui se prison tenoit ou markiet au bleit*, — ès maisons de le ville, là u *Nichaises de Montigni* (3), *adont tenans le justiche l. dit prouvost*, manoit. Et presenta lidis baillius asdis eschevins, à restablir le ville et le loy et le justiche M. le prouvost » (4).

Le sire d'Antoing épousa Marie d'Enghien *dit* de Sottenghien, fille de Gérard, sire de Sottenghien, et de Marie, châtelaine de Gand. Sa veuve se remaria avec le prince Guy de Flandre (5), sire de Richebourg, dont elle eut une fille,

---

(1) *Compte rendu des séances de la Com. roy. d'hist.*, 3e série, v, Bruxelles, 1863, in-8o, p. 234.

(2) Rue du Pont-amont, en face de l'hôtel de ville, ou rue de la Halle, rue de la Mairie, etc. Au XIIIe siècle et au XIVe, on disait : *Ou Pont*, pour désigner cette rue.

(3) Commis, lieutenant ou, comme on disait alors, *justice* de M. le prévôt.

(4) Archives de la ville, cart. I. N, fo 34 vo.

(5) Cette seconde union était déjà accomplie en 1318, attendu que, le 24 juin, à Mons, le chevalier « Guyon de Flandres, *adont signeur d'Antoing* », figure dans une charte du comte de Hainaut. (Devillers. *Monum. pour servir à l'hist. des provinces de Namur*, etc, Bruxelles, 1874, in-4o, t. III. p. 716, en note.) Guy de Flandre tenait la terre d'Antoing en qualité de *bail* ou tuteur de sa belle-fille Isabeau d'Antoing.

Alix de Flandre, mariée en 1330 à Jean de Luxembourg, châtelain de Lille (1).

Dans un compte de notre ville, de l'an 1326, il est parlé de « le justice me dame d'Antoing » (2).

Hugues III ne laissa qu'une fille.

10. — Isabeau, dame d'Antoing et d'Espinoy, prévôte de Douai, fille du précédent.

Elle fut d'abord sous la tutelle de Marie de Sottenghien, sa mère, morte vers 1320, et du second mari de celle-ci. Plus tard, elle hérita de la châtellenie ou vicomté de Gand, ainsi que de la terre de Sottenghien. Elle eut enfin, probablement par acquêt, le Gavène de Douai. (Voir le 4º chapitre, article III.) Cette riche héritière contracta trois alliances illustres.

Elle épousa, en premières noces, Henri de Louvain, sire de Gaesbeck, Herstal, etc., mort vers 1324, fils aîné de Jean, sire desdits lieux, décédé vers 1318, et de Félicitas de Luxembourg; ce jeune prince était de la maison des ducs de Brabant; il mourut sans enfant (3).

Elle s'unit, très-peu de temps après, avec le prince Alfonse d'Espagne, fils d'un prétendant au trône de Castille. Les circonstances de ce mariage, qui eut lieu vers 1325 (4),

---

(1) A. Du Chesne, *Preuves de l'hist. des maisons de Guines* etc., Paris, 1631, in-fo, pp 682 et 683 ;—Id., *Maisons de Guines, d'Ardres, Gand et Coucy*, pp. 351 à 360.

(2) Arch. de la ville, rôle en parchemin, lay. 138, liasse 6º.

(3) Butkens, *Trophées de Brabant*, I, p. 618.

(4) M. Kervyn de Lettenhove (*Œuvres de Froissart, Chroniques*, t. 21º, Table, p. 135) cite une charte qui constaterait que la baronnie de Lunel aurait été donnée, en 1324, par le roi Charles le Bel au père du connétable Charles d'Espagne, lequel avoit délaissé son estat de clergie pour plus continuellement servir le roi.

par l'entremise du roi de France, sont rapportées en ces termes dans une chronique contemporaine (1) :

« En cel an, monseigueur *Aufour* (2), arcediacle et canone en l'esglise de Paris, devint soldoier, et puis le fist li roys chevalier. Et comme il eust traictié avec pluseurs hautes dames d'estre mariées à icelui monseigneur Aulfour (qui *filz* (3) estoit du filz au roi d'Espaingne, et l'avoit son père eu d'une dame de Normandie, laquelle puis il espousa), et l'eussent renfusé, car elles ne voloient avoir mari qui eust esté clerc; en la fin *la damoiselle de Gant* (4) li fu donnée à fame, dont puis après il ot un filz masle (5) à Closètre (6) dessus Gentilly. Et donna li papes à son frère Henri sa prouvende et son arcediacré. » Et un peu plus loin, sous l'année 1327, le même chroniqueur ajoute : « En cel an trespassa monseigneur Alfour dessus dit, en la maison du conte de Savoie dessuz Gentilly, et fu enterrés chiés les Jacobins de Paris honorablement. Dont sa fame, qui veve demeura, fu puis mariée à monseigneur Jehan, visconte de Melun. »

Le continuateur de la Chronique latine de Gérard *de Fracheto* s'accorde parfaitement avec ce qui précède, puisqu'il nous apprend qu'Alfonse d'Espagne, cousin du roi de

---

(1) Continuation anonyme de la Chronique de Jean de S. Victor. *Recueil des hist. des Gaules et de la France*, t. 21, 1126-1328, Paris, 1855, in-fo; page 686 e f et page 658 b.

(2) Ou *Aufons*, formes diverses du prénom Alphonse.

(3) Il faut lire ici *petit-fils*, comme on le démontrera bientôt.

(4) Isabelle d'Antoing, châtelaine ou vicomtesse de Gand. Le chroniqueur l'appelle *damoiselle* et non *dame*, parce que le jeune prince, son premier époux, n'avait pas eu la dignité de chevalier.

(5) Le connétable Charles d'Espagne, assassiné en 1354.

(6) Lisez : *Bicêtre*.

France, avait été diacre et archidiacre de Paris, avant d'être fait chevalier et baron ; qu'ayant gagné une fièvre quarte dans une expédition en Gascogne l'an 1326, il en mourut à Gentilly près Paris, en l'hôtel du comte de Savoie, vers le mois d'août 1327 ; et enfin qu'il fut inhumé aux frères Prêcheurs (1).

N'est-il pas évident, d'après cela, que le second mari d'Isabeau d'Antoing fut Alfonse d'Espagne, chevalier, sire de Lunel, lieutenant général du roi de France sur les frontières de Flandre en 1325, et sur les frontières de Gascogne en 1326 ; et qu'il était fils, légitimé par mariage subséquent, du prince Alfonse *dit* de La Cerda, prétendant au trône de Castille en 1296, 1309 etc. (2), et d'une dame de Normandie, dont le nom est resté inconnu ; lequel Alfonse de La Cerda était lui-même fils aîné du prince Ferrand d'Espagne (mort en 1274, avant son père Alfonse X, roi de Castille) et de Blanche de France, fille de saint Louis.

Néanmoins les annalistes et les généalogistes ont longtemps confondu le fils avec le père, et donné pour mari à notre Isabeau d'Antoing le prétendant Alfonse de La Cerda, au lieu d'Alfonse d'Espagne, l'archidiacre de Paris subitement transformé en général d'armée. Les savants éditeurs du 21e volume du *Recueil des historiens de France*, MM. Guigniaut et de Wailly, ont redressé la filiation fautive de cette branche de la maison royale d'Espagne (3).

Une autre erreur avait été également commise par les

(1) *Recueil des hist. des Gaules et de la France*, t. 21, pp. 68 et 69.

(2) Marié d'abord à Mahaut de Narbonne, dont postérité. Voir Moreri, *Le Grand diction. hist.*, Amsterdam, 1740, in-f°, II, C 197 ; la généalogie donnée par Moreri renferme plusieurs inexactitudes.

(3) Paris, 1855, in-f°, p. 686, note 4.

généalogistes; mais elle a été rectifiée, il y a longtemps, par André Du Chesne, dans son *Histoire des maisons de Guines*, etc. (page 258); quoique cet auteur n'ait pas su non plus distinguer le père du fils, il a constaté, contrairement au dire de ses devanciers, que Isabeau d'Antoing avait eu un fils de son second mari Alfonse d'Espagne ; car en parlant de ce dernier et de sa femme, il dit qu'ils procréèrent Charles d'Espagne, « depuis connétable de France, comte d'Angoulême, seigneur de Lunel et de Benaon en Aunis ; comme témoigne un arrêt de 1343 »; et il ajoute : « Ceux-là se sont trompés qui ont écrit que de ce second mariage (d'Isabeau d'Antoing) ne procéda point aussi de lignée » (1). Charles d'Espagne est du reste un personnage historique ; filleul du roi Charles le Bel, favori du roi Jean, créé par celui-ci comte d'Angoulême, connétable de France en 1350, chevalier de l'ordre de l'Etoile, etc., il fut assassiné traîtreusement à Laigle en Normandie, dans la nuit du 8 au 9 janvier 1354, par ordre de Charles le Mauvais, roi de Navarre, gendre du roi. Nous reparlerons de ce prince à propos du Gavène de Douai. (Voir 4e chapitre, article III.) D'une fille du duc de Bretagne, Charles de Blois, avec la main de laquelle le roi Jean lui avait fait don de la ville de Laigle, Charles d'Espagne ne laissa pas de postérité.

(1) De cette union, qu'on avait cru stérile, serait encore sorti une autre fils, d'après M. Kervyn de Lettenhove (*Œuvres de Froissart, Chroniques*, t. 21°, Table, pp. 104-105, Bruxelles, 1873, in-8o), à savoir: Louis d'Espagne, amiral de France en 1341, cité en 1340 parmi les hauts barons de France et les plus renommés chevaliers (III, 395 et 398), et que Froissart (V, 93) donne, par erreur, pour père à Charles d'Espagne. Mais l'hypothèse de M. de Lettenhove n'est pas admissible, puisque le prince Louis d'Espagne (s'il était fils d'Alfonse et d'Isabeau d'Antoing, mariés vers 1325), n'aurait eu que quatorze ans à peine en 1340! L'erreur même de Froissart prouve que Louis était beaucoup plus âgé que Charles ; c'était très-vraisemblablement son oncle.

Cf. la généalogie fautive donnée par Moreri, II, C 197, col. 2.

Enfin Isabeau d'Antoing, après trois à quatre mois de veuvage, convola en troisièmes noces, l'an 1327, par contrat passé le jour de Saint-André, 30 novembre, avec Jean, vicomte de Meleun, sire de Monstreuil-Bellay, grand chambellan de France, veuf lui-même, avec enfants, de Jeanne de Tancarville. C'était l'un des plus grands seigneur de la cour ; le roi honora leurs noces de sa présence (1).

Le 18 mars 1338, (v. st.), Jean, vicomte de Meleun, seigneur de Monstreul-Bellay, chambellan de France ; sa femme Ysabel, vicomtesse de Meleun, dame d'Antoing et prévôte héritière de Douai, et Mahaut de Picquigny, prévôte douairière, se désistèrent d'un procès intenté devant le bailli d'Amiens contre Mrs de Saint-Amé, qui avaient fait construire un moulin à moudre brais, dans la ville de Douai, au préjudice du leur qui était banal, « moulin bracerel pour moudre brais ». Cette charte du fonds de Saint-Amé est munie des sceaux de ces hauts personnages. Celui du vicomte est équestre, le bouclier et le caparaçon aux armes de Meleun; contre-sceau armorial : une croix patée. Celui de la vicomtesse représente une dame accostée de deux écussons, aux armes de Meleun, à sa droite, et l'autre au lien d'Antoing. Le troisième a été décrit plus haut.

En 1340, le vicomte de Meleun, en considération de la guerre entre la France et le Hainaut, et pour pouvoir librement servir le roi, renvoya au comte de Hainaut l'hommage

---

(1) Lettres patentes d'octobre 1711, accordant au prince d'Espinoy la dignité de duc et pair, et rappelant les illustrations de la maison de Meleun. Turpin, *Comitum Tervanensium*....... *Annales hist.*, Douai, Derbaix, 1731, in-8, p. 393.

Cf. A. Du Chesne, *Maisons de Guines*..... etc., p. 358; et Moreri, *Le Grand dict. historiq.*, VI, M p. 259, col. 2.

qu'il tenait de celui-ci pour le fief d'Antoing (1). A la bataille du 17 juin 1340, il avait à sa suite neuf chevaliers et 62 écuyers (2).

Nous avons déjà exposé le différend qui s'éleva entre « noble et puissant homme M⁰ le vicomte de Meleun, prévost de Douai à cause de madame la vicomtesse, sa femme », et le châtelain de notre ville, au sujet de leurs juridictions respectives : procès qui fut jugé par les échevins, le 13 juin 1345. *Preuves*, n° LXXXVIII.

Le vicomte eut l'honneur d'être choisi par le roi Philippe de Valois comme l'un des exécuteurs du testament que fit ce souverain le 24 mai 1347 ; mais il mourut cette année-là, avant le roi son maître (3).

Jean, vicomte de Meleun, chambellan de France, etc., la vicomtesse, sa femme, dame d'Antoing et d'Espinoy, et le fils de cette dame, Charles d'Espagne, seigneur de Lunel, fondent trois obits, le 26 juillet 1347, en l'église d'Antoing, où reposent, disent-ils, plusieurs des prédécesseurs de ladite dame (4).

La vicomtesse survécut à son troisième époux ; la mort l'atteignit à son tour, le 6 décembre 1354, environ un an après l'assassinat de son fils aîné, le connétable Charles d'Espagne. Elle fut enterrée dans l'église des chanoines d'Antoing, où l'on voyait encore son épitaphe au commen-

---

(1) Saint-Genois, *Monum. anc.*, I, p. 247.—Arch. départ., fonds de la Ch. des comptes. *Invent. som.* I, p. 137, col. 1.

(2) Lett. pat. précitées d'octobre 1714.

(3) Moreri, *l. cit.*

(4) Annal. du Cercle arch. de Mons, 1869, in-8°, IX, p. 132.

cement du XVII⁰ siècle; une inscription en français rappelait ses titres, ceux de ses trois époux et la date de sa mort (1).

De leur mariage, Jean de Meleun et Isabeau d'Antoing laissèrent trois enfants : 1° Hugues, qui devint sire d'Antoing et d'Espinoy, châtelain ou vicomte de Gand, etc.; nous le retrouverons plus tard à la prévôté de Douai; 2° Isabeau, qui se maria en premières noces à Pierre I, comte de Dreux, et en secondes à Jean d'Artois, comte d'Eu, prince du sang; 3° Marie de Meleun, morte sans alliance (2), qui suit.

Quant aux dignités de vicomte de Melun et de grand chambellan de France, elles échurent à la branche aînée, honorée du titre de comte de Tancarville.

11. — MARIE I⁰ DE MELEUN, prévôte de Douai; fille cadette de Jean, vicomte de Meleun, et d'Isabeau d'Antoing.

MELEUN : D'azur à sept besants d'or, 3, 3, 1, au chef du même.

Nous avons conservé l'orthographe ancienne, que les membres de cette illustre maison n'ont cessé d'employer jusqu'au XVIII⁰ siècle.

La prévôte et Gavenière figure, par son *procureur et receveur*, sire *Gilles de Villers*, prêtre, curé de Fléchicourt (suivant pouvoir du 1ᵉʳ octobre), à l'accord du 31 octobre 1370 conclu entre : Hugues de Saint-Aubin, chevalier, seigneur de Wagnonville, ayant la souveraine basse justice en « clains » et en « respeux », en la ville et échevinage

---

(1) A. Le Mire, *Opera diplom.*, I, p. 315.
(2) Moreri, *l. cit.*—A. Du Chesne, p. 359.

de Douai, au lieu dit Delà l'eau, « oultre » le pont à le Laigne (paroisse Saint-Albin) ; ladite noble d^{elle}, prévôte de la ville de Douai, ayant les souveraines basses justices en ladite ville et échevinage, au lieu dit Deçà l'eau (paroisse Saint-Pierre primitive,—avec ses démembrements de Saint-Jacques ancienne, de Saint-Nicolas et de Notre-Dame,—et paroisse Saint-Amé ; dites plus particulièrement : la ville de Douai) et lesquelles, avec sa prévôté, elle tient noblement et en fief de Mgr de Flandres, de son castel de Douai ; et les échevins de Douai,—au sujet des « clains » et « respeux » ou des actes extra-judiciaires intéressant le tribunal échevinal.

Le sceau gothique et armorial du prêtre Gilles de Villers, procureur et receveur de la prévôté, pend à l'acte du 31 octobre ; l'écu est à trois étoiles, sous un chef échiqueté, cantonné d'un chevron à dextre ; légende : *S. Egidii de Villaribus prebit* (1).

L'accord du 31 octobre fut approuvé par le comte de Flandre, à Gand, le 23 février 1371 (v. st.), sur les instances du chevalier Hugues de Saint-Aubin, de Marie de Meleun, prévôte de Douai, et des échevins (2).

Marie de Meleun avait eu, dans la succession maternelle, la prévôté et le Gavène de Douai. (Voir 4e chapitre, article III.)

Elle avait également recueilli des biens dans le pays flamand. Le 6 novembre 1361, le comte Louis de Maele, étant en sa ville de Termonde, déclare que « sa chère cousine dam^{le} Marie de Meleun » lui a rendu hommage pour les fiefs qu'elle tenait de lui, « gisans » au comté d'Alost, et

---

(1) Cf. Demay, *Invent. des sceaux de la Fl.*, II, n° 6028.
(2) Archives de la ville, n°s 562 à 564 de la *Table*.

qu'elle avait hérités de la dame d'Antoing, sa mère, « notre cousine » (1).

Par acte du 9 mars 1369 (v. st.), elle fit, avec son frère consanguin, le sire de Tancarville, un accord qu'elle scella avec un petit sceau aux armes de Meleun : les sept besants sous un chef. Dans le précieux recueil de M. Douët d'Arcq (*Collection de sceaux*, II, n° 5187), elle est appelée par erreur : « Henri de Meleun, prévôt de Douai »; la rectification est faite à la table placée en tête de l'ouvrage (I, pages 58 colonne 2° et 182 colonne 2°).

L'an 1372, elle servit, pour la prévôté et le Gavène, un dénombrement qui nous a été conservé. (*Preuves*, n° LXXXIX.) Après elle, ces fiefs échurent au suivant.

12. — Hugues Ier de Meleun, chevalier, sire d'Antoing, d'Espinoy, de Sottenghien, châtelain de Gand et prévôt de Douai; frère germain de la précédente.

Le 8 août 1378, le nouveau prévôt consentit au curage des fossés « mouvans depuis le pont de la porte de Lannoy, jusques à la porte et ventelle de Saint-Nicolas, allant jusques à la porte au Cherf. Conditionné que ce qui fait en sera, ne fasse ne porte préjudice ne a nous, ne à un procès jà piechà meu, pour raison de plusieurs entreprises faites sur les fossés, si que on dit, entre defunte demiselle Marie de Meleun, nostre sœur, jadis prévôte de Douai, et plusieurs héritiers marchissans sur lesdits fossés » (2).

Il s'était trouvé à la bataille de Poitiers (19 septembre 1356) avec Jean, vicomte de Meleun, comte de Tancarville,

(1) Arch. départ., Ch. des comptes, 1er reg. des chartes, f° 121 v°.
(2) Arch. de la ville, n° 595 de la *Table*.

grand maître et grand chambellan de France, chevalier de l'ordre de l'Etoile, et avec Guillaume, archevêque de Sens, ses frères consanguins; il y fit, paraît-il, une glorieuse retraite (1).

Froissart le cite plusieurs fois dans ses Chroniques parmi les valeureux chevaliers et les grands seigneurs de son temps. Le sire d'Antoing, baron en Hainaut, prit part à l'expédition française en Espagne conduite par l'illustre du Guesclin contre le roi de Castille Pierre le Cruel et les Anglais ; lui et son parent, le chevalier Alard d'Antoing, sire de Briffœul, également baron en Hainaut, se distinguèrent à la défaite de Navarette (3 avril 1367), où du Guesclin tomba au pouvoir des Anglais ; les sires d'Antoing et de Briffœul partagèrent le sort de leur général. Revenu en France, le sire d'Antoing continua à guerroyer contre les Anglais ; vers le mois de septembre 1373, il servait sous le sire de Clisson, dans le nord du royaume, et observait un corps d'armée ennemi qui s'était avancé entre Laon et Soissons ; en septembre 1377, il prit part à une expédition tentée autour de Calais par le duc de Bourgogne et assista à la prise d'Ardres ; il est cité alors parmi les « bannerets françois : M*r* Jacques de Bourbon, *M*^{*r*} *Huc d'Antoing*, le comte de Dammartin, messire Charles de Poitiers, le sénéchal de Hainaut, le seigneur de Wavrin », etc. Le chevalier banneret, ou chef d'une bannière, correspondait à ce que l'on a appelé depuis en France et en Flandre le chef d'une bande d'hommes d'armes ou d'une compagnie d'ordonnance, sorte de régiment de cavalerie.

Lors de l'insurrection des communes flamandes contre leur comte, il épousa énergiquement la cause de ce dernier.

(1) Lettres patentes de 1714; p. 391 de l'ouvrage cité du P. Turpin.

En 1379, il défen... . Audenarde contre l'armée rebelle, de concert avec son parent le seigneur de Briffœul. Les Gantois, fort animés contre lui, prétendirent qu'en sa qualité de châtelain ou vicomte de la ville de Gand, son devoir était de venir se mettre à leur tête, et ils le sommèrent de s'exécuter. « Et par espécial, ils mandèrent au seigneur d'Antoing, messire *Hue*, qui est chastelain hiretier de Gand, qu'il les venist servir de sa chastelerie, ou il perderoit ses droits et lui abateroient son castel de Viane, qui sciet dalès Grammont. Le sire d'Antoing leur remanda que volentiers il les serviroit à leur destruction, et qu'ils n'euissent en lui nulle fiance, car il leur seroit contraire et fort ennemi, ne il ne tenoit riens d'eux, ne ne voloit tenir, fors de son seigneur, le comte de Flandre, auquel il devoit service et obeissance. Le sire d'Antoing leur tint bien tout ce qu'il leur promist : car il leur fist guerre mortelle, et leur porta moult de damages et de contraires, et fist garnir et pourveir son castel de Viane, de laquelle garnison ceux de Gand estoient heryet et travillet. »

« Hue de Meleun, seigneur d'Antoing », figure, en novembre 1382, à la tête de 24 écuyers, parmi les chevaliers bannerets de l'armée du duc de Bourgogne, lors de la campagne de Flandre, illustrée par la victoire de Roosebeke, du 27 novembre (1).

En 1384, il assista aux obsèques du comte Louis de Maele, célébrées à Saint-Pierre de Lille : « S'ensuivent ceux qui offrirent les destriers de la guerre..... Pour le tiers (3ᵐᵉ), messire Hue de Meleun et le seigneur d'Aussy. Pour le

---

(1) Bataille de Roosebeke, notice par J. de Saint-Genois. Tome VIII. p. 419, du *Messager de Belgique*, Gand, 1840, in-8.

quart (4ᵉ), le seigneur de Briffœul et le seigneur de Brimeu. »

« Hue, seigneur d'Antoing, châtelain de Gand, chevalier », signe le traité de paix conclu à Tournai, le 18 décembre 1385, entre le duc de Bourgogne et les Gantois ; il vient le premier après les princes.

Au mois de septembre 1386, à l'occasion d'une expédition projetée en Angleterre, le roi Charles VI vint à l'Ecluse en Flandre, à la tête d'une armée considérable. Les plus grands personnages ne savaient où se loger : « le comte de Saint-Pol, le sire de Coucy, le dauphin d'Auvergne, le sire d'Antoing et plusieurs hauts seigneurs de France, pour être plus à leur aise et plus large, se logèrent à Bruges ».

A la « noble feste de joustes », que le roi d'Angleterre donna à Londres en 1390, le seigneur d'Antoing alla représenter le roi de France (1).

En mai 1401, le seigneur d'Antoing, conseiller du duc de Bourgogne, reçut de son maître une gratification de 150 livres (2).

Nous avons trouvé, dans le fonds de Saint-Amé, aux archives départementales, une lettre missive sur parchemin, munie d'un petit sceau armorial (ou contre-sceau, écartelé de Meleun et d'Antoing) en cire rouge, pendant à simple queue de parchemin, et adressée par le seigneur d'Antoing au doyen et au chapitre de Saint-Amé ; il avait, par mesure de sûreté, mis ses archives en dépôt dans l'église : « 1356, 22 mai, à Anthoing; Hues de Meleun, sires d'Anth.,

---

(1) Chronique tournaisienne, composée vers la fin du XVᵉ siècle, d'après de b rnes chroniques contemporaines; publiée par le chanoine De Smet dans le t. III du *Recueil des chroniq. de Fl.*, Brux., 1856, in-4°, p. 285.

(2) Arch. départ., Ch. des comptes. *Invent. som.*, I, p. 272.

d'Espinoy et chastellain de Gand... Envoions n^{re} feal et amet consillier Mons. Gille Canivet et Jehan Catel, n^{re} varllet, pour faire mettre clez et serrures as huges ou escrins, qui sont en v^{re} église, où nos l^{res}, instrumens et chartres sont..... ». Jean Catel, que le sire d'Antoing appelle son « varlet », n'en était pas moins un riche bourgeois de notre ville et receveur du Gavène en 1339.

Le 10 juillet 1369, il avait, avec sa femme, Marguerite de Picquigny, dame d'Ailly, confirmé la fondation faite, l'an 1347, en l'église d'Antoing, par le vicomte et et la vicomtesse, ses père et mère, et par feu son frère utérin, Charles d'Espagne. La charte est munie de deux superbes sceaux gothiques, qui ont été reproduits dans le tome IX des *Annales du Cercle archéologique de Mons* (1869, in-8°, page 132). Le sceau équestre du sire d'Antoing représente celui-ci galopant, l'épée haute, coiffé d'un casque à une tête de renard pour cimier, le bouclier et la cotte d'armes à un écartelé de Meleun et d'Antoing, et le caparaçon du cheval aux mêmes armes. Légende : *S: Hue : de : Melun : seigneur d'Anthoing : d'Espinoy : de Sotegien : et : chastelain : de : Gand*. Contre-sceau armorial, aux mêmes armes (1). On voit que ce seigneur, possesseur de grandes et nombreuses seigneuries, commençait à négliger le titre de prévôt de Douai, titre qui cependant suffisait à lui seul, au XIIe siècle et au XIIIe, pour donner à son titulaire une haute position dans le monde féodal ; c'est que de grands changements s'étaient déjà accomplis dans l'état social et dans la nature de la richesse : il ne suffit plus d'avoir deux ou trois domaines et une origine noble pour être riche et considéré ; la fortune, on ne l'a plus qu'à la condition de

---

(1) Cf. Demay, *Invent. des sceaux de la Flandre*, Paris, impr. nation., 1873, in-4o, II, n° 5545.

posséder des villages à la douzaine; quant à la considération, elle s'attache plus encore aux favoris des rois et des princes qu'aux descendants des anciennes familles.

En qualité de chef d'une branche cadette et ne pouvant porter les armes pleines de sa maison, Hugues de Meleun écartela d'Antoing, armes de sa mère. Quant à son fils Jean, devenu chef de la maison de Meleun, après l'extinction de la branche aînée, honorée du titre de comte de Tancarville, il porta de Meleun plein.

Le 6 mars 1373, *Jehan Blondiaux*, receveur et procureur de « hault et puissant M^{er} Hue de Meleun, seigneur d'Antoing, d'Eppinoy, chastellain de Gand et prevost de Douay », arrente viagèrement à un meunier une maison située en cette ville, au lieu dit le Castel Saint-Amé, tenant « au molin de le Brais », propriété du prévôt (1).

Par autre contrat passé devant échevins de Douai, le 23 mars 1387 (v. st.), le métier des tanneurs prit à louage de « hault et poissant seigneur M^{er} d'Antoing », prévôt de Douai, le « Noef mollin, seans en dehors de le porte du pont de piere », au loyer de 32 francs royaux, par an, payable en deux termes, à charge de l'entretenir à usage de « wisine pour maure escorche, appartenant à leur mestier », et en acquittant la rente de deux « muis de bled, tel que de meuture, que doit li dis mollins à une cappelle à Saint-Amé » (2). Nous retrouverons, en 1465, ce même moulin de la Prairie toujours occupé par le corps des tanneurs, mais seulement pour 28 francs par an : ce qui prouve que, dans l'espace de ce siècle-là, la prospérité industrielle de notre

(1) Contrats en chirog. aux archives de la ville. Guilmot, Extraits Ms., III, p. 1190.
(2) Contrats en chirogr. aux archives de la ville. Guilmot, Extraits, III, p. 1236.

ville avait été en diminuant ; conséquence de notre séparation d'avec la France.

Un titre de l'an 1403, relatif au Gavène de Douai (4ᵉ chapitre, article III), nous apprend que « noble et puissant seigneur Mgr d'Antoing » résidait au donjon de son chastel de Wingles, bailliage de Lens. Ce château des connétables de Flandre lui était venu par sa seconde femme.

On commença vers ce temps-là à donner à ferme certains produits de la basse justice de la prévôté, notamment le profit des « clains et respeux » etc., etc. : « 1389, 4 novembre ; Jean de Goy, fils de feu Martin, bourgeois de Douai, prend de M. d'Antoing la basse justice, pour six ans, moyennant six florins d'or à l'écu. Alexandre Caron *dit* Le Merchier, caution jusqu'à 50 livres » (1).

Dans un compte du bailli de Douai, de l'an 1390 (2), *Jaque Boinmarcquiet* est indiqué comme « chenssier M. d'Anthoing ».

Hugues Iᵉʳ de Meleun épousa : 1o en 1360, Marguerite de Picquigny, fille de Jean, seigneur d'Ailly, et de Catherine de Châtillon *dite* de Saint-Pol ; il eut de cette union deux fils qui moururent avant lui, sans enfants, et une fille ; et 2o vers 1376, Béatrix de Beausart, fille aînée de Robert, seigneur de Wingles, connétable de Flandre, et de Laure de Rosny ; cette dame était veuve sans enfant de Wautier, sire de Hondescote (3).

De l'union d'Hugues de Meleun et de Béatrix de Beausart, il y eut postérité et notamment un fils et trois filles.

---

(1) Arch. de la ville, no 31 de la 9ᵉ liasse du cabinet ; pièces collationnées pour procès contre le prévôt. Invent. ms. de Guilmot, p. 1140.

( ) Arch. départ., Ch. des comptes, reg. D 93.

(3) Moreri, *l. cit.* Dom Caffiaux, *Trésor généal.*, p. 734.

Jean de Meleun fut sire d'Antoing et d'Espinoy, vicomte de Gand, connétable de Flandre etc. ; nous le trouverons dans la suite à la prévôté de Douai. La fille aînée Philippa eut le Gavène de Douai ; elle épousa, en 1399, Jacques, sire de Montmerency. Marie de Meleun eut la prévôté. Catherine ne laissa pas d'enfant de ses deux maris Jean, seigneur de Roisin, et Bauduin de Fontaines, chevaliers ; après elle, la terre de Wagnonville, ancien domaine de la maison de Saint-Aubin, qu'elle avait acquis, échut à sa sœur Marie, ensuite à son frère aîné.

Hugues Ier de Meleun mourut en 1406 (1).

13. — MARIE II DE MELEUN, prévôte de Douai, fille d'Hugues d'Antoing et de Béatrix de Beausart.

Elle épousa, par contrat du 30 décembre 1404 (2), Jean de Lalaing, chevalier, seigneur de Hordaing, sénéchal d'Ostrevant, second fils de Simon de Lalaing, sire de Quiévrain, bailli de Hainaut, et de Jeanne du Rœulx *dit* d'Escaussines.

Elle eut un long procès avec les échevins de Douai, au siège de la gouvernance ; voici le sujet de la contestation : Un individu avait, le 23 mars 1410, volé un coffre chez Audrieu du Buisson, appartenant à celui-ci et à Ernoul, son frère, dans lequel était une bourse ou « saquelet », contenant 366 pièces d'or, qu'il avait été, la nuit, enfouir sur la « creste » de la vieille forteresse, assez près du lieu dit la Fausse Posterne (3). Le voleur ayant été pris, les échevins

---

(1) Le P. Ruteau, *Annales... d'Haynau*, p. 223.
(2) Dom Caffiaux, *Trésor généal.* p. 735.
(3) Vers l'endroit qui a été appelé ensuite la Planque-Amoureuse ou le Pont-des-Amourettes ; rue des Blancs-Mouchons, à la hauteur du n° 41.

étaient allés sur les lieux, avec le bailli, avaient foui et retrouvé l'argent, qui fut rendu aux propriétaires, après l'exécution du voleur. De là, plainte du prévôt, qui prétendit lever son droit sur les pièces d'or qu'il considérait comme *bien épave*. Le jeudi 7 octobre 1423, intervint une sentence rendue entre « noble homme Jehan de Lalaing, chevalier, seigneur de Hordaing, de Marpent, sénescal d'Ostrevant et prevost de Douai, demandeur, en son vivant, et complaignant en cas de saisine et de nouvelleté », d'une part; et les échevins de Douai, d'autre part. On y voit que, le procès étant mis en état, « le complaignant était allé de vie à trespas » et que le procureur de la ville avait obtenu commission du juge, en vertu de laquelle il avait fait ajourner au Chastel de Douai : messire Guillaume de Lalaing, chevalier (frère et) héritier dudit feu prévôt, et aussi son exécuteur testamentaire avec sire Nicolle Ducoch, prêtre, sire Pierre Helin et messire Englebert d'Enghien; et *George Creveche* (1), *bailli*, en la ville de Douai, de noble dame madame Marie de Meleun, veuve dudit prévôt, et Jehan de Goy;—pour ledit procès reconnaître. Les exécuteurs testamentaires ne comparurent pas. Les échevins eurent gain de cause, et l'autre partie fut condamnée aux dépens (2).

La délimitation des droits respectifs de la ville et de la prévôté, sur les terrains de la vieille enceinte, fut, durant des siècles, une question presque insoluble et sans cesse agitée.

---

(1) Guilmot, p. 186, col. 2, du *Suppl. au Glossaire de la langue romane* de Roquefort (Paris, 1820, in-8o), cite un acte du 3 juillet 1416, contenant vente d'une maison « qui fut *feu George Crueche*, haboutant par derrière aux hostaux et maison du Pot d'etain ».

(2) Arch. de la ville, n° 801 de la *Table*. Guilmot, Invent analyt. Ms., I, p. 71.

Le 2 octobre 1416, devant échevins, un bourgeois de Douai, Colart Guibbe, reconnut avoir pris à ferme, dès l'an 1412, de «hault et puissant M⁰ʳ Jehan de Lalaing, seigneur de Hordaing, de Marpent, senescal d'Ostrevant et pruvost de Douay, sa justice de la prevosté, pour icelle exercer, le terme de quatre ans, et ens avec *la justice de Postes*, en rendant cascun an, pour ladite justice de la prevosté, quarante couronnes d'or, et pour ladite justice de Pottes, dix couronnes » (1).

Dans une sentence échevinale du 5 juin 1423, il est question de « feu Mʳ de Hordain, prévôt de Douai, pour son molin de le Braix » ; de *Jehan Du Pont*, « comme bailli et receveur dudit seigneur »,et de « Loys de Le Vacquerie, exerçant le fait de le basse justice de la prévôté » (2).

Pendant son union avec le sénéchal d'Ostrevant, la prévôté hérita de la seigneurie de Wagnonville, dépendant de la paroisse Saint-Albin de Douai, mais relevant du château de Lens ; cette terre resta étroitement liée à la prévôté et en suivit les destinées jusqu'en 1567.

Elle survécut assez longtemps à son époux, dont elle n'avait pas retenu d'enfant.

En 1432, elle était en contestation avec les échevins, toujours au sujet des crêtes de l'ancienne forteresse. Le 6 septembre 1432, les échevins donnèrent leur réponse écrite à certains articles que leur avait « baillés » haut et puissant seigneur Mʳ d'Antoing,pour madame la prévôte,sa sœur (3). Celle-ci prétendait être troublée dans ses droits sur les

---

(1) Id., contrats en chirogr. Guilmot, Extraits, t. III, p. 1295.

(2) Id., fo 73 d'un grand reg. en papier, intitulé : Contrats, 1433-1424.

(3) Arch. de la ville, copie simple, no 839 de la *Table*. Guilmot, Invent. analyt. ms., I, p. 46.

crêtes, entre la porte à l'Estanque et le Neuf-moulin (de la Prairie).

Par ses lettres en date en la ville de *Melboege* (1), du 20 mai 1438, « Marie de Meleun, dame de Hourdaing, de Marpent et prévôte de Douai », autorisa son receveur, Georges Creveche, à remplir les fonctions de bailli, pour recevoir, conformément aux règles de la coutume féodale, l'acte relatif à la vente de l'un des deux arrière-fiefs de la prévôté. (Voir ci-après, article V 2º.)

Par acte du 26 août 1441, le *procureur* de « haute et noble dame madame Marie de Meleun, dame de Hordain et Marpent et prévôte de Douai », afferma à Dérin Lefèvre et Jaquemart de Carnin la basse justice de la prévôté, ainsi que « l'ostel et petites maisons y appendans, jardin, coulombier, et les profits des crestes (2) depuis la porte du Marché jusqu'à celle de Canteleu », pour six ans, à 56 francs l'an, 33 gros monnaie de Flandre pour chaque franc. Conditionné que ladite dame, ses gens et officiers auront l'entrée en la porte dudit hôtel, avec l'étable des chevaux qui est entre les deux portes dudit hôtel, pour se loger avec leurs chevaux, toutes les fois qu'il leur plaira. Un bail semblable fut passé le 2 mai 1446, au profit de Jehan Lestevart, à 60 francs par an, au lieu de 56 (3).

Il résulte de ce qui précède que la prévôte n'habitait pas Douai, mais qu'elle y séjournait de temps à autre.

(1) Maubeuge. Elle demeurait très-probablement en cette ville. Le 26 mai 1439, elle assistait à la cérémonie de la translation des reliques de sainte Aldegonde: *nobilis domina D. Maria de Melun, domina de Hourdaing.* (Ghesquière, *Acta SS. Belgii*, Bruxelles, 1787, in-4º, IV, p. 233.)

(2) Les crêtes ou rejets du fossé, hors des vieux murs, servaient ici de jardin à l'hôtel de la prévôté.

(3) Arch. de la ville, chirographes ; nos 896 et 917 de la *Table*. Guilmot, I, p. 39.

Marie de Meleun, dame de Hordaing, avait servi, le 20 mai 1440, un dénombrement pour sa prévôté ; malheureusement ce document n'existe plus (1).

Citons encore deux actes de cette prévôté, l'un, du 11 mai 1442, par lequel elle arrente viagèrement un ouvrier « de taillant », « son mollin à taillant, assez près du pont à Ierbe et d'un autre mollin à blé qui appartient au seigneur de Raisse », moyennant une redevance annuelle de sept livres parisis ; et l'autre, du 10 novembre 1413, qui est un bail, accordé pour deux ans, « des tourelaiges et franqués qu'elle prend chacun an, sur les cervoises, hamboux, bries mars, miés et autres boires bouillis », moyennant 50 livres parisis l'an (2).

14. — JEAN Ier DE MELEUN, seigneur d'Antoing, d'Espinoy, etc., vicomte de Gand, connétable de Flandre, châtelain de Bapaume, prévôt de Douai, etc., chevalier de la Toison d'Or (1432) ; frère germain de la précédente.

Ce grand seigneur était devenu chef des nom et armes de son illustre maison, depuis la mort de son cousin, Guillaume, vicomte de Meleun, comte de Tancarville, mort au désastre d'Azincourt en 1415, sans laisser de postérité mâle. Il s'attacha étroitement à la fortune de la brillante maison de Bourgogne.

En 1415, à la veille de la triste journée d'Azincourt, quand le duc Jean Sans-Peur fait retenir son fils le comte

---

(1) L'original en parchemin se trouvait encore à la Chambre des comptes, à la veille de la Révolution ; il est repris en l'Invent. des dénomb. des fiefs de Douai, dressé à la fin du XVIIIe siècle. (Arch. départ., liasse D 78.)

(2) Contrats en chirographe aux archives de la ville. Guilmot, Extraits ms., III, pp. 1342 et 1345.

de Charolais (depuis Philippe le Bon) dans le « chastel de Erre » (Aire en Artois), pour l'empêcher de se rendre à « icelle besongne », « le jeune seigneur d'Antoing » tient compagnie au comte, son maître, alors « moult fort pleurant » (1).

Le 11 juillet 1419, le seigneur d'Antoing jure, avec le duc de Bourgogne, la paix fallacieuse que le dauphin (depuis Charles VII) conclut avec le duc, au « ponceau » vers Melun (2).

On trouve son nom parmi ceux des familiers du nouveau duc Philippe le Bon, qui assistèrent au conseil tenu à Arras, le 27 novembre 1419, « sur le fait du traité d'Angleterre », qui livra la France à l'étranger. Voici dans quel ordre les noms sont cités : le comte de Namur, l'évêque de Tournai, l'évêque de Térouane, Philippe de Morvilliers, premier président, *le sire d'Antoing*, le sire de Neufchâtel, grand maître d'hôtel, le sire de La Viefville, le sire de Comines, le sire de Roubaix... etc., etc. (3). Toutefois il ne paraît pas avoir accompagné le jeune duc, allié des Anglais, lors de sa première expédition en France (février 1420), puisque, dans l'énumération des capitaines bourguignons, on voit que « le seigneur de Humières conduisoit les gens du seigneur d'Antoing » (4).

En juillet 1421, Jean de Luxembourg et le seigneur d'Antoing, chefs de l'avant-garde de l'armée bourguignonne,

---

(1) *Chroniq.* de Monstrelet, édit. de la Société de l'hist. de France, III, p. 9J.

(2) Chroniq. anonyme du règne de Charles VI. P. 275 du t. VI de l'édit. citée de Monstrelet.

(3) Arch. départ., Ch. des comptes. *Invent. som.*, I, p. 350, col. 2.

(4) Monstrelet, III, p. 375.

assiégent le pont de Remy et s'emparent de cette forteresse dès le lendemain (1).

Le seigneur d'Antoing se signala à la rencontre de Mons en Vimeu (30 août 1421), aux côtés du duc Philippe, et contribua à l'avantage que ce prince remporta sur les gens du dauphin (2).

Notons en passant qu'il se montra chaud partisan du moine frère Thomas Couette, et que, durant cinq à six mois, il « le poursievit et accompaigna » à travers les pays wallons, alors vivement remués par les fougueuses prédications de cette espèce d'énergumène. Ceci se passait en 1428 (3).

L'an 1434, il assiégea, avec le comte d'Estampes, les castels de Moreul et de Mortemer, qui furent en peu de temps enlevés aux Français; et encore la ville et forteresse de Saint-Valeri, qui fut conquise après un mois de siége (4).

Quand le duc eût fait taire ses trop justes ressentiments contre le dauphin, et qu'il l'eût reconnu comme roi de France, son seigneur et son maître, quand les Anglais, ses alliés de la ville, furent devenus les ennemis de Bourgogne, le seigneur d'Antoing conduisit au siége de Calais, en 1436, les communes flamandes, « comme chief, à cause qu'il estoit visconte héritablement de la terre de Flandres » (5).

Nous avons vu que, dès l'an 1432, M⁽ᵉʳ⁾ d'Antoing

(1) Chroniq. anonyme. P. 299 du t. VI de Monstrelet.

(2) Monstrelet, IV, p. 66.

(3) Id., p. 306.

(4) Id., V, pp. 87 et 93.

(5) Monstrelet, V, p. 239.—On sait que les châtelains ou vicomtes conduisaient à la guerre les milices communales.

se considérait comme l'héritier présomptif de la prévôté de Douai, puisqu'il intervenait dans les difficultés que la prévôte, sa sœur, avait avec les échevins de cette ville.

Enfin, un document relatif au moulin des Wez prouve qu'en 1456, « noble et puissant seigneur M⁺ d'Antoing » était prévôt de la ville de Douai ; il y avait alors pour *procureur et receveur Jean Cuvillon*.

Par acte du 25 août 1463, il afferma à Willaume Sohier *dit* Fède et à Jean de Cambray, conseiller en cour laie, la basse justice de la prévôté, pour trois ans, moyennant 65 francs par an (1).

Ce prévôt résidait habituellement en son château d'Antoing.

Mentionnons encore des lettres émanées de « Jehan de Meleun, seigneur d'Antoing, d'Espinoy, de Beaumez, Messencouture, connestable de Flandres, chastellain de Bapalmes et prevost de Douay », en date « en notre chastel d'Anthoing », du 26 juillet 1465, accordant « à cense et louage à noz chers et bien amés les quatre hommes et corps du mestier des tanneurs de ladite ville de Douay, toute notre maison et mollin que on dist le Nœuf mollin, estant et seant au dehors du pont de Pierre, ledit mollin monté, abarnesquié, ordonné et appareillié en tel maniere que pour molre escorche », pour 18 ans, à commencer « au jour Notre-Dame Candeler qui sera en l'an 1469, au matin », au loyer annuel de 28 francs (2). Nous avons cité un bail semblable passé en 1387.

En novembre 1477, « le sire d'Anthoing » figure au nombre des 115 chevaliers chambellans de Maximilien, duc

---

(1) Arch. de la ville. Guilmot, Invent. analyt. ms., I, p. 39.
(2) Titre du moulin de la Prairie, communiqué par le propriétaire.

d'Autriche, de Bourgogne, etc. (1) ; mais il ne tarda point à quitter le prince allemand pour s'attacher à son légitime souverain, le roi de France: aussi, le 5 mars 1478, durant les hostilités « entre France et Bourgogne », « furent les Blancs Capprons de Gand, en grosse puissance, en la ville de Anthoing, et le hardirent toute, pour ce que les habitants du dit lieu, avoecq Jehan de Meleun, leur seigneur, tenoient le party du roy » (2). On lit dans la même chronique, sous la date du 4 juin 1478 : « Se party Jehan de Meleun, vicomte de Gand, du castiel de Anthoing, lequel, jusques à ce jour, il avoit tenu pour le roy, et alla en la ville de Tournay » (3). Le château d'Antoing fut sans retard occupé par les partisans de Maximilien d'Autriche, dont les affaires s'amélioraient.

Malgré les guerres et les révolutions, le sire d'Antoing continuait à jouir de ses biens dans notre ville demeurée bourguignonne, attendu que, le 3 mars 1482 (v. st.), son « procureur et recepveur », *Jacques du Buisson* dit *Blancard* arrentait viagèrement le moulin de Taillant pour huit livres par an (4).

Jean de Meuleun mourut fort âgé, le 15 février 1484. Il avait épousé : 1° par contrat du 28 octobre 1419, Jeanne de Luxembourg, veuve de Louis, seigneur de Ghistelle, et fille de Jean, seigneur de Beaurevoir, et de Marguerite,

---

(1) *Bull. de la Commis. roy. d'hist.*, Bruxelles, 1857, in-8°, 2° série, t. IX, p. 117.

(2) Nicolay, *Kalendrier des guerres de Tournay*, 1477-1479; p. 214 du t. 2 des *Mém. de la Soc. de Tournai*, 1853, in-8°. — Cf. Cousin, *Hist. de Tournay*, 1620, in-4°, IV, p. 252.

(3) *Kalendrier*; p. 203, l. cit.

(4) Contrats en chirogr. aux Archives de la ville de Douai. Guilmot, *Extraits*, t. III, p. 1394.

dame d'Enghien, comtesse de Brienne; elle mourut le 9 janvier 1420; 2º le 5 avril 1421, Jeanne d'Abbeville, dame de Boubers, Dompvast, Caumont, Relly, etc., fille et principale héritière d'Edmond, seigneur de Boubers, et de Jeanne, dame de Relly; elle mourut avant son mari, le 11 janvier 1480, lui laissant plusieurs filles et un fils (1) qui va suivre.

Le portrait de notre prévôt, « Jehan de Meleun, baron d'Anthoing », et celui de sa seconde femme figurent dans le précieux recueil de la Bibliothèque d'Arras (2).

15. — JEAN II DE MELEUN, seigneur d'Antoing, d'Espinoy, de Caumont, etc., vicomte de Gand, connétable de Flandre, prévôt de Douai, etc.; chevalier de l'ordre de Saint-Michel. Fils de Jean Ier et de Jeanne d'Abbeville.

Ce grand seigneur témoigna son attachement à la cause des lys, en préférant la cour de France à celle de Bruxelles où régnait désormais une dynastie étrangère, aux lieu et place de princes français. Il ne brigua point le titre de chevalier de la Toison d'Or; mais le roi lui donna le collier de l'ordre de Saint-Michel (3).

Mgr d'Antoing renouvela l'interminable différend relatif aux crêtes de l'ancienne enceinte. Les échevins avaient fait arrêter deux individus, « pour avoir fouy sur les crettes pendans contre la viese forteresse dedans le Jardin des ar-

---

(1) Moreri, VI, M p. 260, col. 1.

(2) Ms. 266 du *Catalogue* Caron ou Ms. 1136 du *Catalogue* Quicherat, Portraits, n°s 187 et 188. Cf. Dinaux, *Arch. hist. et littér.*, Valenciennes, 1852, in-8º, 3e série, III, pp. 163-164.

(3) *Suppl. au Nobil. des Pays-Bas*, Louvain. 1775, in-8º, pp. 239 et 240.

chers », et ils les avaient « fait calengier des amendes à ce indites ». Le prévôt fit opposition au jugement, soutenant qu'à lui seul, comme prévôt foncier de la ville, ayant la garde de la vieille forteresse et la jouissance du Jardin des archers, appartenait de donner grâce, congé et licence d'y fouir.

Le prévôt se plaignait en outre de ce que les échevins « entreprenoient sur la muraille de la viese forteresse, la faisoient abattre et prenoient les pierres à leur profit, sans son congié et licence ». Ce que les échevins soutenaient « pouvoir et devoir faire, pour les *etoffes* qui en procedoient employer en l'edification de la nouvelle forteresse et fortification d'icelle ville » (1).

Autre sujet de plainte : « Nous prevost maintenions que les échevins ne pouvoient donner grâce aux particuliers manans en ladite ville, non obligés et condamnés, de pouvoir faire vendre leurs biens par sergent à verghe (*sergent des échevins*), ains, estoit ce à faire par notre commis à l'exercice et la justice d'icelle prévôté ». Il résulte de ce passage que les ventes judiciaires de meubles se faisaient ordinairement par les sergents de l'échevinage, et les ventes volontaires, par le *justice* de la prévôté (ou le *justice* de Saint-Albin, selon les cas).

« Et sy avoit encore un autre grand différent apparent » touchant la terre de Wagnonville, appartenant à M⊃gr⊃ d'Antoing, et en laquelle il prétendait avoir justice vicomtière, suivant la coutume d'Artois; les échevins de Douai soutenant au contraire que Wagnonville dépendait de l'échevinage, qu'ils y avaient justice haute et en dessous, et que

(1) Ceci explique la disparition complète des vieux murs de la première enceinte fortifiée, remontant à la fin du IX⊃e⊃ siècle ; ils était en grès et crénelés.

« si le prévôt avoit audit lieu aucune justice, ce ne seroit ce, fors que justice fonsière, pour par saisine se faire payer de ses rentes. »

Le 22 février 1497 (v. st.), les deux parties conclurent une transaction. « Sçavoir faisons que, pour obvier à tous lesdits différens, paix, amour et union nourrir entre nous parties, par le moyen d'aucuns nos biensveullans, avons appointé desdits différens. »

« Quant aux fouynes (*fouilles*) sur les crettes de la viese muraille, doresnavant nulles personnes particulieres ne pourront fouyr, sans le congé mutuel de nous prévôt et échevins, sur le péril des amendes à ce indites. » Mais quant aux échevins eux-mêmes, ils pourront y faire fouyr, sans en demander congé, quand bon leur semblera, « pour bien de justice et des affaires de la chose publique », ainsi du reste que l'avait reconnu la sentence rendue le 7 octobre 1423, au siége de la gouvernance, contre le prévôt de Douai.

Il fut convenu, en outre, que les échevins pourraient se servir des matériaux des vieilles murailles pour les employer aux nouvelles fortifications, mais après en avoir référé aux officiers du prévôt.

Quant à l'affaire de Wagnonville, elle demeura en suspens (1). On sait du reste que la contestation ne fut jamais jugée d'une façon définitive, et que cette terre demeura litigieuse jusqu'à la Révolution.

Un titre du 19 juillet 1488, relatif au moulin de la Prairie, nous apprend qu'à cette époque le prévôt était représenté à Douai par une sorte de conseil. Voici l'intitulé de l'acte :

(1) Arch. de la ville, orig. en parch. muni du sceau de la ville, celui du prévôt perdu. N° 1224 de la *Table*.

« Devant échevins, comparut : Jacques du Buisson, recepveur de hault et puissant seigneur Mgr d'Anthoing, de la prevosté de Douay, accompaigné de *Guilbert de Thilly*, bailly, et de *Jehan Lombart*, procureur dudit seigneur ». Ce dernier était encore en 1504 procureur du prévôt de Douai. (N° 1265 de la *Table* des Archives de la ville.)

Sur les plaintes des officiers de Mgr d'Antoing, prévôt « heritier » de la ville, on fit, le 24 juillet 1497, la visite de certains canaux, et ordre fut donné d'ôter les « pilots, » planches ou puisards, arbres et autres objets, qui empêchaient le cours de l'eau vers son moulin des Wez et celui au Bray (1).

Le 28 août 1509, autre « visitation » fut faite par échevins, — en présence de Guillebert de Tilly, écuyer, et *Jehan Turpin*, « procureurs et entremetteurs des affaires » de Mgr d'Antoing, — des pilotis, « estaquemens » et autres empêchements « estant en la rivière et ravinetz fluant du long les vielses murailles et anchienne fermeté de ladite ville », notamment depuis la Plancque-Amoureuse jusqu'au pont Saint-Jacques (2).

Guillebert de Tilly, gentilhomme attaché à la maison de Meleun, demeurait en notre ville ; en 1482, il était bailli du seigneur de Montigny, gendre du prévôt de Douai.

Le 12 août 1500, « Jehan de Meleun, seigneur d'Antoing, Caumont, Beaumez, Messencouture, Saulthy et prevost heritier de la ville de Douai », servit le dénombrement de son fief (3), et récépissé fut délivré, le 14 septembre suivant, à

---

(1) Id., procès-verbal de visite. N° 1225 de la *Table*.

(2) Id., N° 1283 de la *Table*.

(3) Arch. départ., Ch. des comptes, reg. coté D 10 ou reg. aux dénombr. des fiefs de Douai, f° 363.

ce « hault, noble et puissant seigneur », par le bailli de Douai (1).

Notons enfin l'arrentement perpétuel accordé, le 1ᵉʳ octobre 1500, par Jacques du Buisson, receveur du sire d'Antoing « et ayant charge especialle de par noble dame madame Marie de *Salubriche*, femme dudit seigneur », du terrain des anciennes fortifications entre les poternes de Saint-Nicolas et de Lannoy, s'étendant d'un côté le long de la « viese » muraille et de l'autre le long du petit cours d'eau ; il s'y trouvait déjà un jardin, que l'arrentataire, un « gardinier », devait améliorer en y plantant notamment « quatre poiriers, deux pommiers, un poirier de coing et un pommier de coing », et en y élevant quelque construction (2). C'est le terrain qui, quelque temps après, fut occupé par les archers de « plaisance ».

Le sire d'Antoing mourut le 20 octobre 1513. Il avait épousé, le 6 octobre 1451, Marie de Saarbruck, fille de Robert, damoiseau de Commercy, et de Jeanne, comtesse de Roucy. De leur union naquirent plusieurs enfants, parmi lesquels nous citerons, comme devant nous intéresser plus particulièrement, les quatre suivants :

1° Le fils aîné, Jean de Meleun, mort avant son père, le 29 juillet 1504, mais qui, de sa femme Isabeau de Luxembourg, qu'il épousa le 18 mars 1495, fille aînée de Jacques, sire de Richebourg, et d'Isabelle, dame de Roubaix, laissa un fils continuateur de la branche aînée. Nous retrouverons les arrière-petits-enfants de Jean de Meleun parmi les possesseurs de la prévôté de Douai. (Voir ci-après, article IV, 21, 22 et 23.)

(1) Arch. de la ville, copie et extrait du récépissé ; n° 1246 de la *Table*.

(2) Contr. en chirogr. aux arch. de la ville. Guilmot, Extraits, t. III, p. 1405.

2° et 3°. Les fils cadets, Hugues et François de Meleun, qui vont suivre.

4° Enfin, la fille aînée, Philippa de Meleun, qui épousa, le 3 septembre 1470, Frédéric de Hornes, chevalier, seigneur de Montigny en Ostrevant, terre située dans la châtellenie de Douai (1).

IV.

Liste des prévôts (suite). Cadets de la maison de Meleun ; l'évêque de Térouane; les vicomtes de Gand Hugues II et sa fille Anne, Jean III et Maximilien. L'illustre Sully deshérité de la prévôté de Douai. — Retour à la branche aînée. Le marquis de Roubaix et ses deux sœurs Hélène et Marie de Meleun. Procès entre les maisons de Meleun et de Ligne. Les princes d'Espinoy réintégrés dans la prévôté par les soins de Sully ; Guillaume Ier de Meleun. L'Espagne confisque la prévôté; le prévôt Henri de Meleun. La conquête française rétablit dans ses droits la maison de Meleun ; les prévôts Guillaume II, Louis Ier et Louis II créé duc et pair en 1714. — Le comte de Melun, la princesse de Ghistelle, dernière prévôte de Douai. — Diverses résidences des prévôts; ils n'ont presque jamais habité Douai. Hôtel de la prévôté, de 1140 jusqu'à nos jours.

16. — FRANÇOIS DE MELEUN, évêque d'Arras et de Térouane, etc., prévôt de Douai ; troisième fils de Jean II et de Marie de Saarbruck.

(1) Moreri, VI, M p. 260, col. 1.

Dans ses notes sur la prévôté et les prévôts, Plouvain (1) cite comme étant prévôt de la ville de Douai en 1520, François de Meleun, évêque de Térouane, au lieu de Jean de Meleun, seigneur d'Antoing, prévôt en 1500; il était remplacé en 1522 par Hugues de Meleun. Ce renseignement était digne d'être noté, attendu que Plouvain a compulsé les archives de la prévôté.

D'un autre côté, il résulte d'un titre de l'an 1524, analysé plus bas, qu'Hugues de Meleun, vicomte de Gand, avait hérité de la prévôté de Douai, de la terre de Wagnonville, etc., par la mort de son frère, « Mr de Thué » (sic), mot mal lu et mal imprimé, sans doute à cause d'une abréviation usitée dans l'écriture du XVIe siècle; il faut lire « Mr de Térouane, » c'est-à-dire François de Meleun, évêque de l'antique cité des Morins.

Nous avons trouvé un titre qui lève tous les doutes ; c'est un contrat passé devant auditeurs (notaires) à Douai, le 6 juillet 1514, par lequel d^{elle} Marie Le Hibert, veuve de Charles du Buisson, écuyer, prend en arrentement perpétuel de « Révérend père en Dieu Mgr François de Meleun, évêque d'Arras, seigneur d'Acheul, de Maubray etc., et prévôt héritier de la ville », les « crestes » et jardins, « membres d'icelle prévôté », depuis l'ancienne porte Saint-Jacques jusques au petit pont de la porte de Canteleu, tenant par derrière au jardin de la maison de ladite d^{elle}, en laquelle elle réside, rue du Petit-Canteleu; moyennant une rente de huit livres parisis flandres, et à charge de laisser « les roy, connestables et confrères des archiers de plai-

---

(1) Ms. intitulé Echevinage, pp. 103 à 109, à la Bibl. de la ville.

sance jouir et parfaire le temps qu'ils ont à tenir, par louage, lesdites crestes et gardin à jouer de l'arc à main » (1).

L'hôtel du Buisson s'étendait partie rue du Petit-Canteleu, rang nord, et partie rue Saint-Jacques, rang est, tout le long de la vieille enceinte ; c'est là que fut établi, au commencement du XVIIe siècle, le séminaire de La Motte. Une portion de ces vastes terrains est occupée par le Cercle commercial, n° 10 de la rue Saint-Jacques. L'acte de 1514 nous apprend que la confrérie des archers de « plaisance » eut son « jardin à jouer de l'arc à main » sur les terrains de l'ancienne enceinte fortifiée, entre la porte de Canteleu et celle de la Neufville ou de Saint-Jacques, avant d'aller s'établir près de l'église Saint-Nicolas (2).

Sous le prélat de Térouane, on trouve désigné comme son bailli, Me *Vaast de La Rachie*, écuyer, licencié ès lois ; et en 1529, *Jehan de La Rachie* était receveur de la prévôté et de Wagnonville (3).

En 1513, « Monsieur maistre Franchois de Meleun, evesque d'Arras » , après la mort du seigneur d'Antoing, son père, avait fait relever, par Jean Du Sart, son procureur, la terre de Wagnonville. (Compte du domaine de Lens, aux Archives départementales de Lille.)

Le prélat d'Arras et de Térouane doit donc figurer parmi nos prévôts. Voici quelques détails sur sa carrière ecclésiastique. Il fut fait prévôt de la collégiale de Saint-Omer en 1499, de Notre-Dame de Bruges en 1505, de Saint-Pierre de Lille en 1508 et de Sainte-Walburge de Furnes.

---

(1) Arch. de la ville, liasse de pièces collationnées pour procès contre le prévôt. Guilmot, Invent. analyt. ms., p. 1141.

(2) Plouvain, *Souvenirs*, p. 513.

(3) Arch. municip. Guilmot, Invent., p. 1239.

Promu à l'évêché d'Arras en 1513, il résigna ce siége en se réservant une pension de cinquante ducats d'or sur les fruits de la mense épiscopale, avec la collation alternative de tous les bénéfices; il avait eu soin de se réserver aussi la prévôté de Saint-Omer, ville où il comptait faire sa résidence ; il monta alors sur le siége de Térouane et fit serment entre les mains du roi de France, le 16 décembre 1516. Là-dessus, les guerres entre le roi François Ier, Charles-Quint et le roi d'Angleterre étant survenues, comme il voulait continuer de résider à Saint-Omer, il fut envoyé dans une sorte d'exil à Furnes, où, rongé par le chagrin, il contracta une maladie dont il mourut le jour de la fête de sainte Cécile, 22 novembre 1521. Il fut enterré devant le grand autel de Saint-Omer (1).

Son frère, le vicomte de Gand, hérita donc, vers la fin de l'année 1521, de la prévôté de Douai et de la terre de Wagnonville.

17. — HUGUES III DE MELEUN, vicomte de Gand, seigneur de Caumont, etc., prévôt de Douai; second fils de Jean II et de Marie de Saarbruck. Il fut chevalier de la Toison d'Or (1491), gouverneur d'Arras, etc., et épousa Jeanne de Hornes.

Tandis que son père demeurait attaché à la couronne de France, Hugues de Meleun suivait le parti de la maison d'Autriche ; cette scission, plus apparente que réelle, se reproduisait chez presque toutes les grandes familles établies dans le nord du Royaume et possédant des seigneuries dans des contrées autrefois unies, mais alors à la veille d'être

---

(1) *Gallia Christiana*, X, colonnes 1869 et 1870.

profondément divisées par les événements politiques. Dans ces moments de crise, les grandes maisons s'assuraient contre la ruine, en veillant à ceux qu'il y eût de leurs membres dans chacun des camps opposés; si le souverain des Flandres, par exemple, confisquait les biens d'un vassal accusé de rébellion, il ne manquait point d'en faire présent à quelque parent du proscrit, lorsqu'il s'en trouvait un parmi ses fidèles serviteurs.

Du reste, la branche aînée elle-même de la maison de Meleun, qui avait presque toute sa fortune dans les Flandres, se rallia à la maison d'Autriche dès l'an 1513, aussitôt après la mort de Jean II de Meleun, seigneur d'Antoing.

Hugues de Meleun était connu sous le titre de seigneur de Caumont, quand, jeune encore, il fut armé chevalier par Maximilien d'Autriche, roi des Romains, aussitôt après la cérémonie du couronnement célébrée à Aix-la-Chapelle, le 9 avril 1486 (1). En 1491, du vivant de son père, il portait déjà le titre de vicomte de Gand, sous lequel il fut élevé à la dignité de chevalier de la Toison d'Or, au chapitre tenu à Malines.

Par ses « lettres » du 24 mai 1523, « Hughues de Meleun, vicomte de Gand, conseiller et chambellan de l'empereur, chevalier de son Ordre, *seigneur* de la prevosté de Douai », accorde aux religieux du monastère de Saint-François (Récollets wallons) en ladite ville, à titre d'arrentement perpétuel, « partie de nostre jardin, en longueur de 80 pieds ou environ, en venant puis le bout d'en haut de nostre jardin en amont, et de 40 pieds de large ou environ, qu'avons derrière notre maison de ladite prévôté, au long de l'eau pas-

---

(1) *Suppl. au Nobil. des Pays-Bas*, p. 35.

sant contre la maison et héritage dudit convent. Réservant et demeurant à nostre profit et de nos successeurs *seigneurs* de la prévosté, les droits et seigneuries en tout ; et que iceux religieux gardien et convent ne polront ediffier ne faire aulcune chose sur et à ladite portion de jardin, ne au résidu et demeurant, au préjudice ne dommage de ladite maison et *seigneurie* de notre dite prevosté, aussy aulcune ne quelque ouverture ne issue ne démolition à notre ancienne muraille et closture (1); mais polront clore leur dite portion allencontre de notre dit résidu de gardin ; et faire un pont en planche au deseure de l'eau, à l'endroit de leur portion, pour venir de leur dite maison à icelle portion de gardin (2) ».

Par une délibération du « conseil » de notre ville, sous la date du 2 août 1524 (3), il fut statué sur une réclamation de ce prévôt de Douai, touchant deux de ses moulins, celui au Brai et celui des Wez, établis chacun sur un bras de la Scarpe prenant naissance à l'Entrée-des-Eaux. « ......*Mr le gouverneur d'Arras*, par ses lettres, avoit escript à eschevins, comment il avoit, en ceste ville, deulx mollins sur eauwe, pour ausquelz mollins subvenir et furnir suffisamment d'eauwe, se ouvroyent, passé long temps, deulx soyeres (*écluses*) et tenures d'eauwes, quy sont ès ventelles du Baille de ceste ville. Or, estoit-il que...... lesdites soyers et tenures d'eauwes auroyent esté tenues fermées et clozes, au grand..... prejudice et dhommaige dudict sei-

---

(1) Il s'agit ici du mur de grès de la vieille enceinte, qui en cet endroit appartenait au prévôt et formait une dépendance de son hôtel.

(2) Le Preux, *Chronicon Duaceno-Minoriticum*, ms. N° 2, pp. 45-47 ; ms. 9931 du fonds latin à la Bibl. nationale.

(3) Arch. municip., 1ᵉʳ reg. aux Consaux, fo 163.

gneur, ou bien et revenu de sesdits mollins.... Deliberé....
que, pour cause que ledict seigneur requeroit de choze
nouvelle, et que icelles soyers ne furent jamais ouvertes....
que le nuict sainct Jehan, chascun an soeullement...,
que pour rien l'on accorderoit à icelluy seigneur de les ouvrir plus souvent que ladicte nuyct sainct Jehan, chascun
an, jour accoustumé, et que pour le contentement dudit
seigneur, l'on escriroit lettres d'excuses les plus amples
que faire se porroit et luy pryer, par icelles, que son noble
plaisir fust soy contenter ». De là, procès à la gouvernance,
que le prévôt gagna en 1532, et de laquelle sentence la ville
appela (1).

A Arras, le 12 novembre 1524, « noble, hault et puissant
seigneur messire Hugues de Meleun, chevalier de la Toison
d'or, vicomte de Gand, seigneur de Caumont, gouverneur
et capitaine d'Arras pour l'empereur », fait le partage de
ses biens. A « M⁰ Jehan de Meleun », son fils et principal
héritier, il assigne les terres et seigneuries de la vicomté de
Gand, de Caumont, de Rosny, etc. ; et pour la part de damoiselle Anne de Meleun, troisième fille, « ledit seigneur
lui baille et assigne la terre et *seigneurie* de la prevosté de
Douai et Waguonville, Morchies, Bertincourt, etc...... et
autres terres, fiefs et seigneuries, qui sont succédés audit
seigneur par le trespas feu M⁰ de Thué (*Térouane*), son
frère, à la charge de payer six vingt livres de rente, chacun
an, à Jacques, bastard de Meleun, à rachapt du denier
seize, et pareille somme à seur Adrianne de Meleun, sa
sœur, religieuse de l'ordre de Saint-François à La Bassée,
la vie d'icelle Adrianne seulement, et quarante rasières de
blé de rente héritablement à icelui convent, à prendre sur

(1) Id., 2ᵉ reg. aux Consaux, fˢ lij vᵒ et lllj.

la terre de Wagnonville ». Ces attributions furent ainsi faites, du consentement de « madame Jehanne de Hornes », femme dudit seigneur et mère desdits enfants; « lesdits seigneur Jehan de Meleun et damoiselle Anne, pour ce presents », les approuvèrent (1).

Le gouverneur d'Arras mourut quelques jours après, le 27 novembre 1524. Il avait épousé, le 15 octobre 1495, Jeanne de Hornes, fille d'Arnoul, seigneur de Gaesbeck, et de Marguerite de Montmorency; il en eut notamment les deux enfants précités (2), que nous allons retrouver, l'un après l'autre, à la prévôté de Douai.

Il gît en « la grande église de l'abbaye » à La Bassée, où l'illustre Sully, son arrière-petit-fils, visita son tombeau en l'an 1583 (3).

18. — ANNE DE MELEUN, prévôte de Douai; fille de Hugues III de Meleun et de Jeanne de Hornes.

Par quittance du 15 mai 1526, Jacques, bâtard de Meleun, écuyer, reconnait avoir reçu de « madam^{le} Anne de Meleun, fille de défunt noble et puissant seigneur messire Hugues de Meleun, vicomte de Gand » etc., 1960 livres, pour le remboursement de cent écus de rente, que ledit messire Hugues lui avait donnés par son traité de mariage, à prendre sur la prévôté de Douai appartenant à ladite damoiselle (4).

(1) A. Du Chesne, *Preuves de l'Hist. généal. de la maison de Béthune*, pages 306 et suivantes.

(2) Moreri, VI, M p. 201, col. 1.

(3) *Mém. de Sully*, édit. Petitot, 3e série, I, p. 310.

(4) A. Du Chesne, *l. cit.*

Trois ans après, il fut question, pour Anne de Meleun, d'un mariage avec un seigneur français ; mais comme la future épouse possédait toutes terres situées alors sous la domination de l'Autriche, elle les échangea avec son frère, contre la terre et baronnie de Rosny, sise en un pays de l'obéissance du roi de France. Ce fut la vicomtesse douairière de Gand qui, pleine de sollicitude pour l'avenir de ses enfants, se fit l'arbitre de cette transaction.

Le 16 juin 1529, devant mayeur et échevins de la ville de Caumont-lez-Hesdin, Mad^{lle} Anne de Meleun, demeurant au château dudit Caumont, déclare que « pour l'amour naturel qu'elle a à messire Jehan de Meleun, chevalier, vicomte de Gand, son frère », elle cède, par don d'entre vifs et irrévocable, « audit messire Jehan, comme à son frère aîné et principal héritier », la prévôté de Douai, avec les terres et seigneuries de Waguonville, Bertincourt etc. (1).

Le traité de mariage d'Anne de Meleun avec Jean de Béthune, baron de Baye, fut conclu au château de Caumont, le 30 juin 1529 : la future apportait en dot la terre de Rosny.

La baronne de Baye mourut le 13 mai 1540 (2) ; elle fut l'aïeule maternelle de Maximilien de Béthune, si connu sous le nom de Sully. Elle gît en « la grande église de l'abbaye » à La Bassée, où son illustre petit-fils visita son tombeau en 1583 (3).

---

(1) A. Du Chesne, *l. cit.*

(2) Moreri, *l. cit.*

(3) *Mém. de Sully*, p. 329.

19. — JEAN III DE MELEUN, vicomte de Gand, seigneur de Caumont etc., prévôt de Douai; frère germain de la précédente et époux d'Isabelle de Waldeck.

Le 24 mai 1526, « noble et puissant seigneur messire Jehan de Meleun, chevalier, vicomte de Gand, baron de Rosny, seigneur de Caumont, Bailleul, Donvast, Brimeu etc., de présent étant en la ville de La Bassée », avait traité au sujet de la succession de son père. Il est question, dans l'acte, de M° *Extasse Fovet*, chanoine de l'église Notre-Dame d'Arras, *procureur* de dam"° Anne de Meleun (1), alors prévôte de Douai.

L'an 1526 (v. st.), le 13 avril, avant Pâques, devant échevins de Termonde, ledit messire Jean avait reconnu devoir à « noble et puissante dame madame Jehenne de Hornes, sa mère, dame douagière de la vicomté de Gand et dame propriétaire de Hébuterne », 6000 livres tournois, pour plusieurs sommes par elle déboursées dans l'intérêt dudit seigneur (2).

Quand le vicomte de Gand arriva à la prévôté de Douai, il ne jouissait plus de sa raison et il était muni de tuteurs judiciaires. C'est ce qui résulte d'un grand grand nombre de documents.

Par « lettres » du 1er avril 1529, après Pâques, passées sous le sceau de la ville de *Haux* (Hal) en Hainaut, « noble et puissant seigneur messire Jehan de Meleun, chevalier, viscomte de Gand, seigneur de Rosny lez Mante », donne procuration à sa mère et à M° *Morant Fovet*, son chapelain, pour conclure l'échange de sadite terre de Rosny, contre la prévôté de Douai, Wagnonville et d'autres terres appartenant à Anne, sa sœur. Pareilles « lettres » furent données

---

(1 et 2) A. Du Chesne, *l. cit.*

au nom de « noble et puissant seigneur messire Maximilien de Hornes, chevalier de la Toison d'Or, seigneur de Gasebeque, Hondescotte, Heze, bailly des fiefs du duché de Brabant, *tuteur commis par justice au regime et gouvernement des corps et biens* de messire Jehan de Meleun, son neveu ».

Suivant « lettres » du 16 juin 1529, passées devant mayeur et échevins de Caumont, « Madame Jehanne de Hornes, veuve de messire Hugues de Meleun, en son vivant chevalier de l'ordre du Thoison d'or, vicomte de Gand, gouverneur d'Arras ; mère, *tutrice et curatrice commise par justice* à messire Jehan de Meleun, son fils », donne pouvoir de relever les terres échues audit vicomte par le trépas de son père, même la prévôté de Douai, Wagnonville, Bertincourt, etc., donnés en ce jour audit messire Jean par sa sœur (1).

La vicomtesse douairière de Gand ratifia et augmenta, en qualité de tutrice de son fils, la cession que le précédent prévôt, son mari, avait faite en 1523 aux Franciscains de Douai. Par ses « lettres » du mois de juin 1531, « Jenne de Hornes, veuve de feu messire Hugues de Meleun, en son vivant chevalier et visconte de Gand, dame de Hébuterne, et *tutrice et curatrice commise par justice*, avec Messeigneurs les comte de Buren, seigneur d'Istain, et M' de Gasbesque, notre frère, *au regime et gouvernement des corps et biens* de messire Jan de Meleun, viscomte de Gand, seigneur de Caumont et prevost heritier de la ville de Douai, nostre fils », autorise les religieux, « au nom de notre dit fils, à faire eriger et construire le pont de bois ou pierre et edifice mentionné en leur requête, par dessus la riviere

(1) A. Du Chesne, *l. cit.*

fluant au long du jardin et heritage de ladite prevosté», en leur octroyant, en arrentement perpétuel, « partie du jardin et heritage dessus dit, en longueur de 40 pieds ou environ, en venant depuis certaine aultre portion dudit jardin, que cy devant leur a esté accordé, audit tiltre, par ledict feu messire Hugues de Meleun, nostre mary, que Dieu absolve, et en amont, et en largeur depuis ladite riviere jusques à l'ancienne muraille estante de la seigneurie de ladite prevosté », à condition qu'ils ne pourront faire « aulcune ouverture ne issue ou demolition à l'ancienne muraille dessus dite » (1).

Dans un titre relatif au moulin de la Prairie, daté du « penultiesme » jour de février 1537 (v. st.), il est question de « venerable et discrete personne M° Morant Fovet, pbro (*prêtre*), chanoine de l'église Saint-Amé en Douai, *procuveur, recepveur et entremetteur des affaires* de messire Floris d'Aigmont (*Egmont*), conte de Buren, chevalier de l'ordre du Toison d'Or, messire Maximilien de Gasbecq, aussi chevalier, et madame Jehenne de Hornes, vefve de feu messire Hugues de Meleun, en son vivant chevalier dudit ordre; *curateurs commis par justice aux corps, biens et chevances* de messire Jehan de Meleun, viconte de Gand, prevost heritier dudit Douai ».

Aux archives départementales, fonds de l'abbaye des Prés, il y a un acte passé le 26 septembre 1543, par M° Morand Fovet, prêtre, maître ès arts, chanoine de l'église Saint-Amé, *receveur et procureur général* de haut, noble et puissant seigneur M¹ le vicomte de Gand, « fondé de M¹ˢ *les tuteurs* d'icelui seigneur ».

Dans un acte du 19 février 1543 (v. st.), figure le cha-

(1) Le Preux, *l. cit.*, pp. 47-50.

noine, M⁰ Morand Fovet, *recepveur de la prevosté*, qui, avec d'autres personnages, accorde à bail le moulin d'Escouftlers, dont le prévôt était l'un des « parchonniers » ou co-propriétaires (1).

Par acte passé sous le sceau de la « baillie » d'Amiens, établi en la ville et prévôté de Monstreul, « madame Jeanne de Hornes, dame douagiere de feu messire Hugues de Meleun, etc....., et mère *curatrice commise par justice aux biens, corps et gouvernement* de Jean de Meleun, seigneur et vicomte de Gand, son fils », reconnut qu'en traitant le mariage de Jean de Béthune, baron de Baye, avec Madam^{le} Anne de Meleun, alors défunte, sa fille, elle a baillé, par échange, à la défunte, la terre de Rosny, au lieu de la prévôté de Douai. Fait au château de Brimeu, l'an 1540 (v. st.), le 13 janvier (2).

Enfin par un acte passé dans la même forme, « noble dame madame Jeanne de Hornes, veuve de feu messire Hugues de Meleun etc..., et dame propriétaire de Hebuterne, pour l'amour naturel qu'elle a à Jehan de Meleun, son fils unique, vicomte de Gand », donna à celui-ci, en avancement d'hoirie, la terre d'Hébuterne, sise au comté d'Artois, s'en réservant l'usufruit sa vie durant ; et conditionné que dame Ysabeau de Waldeck, épouse dudit seigneur vicomte, n'aura et pourra avoir aucun douaire coutumier sur ladite terre. Fait au château de Brimeu, le 26 septembre 1549 (3).

A cette époque, la vicomtesse douairière de Gand était dépossédée de la tutelle et curatelle de son fils, toujours en état d'imbécillité; elle était remplacée par sa bru, Isabeau de

---

(1) Arch. des hospices, fonds des Chartriers, n⁰ 469 de l'Invent. suppl. ms.
(2 et 3) A. Du Chesne, *l. cit.*

Waldeck. Cela résulte d'un acte passé le 1er mars 1548 (v. st.), devant hommes de fief du château de Douai, par lequel les arbalétriers de « plaisance » de cette ville, se reconnurent débiteurs d'une rente foncière, à raison de l'entrée de leur Jardin, sise rue d'Andinfer (aujourd'hui d'Infroi) et pratiquée dans « certain mur de cinq pieds de large », qui avait dépendu de l'ancienne enceinte. *Preuves*, n° XC.

Le prévôt Jean III de Meleun s'éteignit à peu de temps de là, vers 1550. Sa femme était fille de Philippe, comte de Waldeck, et d'Anne de Clèves. Il en eut le fils unique, qui suit (1).

20. — MAXIMILIEN DE MELEUN, chevalier, vicomte de Gand, seigneur de Caumont, de Hébuterne, etc., prévôt de Douai; fils de Jean III et d'Isabeau de Waldeck. Né vers 1527, il fut gouverneur d'Arras comme son aïeul, et épousa Anne Rollin d'Aimeries.

Il venait à peine d'hériter de la prévôté lorsqu'il donna l'espoir au magistrat de la lui céder. Dans l'assemblée du « conseil » de la ville du 20 novembre 1550 (2), on apprit avec satisfaction qu'à « la venue de mons^r le visconte de Gand, prevost hereditaire de ceste ville, venu en dilligence du pays d'Allemaigne en ce quartier, pour ses affaires particullieres, au moyen du trespas de madame sa grand mère, icellui s^r visconte auueroit declaré qu'il seroit content vendre sondit fief ». Quinze ans durant, il fut en pourparlers avec la ville, mais sans succès.

(1) Moreri, *l. cit.*
(2) Arch. municip., 2e reg. aux Consaux, f° lviij.

Dans des « lettres » données par lui, le 6 juin 1554, il statue en ces termes au sujet de son moulin de la Prairie. « Comme il soit venu à notre congnoissance que feu M° Morand Fovet, en son vivant aiant eu l'entiere et generalle administration de tous et chascuns les biens, terres et seignouries de feu de bonne memoire M⁹ʳ notre pere, eust baillé à titre de censse notre mollin de la Prairie Saint-Albin, pour en jouir le terme de dix-huit ans ; et ce, dix-neuf ans paravant le commenchement du bail desdits dix-huit ans : qui n'estoit terme de raison, ne tollerable. Laquelle chose euissions, par nos officiers, faict donner à entendre audit Rassen (*le meunier*). Lequel euist remontré que ledit bail luy avoit esté faict par ledit feu M° Morand, en ladite qualité, en la presence, du gré, accord et consentement de madame la vicontesse de Gand, notre mère, en faveur et contemplation de plusieurs grands ouvraiges, et davantaige des mises par luy supportées au procès intenté, contre mondit seigneur, notre pere, par les heritiers (*proprietaires*) des mollins de ladite ville, pretendant donner empeschement au cours de l'eau de notre dit mollin. Scavoir faisons que, aprez que ledit Rassen auroit renonchié au dessus dit bail de dix-huit ans, avons à icelluy accordé, audit title de censse, notre mollin, pour douze ans. Nous avons estably nos procureurs generaulx et certains messaigiers especiaulx, de Amé Wyon, Anthoine d'Ablaing et Guy Cordouan. Promectant par nous, en foy de noble homme, entretenir ce que dessus. Lesquelles nous avons signé de notre nom et fait seller de notre seel armoié de noz armes ». Signé sous le pli : *M. de Meleun*. Le grand sceau armorial en cire rouge, pendant à double queue de parchemin, est aux armes de Meleun brisées d'une bordure; le casque est cimé d'une tête de taureau et orné de lambrequins; la légende porte : *S. Maximilian*.

— *De Meleun.* 1550, en lettres romaines ; pas de contre-sceau (1).

Dans un acte du 3 mars 1551 (v. st.), *Antoine Becquet*, greffier de la gouvernance de Douai, s'intitule : « *bailli de la prévôté hereditaire* de la ville de Douai, terre et seigneurie de Wagnonville, pour haut, noble et puissant seigneur messire Maximilian de Meleun, chevalier, vicomte de Gand, seigneur de Caumont, Donvast, Hebuterne, Brimeu, dudit Wagnonville, prévôt *heredital* de ladite ville, gentilhomme de la maison de l'empereur, capitaine de deux cents hommes de cheval sous Sa Majesté ». Le *bailli* de la prévôté avait un superbe sceau timbré : Ecartelé ; aux 1 et 4, un brochet ou *becquet* en chef et un chevron accompagné de trois croissants ; aux 2 et 4, fretté et dans l'intervalle de chaque frette, une fleur de lys (2).

En l'an 1555, le nouveau prévôt fut, à son tour, en grande contestation avec les échevins de Douai. On trouve aux archives de la ville la « Réponse de hault et noble seigneur Mgr le visconte de Gand, prévôt de Douai, aux Points et articles contenus en l'écrit que les échevins lui ont baillé, par communication amiable, le 18 juillet 1555. Icelui seigneur désirant apaiser amiablement les difficultés. » Le point principal venait de la prétention du prévôt de soustraire le moulin de la Prairie à la juridiction échevinale ; il soutenait que la juridiction sur ce moulin, ayant nature de fief, appartenait à l'empereur, à son bailli et aux hommes de fief du castel de Douai, ou autres officiers de S. M. à cause dudit castel. Les échevins soutenaient au contraire

---

(1) Titre du moulin de la Prairie, communiqué par le propriétaire.

(2) Arch. départ., fonds de l'abbaye des Prés de Douai. Cf. Demay, *Invent. des sceaux de la Fl.*, II, n° 4997.

que, sous l'autorité de l'empereur, ils avaient et exerçaient toute justice et juridiction dans les limites de l'échevinage, tant sur les fiefs ou arrière-fiefs y enclavés, de quelque seigneur qu'ils fussent tenus, que sur les personnes résidant ès dits fiefs, fussent-elles même officiers desdits seigneurs. Ils ont, disaient-ils, justice et juridiction sur les fiefs de Saint-Albin, du Gavène, des Pourchelets, de la châtellenie, de l'Eculier, de la prévôté et autres, attendu qu'ils y ont fait et exercé actes de justice innombrables (1).

Quatre ans plus tard, il était en difficulté avec son cousin germain le baron de Rosny, au sujet de l'échange, conclu en 1529, de la terre de Rosny contre la prévôté de Douai. Mais il renonça lui-même à ses prétentions, ainsi que le constate le traité ci-après, passé sous le sceau de la prévôté de Paris :

« Hault et puissant seigneur messire Maximilian de Meleun, chevalier, vicomte de Gand, seigneur et baron de Caulmont et de Hebuterne, gouverneur et capitaine des ville et Cité d'Arras : tant en son nom que comme soy faisant et portant fort de dame Ysabeau, comtesse de Waldecq, sa mère ; de dame Honorine de Meleun, dame de Mastaing (*sa tante*) etc. Et François de Béthune, seigneur et baron de Rosny. Disans que, de défunt messire Hugues de Meleun, en son vivant chevalier de la Toison d'or, et dame Jeanne de Hornes, sa femme, estoient issus entr'autres enfans : Jean de Meleun, aussi chevalier, père dudit seigneur vicomte, et dame Anne de Meleun, en son vivant femme du seigneur baron de Baye, mère dudit de Béthune. » Isabelle de Waldeck réclamait son douaire sur la terre de Rosny, et son fils attaquait l'échange « que la veuve de messire Hugues

---

(1) Arch. de la ville, nos 1523 et 1524 de la *Table*.

n'avoit pouvoir de faire. Et n'y pouvoit ledit Jean de Meleun, son fils, consentir, *parce que lors estoit mineur et en bas âge, ou autrement hors de moyen de contracter* » (1).

« A quoi, de la part dudit de Béthune, eust esté repliqué que, ores que les choses susdites fussent vrayes, toutesfois ledit eschange avoit esté fait par l'ayeule commune des parties, avec grande et meure deliberation et solemnitez requises, au prouffit et advantage dudit Jehan son fils, lequel, veu qu'il estoit demourant en Flandres et soubs l'obeyssance de l'empereur, ladite terre de Rosny, assise en France, luy eust esté de nul ou petit prouffit, mesmes durant les guerres lors ouvertes ou depuis survenues entre les deux princes. Mesmement attendu que ladite prevosté de Douai, avec les appartenances susdites, estoient d'aussi bonne et grande value que la terre de Rosny. Davantage, que ladite dame de Hornes, en l'an 1543, avoit donné, en advancement d'hoirie et de succession, audit feu Jean de Meleun, son fils, la terre et seigneurie de Hebuterne, à elle appartenant en propre »

« Ledit seigneur vicomte, en son nom, pour gratifier et grandement favoriser ausdits de Béthune, en faveur de parenté, et qu'ils sont si proches que germains, approuve ledit eschange. Dimanche, 9 juillet 1559 (2). »

En témoignage de parfaite réconciliation, le vicomte de Gand fut le parrain du fils que son cousin eut cette année-

---

(1) Le rédacteur du traité a voulu taire la triste situation où Jean III de Meleun s'était trouvé pendant presque toute sa vie. Nous savons en effet qu'en 1529, comme en 1559, il était, non pas *en bas âge*, mais dans l'état de ceux que la loi assimile à des mineurs.

(2) A. du Chesne, *Preuves de l'Hist. de la mais. de Béthune*, pages 311 et suivantes. Tiré des archives de cette maison.

là; l'enfant, né au château de Rosny, fut Maximilien de Béthune (1), notre illustre Sully.

Le 27 mars 1559 (v. st.) avant Pâques, il accorda, en arrentement perpétuel aux archers de « serment » de Douai, le terrain de leur Jardin, qu'ils avaient obtenu des prévôts antérieurs à titre d'arrentement « terminatif »; outre la redevance annuelle, il leur imposa l'obligation d'offrir au prévôt, de dix en dix ans, un arc d'if, aussi beau que nul de leur Jardin, et un trousseau de flèches; ce qui fut reconnu par les confrères de l'arc « à main » de Saint-Sébastien, le 13 mai 1560, étant alors « roy à cause de l'oiselet abattu du coup du roy », Philippe de Le Val, écuyer, bailli de Douai (2).

La terre de Wagnonville qui, depuis le commencement du XV° siècle, était considérée comme une sorte de dépendance de la prévôté, en fut séparée, par la vente qu'en fit le vicomte de Gand, suivant contrat passé devant notaires à Arras, le 24 novembre 1567 (3).

Le 11 décembre 1571, il servit un dénombrement de sa prévôté; c'est une des pièces les plus curieuses pour l'étude de la topographie douaisienne au XVI° siècle. Il s'y intitule : « Maximilien de Meleun, chevalier, visconte de Gand, seigneur de Caumont, Donvast, Baillœul, Aymeries, Beuvraiges, Busquoy, Hebuterne et prevost hereditaire de la ville de Douai »; récépissé du dénombrement lui fut délivré le 31 janvier suivant (4) 1571 (v. st.).

(1) Id., *Histoire*, p. 411. — Voir aussi les *Mémoires de Sully*.

(2) Arch. de la ville, copie simple, n° 1536 de la *Table*.

(3) Id., n° 1623 de la *Table*.

(4) Arch. départ., Chambre des comptes, reg. D 10 ou reg. aux dénombr. des fiefs de Douai, 1500-1591, f° 261 v°. — Récépissé aux arch. de la ville, n° 1633 de la *Table*.

Le vicomte de Gand assista aux premiers troubles des Flandres, mais son gouvernement d'Arras ne fut agité par aucun mouvement insurrectionnel C'était du reste un personnage fort attaché à la religion catholique et tout dévoué au roi d'Espagne et à sa politique ; aussi celui-ci lui donna-t-il en récompense, outre des *mercedes* en argent, une compagnie d'hommes d'armes des ordonnances, charge que l'on ne conférait qu'aux seigneurs les plus qualifiés des Pays-Bas.

Il avait épousé, dès avant 1566, une riche héritière, Anne Rollin, fille unique de Georges, seigneur d'Aimeries, et d'Anne de Hamal. Dans une lettre écrite le 5 septembre 1569 par le président Viglius à son ami Hopperus, alors près du roi en Espagne, on trouve ce passage, au milieu d'autres faits dont s'occupait alors la cour de Bruxelles :

« Mr d'Emmeries est mort dernièrement ; c'est une magnifique succession pour son gendre, le vicomte de Gand. Toutefois en ce qui concerne les biens meubles, j'entends des gens chuchoter (*mussitare*) et dire que, selon eux, ils sont dévolus au fisc par droit d'aubaine, à moins que des lettres de naturalisation ne soient exhibées. Quant aux immeubles, restent les prétentions du fils du défunt ; mais peut-être que de nombreuses sentences l'excluront. » (1) Le fils, dont il est ici question, était sans doute quelque bâtard, qui prétendait se faire reconnaître comme légitime.

Le vicomte, n'ayant pas d'enfant de sa femme, engagea son cousin germain et héritier présomptif, le baron de Rosny, à lui envoyer son fils cadet, le jeune Maximilien de Béthune, pour être élevé près de lui ; mais le baron s'y refusa, soit « à cause de la religion », car il s'était aban-

---

(1) Hoynck, *Anal. Belg.*, La Haye, 1743, in-4, I, p. 539.

donné au protestantisme, soit qu'il eût conçu de plus hautes espérances pour son fils, « en qui il avoit remarqué non-seulement une grande vigueur de corps et d'esprit, mais aussi une grande inclination à la vertu et une forte aversion contre le vice » (1). Alors le vicomte de Gand, ne pouvant faire du jeune Maximilien « un flamand et un papiste » et voulant empêcher que sa fortune ne passât à des hérétiques et à des étrangers, institua pour son héritier un sien cousin assez éloigné, mais du même nom que lui, à savoir : Robert de Meleun, troisième fils du feu prince d'Espinoy, gentilhomme flamand et catholique.

Maximilien de Meleun mourut vers la fin du mois de juin 1572. Son cœur fut porté en l'église de Caumont (2).

Ainsi la prévôté de Douai, qui aurait dû, suivant l'ordre légal de succession, revenir à l'illustre Sully, ne sortit point de la maison de Meleun, où elle devait se perpétuer jusqu'à la Révolution.

21.—Robert de Meleun, vicomte de Gand etc., prévôt de Douai ; descendant au 4° degré du 15° prévôt, Jean II de Meleun. Personnage historique, connu surtout sous le titre de marquis de Roubaix, gouverneur d'Artois, général de la cavalerie etc., il épousa Anne Rollin d'Aimeries. Son père Hugues de Meleun, créé prince d'Espinoy, était mort les armes à la main, en 1553 ; sa mère, mariée en 1545, était Yolande de Werchin, sénéchale de Hainaut, dame de Roubaix etc.

(1) *Economies royales ou Mém. de Sully*, édit. de Petitot; 2° série, I, pages 222 et 308.

(2) *Diction. hist. et archéol. du départ. du Pas-de-Calais*, arrond. de Montreuil, Arras, 1875, in-8°, p. 197.

Robert de Meleun avait été connu jusqu'alors sous le nom de seigneur de Richebourg (terre qui était venue aux de Meleun par les Luxembourg); il n'était encore que lieutenant d'une enseigne d'ordonnance. Dès l'hiver de 1572-1573, le nouveau vicomte de Gand prit part, sous le commandement de don Fadrique de Tolède, fils du trop fameux duc d'Albe, aux expéditions de Gueldre et de Hollande, entreprises contre les *gueux* insurgés ; il eut sous ses ordres trois compagnies d'hommes d'armes (1).

Nous rappellerons, en quelques lignes seulement, la part considérable que le vicomte eut dans les derniers troubles des Flandres, commencés en septembre 1576. Lors de ce soulèvement unanime, il suivit le parti national contre les étrangers et les oppresseurs ; ce qui lui valut d'abord le gouvernement du comté d'Artois, et plus tard, en juillet 1577, le grade de général de la cavalerie des États-Généraux. Mais le vicomte ne demeura pas longtemps attaché à la cause qu'il avait embrassée ; il se jeta dans le parti des *malcontents*, et ce ne fut qu'une étape qui le ramena tout droit dans le camp espagnol (février 1579). Dès lors subjugué par l'ascendant qu'Alexandre de Parme, un grand homme, exerçait sur presque tous ceux qui l'approchaient, Robert de Meleun s'attacha sans retour au parti espagnol et devint l'ennemi le plus acharné de ceux qui continuaient à combattre pour l'indépendance. Sa fortune s'en accrut encore ; non-seulement il conserva sa charge de général de la cavalerie (cette fois dans l'armée du prince de Parme),

---

(1) Mendoza, *Comment.*, Paris, 1591, f°s 184 v° et 211 v°. L'éditeur français Crespet semble avoir ajouté au texte de Bernardino de Mendoça, en citant Robert de Melun, seigneur de *Hassebourg* (*sic*; c'est Richebourg). Voir la nouvelle édition des *Commentaires*, par Loumier et le colonel Guillaume (Bruxelles, 1860-3, 2 vol. in-8°), II, page 31.

ainsi que le gouvernement d'Artois ; mais il obtint encore du roi la création du marquisat de Roubaix en sa faveur (1ᵉʳ mars 1579), et il fut fait conseiller d'Etat. Enfin, douce satisfaction accordée à la vanité du guerrier, il fut le premier devant lequel on baissât les lances pour le saluer, honneur que la cavalerie n'avait rendu jusqu'alors qu'au chef suprême. Du reste, les services éclatants rendus par le marquis de Roubaix et son dévouement sans réserves à la cause espagnole firent oublier les tergiversations intéressées du vicomte de Gand.

En l'année 1581, arriva en Flandre un prétendant à la prévôté de Douai et aux autres biens ayant composé la succession de Maximilien de Meleun; c'était Sully, alors connu sous le nom de baron de Rosny, qui se trouvait dans la brillante armée du duc d'Alençon, venue à point pour obliger le prince de Parme à lever le siége de Cambrai (17 août 1581). C'était l'espoir de recouvrer ce riche héritage qui avait décidé Rosny à suivre en Flandre le duc d'Alençon ; car ce prince s'était engagé à le remettre en possession de tous les grands biens dont le père de Rosny et lui-même avaient été déshérités pour cause de religion.

Un épisode, consigné dans les *Mémoires de Sully* (1), prouve que le marquis de Roubaix s'était ému outre mesure des prétentions du baron de Rosny; mais laissons parler les auteurs de ces Mémoires : « En suite de la prise de cette ville (*du Cateau-Cambrésis*), on fut attaquer les passages d'Arleux et de Lescluse, où il se fit deux ou trois belles escarmouches dans les marets et sur les chaussées, qui avoient esté retranchées par les ennemis, en l'une desquelles vous (*Sully*) vous hazardastes de telle façon, que

(1) Edit. Petitot, 2ᵉ série, I, pages 319 et 320.

sans le sr de Sesseval, qui fit une furieuse charge pour vous desengager, vous eussiez esté infailliblement pris, et *peut-estre couru fortune de la vie* (1). Car comme apparemment (*auparavant*) vous eussiez pris quelques soldats se disans estre des gardes du marquis de Roubais, et que, comme à vostre parent de la maison de Meleun, vous les luy eussiez renvoyez sans rançon, avec parolle de compliment, luy, tout au contraire, sçachant bien que vous pretendiez aux biens que le vicomte de Gand luy avoit donnez, tant par heritage que le don de Monsieur (*le duc d'Anjou et d'Alençon*), respondit : — « Pardieu ! ces civilités sont » belles et bonnes. *Mais s'il estoit pris, il porte sa rançon* » *quant et luy !* »

Au mois de décembre 1582, Rosny était encore auprès de Monsieur à Anvers, toujours sollicitant l'exécution des promesses que le prince lui avait faites, et notamment la mise en possession de la vicomté de Gand ; car c'était presque le seul bien qui se trouvât alors sous la puissance des Etats-généraux : la prévôté de Douai et les autres parties étant situées dans les pays wallons, rentrés sous la domination de l'Espagne ; lorsqu'il apprit que le plus inconstant des princes avait donné la vicomté de Gand au frère du marquis de Roubaix. — « Pardieu ! » s'écria le sr de Quincy, secrétaire d'Estat, harcelé par Sully, «je ne saurois » faire mesmes expeditions à deux diverses personnes, et » ne vous celeray point que le dernier en don et en service » vous a devancé en faveur presente : j'entends parler du

---

(1) Il n'y a point ici d'exagération, et Robert de Meleun était homme à ne reculer devant aucun forfait pour satisfaire son avarice et ses rancunes. Les histoires et les mémoires du temps relatent une quantité de lâches assassinats commis par ce farouche personnage. Après une bataille, il avait coutume de tuer, de sang-froid et de sa propre main, les prisonniers contre lesquels il nourissait quelque inimitié !

» prince d'Espinoy, vostre cousin ; entendez le reste à demy
» mot, et sur cela prenez vostre resolution (1). »

Ainsi s'envolèrent les espérances de Rosny. Aussi ne tarda-t-il pas à quitter le duc d'Alençon, non sans avoir assisté en spectateur au coup d'Etat infructueux perpétré par ce prince contre la ville d'Anvers (17 janvier 1583). Ce fut le comte de Berlaymont (que nous allons voir prévôt de Douai, par sa femme), son parent, qui lui procura le passe-port nécessaire, au moyen duquel il put traverser les pays wallons et regagner la France (2), où l'attendaient de si hautes destinées.

Ce chemin de France, qui était pour d'autres celui de l'exil, le prince d'Espinoy (Pierre de Meleun), toujours iné-branlable dans ses convictions et dans son attachement au parti national, le suivit bientôt à son tour, après avoir vu ses biens confisqués au profit de son frère cadet, le marquis de Roubaix, demeuré seul maître de toutes les terres de sa maison.

Robert de Meleun périt devant l'estacade d'Anvers, le 4 avril 1585. Il avait été créé, par le roi, chevalier de la Toison d'Or ; mais la mort l'avait surpris avant qu'il eût reçu le collier.

Comme cadet, il brisait l'écu de Meleun d'une étoile posée à dextre sur le chef d'or. Sa devise était : *Tout ou rien contente Meleun* !

Il avait épousé, Anne Rollin, dame d'Aimeries, la veuve de son bienfaiteur Maximilien de Meleun (*Preuves*, n° XCII). Il n'en n'avait point eu non plus d'enfant.

(1) Edit. Petitot, 2e série, I. p. 315.
(2) Id., pages 328 à 333.

Son héritière féodale fut sa sœur, Hélène de Meleun, attendu que son frère, Pierre de Meleun, déclaré deux fois et personnellement rebelle et criminel de lèse-majesté, par décrets royaux des 18 février 1582 et 20 juillet 1584, était réputé mort civilement (1).

Sa veuve, Anne Rollin, demeura prévôte usufrutière de la ville de Douai, jusqu'à sa mort arrivée vers 1603. Elle possédait, près de Douai, la seigneurie de Vésignon-Lewarde.

Dans un acte du 23 mai 1598, passé devant échevins de Douai, et contenant bail du moulin de La Prairie, fait par *Anthoine Vignon*, écuyer, « s^r d'Ouencourt etc., esleu d'Arthois et *superintendant des affaires* de madame la marquise de Roubaix », on voit stipulé « deux doubles ducatz de quinze florins pour Catherine Mosnier, *naine* de ladite dame, et un escu sol pour *Me Jean, le nain* d'icelle. » A cette époque le receveur de la prévôté était *Jacques de La Ruielle*, « demeurant devant la maison de Mr de Grincourt (2) », et *Toussaint Du Pret* était le « procureur de dame marquise ».

22. — HÉLÈNE DE MELEUN, vicomtesse de Gand, etc., prévôte de Douai; sœur germaine du précédent.

Elle avait épousé, en premières noces, l'an 1565, l'infortuné Floris de Montmorency, chevalier de la Toison d'Or,

---

(1) *Mém. pour M^e le prince de Ligne contre M^e le prince d'Espinoy*, in-4o, pages 9 et 11. Ce mémoire, très-intéressant pour l'histoire de la prévôté de Douai, fut imprimé vers 1713, peu de temps après le traité d'Utrecht. Nous aurons souvent l'occasion de le citer.

(2) Philippe de Le Val, bailli de Douai.

baron de Montigny (1), étranglé secrètement au château de Simancas, par ordre de Philippe II ; l'enfant qu'elle avait eu de ce seigneur était mort en bas âge.

Quand elle parvint à la succession de son frère Robert, elle était remariée à Florent, comte de Berlaymont, gouverneur du comté de Namur, etc., l'un des principaux seigneurs du pays.

Le 15 mai 1585, comparut devant la cour féodale de Douai, Josse de Berlaire, écuyer, bailli de *Peruez*, mandataire, suivant pouvoir, daté d'Arras, le 9 dudit mois, de « haut et puissant seigneur Mgr Flourent de Berlaymont, comte dudit lieu, baron de Hierge, Beaurains, etc., gouverneur et capitaine du pays et comté de Namur et grand veneur dudit pays, colonel d'un régiment d'Allemans et capitaine d'une compagnie de cinquante hommes d'armes; et de haute et puissante dame mad^e Helaine de Meleun, sa compagne »; et il « droitura » pour la prévôté de Douai, venue à ladite dame « de la succession de Mgr le vicomte de Gand ». Son pouvoir lui enjoignit aussi d'aller faire les devoirs concernant la principauté d'Espinoy, la baronnie d'Antoing, tenue du sire de Leuze et autres, et la terre de Sainghin, mouvant du château de Lens (2).

La prévôté et l'échevinage entrèrent en procès au sujet de l'érection d'un nouveau moulin à eau qui avait été autorisée par les échevins, sans le concours du prévôt; le 28 août 1587, un exploit d'huissier fut signifié au magistrat de la ville, à la requête de : « dame Anne d'Aymeries, dame marquise douaigiere de Roubaix, pos-

---

(1) Nous reparlerons de cette noble victime, en faisant l'histoire de la seigneurie de Montigny en Ostrevant, relevant du château de Douai.

(2) Arch. de la ville, reg. aux plaids du bailliage; à cette date.

sesseresse viagere de toute la prevôsté hereditaire de Douai; messire Florent, comte de Berlaymont, baron de Hierge, et heritier proprietaire de ladite prevosté, à cause de dame Helaine de Meleun, sa compagne », pour enlever les roue, « ventailles », etc., mises en la rivière pour l'érection du nouveau moulin (1).

La comtesse de Berlaymont mourut en 1590, sans enfant de son second mari. Elle était en possession de tous les biens de la maison de Meleun, même de ceux confisqués sur le prince d'Espinoy. Celui-ci continuant à être considéré comme mort civilement, cette riche succession lui échappa encore, pour écheoir à sa sœur, qui suit.

23. — MARIE III DE MELEUN, vicomtesse de Gand etc., prévôte de Douai ; sœur germaine de la précédente.

Elle avait épousé, en 1584, Lamoral, comte de Ligne et de Fauquembergue, qui fut créé prince de Ligne en 1602.

Elle portait tous les titres de la maison de Meleun, titres qui s'étaient encore accrus en 1593, après la mort de sa mère Yolande de Werchin. Le graveur Philippe Galle, en lui dédiant sa *Prosopographia virtutum*, lui donne les titres et qualités ci-après : « Marie de Meleun » (dont l'anagramme est *Ame de Minerve*), « comtesse de Ligne et de
» Fauquemberghe, princesse d'Espi·· , séneschalle de
» Hainaut, marquise de Roubaix, vicomtesse de Gand, ba-
» ronne d'Antoing, Chysoing, Herselles, connestable de
» Flandres, prevoste de Douay, chasteleine de Bapaulmes,
» dame de Byes et Wyeres, Richebourg et Sauty, etc.(2) ».

---

(1) Arch. de la ville, nos 1725, 1735, 1736 et 1712 de la *Table*.
Nous croyons qu'il s'agit ici du moulin à Poudre, à l'Entrée-des-Eaux, établi dans l'endroit qu'on nommait alors *Grand* Bail, et depuis *Petit* Bail.
(2) *Arch. hist. et litt.*, Valenciennes, 1851, in-8°, 3e série, II, p. 398.

Néanmoins une telle fortune était plus brillante que sûre, puisqu'elle ne reposait que sur les confiscations et la violence. En effet le proscrit Pierre de Meleun, mort au Crotoy en Picardie, le 7 août 1591, laissait des enfants de sa seconde femme, Hippolyte de Montmorency, qu'il avait épousée en France, le 19 août 1586 ; le fils aîné, Guillaume de Meleun, né en 1588, était donc un prétendant avec lequel la comtesse de Ligne aurait à compter tôt ou tard.

Les enfants de Meleun avaient du reste un puissant protecteur dans la personne de Sully, leur parent, qui prit fait et cause pour eux avec sa persistance et son habileté ordinaires. Sully commença par faire insérer dans le traité de Vervins, conclu entre la France et l'Espagne, le 2 mai 1598, un article favorable à ses protégés. Puis, profitant de ce qu'un gouvernement nouveau s'établissait dans les Flandres, il sut intéresser la justice des successeurs de Philippe II, les archiducs Albert et Isabelle, à la cause des enfants de Pierre de Meleun Par une première transaction, achevée le 26 août 1602, la princesse de Ligne restitua aux mineurs de Meleun la principauté d'Espinoy et quelques autres terres. Les négociations se firent avec tout l'apparat possible, comme s'il se fût agi d'une affaire d'état pour les deux couronnes (1).

Mais Sully ne se tint point encore pour satisfait; la princesse de Ligne conservait en effet une portion trop considérable des biens de la maison de Meleun. Profitant d'un nouveau traité politique, celui d'Anvers, conclu le 9 avril 1609 entre les archiducs et les États-Généraux de Hollande, il manœuvra de façon à mettre la princesse de Ligne dans

---

(1) *Mém. pour Mr le prince de Ligne*, déjà cité, pages 14 à 22.

une situation telle qu'elle dût en passer par une seconde transaction. « Les archiducs lui ordonnèrent de s'accommoder ; il fallut obéir et s'assujettir à cette loy, pour éviter d'encourir la disgrâce du souverain. »

Dans une assemblée tenue à Bruxelles, en l'hôtel de Ligne, le 7 avril 1610, où le duc d'Aumale (Charles de Lorraine) et le comte d'Estaires (Nicolas de Montmorency) agissaient pour les enfants de Meleun, on convint des articles de la seconde transaction. Outre les biens déjà restitués en 1602, la princesse de Ligne rendait : la vicomté de Gand, *la prévôté de Douai,* les seigneuries de Messencoûture, Beaumez etc. Elle conservait encore les terres de Roubaix, Cysoing, Werchin avec la sénéchaussée de Hainaut, la baronnie d'Antoing, antique apanage des maisons de Meleun et d'Antoing, etc., etc.

Ces articles ayant été acceptés par Sully, celui-ci fit partir pour Bruxelles Guillaume de Meleun, prince d'Espinoy, avec une procuration passée tant par Sully lui-même, que par Jacques de Montmorency, seigneur de Crévecœur, en leurs qualités de tuteurs et curateurs des enfants de Pierre de Meleun. Enfin la seconde transaction fut conclue définitivement à Bruxelles, le 6 juin 1610 ; elle fut, comme la première, approuvée solennellement par les deux cours de Paris et de Bruxelles (1).

Ce fut donc l'illustre Sully qui, après avoir prétendu pour lui-même à la prévôté de Douai, la fit rentrer dans la maison de Meleun.

La princesse de Ligne mourut en 1635.

(1) *Id.*, pages 22 à 34.

24. — GUILLAUME Iᵉʳ DE MELEUN, prince d'Espinoy, etc., vicomte de Gand, etc., prévôt de Douai, fils aîné de Pierre de Meleun, prince d'Espinoy, et de Hyppolite de Montmorency; descendant au 5ᵉ degré du 15ᵉ prévôt, Jean II de Meleun. Il fut grand bailli de Hainaut (162.-1632), et épousa : 1° Marie-Mencie de Witthem, 2ᵉ Ernestine d'Arenberg.

Le 17 juin 1613, devant la cour féodale de Douai, Toussaint Du Pret, procureur, *bailli* et receveur de la prévôté appartenant au prince d'Espinoy, releva ledit fief pour son maître (1).

Ce prince « reprit l'établissement de ses pères à la cour de Bruxelles et s'attacha au service des archiducs et du roi d'Espagne; il fut honoré du collier de la Toison d'Or et élevé à la dignité de gouverneur de Mons, de grand bailli et souverain officier du comté d'Haynau, employ le plus considérable dont un seigneur de sa naissance et de son rang pût être honoré. » (2)

Mais cette faveur n'était qu'apparente : l'Espagne, qui se défiait, à tort ou à raison, de tous les grands seigneurs des Flandres, devait nécessairement distinguer entre tous un prince ayant les plus belles relations en France et en Hollande; un seigneur qui était redevable au roi de France du rétablissement de sa fortune; le fils enfin d'un des plus fidèles compagnons du célèbre Taciturne, dont il conservait même le prénom (Guillaume). Aussi, lors de l'affaire connue sous le nom de « conspiration des nobles, » le prince d'Espinoy ne conserva-t-il sa liberté et peut-être même sa tête, qu'en se réfugiant en France, dans le pays où étaient son berceau et le tombeau de son père.

(1) Arch. de la ville, reg. aux plaids du bailliage; à la date.
(2) *Mémoire pour M. le prince de Ligne*, etc., pages 3 et 24.

Bientôt un arrêt du Grand Conseil, rendu à Bruxelles le 2 mai 1635, déclara Guillaume de Meleun criminel de lèse-majesté, avec confiscation de biens au profit du roi d'Espagne (1).

Le prince ne survécut pas longtemps à sa disgrâce; car il mourut à Saint-Quentin, le 8 septembre 1635.

Il avait épousé, en premières noces, le 17 octobre 1612, Marie-Mencie de Wittheim, marquise de Berg-op-Zoom, fille aînée et héritière de Henri, seigneur de Bersele, et de Marguerite de Mérode, marquise dudit Berg; elle était veuve du comte Herman van den Bergh, chevalier de la Toison d'Or. Elle mourut en juillet 1613 (2).

En deuxièmes noces, il épousa, le 3 novembre 1613, Ernestine d'Arenberg, fille de Charles de Ligne *dit* d'Arenberg, comte d'Arenberg, et d'Anne de Croy, duchesse d'Aerschot. Il en eut plusieurs enfants, parmi lesquels nous citerons: Guillaume de Meleun, qui devint prince d'Espinoy, et Henri de Meleun, que nous allons retrouver l'un après l'autre à la prévôté de Douai ; et aussi Charles-Alexandre-Albert, à la postérité duquel la prévôté fit retour en 1721.

Après la sentence de confiscation rendue contre le prince d'Espinoy, le 2 mai 1635, le cousin germain du proscrit, Albert, prince de Ligne, crut pouvoir profiter de l'occasion, pour recouvrer les biens que la princesse, sa mère, avait restitués à la maison de Meleun, lors des transactions de 1602 et de 1610 ; il demanda que ces biens, et notamment la prévôté de Douai, lui fussent adjugés. Mais le conseiller commis aux causes fiscales « défendit » contre cette pré-

---

(1) *Id.*, p. 42.
(2) Moreri, VI, M p. 260, col. 2.

tention, et le prince de Ligne fut déclaré non recevable, par arrêt du Conseil, du 24 décembre 1638 (1).

Par acte du 12 septembre 1628, le prévôt avait autorisé les administrateurs de l'Hôtel-Dieu, tout nouvellement fondé, à établir une prise d'eau dans le courant du moulin de la Prairie, pour l'établissement du canal souterrain de cet hôpital (2).

Nous trouvons qu'en 1632, M* *Andrieu Chastelain*, receveur de M. le prince d'Espinoy, avait fait construire un *comptoir* dans la maison de la prévôté : par acte du 20 décembre 1633, les « fermiers modernes de ladite prevosté », reconnurent avoir trouvé en bon état « le comptoir et petite chambrette estant en ladite Prevosté » (3).

Durant la confiscation, défense fut faite, le 4 août 1644, de par le Grand Conseil, aux meuniers de Douai, de moudre aucun brai au détriment du moulin au Bray du prince d'Espinoy, dévolu au roi d'Espagne (4).

Cet état de choses, évidemment attentatoire aux lois de la Flandre wallonne, où la confiscation n'existait pas, cessa en l'année 1651.

25. — HENRI DE MELEUN, *dit* le marquis de Richebourg, seigneur dudit lieu etc., prévôt de Douai ; fils puîné de

(1) *Mémoire* déjà cité, p. 42.

(2) Arch. des hosp., fonds de l'Hôtel-Dieu, no 103 de l'*Invent.* de 1839. Ce canal, qui passe sous la place de la Prairie, et qui regagne la Scarpe en balayant les immondices de l'Hôtel Dieu, subsiste toujours, quoiqu'il soit en opposition flagrante avec les lois modernes de l'hygiène générale.

(3) Titres du moulin de la Prairie, communiqués par le propriétaire.

(4) Arch. de la ville, no 2008 de la *Table*.

Guillaume 1er, prince d'Espinoy, et d'Ernestine d'Arenberg. Il fut colonel d'un régiment wallon au service de l'Espagne.

Par lettres patentes délivrées à Bruxelles le 15 décembre 1651, les biens de la maison de Meleun furent attribués à ce seigneur, mais à la charge des hypothèques, engagements et aliénations consentis sur eux durant leur réunion au domaine du roi, et notamment : « *la prevosté de Douai*, avec les moulins à bray illec, mis par Nous ès mains de ceux de notre Grand conseil à Malines, leurs hoirs et successeurs, par forme de gagière (1), asseeurance et hipotecque ».

Cette faveur était accordée, faisait-on dire au roi, à « notre très cher et feal Henry de Meleun », en récompense de ce qu'il s'était retiré de France « aussy tost qu'il se vist en aage de porter les armes, et poussé d'un zèle pour le service de notre très-auguste Maison, s'en alla, à l'insceu mesmes de ses frères et ses plus proches, dans les armées de S. M. I., dans lesquelles il auroit servy, l'espace de cinq ans, en diverses occasions, en presence et à la vue de l'archiduc Leopold, en et sous l'honneur de ses ordres, y auroit commandé un regiment de cavalerie, jusqu'à ce que, se persuadant ne faire encore assez selon son inclination, il se seroit efforcé, à quelque prix que ce fût, d'entrer en notre service; dequoy, il auroit abandonné toutes les charges et avantages qu'il avoit ès dites années, et se rendu en Flandres, taschant d'y rendre, en toutes les campagnes, les services qu'il Nous doit ». *Preuves*, n° XCIII.

---

(1) Aucun gouvernement ne fut [plus besogneux que celui de l'Espagne aux Pays-Bas; non-seulement il engagea ou aliéna presque tout l'antique domaine du prince, mais on voit qu'il en était réduit à hypothéquer même ce qui ne lui appartenait pas, à contracter des emprunts forcés sur les cours de justice en leur donnant des garanties illusoires etc.

Enfin Henri de Meleun, pour obtenir cette faveur, s'était appuyé sur des précédents, à savoir la main-levée des biens de leurs maisons, que venaient d'obtenir du roi d'Espagne les comtes de Hennin-Liétard et de Warfusée, victimes eux aussi de l'affaire dite « conspiration des nobles ».

Du reste, malgré les termes mêmes des lettres patentes, il est très-probable que la rentrée d'Henri de Meleun en Flandre avait été consentie et arrêtée entre les fils du proscrit, afin de faire cesser au plus tôt les effets désastreux de la confiscation de tous les biens de leur maison. Nous savons aussi que les grandes familles ne répugnaient pas à l'idée d'avoir un ou plusieurs de leurs membres dans des camps opposés. Enfin l'accord parfait qui régna entre les frères, lors du partage des biens déjà attribués cependant à un seul, ne peut laisser aucun doute.

En effet, comme conséquence du traité des Pyrénées, conclu en 1659, entre les couronnes de France et d'Espagne, Guillaume de Meleun, l'aîné, rentra en possession de la principauté d'Espinoy, ainsi que d'autres terres, notamment de la prévôté de Douai, confisquées en 1635 sur Guillaume, son père. « Il y rentra sans aucune opposition ni empêchement de la part du roy d'Espagne ni de ses officiers, quoiqu'il eût son établissement en France (1) ». Henri eut Richebourg ; Charles-Alexandre-Albert eut la vicomté de Gand etc.

Enfin et comme preuve convaincante de l'entente de la famille, Henri de Meleun, malgré les lettres patentes de 1651, ne prit jamais le titre de prince d'Espinoy, pas même avant la paix des Pyrénées. On lit en effet, dans une commission

(1) *Mémoire* cité, p. 44.

donnée par le lieutenant de la gouvernance de Douai, le 2 mai 1655 : « Exposé nous a messire Henry de Meleun, chevalier, *marquis de Risbourg*, prevost hereditaire de la ville de Douai, qu'entre-aultres ses biens, terres et heritages, lui compecte et appartient ladite prévosté (1) ».

Le marquis de Richebourg, colonel d'un régiment d'infanterie wallonne, mourut en Portugal, au service du roi d'Espagne, en janvier 1664, sans avoir été marié. (2)

26. — GUILLAUME II (3) DE MELEUN, prince d'Espinoy, etc., prévôt de Douai, etc., chevalier des ordres du roi (31 décembre 1661); frère germain du précédent, épousa: 1° Louise-Anne de Béthune, 2° Pélagie Chabot de Rohan.

Le 2 décembre 1662, comparut devant la cour féodale de Douai « messire Charles de Moncheaux, chevalier, s' dudit lieu, Foucqvillers, etc., député de la noblesse d'Artois près de S. M. Très Chrétienne, procureur de haut et puissant seigneur messire Guillaume de Meleun, chevalier des ordres du roi, prince d'Espinoy, suivant pouvoir en date à Paris, du 3 novembre, en l'hôtel dudit seigneur à Saint-Germain-des-Pretz-lez-Paris, rue des Marais, paroisse Saint-Sulpice, » à l'effet de prendre possession des terres échues au prince par

---

(1) Arch. du parl. de Fl., au greffe de la cour d'appel de Douai; fonds de la gouv. de Douai, No 305 des distributions; copie simple.

(2) Moreri, *l cit.*

(3) Le seul prénom de *Guillaume* lui est donné dans tous les titres que nous avons pu consulter. Néanmoins les généalogistes l'appellent *Alexandre-Guillaume*, probablement parcequ'il est nommé ainsi dans les lettres patentes d'octobre 1714.

Le baron de Vuoerden, dans l'inscription qu'il composa en mémoire du prince d'Espinoy, « son Mécène », l'appelle *Guillaume-Alexandre*. (Leuridan, *Hist. des seign. de Roubaix*, Roubaix, 1862, in-8°, p. 268.)

le partage avec ses frères et sœurs ; il rendit foi et hommage pour le fief et *seigneurie* de la prévôté, échu par le trépas de « haut, puissant et excellent seigneur Guillaume de Meleun, prince d'Espinoy, etc. (1) ».

L'illustre maison de Meleun, née si près des lys, était enfin redevenue française (2), et dans les circonstances les plus heureuses, puisqu'il était évident alors que les Flandres, depuis longtemps broyées par les Espagnols, reviendraient en tout ou en partie à la couronne de France. Déjà Arras et une portion notable du comté d'Artois avaient été conquises par les Français (1640) ; or, on sait que la principauté d'Espinoy était située dans cette province.

Bientôt s'ouvre la campagne à jamais célèbre de l'année 1667 : le roi Louis XIV en personne entre à Tournai, à Douai et à Lille. « Le prince d'Espinoy semblait aussi de son côté marcher en même temps que le roi à la conquête de son héritage (3) » ; devant Douai, il reçut au coude une grave blessure (4). Les résultats furent magnifiques pour le prince ; il rentra dans la possession des terres de Roubaix, de Cysoing et d'Antoing, qu'avait conservées jusqu'alors la maison de Ligne, en vertu des transactions de 1602 et de 1610. Ainsi furent entièrement effacés, au bout d'un siècle environ, les effets des confiscations espagnoles.

Le prince, qui dès sa jeunesse avait servi dans les armées

(1) Arch. de la ville, reg. aux plaids du bailliage, à la date.

(2) « Mais quoiqu.o séparés pendant un si long temps de leur ancienne patrie, ils n'ont point perdu l'esprit de retour, et dès que l'occasion s'en est présentée, ils sont rentrés avec joie sous la domination de leurs véritables maîtres ». (Lettres patentes d'octobre 1711 ; p. 394 de l'ouvrage cité du P. Turpin.)

(3) Notice sur l'hôtel de Soubise à Lille, par Mr de Melun ; p. 99 du t. III du *Bulll. de la Com. hist. du dép. du Nord*, Lille, 1847, in-8o.

(4) Leuridan, *l. cit.*

françaises, notamment près des maréchaux de La Meilleraye et de Gassion, suivit encore le roi au siège de Maestricht en 1673, et il ne cessa de porter les armes que vaincu par les infirmités (1). Il mourut le 16 février 1679, en son château d'Antoing (2), dans cet antique berceau des Meleun-Espinoy ; à cette époque Antoing, comme Tournai, était encore français.

Le prince d'Espinoy avait épousé en premières noces, le 19 avril 1665, Louise-Anne de Béthune, morte en couches au château d'Espinoy, le 14 septembre 1666, à 23 ans ; elle était fille de Louis de Béthune, qui fut créé, en 1672, duc de Charost et pair de France, et de Marie Lescalopier.

Anne de Béthune, princesse d'Espinoy, était venue à Douai, le 3 novembre 1665 (c'est-à-dire avant la conquête, dans un temps où un grand seigneur français ne hasardait pas volontiers sa personne sur les terres d'Espagne), pour repasser le bail du moulin de la Prairie (3).

Le prince se remaria, le 11 avril 1668, avec Pélagie Chabot de Rohan, fille puînée de Henri Chabot, seigneur de Saint-Aulaye, duc de Rohan, pair de France, et de Marguerite, duchesse de Rohan. Ayant survécu à son époux, elle mourut à Versailles le 18 août 1698 (4).

Tous deux gisaient à Lille, en l'église des Dominicains (5) qui, à partir de cette époque, devint la sépulture ordinaire des Meleun-Espinoy.

---

(1) Leuridan, *l. cit.*

(2) Moreri, *l. cit.*

(3) Arch. de la ville, r.° 2016 de la *Table*.

(4) Moreri, *l. cit.*

(5) Leuridan, pages 208 et 210.

En 1665, sous ce prince, commença un procès entre la prévôté et l'échevinage, au sujet de l'ancien Jardin des archers de « plaisance », sous l'invocation de Notre-Dame, ledit Jardin situé le long du fossé de l'ancienne enceinte, près des portes de Lannoy et de Saint-Nicolas. Le prévôt réclamait les arrérages qui lui étaient dûs depuis un certain nombre d'années, à raison de l'arrentement accordé autrefois aux archers par ses prédécesseurs. Mais on répondait que la confrérie était dissoute depuis l'an 1640 ou environ, que le Jardin abandonné était devenu « llégard », depuis un temps suffisant pour que la ville fût considérée comme en ayant acquis la propriété (1). Les échevins finirent par être déboutés de leurs prétentions.

A cette époque, était receveur de la prévôté *Gilles Isambart* (registre aux Mémoires, 1644-1666, f° 448 v°).

Le 22 septembre 1676, les échevins autorisèrent le prince d'Espinoy à « ériger deux moulins sur les remparts, pour le service du roy et utilité de cette ville » (2) : l'un d'eux était placé près de la porte d'Esquerchin, sur le bastion à l'ouest des Casernes, et servait de secours au moulin au Brai (3).

27. — Louis Ier DE MELEUN, prince d'Espinoy, marquis de Roubaix, sénéchal de Hainaut, connétable et premier *ber* de Flandre etc., prévôt de Douai, etc.; fils de Guillaume II et de Pélagie Chabot de *Rohan*, il naquit en 1673, à Arras, paroisse de Saint-Jean-en-Ronville (*Preuves*, n° XCIV 1°).

(1) Arch. de la ville, n° 2068 de la *Table*.

(2) Arch. municip. reg. aux Mémoires, 1667-1677, f° 362.

(3) Plouvain, *Souvenirs*, p. 679. D'après cet auteur, ce serait le roi qui aurait autorisé, en 1671 et le 15 mars 1676.

Il fut maréchal de camp et épousa Elisabeth de Lorraine-Lillebonne.

Le prince, en bas âge à la mort de son père, eut pour tutrice la princesse douairière, sa mère. Celle-ci déploya, pour la défense des droits de la maison de Meleun, une persévérance et une habileté remarquables. En effet la maison de Ligne n'avait pas laissé passer sans protester, ce qu'elle appelait « une spoliation » ; elle avait dénoncé « les artifices de la maison d'Espinoy, plus criants qu'une violence à force ouverte », et elle avait porté ses plaintes au roi d'Espagne, aux Etats-Généraux des Provinces-Unies et au roi d'Angleterre, en leur qualité de puissances garantes de la transaction de 1610 (1).

Les de Ligne s'agitèrent plus que jamais, après mort du prince d'Espinoy, qui laissait une veuve jeune encore et des enfants presqu'au berceau. Mais les espérances, qu'ils avaient pu concevoir de cette situation nouvelle, s'évanouirent bientôt, quand ils virent quel adversaire ils avaient rencontré dans Pélagie de Rohan. Non-seulement elle sut conserver aux de Meleun tous les biens qu'ils avaient reconquis après 1667, mais elle obtint du roi de nouveaux avantages, notamment la terre de Saint-Pithon, celle de Maulde, la principauté d'Amblise et d'autres biens de la maison de Ligne. Aussi il faut voir dans le *Mémoire* du prince de Ligne contre le prince d'Espinoy, quel souvenir les de Ligne avaient conservé de Pélagie de Rohan (2). Peu s'en faut qu'ils n'aillent jusqu'à l'accuser d'être l'auteur de toutes les divisions entre les deux familles !

Cette princesse obtint encore, pour elle et son fils, le pri-

---

(1) *Mémoire* cité, pages 47 à 49.

(2) Id., pages 45 et 49.

vilége important dit de *committimus* dans tout le ressort du Conseil supérieur de Tournai: le 10 novembre 1684, arrêt du Conseil d'Etat du roi, qui,—sur la requête présentée « par dame Pélagie Chabot de Rohan, veuve de messire Guillaume de Meleun, prince d'Espinoy, chevalier des ordres du roi, tant en son nom que de mère et tutrice et gardienne de messire Louis de Meleun, prince d'Espinoy, son fils », — ordonne que la « suppliante jouira du droit et privilége de *committimus* en première instance au Conseil supérieur de Tournai, pour les causes civiles, personnelles, possessoires et mixtes », dans le ressort dudit Conseil. Cette dame représentait que, par ordonnance de l'empereur Charles-Quint, de 1530, les chevaliers et officiers de l'ordre de la Toison d'Or et leurs veuves, les gouverneurs de province et autres personnes de distinction avaient, comme les seigneurs ou princes du sang, leurs causes commises, en première instance, au parlement de Malines »; et que, « conformément à cette ordonnance, la question du partage des biens dudit feu s' prince d'Espinoy, entre ses enfans, avait été portée directement au Conseil de Tournai, afin de, par ladite suppliante, se maintenir dans son privilége » (1).

Le 3 février 1680, Gilles Isambart, se qualifiant de receveur de S. Exc. M' le duc de Bournonville (il était aussi *receveur de la prévôté* depuis 1660 environ), se présenta devant la cour féodale de Douai et fit les devoirs à raison de la prévôté, en qualité de « procureur, suivant pouvoir en date à Lille, du 13 mars 1679, de très-haute et puissante princesse madame Pélagie Chabot de Rohan, princesse douairière d'Espinoy, mère et tutrice et garde-noble de très-

(1) *Recueil des édits*, Douai, Willerval, 1730, in-4o, pp. 112-124.

haut et puissant prince M⁰ʳ Louis de Meleun, fils aîné de très-haut et très-puissant prince M⁰ʳ Guillaume de Meleun, prince d'Espinoy, chevalier des ordres du roi, prevost hereditaire de cette ville » (1).

La princesse douairière servit, au nom du prince son fils, le dénombrement de la prévôté, le 23 janvier 1683 (2).

Le 26 septembre 1690, au nom de cette « haulte et puissante princesse », *François-Daniel Le Comte*, écuyer, « sieur » du Bus, conseiller secrétaire du roi, *intendant des maison et affaires de madite dame*, procéda à Douai au « rebail » du moulin de la Prairie, étant alors *le sieur de Saint-Disdier, receveur moderne de ladite princesse* (3).

Plus tard, on voit *Jean-Joseph Lespaignol*, « sieur » de Caverine, *receveur et procureur spécial* de très-haut et très-puissant prince M⁰ʳ Louis de Meleun, arrenter ce même moulin, le 27 mai 1700 (4).

Ledit « sieur » de Cavrine arrenta aussi, en l'an 1702, le 11 janvier, l'ancien Jardin des archers de « plaisance, où estoient ci-devant les anciennes murailles de la ville, contenant en longueur 260 pieds, en largeur, par un debout 12 pieds en largeur, par la moitié 36 pieds en largeur, par l'autre debout 21 pieds ; tenant à l'heritage des Orphelines (*vis-à-vis le cimetière Saint-Nicolas*) et à la rue de la Vignette, fossé entre deux ». Le particulier, qui obtint cet arrentement, avait présenté au prince d'Espinoy une requête tendant à ce ; « quoique le Jardin soit remply de *groises* et autres immondices, qu'il conviendra de faire emporter à

---

(1) Arch. de la ville, reg. aux plaids du bailliage, à la date.

(2) Récépissé du dénomb., aux arch. de la ville; n° 2146 de la *Table*.

(3 et 4) Titres du moulin de la Prairie, communiqués par le propriétaire.

grands frais hors de la ville, veu qu'il y a au moins mil tombereaux à enlever».—L'état escarpé de ce terrain montre assez que là avaient été d'antiques remparts de la ville.—Le prince donna son approbation à «Queldres », le 17 décembre 1701 (1).

Le prince d'Espinoy, qui avait été d'abord colonel du régiment de Picardie (1691-1702), ensuite maréchal des camps et armées du roi en février 1702, décéda à Strasbourg, le 24 septembre 1704, à l'âge de 31 ans seulement. Il mourut, disent les lettres patentes d'octobre 1714, « à notre armée d'Allemagne, étant officier général, après avoir fait onze campagnes, où il donna toujours des preuves de sa valeur ; il se distingua entre autres à Heidelbergh, au passage de Zwingimberg, où il reçut plusieurs blessures (1693), et à la bataille d'Ekeren il eut l'honneur d'attaquer et de charger le premier ».

Il avait épousé, le 7 octobre 1691, Elisabeth de Lorraine, fille puînée de François-Marie, prince de Lillebonne, et d'Anne de Lorraine.

Il eut deux enfants de cette union : un fils, qui suit, et une fille, Anne-Julie-Adelaïde de Melcun, mariée en 1714 à Louis-François-Jules de Rohan, prince de Soubise, morte de la petite vérole le 18 mai 1724, son mari étant mort, le 6 du même mois, de la même maladie; le prince et la princesse de Soubise laissaient deux fils et une fille (2).

Le prince d'Espinoy fut enterré en l'église cathédrale de

---

(1) Arch. des hosp., fonds de l'hôpital général ; nos 133 et 135 de l'*Invent.* de 1839.

(2) Moreri, VI, M p. 260,col. 2.—*Suppl. au Nobil. des Pays-Bas*, Louvain, 1775, in-8º, pages 216-217.

Strasbourg (*Preuves*, n° XIV 2°) ; son cœur fut rapporté à Lille, dans l'église des Dominicains (1).

28. — Louis II de Melun, prince d'Espinoy, etc., sénéchal de Hainaut etc., prévôt de Douai, etc.; fils de Louis Ier et d'Elisabeth de Lorraine. Né à Paris, paroisse Saint-Paul, en octobre 1694, il fut baptisé en la chapelle du château de Meudon, le 26 juillet 1698, ayant pour parrain Louis, dauphin de France, et pour marraine Marie-Anne de Bourbon, légitimée de France, princesse de Conty. (*Preuves*, n° XCIV 3°.) Créé duc et pair, mestre de camp commandant le régiment Royal-cavalerie, lieutenant général pour le roi de la province d'Artois, il épousa Armande de La Tour d'Albret.

Sous ce prévôt, comme sous le précédent, les débuts furent marqués par une tutelle confiée à une jeune veuve. Une requête présentée en juin 1705, « à messieurs du conseil de madame la princesse d'Espinoy à Lille », apostillée et signée : *de Vuoerden* et *de Hangoüart*, nous donne les noms des conseillers de cette princesse (2). Selon toute apparence, ce Vuoerden n'est autre que *Louis-Michel, baron de Vuoerden*, chevalier d'honneur au parlement de Tournai, fils cadet de celui qui composa tant d'inscriptions commémoratives des exploits de Louis XIV en Flandre, et qui appelait « son Mécène » le prince d'Espinoy, Guillaume II, mort en 1679.

En 1705, par contrat des 15 et 17 novembre, la princesse douairière acheta, pour son jeune fils, de la princesse Marie

---

(1) Leuridan, *Hist. des seigneurs de Roubaix*, p. 211.
(2) Titre du moulin de la Prairie, communiqué par le propriétaire.

d'Orléans-Longueville, le comté de Saint-Pol, que le roi, par lettres patentes données à Versailles, en janvier 1707, fit mouvoir directement de sa couronne et de sa grosse tour du Louvre ; jusqu'alors il y avait eu contestation sur le point de savoir si cet antique et célèbre comté relevait de celui d'Artois ou de celui de Boulogne ; de cette manière toute difficulté fut tranchée (1).

Nous avons déjà dit que la terre d'Espinoy mouvait de Saint-Pol. Or le roi, pour enlever à la principauté d'Espinoy ce caractère secondaire, déclara, par lettres en date à Versailles du même mois de janvier 1707, que cette principauté relèverait désormais de la couronne (2).

Ces honneurs, Louis XIV les accordait en considération de « notre très-chère et bien aimée cousine, Elisabeth de Lorraine, veuve de notre très-cher et bien aimé cousin, Louis de Meleun, prince d'Espinoy, au nom et comme tutrice honoraire de notre très-cher et bien aimé cousin, Louis de Meleun, prince d'Espinoy, son fils ».

Les malheurs qui accablèrent la France dans la funeste période de 1708 à 1712, pesèrent aussi sur le jeune prince et sur sa fortune. Lille et Tournai étant tombées au pouvoir des Hautes-Puissances, celles-ci dépossédèrent le prince d'Espinoy, au profit du prince de Ligne (Claude-Lamoral), de toutes les terres que le premier possédait dans ces quartiers. Ainsi les rôles étaient intervertis : l'Espagne, qui autrefois avait proscrit Pierre et Guillaume de Meleun, était devenue l'alliée de la France, leur protectrice, tandis que les Provinces-Unies se prononçaient contre leurs descendants. A Lille, à Roubaix, à Antoing et à Cysoing, les

(1 et 2) Le P. Turpin, *Comit. Tercanensium*.... *Annales histeric*; pages 384-390.

armes de Meleun furent grattées et remplacées par celles de leurs adversaires (1). Il est très-probable que les mêmes faits se reproduisirent à Douai, lorsque cette ville fut tombée à son tour entre les mains des Hautes-Puissances. Enfin, l'inespérée victoire de Denain, du 24 juillet 1712, vint changer la face des choses, et le traité d'Utrecht (11 avril 1713) rétablit la maison de Meleun dans la possession qu'elle avait avant la guerre.

Néanmoins le prince de Ligne ayant renouvelé ses plaintes (2), et pour mettre fin à des contestations qui duraient depuis 140 ans, les adversaires consentirent, en 1721, d'après les ordres du roi et de l'empereur, à nommer pour arbitres le cardinal de Rohan et le duc d'Arenberg, qui décidèrent que la baronnie d'Antoing reviendrait à la maison de Ligne, et que les autres terres litigieuses demeureraient en la possession de celle de Meleun-Espinoy. « Il était écrit que ces propriétés suivraient jusqu'à la fin le sort des provinces dont elles faisaient partie et changeraient de propriétaires comme de drapeaux » (3). En effet, la terre d'Antoing avait cessé d'être française, pour être incorporée dans les Pays-Bas autrichiens, tandis que Roubaix et Cysoing restaient à la France.

L'illustre maison de Meleun atteignit enfin le dernier degré de noblesse et d'honneur par l'élévation du prince Louis à la pairie de France ; par lettres patentes en date à Fontainebleau du mois d'octobre 1714, le roi Louis XIV le décora de la dignité de duc et pair. Voici quelques extraits

---

(1) *Mémoire* cité; p. 51.— Notice sur l'hôtel de Soubise à Lille, pages 99 et 100 du t. III du *Bull. de la Com.hist. du département*.

(2) C'est alors qu'il fit paraître le *Mémoire* si souvent cité.

(3) Notice sur l'hôtel de Soubise, p. 100.

de ces lettres, qui rappellent les illustrations de la maison de Meloun, mais en commettant nombre d'erreurs, ainsi qu'il arrive trop souvent dans ces documents héraldiques (1):

« Le titre de *duc et pair* étant si éminent qu'il honore les naissances les plus illustres, Nous jugeons convenable d'accorder cette dignité à *Notre très-cher et bien aimé cousin Louis de Meleun, prince d'Epinoy*, chef d'une maison qui a produit tant de grands hommes depuis huit siècles, et à laquelle il ne manquoit que ce nouvel honneur........ Louis de Melun...... avoit épousé, au mois d'octobre 1691, Notre très-chère et bien aimée cousine Elisabeth de Lorraine, dont il a eu *Louis de Melun*, prince d'Epinoy, qui a commencé à Nous servir dès l'âge de 17 ans, et qui commande présentement notre régiment Royal de cavalerie. Nous rappelons le souvenir des services de ses ancestres, dont il suit les traces, en faisant la présente érection en sa faveur. L'éclat et la grandeur de sa race, les grands hommes qui en sont sortis sont pour lui des exemples et des motifs si pressans, que Nous ne pouvons douter que,—répondant d'ailleurs aux sentimens qui lui ont été inspirés par une ayeule et par une mère toujours attentives à mériter Notre estime et Notre affection,—il ne se rende digne de la grâce que Nous lui faisons aujourd'hui,......

» Notre très-chère et bien aimée cousine Anne de Lorraine, princesse de Lislebonne, ayeule de notre dit cousin, touchée de la grâce que Nous faisons à son petit-fils, lui a

---

(1) Pour n'en citer qu'un exemple, voici un vicomte de Melun qui va à la croisade en 998! « Le premier de ses ayeuls, dont la mémoire a passé jusqu'à nous *par des monumens certains*, est Josselin I du nom, vicomte de Melun, qui tint les premiers rangs parmi les grands seigneurs de la cour du roi Hugues Capet et du roi Robert, son fils; il se signala *aux guerres de la terre sainte* et fit, *en 998*, des dons considérables à l'abbaye de Saint-Maur. »—Pp. 392-395 de l'ouvrage cité du P. Turpin.

fait don de la vicomté et seigneurie de Joyeuse, les appartenances et annexes, pour y placer le titre de *duché et pairie......* »

Le nouveau duc de Joyeuse et pair de France prit séance au parlement le 18 décembre 1714 ; il n'avait encore que 20 ans (1).

Le 23 février 1716, il épousa Armande de La Tour d'Albret, fille d'Emmanuel-Théodore de La Tour, duc d'Albret, pair et grand chambellan de France, et de Marie-Armande-Victoire de La Trémoille ; mais cette princesse mourut en couches à Paris, le 13 avril 1717, dans sa 20° année.

Le duc de Joyeuse devint en 1717 lieutenant général d'Artois.

Louis de Melun, prince d'Espinoy, servit son dénombrement du fief de la prévôté, par acte en date à Paris du 4 septembre 1714 (2). Nous avons trouvé un autre acte émané de lui, concernant la prévôté de Douai ; c'est un bail du moulin de la Prairie, passé le 6 mars 1718 à Paris, devant notaires. En voici l'intitulé : « Fut present : Treshaut et tres-puissant prince, M⁰ʳ Louis de Melun, duc de Joyeuse, pair de France, prince d'Espinoy, comte de Saint-Pol, grand senechal de Henault, premier *beer* et connestable hereditaire de Flandre, vicomte de Gand, chastelain de Bapaulme, *prevost hereditaire de la ville de* Douay, et autres lieux, mestre de camp commandant le regiment Royal-cavalerie, et lieutenant general pour le roy de la province d'Artois ; demeurant à Paris, en son hôtel, place Royale, paroisse Saint-Paul (3) ».

(1) Moreri, VI, M p. 260, col. 2.
(2) Petit reg. en parch. de 52 ff., reposant aux archives du parlement de Flandres, fonds des cartulaires, terriers, etc.
(3) Titre du moulin de la Prairie, communiqué par le propriétaire.

Le duc de Joyeuse *dit* le duc de Melun périt malheureusement à la suite d'un accident qui lui arriva à Chantilly, à la chasse du roi. Voici comment le *Mercure de France*, dans la feuille d'août 1724, raconte l'événement :

« La chasse du cerf, qui se fit le 29 du mois, fut funeste au duc de Melun. Vers les sept heures du soir, à une demi-lieue du château de Chantilly, ce seigneur, courant à cheval dans une des routes de la forêt, fut blessé par le cerf qu'on chassoit, lequel étoit presque aux abois. Le coup, qu'il donna en passant, fut si rude, que le cheval et le cavalier en furent renversés. Le duc de Melun fut d'abord secouru par le duc de Bourbon et par le comte de Clermont. Le sieur Flaudio de Montblanc, chirurgien du roi, lui mit le premier appareil, et on le fit porter à Chantilly, où il mourut le 31 juillet, à cinq heures du matin, dans la trentième année de son âge (*29 ans et dix mois*), après avoir reçu tous les sacremens et avoir fait son testament......... Il ne laisse point d'enfans.

» La blessure du duc de Melun avoit été faite par un andouiller d'environ dix pouces de longueur, qui avoit percé la capacité du corps par les cottes, jusqu'au foye. Le cerf fut pris; le roi se fit apporter le bois......

» Le jeune seigneur est généralement regretté; le roi lui a donné, en cette occasion, des marques d'une grande sensibilité. Sa Majesté ordonna qu'on ne battît point au champ, en arrivant au château, non plus qu'en montant la garde le lendemain, et Elle mit pied à terre au-delà de la cour ; et pendant que ce seigneur a vécu, personne n'y est entré à cheval, moins encore en carosse.

» Le roi a accordé le régiment de cavalerie qu'avoit le duc de Melun, au jeune comte de Melun, son parent, qui a hérité de tous ses biens dont il pouvait disposer....... Le duché de Joyeuse revient, par cette mort, au prince Charles de Lorraine, en vertu des clauses de la donation...... » (1).

Le corps du duc de Joyeuse fut embaumé et transporté à Lille, dans la sépulture de ses ancêtres, en l'église des Dominicains. Sa mère, la princesse Elisabeth de Lorraine, lui éleva un magnifique mausolée qui fut terminé en 1726 (2). Le vandalisme révolutionnaire fit disparaître ce monument avec l'église qui le renfermait ; quelques débris seulement ont été recueillis dans les jardins du château de Fournes (3).

29. — JEAN-ALEXANDRE-THÉODOSE DE MELEUN, *dit* le comte de Melun, prévôt de Douai etc; descendant au 3° degré (comme le duc de Melun lui-même) du 24° prévôt, Guillaume I", prince d'Espinoy. Mestre de camp du régiment Royal-cavalerie, il épousa Louise-Elisabeth de Meleun.

Ce jeune seigneur était né à Abbeville, le 21 janvier 1709, fils unique d'Ambroise de Meleun, *dit* le marquis de Melun, et de Françoise-Charlotte de Monchy.

Le testament du duc de Melun donna ouverture à de longs procès entre les tuteurs du jeune comte de Melun et ceux des princes de Rohan-Soubise, neveux du défunt ; nous avons déjà dit que la princesse de Soubise, sœur unique du duc, était morte le 18 mai de cette même année

---

(1) *Mercure de France,* d'août 1724, rapporté par le P. Turpin, pp. 397 à 399 de son ouvrage : *Comitum Tervanensium*......... *Annales historici,* Douai, 1731, in-8°.

(2) Le P. Turpin en donne l'inscription latine, p. 400.

(3) Notice sur l'hôtel de Soubise à Lille, par M' de Melun, p. 102.

1724, quelques jours après son époux, qui était décédé le 6. Les lois féodales restreignant considérablement le droit de tester, le jeune comte de Melun vit les plus belles terres de la succession de son cousin passer entre les mains des princes de Rohan-Soubise, notamment la principauté d'Espinoy, le marquisat de Roubaix, le comté de Saint-Pol (1), etc., etc. Parmi les biens qui lui furent attribués, figure la prévôté de Douai (2).

Toutefois le comte de Melun ne renonça pas à se parer des titres de feu son cousin. Témoin sa procuration passée devant notaires à Paris, le 16 mai 1732, pour relever le fief de la prévôté ; en voici l'intitulé : « Fut présent : Très-haut et très-puissant *prince* M^{sr} Jean-Alexandre-Théodose de Melun, prince d'Epinoy, comte de Melun et de Saint-Pol, marquis de Saint-Aulaye, baron de Montguyon et de Montlieu, prévost héréditaire de la ville de Douai, seigneur de Metz-en-Couture, Beaumetz, Frévench et dépendances ; vicomte de Gand, châtelain de Bapaulme, seigneur du Menil-sur-Ille et autres lieux ; connétable héréditaire de Flandres.... *etc.* ; demeurant en son hôtel à Chaillot, faubourg de la Conférence ; majeur à tous respects, suivant l'article 58 de la coutume de Ponthieu, qui régit la ville d'Abbeville, où il est né le 21 janvier 1709. » Mais dans l'acte de rapport et dénombrement servi au roi, à cause de

---

(1) Ce comté fut adjugé aux Rohan par arrêt du parlement de Paris, de l'an 1728, après quatre ans de chicane. (P. 402 de l'ouvrage du P. Turpin.)

(2) C'étaient les jeunes princes de Soubise qui en étaient en possession, en 1727 : leur aïeul paternel, le duc de Rohan-Rohan et de Ventadour, pair de France, lieutenant général des armées du roi et capitaine lieutenant de la compagnie des gendarmes de sa garde ordinaire, gouverneur et lieutenant général de Champagne et Brie, ayant signé à Paris, le 21 juillet, une commission de *justice* de la prévôté, ce *justice* prêta serment en halle, le 6 août. (Reg. aux Mémoires, 1721-1729, f° 151 vo.)

son château de Douai, le 2 août 1732, *Charles-Louis de Rasière*, écuyer, « sieur » de La Howardry, de Dechy, Mauville, etc., avocat en parlement de Flandres, déclare agir, en vertu de ladite procuration, « pour et au nom de Jean-Alexandre-Théodose de Melun, *né prince* d'Espinoy, comte de Melun et de Saint-Pol, connétable héréditaire de Flandres, prévôt héréditaire de la ville de Douai et seigneur de plusieurs terres, mestre de camp du régiment Royal de cavalerie » (1).

Suivant acte daté de Paris, 2 mars 1734, « très-haut et très-puissant prince Mgr Jean-Alexandre-Théodose de Melun, *prince* d'Espinoy, comte de Melun et de Saint-Pol, *seigneur* prévôt héréditaire de la ville de Douai en Flandres, connestable héréditaire de Flandres et mestre de camp du régiment Royal-cavalerie, demeurant à Paris en son hôtel, rue de Paradis, paroisse Saint-Gervais », donna pouvoir à Me Jean Gilbert, écuyer, docteur ès loix de l'Université de Paris, intendant général des maison et affaires dudit prince, étant alors à Douai ; à l'effet d'emprunter 10000 livres de France, pour employer à la *réédification du bâtiment de devant de la maison et prévosté de Douai, qui tombe en ruine* ; signé : *Le comte de Melun*. Les deniers furent fournis par les proviseurs du séminaire du Roi (2).

En juin 1734, nous voyons « messire Jean-Alexandre-Théodose de Melun, *prince* d'Espinoy, comte de Melun, etc., et prévost héréditaire de la ville de Douai », présenter requête au lieutenant général de la gouvernance, contre les administrateurs de la maison des Orphelins de

(1) Arch. de la ville, reg. aux dénombr. du bailliage, coté 1715-1732, f° 283 v°.

(2) Arch. du parlem. de Fl., fonds de la gouvern. de Douai, reg. aux amortissements.

Douai, au sujet des constructions que ceux-ci faisaient au-dessus du courant du moulin de la Massue (1) ; car les administrateurs, au mépris des droits du prévôt, ne s'étaient pas mis en devoir d'obtenir son agrément. L'affaire s'arrangea aussitôt. Sur la supplique des administrateurs, le prévôt leur accorde, par son préposé Charles-Henri de Rasière, écuyer, « sieur » de la Houardrie, le 17 du même mois, la permission de voûter certaine partie du courant, « à charge que les Orphelins prieront Dieu pour les seigneurs comtes de Melun, prévosts héréditaires de cette ville, comme ils font pour leurs autres bienfaiteurs, en commun ; qu'ils diront, le 2 septembre de chaque année, le *De Profundis* pour les repos des âmes des prévôts de cette ville : de quoy les administrateurs feront certifier le receveur desdits seigneurs de Melun, par les *pères* desdits Orphelins (2) ».

Le comte de Melun mourut à Montmartre, le 6 janvier 1738, sans avoir atteint tout à fait l'âge de 29 ans. C'était le troisième prévôt qui décédait si prématurément.

Il s'était marié, en 1735, à sa cousine germaine, Louise-Elisabeth de Meleun, fille unique de Gabriel de Meleun, *dit* le vicomte de Gand, lieutenant général des armées du roi et commandant à Abbeville, lequel avait épousé sa propre nièce, Louise-Armande de Meleun (3).

Il ne laissait que deux filles : *Marie-Gabrielle-Charlotte* et *Louise-Elisabeth de Meleun*. La première ne parvint pas à l'âge de majorité. Toutes deux sont nommées : 1° dans

---

(1) Les trois maisons construites en 1734 par les administrateurs des Orphelins, partie sur l'ancienne chaussée et partie au-dessus du courant, portent les n°s 1, 3 et 5, rang sud, de la rue de la Massue.

(2) Arch. des hosp., fonds des Orphelins.

(3) *Suppl. au Nobil. des Pays-Bas*, Louvain, 1775, in-8°, pp. 250-251.

une requête que les tuteurs des demoiselles «filles mineures de feu messire Alexandre de Melun, *prince né* d'Espinoy, prévôt héréditaire de la ville de Douai », présentèrent au lieutenant général de la gouvernance, lequel y répondit le 22 décembre 1739 ; le différend venait de ce que les échevins contestaient au prévôt le droit de faire les ventes par licitation et décret volontaire, et d'y percevoir son droit de trois deniers à la livre, dont deux payables à la distribution des deniers et l'autre par l'acheteur (1). 3° Dans les pièces d'un procès intenté par « messire Paul-François, duc de Béthune, pair de France, etc., tuteur *honoraire* de d^{elles} Marie-Gabriel-Charlotte et Louise-Elisabeth de Melun, filles mineures de messire Jean-Alexandre-Théodose, comte de Melun, *prince* d'Espinoy, prévôt héréditaire de la ville de Douai, et Jean-Etienne Dat, bourgeois de Paris, y demeurant, leur tuteur *onéraire* », demandeurs aux fins de leur écrit du 23 septembre 1751, contre les échevins. On plaidait pour savoir si la présence du commis (anciennement dit *justice*) du prévôt, aux actes de renonciation des veuves, était obligatoire ou non ; les veuves lui remettaient, comme l'on sait, les clefs de la maison mortuaire (2).

La comtesse de Melun se remaria, le 5 mai 1742, à Gilbert Allire (?) de Langheac, *dit* le marquis de Langheac, seigneur de Preschounet, etc., sénéchal d'Auvergne, dont elle eut trois filles. Elle décéda le 17 novembre 1755 (3).

30° et dernier prévôt. — LOUISE-ELISABETH DE MELEUN, prévôte de Douai, fille du comte de Melun et de Louise-Elisabeth de Meleun.

(1) Arch. de la ville. Guilmot, Invent. analyt., I, p. 80.
(2) Id., I, p. 51.
(3) *Suppl. au Nobil.*, p. 251.

Elle était née le 1er janvier 1738, c'est-à-dire cinq jours seulement avant la mort de son père. Elle épousa, le 9 octobre 1758, Philippe-Alexandre-Emmanuel-François-Joseph de Ghistelle, créé prince de Ghistelle et du Saint-Empire romain par l'impératrice-reine, le 16 août 1760 (avec faculté de porter la couronne et le manteau de duc), marquis de Saint-Floris, etc., seigneur de Vieille-Chapelle, etc., grand d'Espagne de la première classe, chevalier commandeur grand-croix de l'ordre de Saint-Michel de Cologne; fils de Philippe-Alexandre-Marie-Joseph-Antoine de Ghistelle, marquis de Saint-Floris, et de Marie-Joseph de Hornes.

La princesse de Ghistelle, d'abord nommée l'une des dames de la dauphine, princesse de Saxe, le fut ensuite de Mesdames de France. Elle mit au monde un fils, le 2 janvier 1760 ; cet enfant unique vivait encore en 1775 (1), mais il mourut quelque temps après.

D'un procès-verbal des 22 septembre et 13 octobre 1774, dressé par Mes Coppin et Allard, notaires royaux à Douai, pour parvenir à la location de trois moulins appartenant au prévôt, savoir : 1° le grand moulin à eau, dit le moulin au Bray, situé vis-à-vis les Pères Augustins, avec la maison y tenant, sise rue d'Infroy ; 2° un autre moulin à eau, nommé le moulin des Wetz; 3° un moulin à vent érigé sur le rempart ; nous détachons cet intitulé : « De la part de haut et puissant seigneur Philippe-Alexandre-François-Emmanuel-Joseph, prince de Ghistelle et du Saint-Empire, connétable de Flandres, sénéchal du Haynault, baron de Bretagne, vicomte de Gand, prévôt héréditaire de Douai, seigneur de Vieille-Chapelle et autres lieux; époux de très-haute et très-puissante dame madame Louise-Elisabeth de

---

(1) *Suppl. au Nobil. des Pays-Bas*, pp. 24-25 et 231.

Meleun, *née princesse* d'Epinoy ; demeurant en son château de Vieille-Chapelle » (1).

Ce procès-verbal donne en outre de curieux détails sur la manière dont s'exerçait encore le privilége de banalité, à la veille de la Révolution. On sait qu'à l'origine, cette banalité pour le *brai* n'appartenait qu'au seul moulin dit *au Brai ;* mais les prévôts étant devenus seuls propriétaires du moulin des Wez, et ayant obtenu l'érection d'un moulin à vent, ces deux derniers servirent de secours pour le moulin au Bray, reconnu sans doute insuffisant. Voici les termes du procès-verbal, en ce qui concerne cette banalité :

« Lesquels moulins sont bannerets (*banaux*), à tels effets que tous bourgeois et habitans de cette ville et échevinage sont tenus d'y faire moudre leurs brais où autres grains, et tels à employer dans la bière ou boire bouilli qui se consomment en ladite ville et échevinage. Que si l'on introduisoit, dans ladite ville et échevinage, des grains moulus ailleurs qu'aux dits moulins bannerets, ces grains doivent être conduits devant la porte du grand moulin dit le moulin au Bray, pour que le droit en soit payé, de la même manière que si lesdits grains avoient été moulus à l'un desdits moulins. Et que si l'on introduisoit aussi dans ladite ville ou échevinage quelque bière ou cervoise brassée ailleurs, ladite bière ou cervoise est soumise au droit de mouture, à la concurrence des grains qui y ont été employés.

» Les locataires seront tenus de conserver la banalité desdits moulins et de poursuivre, à leurs frais, ceux qui y contreviendroient, et ils profiteront des amendes qui seroient

---

(1) Village de l'Artois, aujourd'hui du canton de Béthune.

prononcées au profit du bailleur, pour cause de contravention. Ils seront tenus de percevoir leurs droits de mouture, en la forme et manière accoutumée, sans pouvoir faire aucune convention particulière avec les personnes soumises à la banalité, ni permettre, à qui que ce fût, puisse faire moudre ses grains ailleurs, soit sous prétexte d'abonnement ou autrement. »

Le même procès-verbal de 1774 nous apprend que, par concession des prévôts antérieurs, les Capucins et les Clairisses ne payaient aucun droit pour la mouture des grains employés à l'usage de leur couvent, lesquels étaient moulus gratuitement aux dits moulins. Cette concession était révocable à la volonté du prévôt.

Par lui, nous savons aussi qu'à cette époque les Dominicains et les religieuses des abbayes des Prés et de Sin se prétendaient exempts de la banalité; au contraire le prévôt soutenait qu'ils y étaient soumis.

Ces trois moulins furent adjugés, le 13 octobre 1774, du consentement « dudit seigneur prince », suivant les ordres adressés à M⁰ *Piat Houzé*, avocat à la cour, moyennant un loyer annuel de 6800 florins (faisant 8500 francs), plus 200 francs pour le loyer de la maison rue d'Infroi (1). Total : 8700 francs de rente, somme qui était importante il y a un siècle.

Nous avons vu, au XIII⁰ siècle, le prévôt en discussion avec l'abbaye des Prés, au sujet de la banalité; la difficulté renaquit au moment où allaient s'éteindre à jamais les droits féodaux, et elle fut encore tranchée en faveur de l'abbaye. Le prince de Ghistelle, demandeur par requête présentée à

(1) Titre du moulin de la Prairie, communiqué par le propriétaire.

la gouvernance, le 10 décembre 1783, contre l'abbesse et les religieuses de l'abbaye royale des Prés en Douai, se plaignait qu'au préjudice de son droit de banalité, l'abbaye faisait moudre chez elle les brais ou grains nécessaires pour la fabrication de sa bière ; mais sur la production des titres de 1234 et de 1300, qui exemptaient l'abbaye de cette banalité, le demandeur fut débouté par sentence du 10 mai 1784. *Preuves*, n° XCV.

Encore à propos de cette banalité, les administrateurs de l'hôpital général voulurent s'y soustraire en 1784. En juin de cette année, au siège de la gouvernance, fit ses plaintes : « Messire Philippe-Alexandre-Emmanuel-François-Joseph, prince de Ghistelle-Richebourg, prince du Saint-Empire, grand d'Espagne de la première classe, marquis de Richebourg, Saint-Florice, Vieille-Chapelle et de Croix, baron d'Eselmens, pair de La Fosse, vicomte de Gand et de Montreuil, sénéchal du Hainaut, pair et baron de Bretagne ; seigneur des villes et châtellenie de Beuvry, Sailly-la-Bourse, etc., etc., *seigneur* prévôt héréditaire et foncier de cette ville de Douai ; mari et bail de dame Louise-Elisabeth de Melun, *princesse* d'Espinoy, connétable héréditaire et la première *beer* et baronne de Flandres ; — disant que, suivant les rapports et dénombrements de ladite prévôté héréditaire, servis ès mains des comtes de Flandres, en leur qualité de souverains, depuis plusieurs siècles, et ès mains de S. M. Louis XIV, le 4 septembre 1714, il appartient au suppliant plusieurs moulins banaux, situés en cette ville : le moulin des Wetz, de la Prairie-Saint-Albin et des Augustins, et un autre, à vent, situé sur le rempart de cette ville, près la porte d'Esquerchin ; — que tous les habitans de cette ville et échevinage sont assujettis à faire moudre, à un desdits moulins, leurs *braix* ou autres grains servant à la formation de la bière, et ce sans aucune distinction de personnes privilégiées ou non; — que le suppliant apprend que les administrateurs de l'hôpital général, qui ont toujours fait moudre auxdits moulins tous grains pour la formation de la bière de consommation dans ledit hôpital, les font maintenant moudre dans l'intérieur, au grand préjudice de ladite banalité » (1).

En janvier 1780, *Jean-Baptiste Manouvrier*, receveur du prince de Ghistelle, *alias* commis à l'exercice de la prévôté de la ville (il l'était encore en 1785), — ledit prince joint à lui et intervenant, — s'adressait au parlement de Flandres, pour se plaindre de ce que les attributs de la prévôté étaient *blessés* par les entreprises continuelles des officiers de la justice échevinale (2).

Ces exemples, que nous pourrions multiplier, prouvent que, de toutes parts, on protestait contre des institutions surannées, contraires aux idées qui dominaient alors, et destructives de la liberté ainsi que l'initiative privée. Particuliers, communautés, pouvoirs publics, tous aspirent à voir disparaître des entraves d'une autre époque.

Enfin 1789 arrive et la féodalité succombe. Le fief de la prévôté de Douai périt donc entre les mains de la princesse de Ghistelle, qui perdit, sans indemnité aucune, et sa « justice des clains et respeux », qui, n'étant qu'un accessoire de la juridiction échevinale, disparut nécessairement avec celle-ci; et ses droits sur la rivière et sur les canaux de la ville (3);

---

(1) Arch. des hosp., fonds de l'hôpital général, n° 134 de l'*Invent.* de 1839, p. 361.

(2) Arch. de la ville, Guilmot, Invent. analyt. Ms., 1, p. 80.

(3) Aujourd'hui que le prévôt a disparu, la ville est restée seule propriétaire des petits canaux ou branches de dérivation de la Scarpe, sauf les droits des meuniers.

et ses droits sur les moulins, et son privilége de banalité ; et toutes ses rentes sur les parcelles des anciens remparts successivement aliénées par les prévôts. Elle ne sauva du naufrage que l'hôtel de la prévôté, ses trois moulins à eau, dits au Bray, des Wez et de la Prairie, et le moulin à vent sur le rempart près de la porte d'Esquerchin.

Madame de Ghistelle mourut sans enfant, le 13 janvier 1791. Sa principale héritière fut sa sœur utérine Louise-Adelaïde-Victoire Albgrac de Langhac, épouse de Charles-Joseph d'Escorailles, et qui avait hérité de sa sœur germaine Elisabeth Albgrac de Langhac. Dans l'acte de partage, on voit que l'hôtel de la prévôté, attribué à la dame d'Escorailles, fut estimé 47158 livres (1).

Ainsi que nous l'avons fait pour les châtelains, nous rechercherons quelles ont été les résidences des prévôts soit à Douai même, soit aux environs.

Pour les premiers prévôts, ceux de la maison de Douai, point de difficulté ; leur résidence ordinaire, c'était l'hôtel de la prévôté, alors vaste demeure et forteresse seigneuriale, avec ses accessoires nécessaires, donjon, prisons, « basse-court » etc.; quant à leur résidence d'été, ils avaient le château de Cuincy-le-prévôt, à peu de distance de Douai, un autre à Estrées, un autre à Emerchicourt en Ostrevant etc. Voilà pour le XIIe siècle et pour la première moitié du XIIIe.

Une fois la maison d'Antoing arrivé à la prévôté (vers 1250), Douai cesse de voir les prévôts résider dans ses murs ;

---

(1) Plouvain, Echevinage, pages 103 à 106 ; ms. de la Bibl. de la ville.
On sait que la séduisante duchesse de Fontanges était une d'Escorailles. Fontanges, petite ville, et Escorailles, village de l'Auvergne (départ. du Cantal, arrond. de Mauriac).

l'hôtel n'est plus habité que de loin en loin par ses nobles possesseurs, qui ont aux châteaux d'Espinoy à Carvin, d'Antoing près Tournai, etc., leur demeure habituelle. Bientôt Cuincy-le-prévôt cesse d'appartenir (vers 1270) aux mêmes seigneurs que ceux qui tenaient la prévôté.

Signalons toutefois les mentions suivantes, que nous trouvons dans de vieux « cœuilloirs » de rentes : « 1324. *Ou Meis* : Sur le logis qui fut Watier de Goy ; se le tient me dame d'Antoing. — 1352. Sur la maison Collart Buletiel, qui fut Watier de Goy, entre *la grande maison qui fut le prevost de Douai* et la maison.... S'est *ou Petit Mes*. — 1451. Rentes dues par la ville de Douai pour les heritages qui s'ensuivent : Sur la *maison et tenement qui fut madame d'Antoing*, seant *ou Petit Melz*, et depuis fut à Johan Bonmarquiet l'aisné (1) ».

Dans un contrat de mariage du 17 juin 1375, Collard de Courcelles, fils de Jaquemon et de feu dem¹ᵉ Marie de Goy, déclare apporter : « une maison à Douai, *ou Petit Mes*, qu'on dit *le maison d'Antoing*, joignant au tenement Jehan Audefroit (2) ».

Cette grande maison, qui a appartenu un moment aux prévôts, sise rue du *Petit-Mez* (3), aujourd'hui de la Comé-

(1) Arch. des hospices ; 1o cartul. des Malades, de l'an 1324 ; 2o id., renouvelé en 1352 (deux petits registres en parch., XIVᵉ s., très-bien conservés), fonds du Petit-Saint-Jacques, nos 239 et 240 de l'*Invent*. de 1839 ; 3o cartul. des Chartriers, de 1451, fonds des Chartriers, nº 181 de l'*Inventaire*.

(2) Arch. de la ville. Guilmot, Extraits ms., III, p. 1189.

(3) Mès signifie manoir, et particulièrement *manoir seigneurial*. Nous pensons que, de haute antiquité, antérieurement à la fondation de la ville forte (*castrum*, fin du IXᵉ siècle), il y avait eu dans ce quartier, un mès ou manoir seigneurial situé précisément sur l'emplacement du Théâtre actuel, les rues de l'Université et des Minimes formant l'allée principale y conduisant, et celle de la Comédie, une voie parallèle à sa façade.

die, en ace de la rue du *Grand-Mez*, aujourd'hui rues de l'Université et des Minimes, n'est autre que celle qui devint la maison des Six hommes ou des Œuvres, aujourd'hui le Théâtre avec ses dépendances.

Nos prévôts, de la maison de Meleun, appelés par leur haute position à demeurer auprès de la personne des rois de France ou des ducs de Bourgogne, ne firent à Douai que des apparitions de plus en plus rares, et quand la guerre ou les devoirs de leurs charges leur laissaient quelques moments de loisir, c'était en leur maison d'Antoing qu'ils préféraient se retirer. Au XV° siècle, ils commencent donc à louer à des particuliers leur hôtel de la prévôté, en mettant cette condition, qu'ils s'y réservent un logis de passage, pour eux et leur suite.

Cet état de choses ne changea pas au XVI° siècle, lorsque la branche des vicomtes de Gand tint la prévôté ; nous savons que ceux-ci habitaient Arras, dont plusieurs d'entre eux furent gouverneurs.

Le XVII° siècle, qui fut si fécond en événements pour la maison de Meleun, ne ramena pas les prévôts dans nos murs ; les princes d'Espinoy, occupés à briller, d'abord à la cour de Bruxelles, ensuite dans les salons du Louvre, se souvenaient à peine que, parmi tant de terres et de fiefs, ils possédaient la prévôté de Douai, et qu'au nombre de leurs illustres aïeux figuraient les châtelains et les prévôts de notre ville. Lille et Douai étant redevenues françaises à toujours (1667), ce fut la première de ces villes que les princes d'Espinoy préférèrent, pour y fonder la sépulture de leur maison.

Enfin ce n'était ni le duc de Joyeuse, pair de France, ni le comte de Melun, ni la princesse de Ghistelle, ayant tous des charges éminentes à la cour de Versailles, qui auraient songé à revenir habiter l'hôtel de la prévôté de Douai.

Nous avons essayé, en tête de l'article I du présent chapitre, de reconstruire par la pensée « la maison de grès du prévôt de Douai, située sur le Marché » et citée dans un titre de l'an 1140; nous avons signalé aussi la désignation assez détaillée qu'on en trouve dans l'aveu de 1571. Nous savons également qu'il fut procédé, vers 1735, à la « réédification du bâtiment de devant » de la Prévôté, telle qu'on la voit encore aujourd'hui.

Il semble qu'au XVIe siècle, comme de nos jours, le principal édifice se trouvait entre cour et jardin, le front de rue ne se composant que d'une grand'porte et de quelques constructions à droite et à gauche. Témoin le bail du 30 juin 1562, par lequel *Dominique Turpin*, « recepvoeur » du vicomte de Gand, loue à un *carlier* une maison (1) « seant soubz la maison de la prevosté où réside Robert Gallois, tenant à la *manderie* et d'autre à l'hostellerie du Mouton ».

Le dessous de la grand'porte était assez spacieux pour qu'on y remisât, sans doute pendant le marché, les chevaux des meuniers, ainsi qu'on le voit dans l'acte de location, par adjudication publique, de la « maison et exercice de la prevosté », où il est parlé des « dix patars que les mosniers tant mannans dudit Douay que forains sont tenus payer, chacun an, au jour Saint-Jean-Baptiste, à cause de leur retraicte soubz la porte d'icelle maison avecq leurs chevaulx » (2).

---

(1) « Maison et ouvroir, du comprins de la maison et justice de la prevosté, seant sur le Marchiet au bled ». Bail de la même maison, indiquée comme étant « dessoubz la Prevosté », du 11 avril 1564 « avant P. ques ». (Titres de l'hôtel de la prévôté, communiqués par le propriétaire.)

(2) Arch. municip., reg. aux mémoires, 1604-1611, f°s 323 v° à 325 r°.

Pendant bien des années, au XVIII° siècle, le grand bâtiment de la prévôté fut occupé successivement par les lieutenants de roi, à titre de locataires. Le bail du 27 juillet 1721, accordé, au nom du duc de Melun, par *Guillaume de Bonnemaison*, intendant du mont-de-piété et receveur de la prévôté, stipule un loyer de 340 florins. Celui du 25 juin 1748 porte 456 florins ; dans l'état des lieux, qui y fait suite, il est parlé de « la porte et chassis du jardin pour aller aux Recollets, avec serrure et ferailles en bon état (1) ».

L'hôtel et ses dépendances, qui en 1791 étaient encore estimés plus de 47000 livres, ne furent vendus que pour 13500 francs, le 4 juin 1803, par l'héritière de la dernière prévôte à un sieur François Miraucourt, employé aux vivres, qui les revendit, le 28 mai 1812, pour 15000 francs.

Son propriétaire actuel, M. Courtecuisse, banquier à Douai, vient de le faire restaurer avec soin, tel à peu près qu'on le voyait en 1789, avec sa belle grille à deux battants, ses dépendances à droite et à gauche, et son fronton sur lequel on continue à lire le mot PREVOTÉ, autrefois en lettres d'or. Au-dessus de la grille, dans le cintre de la porte, on remarque un tableau en bois sculpté, au chiffre de la maison de Melun surmonté d'une couronne à huit fleurons : caché derrière de méchantes planches, il a été tout récemment découvert, réparé et replacé.

Quant à la vue qui est ici en regard, elle a été obtenue au moyen d'une bonne photographie de l'hôtel ainsi restauré et d'un dessin de la précieuse collection Félix Robaut conservée à la Bibliothèque communale.

(1) Titres de l'hôtel de la prévôté.

Hôtel de la Prevoté en 1789

V.

Arrière-fiefs de la prévôté.—Parts de la dîme de Saint-Albin.—Le chapitre de Saint-Amé achète en 1220 un tiers de dîme du seigneur de Saint-Albin. — Le dîmeron ou *petite dîme, possédé par les familles douaisiennes Catel, Picquette, Painmouillet et du Buisson; vente de 1438; familles Pinchon et de Longueval-Escoivres.—Les chanoines de Saint-Amé possesseurs de la totalité de la dîme.— Les vingt rasières au Mont de Douai; familles nobles, Pourchel, Picquette, de Goy et de La Tramerie; familles Bonnenuict, Pronier etc.*

De même que le châtelain, le prévôt avait ses vassaux ou feudataires; ceux-ci étaient chargés envers lui de l'hommage lige, à dix livres parisis pour relief, plus le 10° denier en cas de vente, don ou transport. On ne sait pas bien quel était, très-anciennement, le nombre des fiefs mouvant de la prévôté; nul doute qu'ils ne fussent moins nombreux que ceux qui mouvaient de la châtellenie. (Voir 2° chapitre, articles I à IX.) Nous avons trouvé les vestiges de trois fiefs, et nous exposons ici le résultat de nos investigations.

1° et 2°. *Parts de la dîme de Saint-Albin. —* Le chapitre de Saint-Amé avait obtenu, en 1097, le droit de patronat sur l'antique paroisse de Saint-Albin; ordinairement ce droit entraînait celui de dîme; mais ici le patron ne l'eut point à l'origine, attendu que cette dîme avait été, dans les premiers temps de la féodalité, confisquée par l'autorité laïque, sous le prétexte de la défense du territoire ou autrement, puis concédée en fief par le comte au châtelain ou vicomte de Douai, auteur et prédécesseur du prévôt de Douai et du seigneur de Saint-Albin.

Un tiers de la dîme appartenait, au commencement du XIII⁰ siècle, au seigneur de Saint-Albin, qui le tenait en fief du prévôt. Par acte passé dans le cloître Saint-Amé, en février 1220 (v. st.), le prévôt Gérard III approuve, comme sire, la vente faite au chapitre, par le chevalier *Gossuin de Saint-Aubin* (voir 5⁰ chapitre, article II), d'une dîme sur le terroir de Saint-Albin, faisant un tiers de la dîme commune, que ledit Gossuin tenait du prévôt, et pour laquelle il lui remit (*restauravit*) l'hommage du fils de Wautier de Geulesin, chevalier; le prévôt en investit les chanoines et renonça à tout droit d'hommage, ainsi qu'à toute charge féodale, à raison de cette part de dîme. *Preuves*, n⁰ CVIII.

Le prévôt, qui perdait un homme de fief, en retrouvait un autre dans la personne du fils du chevalier Gautier de Gœulzin, précédemment vassal du seigneur de Saint-Albin. On ignore quelle était l'importance du fief ainsi cédé. Les dénombrements modernes du fief de Saint-Albin constatent qu'il y avait plusieurs arrière-fiefs à Gœulzin et aux environs. (Voir 5⁰ chapitre, article IV.)

L'amortissement de cette part de dîme fut accordé par Gérard III, en présence de cinq de ses « hommes », qui sont nommés dans l'acte : le chevalier Willaume de Placi, Sohier Moriaux (1), Pierre Frions, Gilles d'Estrées et une femme, Marie Coillons. Avec le seigneur de Saint-Albin, le nombre des vassaux serait de six. Mais si ces individus

---

(1) Morel, échevin de Douai en 1217, vassal du seigneur de Saint-Albin en 1203, 1217 etc.

étaient certainement des hommes de fief de Gérard III, il ne s'ensuivrait pas nécessairement que leurs fiefs relevassent de la prévôté de Douai ; le prévôt Gérard avait beaucoup d'autres domaines à Estrées, à Marquette etc., qui le rendaient seigneur dominant de plusieurs fiefs situés dans ces localités ou aux environs. Or à cette époque, il se faisait une certaine confusion des droits seigneuriaux résultant de domaines distincts, quand ceux-ci appartenaient, même accidentellement, à un seul seigneur. C'est ainsi que nous voyons, par exemple, Willaume de Placi assister en 1207 et en 1219, comme vassal de Gérard III, à des actes concernant le domaine d'Estrées; Pierre Frion, en 1216 et 1219, à des actes concernant aussi Estrées ; *Fulcerus* de Douai, en 1207, à des actes concernant Estrées et Marquette, etc.

Quant à Willaume de Placi, le vassal de Gérard III, il était aussi « homme » du château de Douai. (Voir 2ᵉ chapitre, article III.)

Déjà avant 1210 Mʳˢ de Saint-Amé avaient acquis une part de la dîme de Saint-Albin, attendu qu'ils se réservent alors, pour y engranger leur dîme, *ad reponendam decimam nostram*, une maison avec jardin, tenant à « l'attre » Saint-Albin, désignée plus tard sous le nom de cense de la dîme de Saint-Amé, maison qui venait d'être donnée par le chevalier Wagon de Saint-Aubin, cadet de cette famille. (*Preuves*, n° CIV.) En 1213, il acquièrent une fraction de cette dîme, qui leur fut abandonnée par le chevalier Nicolas de Saint-Aubin, frère du précédent, et comme lui cadet de la famille. (*Preuves*, n° CV.) L'acte ne dit pas quelle était l'importance de la part ainsi cédée ; il est également muet sur la nature du bien vendu ; était-ce un alleu ou un fief? et si c'était un fief, de quel seigneur était-il tenu ?

Ils tardèrent bien plus longtemps à acquérir le dernier tiers de la dîme de Saint-Albin, autre arrière-fief de la prévôté, et qui, au XIV⁰ siècle et au XV⁰, appartint, aux familles Catel, Picquette, Painmouillet et du Buisson, de la haute bourgeoisie de notre ville. Cela résulte des documents suivants.

Dans le dénombrement servi en 1372 pour la prévôté, il est dit qu'il en dépend deux fiefs, dont l'un était tenu par « dem¹⁰ *Reusse Catel*, veuve de *Watier Picquette*, contenant le tiers de la grosse dîme de Saint-Albin, dont les doyen et chapitre de Saint-Amé tiennent les deux parts, à l'encontre d'elle ». (*Preuves*, n° LXXXIX.) Il sera encore parlé des Catel et des Picquette, au 6⁰ chapitre, article IV 2⁰, à propos d'une rente sur le Gavène, qui forma un fief relevant directement du château de Douai, et dont les possesseurs furent assez longtemps les mêmes que pour l'arrière-fief qui nous occupe maintenant ; voyez aussi le 6⁰ chapitre, article IV 3⁰ b, fief de rente sur le moulin au Brai.

En 1416, *Jean du Buisson*, bourgeois de Douai, fournit au domaine une déclaration des fiefs qu'il avait acquis, et parmi lesquels nous remarquons le « Dismeron de Saint-Aubin (1) ». En 1431, il disposa, par testament (2), d'un bon nombre de fiefs, de maisons et de rentes à Douai, laissant « à dᵉˡˡᵉ Sebille Pathelorée, sa femme, le dimeron de Saint-Aubin ». Ce riche bourgeois tenait le fief bizarre, connu sous le nom d'avouerie de Rumaucourt, relevant de l'église Saint-Amé, et dont une monographie se trouve

---

(1) Arch. départ., Ch. des comptes, liasse D 78 ; invent. des dénomb. des fiefs de Douai, dressé à la veille de la Révolution. La déclaration de 1416 n'existe plus aux archives.

(2) Parmi ses légataires particuliers, nous remarquons « dᵉˡˡᵉ *Reusse du Buisson*, femme de Michel de Courcelles ».

dans le tome Ier (1861) des *Souvenirs de la Flandre wallonne*, page 170. Il fut chef du magistrat ou maire de Douai (1422, 1425 et 1428). Son testament nous apprend encore qu'il était de la confrérie « des clercs de Notre-Dame qu'on dit les escolliers de Paris ». Signalons aussi le legs qu'il prend soin de faire « à chacun *neveu* (petit-fils) et *nièce illégitime* qu'il aura au jour de son trépas » ; les mœurs du siècle de Philippe le Bon expliquent cette clause testamentaire ; de plus, l'exemple, qu'ils avaient dans leur propre famille, pouvait être contagieux pour les fils du testateur, Andrieu et Jacques *dit* Blancardin. En effet, Ernoul, leur oncle, avait trois bâtards ; *damp* Bernard, aussi leur oncle (moine dans quelque abbaye des environs), en avait quatre ; *frère* Grard, religieux aux Prêcheurs, leur grand-oncle, en avait un, qui répondait au nom bizarre de *Carado*; ils sont repris au testament, du 4 février 1431 (v. st.), de dlle *Jaque* Castellet, veuve d'Andrieu du Buisson et mère de notre Jean, l'avoué de Rumaucourt et le chef du magistrat de Douai (1).

Le 7 avril 1437 (v. st.) avant Pâques, dlle *Sebille de Pernes* dit *Pateloréc*, veuve de Jean du Buisson, et Andrieu du Buisson, son fils, vendent à dlle *Jeanne Carbonnel*, veuve de Jean Pinchon, et à *Ricard Pinchon*, son fils, « un fief et noble tenement qu'avait ladite dlle, de son acqueste, tenu de noble et puissante dame madame de Hordaing, prévôte de Douai, à cause d'icelle prévôté, nommé le Dismeron de Saint-Aubin et consistant en un tiers des dîmes sur 71 muids 8 rasières 2 coupes un quarel et demi de terres (environ 389 hectares), aux terroirs de Saint-Albin, *Dorgny* (Dorignies), Cuinchy et autres lieux à l'environ, à

---

(1) Arch. de la ville, reg. aux testam., 1425-1431, fos 100 et 123.

l'encontre du chapitre de Saint-Amé, qui a les deux autres parts des dîmes».L'acte d'«adhéritance » fut passé le 28 mai 1438, en l'hôtel de prévôté, devant George Creveche, « bailli, en la ville de Douai, de la prévôté d'icelle ville, en ceste partie par lettres » spéciales de la prévôté ; devant Antoine Picquette, « homme de fief de madite dame la prevoste, comme responsible de madame Marguerite Pourchel, sa mère » ; devant Gille Le Fèvre, Jean Cordouan et Colard, son fils, hommes de fief du château de Douai, « empruntés » conformément à la coutume féodale, parce que le prévôt de Douai n'avait pas de vassaux en nombre suffisant. Il est dit dans l'acte que ce fief, tenu à dix livres de relief, monnaie de Flandre, « fut jadis *Ricart Painmoulliet* ». Le prix de 600 florins d'or fut payé par « Ricart Pinchon, demeurant à Arras » (1).

La perception de la dîme de Saint-Albin donna lieu bientôt à un procès entre les co-propriétaires et le prévôt de Cuincy-le-Prévôt, au sujet de certains champs où les décimateurs de Saint-Albin prétendaient exercer leur droit, à l'exclusion de leur adversaire. On sait que l'abbaye de Saint-André du Cateau-Cambrésis eut longtemps, au grand Cuincy, une prévôté où demeuraient quelques religieux. Le 8 octobre 1441, plainte fut faite contre « dampt Nicole Planchon, prevost de Cuinchy-le-prevost, demeurant à Douai », par les doyen et chapitre de Saint-Amé et par Ricart Pinchon, décimateurs audit lieu, Saint-Amé pour « deux parts » et Ricart pour l'autre tiers. Les parcelles litigieuses se trouvaient près de la *voyette* (petite voie) qui mène de la Croisette à Esquerchin (2).

Ricard Pinchon fut, en son temps, un personnage important de la ville d'Arras. D'abord qualifié procureur gé-

(1 et 2) Arch. départ., fonds de St-Amé.

néral du duc de Bourgogne (1455), il fut nommé, en 1457, à l'office de conseiller de cette ville. Il était l'enfant de ses œuvres; aussi le chroniqueur artésien, Jacques Duclerc, qui n'aimait pas les parvenus, quoiqu'il fût lui-même un gentilhomme de fraîche date (1), en dit-il beaucoup de mal dans ses *Mémoires*, comme de tous les gens de la classe moyenne qui s'élevèrent sous les ducs de Bourgogne. « Lequel Richart, depuis lors en avant, se fit appeler *Maître Richart*, combien qu'il ne fût clercq, et n'avoit oncques étudié en clergie; mais il estoit renommé d'être un des plus cauteleux hommes du pays, et par subtilité et cautelle estoit procureur général du pays du duc. »

Le 29 janvier 1463 (v. st.), il eut l'honneur de recevoir chez lui le roi de France Louis XI, qui, séjournant alors à Cité-les-Arras, vint en la ville et descendit « pour boire en la maison de Ricart Pinchon, procureur et conseiller de la ville d'Arras. »

Deux sentences des commissaires du duc « sur le fait des nouveaux acquets » pour la levée des droits dûs par les non nobles qui avaient acquis des fiefs,—l'une en date à Lens, du 4 juin 1435, l'autre à Arras, du 16 janvier 1438 (v. st.), — avaient reconnu Ricart Pinchon, demeurant à Arras, comme « personne noble et gentilhomme extraict et yssu de nobles générations et lignées legitismes, tant de par feu Jehan Pinchon, son père, comme de par d{elle} Jehenne Carbonnel, sa mère » ; elles déclaraient aussi qu'il « portoit et devoit porter, de par sondit père, les armes *de Bugnicourt*, c'est assavoir ung escu : D'asur à deux faces d'argent et six coquilles d'or. » C'étaient l'acquisition que venait

---

(1) Il se qualifiait « écuyer, seigneur de Beauvoir en Ternois, demeurant en Cité-lez-Arras »; son père Jacques était conseiller à la gouvernance de Lille, et son grand-père Thomas, conseiller de la ville de Douai.

de faire Ricard Pinchon, de la seigneurie d'*Agniez* lez Aubigny, ayant appartenu à « feu Jehan de Monbertault *dit* Noiseux », et la prétention du procureur du duc à établir que ledit Ricard était « non noble », qui avaient provoqué la deuxième sentence.

Ces curieux documents nous apprennent comment on faisait alors ses preuves de noblesse : au lieu d'exhiber de vieux parchemins et d'établir sa filiation par titres, comme c'était exigé au siècle dernier, on fournissait les attestations de bons gentilshommes qui se déclaraient parents de celui dont la qualité faisait question. Ce fut ainsi que Ricard Pinchon prouva sa noblesse, du côté de son père, par les certificats des seigneurs de Lalaing et autres, ses parents, et du côté de sa mère, par le témoignage des seigneurs de Belleforière et de Bailleul-sire-Bertoul « et autres nobles personnes », ses parents (1).

Un siècle et demi plus tard, Ricard Pinchon, en vertu des sentences qu'il avait obtenues, se serait qualifié : « Ricard de Bugnicourt *dit* Pinchon, écuyer, seigneur d'Agnez, etc. »; mais l'abus des qualifications nobiliaires n'existait pas au XVᵉ siècle et la qualité d'*écuyer*, alors encore réservée à ceux qui suivaient la carrière des armes, était indicative d'un grade militaire. Quoique resté Ricard Pinchon *tout court*, il n'en était pas moins noble, et comme tel, affranchi des droits de nouvel acquêt et de franc-fief, que sans cela il aurait dû payer au prince pour chaque acquisition de terre noble.

---

(1) Arch. départ., Ch. des comptes, carton B 1504; copie collationnée aux originaux, le 11 décembre 1171.

Cf. l'analyse incomplète et inexacte de ces documents, donnée dans l'*Invent. som*, I, p. 372, col. 2.

Parmi ses nombreux domaines, il eut la seigneurie d'Esquerchin-lez-Douai, relevant du château de Lens ; il paraît l'avoir achetée aussi, comme le Dimeron de Saint-Albin, lui-même, à la famille du Buisson.

Le sceau timbré de Ricart Pinchon est conservé aux archives de notre ville, au bas d'un acte du 19 avril 1459, où il se donne la qualité de procureur général et conseiller du duc ; il représente un écu à deux fasces accompagnées de six coquilles posées 3, 2 et 1 (1). C'est donc avec raison que Goethals, dans son *Miroir des notabilités nobiliaires* (Bruxelles, 1862, in-4°, tome II, page 837), affirme que Marie Pinchon *dit* de Bugnicourt, fille du conseiller de la ville d'Arras, portait: D'azur à deux fasces d'argent, accompagnées de six coquilles d'or posées 3, 2 et 1.

Le souvenir de Ricard Pinchon se rattache à un fait intéressant pour l'histoire de l'édilité douaisienne ; propriétaire du vaste hôtel de Fransus (2), il en détacha le terrain qu'on appelait « le lieu et place de la Savelouniere », situé entre la maison de Fransus et les *étuves* des *Lossignots* (rossignols), à condition qu'on ferait « un pont pour passer par-dessus la riviere et par iceluy carier et aller à cheval et à

---

(1) Arch. de la ville, nos 1017 et 1560 de la *Table*.

Dans son Invent. analyt. ms., II, p. 657, Guilmot écrit à tort que le fond de l'écu est chargé de six *pinsons*; vérification faite, ce sont bien des *coquilles*.

(2) Nos 4 et 6, rang est, de la rue des *Fransures* (corruption de *Fransus*), et no 1, rang sud, de la rue du Pont-du-rivage.

Ricard Pinchon, « bourgeois d'Arras », avait acheté cet hôtel en 1443 ; voici la désignation reprise au contrat du 6 septembre : « La maison de Franssus, séant à Douwieul, avec la place et lieu où on desquerque savelon, que on dist le Savelonnière, qui est dudit heritage, joignant d'une part aux estuves des Lossignoz et d'autre part aux maisons qui furent Andrieu du Buisson, séans *en l'Abiette* (rue Pied d'argent) et par derrière haboutant au cours de le grant rivière. » (Arch. de la ville, reg. aux contrats, 1443-1444, fo 56. Guilmot, Premiers Extraits ms., p. 173.)

pié, du Rivage de la ville en la paroische Saint-Aubin »,
c'est-à-dire de la place du Palais-de-Justice à la rive gauche ; libéralité que les échevins acceptèrent le 2 octobre
1468 (1). Là est aujourd'hui le pont du Rivage. La libéralité de Ricard Pinchon était d'autant plus méritoire qu'elle
répondait à un véritable besoin du moment : ni le pont de
Tournai, ni celui de Saint-Vaast n'existaient encore.

Une déclaration du 8 février 1473 (v. st.), émanée de
Marguerite David, veuve de M⁰ Ricard Pinchon, demeurant à Arras et signée de son clerc, Bastien Bouchelin,
constate qu'elle possédait, outre deux fiefs de rente mouvant directement du château de Douai (6⁰ chapitre, article IV, 2⁰ et 3⁰ b), « une petite dîme tenue de M' d'Antoing, à cause de sa prévôté » (2). « Le vesve Ryckardt Pinchon » figure sur le rôle de la noblesse de la Flandre wallonne en 1476, comme ayant fourni deux archers pour
l'armée du duc, afin d'acquitter le service militaire qu'elle
devait à cause de ses fiefs (3).

La fortune de Richard Pinchon ayant passé à une
branche bâtarde de la maison de Longueval, par le mariage
(vers 1446) de sa fille *Marie Pinchon* avec Baudrain de
Longueval, bâtard d'Alain, tué à Azincourt (4), nous voyons
le fils de ceux-ci, *Jean de Longueval*, écuyer, seigneur
d'Escoivres, et dame Jeanne Sucquet, sa femme, « par
avant femme de feu M' du Payage, en sa vie chevalier »,
demeurant à Douai, donner à l'église Saint-Amé « un fief

---

(1) Arch. de la ville, n⁰ 1081 de la *Table*. Guilmot, Invent. analyt. ms.,
I, p. 310.

(2) Arch. départ., Ch. des comptes, Invent. des dénombr. des fiefs de
Douai, dressé à la fin du XVIII⁰ siècle, liasse D 78. L'orig. en parch. est
perdu.

(3) Id., cahier en papier, coté L 948, f⁰ 5.

(4) Goethals, *Miroir des notabilités nobil.*, II, p. 836, Bruxelles, 1862,
in-4⁰.

dit la petite disme de Saint-Albin, à l'encontre de Mrs de Saint-Amé, tenu de haut et puissant seigneur Mgr d'Anthoing, à cause de sa prévôté de Douay ». Cette donation, du 16 mai 1500, était faite à la charge de certains services religieux et à la condition « d'avoir une maison appartenant à Saint-Amé, qui y a justice, dite la maison des Greniers, haboutant d'un lez à la grande rue (de Saint-Samson) qui maine aux portes d'Arras et d'Esquerchin, et d'autre au devant du grand portail de ladite église (place Saint-Amé actuelle), pour y faire leur résidence, leurs vies durans et les vies de François et Dominicques, leurs enfans ; icelle maison caducque et en grand ruyne ; chargée de rente au Gavène Mr de Bours ».

La donation de ce fief fut régularisée par un traité conclu, le 19 juin 1528, entre le chapitre et « noble homme *François de Longueval*, seigneur d'Escoivres, *Acre* (Ascq), Evin, des Planques ». Il est rappelé que ses père et mère, « noble homme Jehan de Longueval et dame Jehenne Chucquet, ayant fondé le *Salve Regina*, que l'on chante journellement en l'église de Saint-Amé, avaient donné le fief nommé la petite disme de Saint-Aubin, hors les portes d'Arras, d'Esquerchin, d'Oscre, au patronaige de Saint-Amé, à l'encontre du chapitre, ledit fief tenu de Melle Anne de Meleun, à cause de sa prévôté de Douay ». Le seigneur d'Escoivres, dont le père et la mère, ainsi que le frère Dominique étaient morts, consent à abandonner tout droit sur la dîme et reçoit en récompense la maison ci-dessus désignée, « devant le grand portail », qu'il tiendra en fief du chapitre, au relief de 60 sols. Sa femme, dam^{le} Jacqueline Bournel, est citée dans l'acte. Enfin, comme garantie, il met «son fief du Gavène de cette ville (rente sur le Gavène, 6° chapitre, article IV 2°) ès mains do bailli, présents hommes de fief, dont il est tenu (1) ».

François de Longueval portait : Ecartelé de Longueval (bandé de vair et de gueules de six pièces) et de Sapignies (de gueules à la croix d'or ; famille d'origine chevaleresque, éteinte dans celle de Sucquet). Son sceau armorial, bien conservé, pend à un acte du 15 juillet 1535, dans lequel il se qualifie : « chevalier, seigneur d'Escoivre et des Planques (2) ».

Malgré les actes de 1500 et de 1528, qui avaient fait passer le Dîmeron de Saint-Albin au chapitre de Saint-Amé, celui-ci n'est pas repris comme vassal du prévôt de Douai, dans le dénombrement de 1571 ; on y lit au contraire : « Loys de Longueval, s^r d'Escoivres, au lieu de Renom, *François* et *Jehan*, ses père, grand et ave, tient, à dix livres parisis de relief et le 10e denier à la vente, le tiers de la grosse disme de Saint-Albin, à l'encontre des chanoines de Saint-Amé. » Ceux-ci n'avaient sans doute point accompli les formalités nécessaires pour obtenir l'amortissement de leur acquisition ; de sorte que, pour le seigneur dominant, le fief était toujours réputé suivre l'ordre successoral dans la famille de Longueval-Escoivres. Mais dans les dénombrements de 1714 et de 1732, les chanoines de Saint-Amé sont désignés comme ayant acheté le tiers de la dime, « à présent occupeurs par conséquent » de la totalité.

Ainsi le Dîmeron de Saint-Albin, acquis par un établissement religieux à une époque où la féodalité n'était plus

---

(1) Arch. départ., fonds de Saint-Amé.
Cet hôtel fut connu sous le nom d'Escoivres et ensuite de Belleforière : il a été rebâti en 1723, ainsi que le prouve le millésime gravé sur la façade du grand bâtiment entre cour et jardin ; aujourd'hui n.° 23 de la rue Saint-Samson, rang est.

(2) Arch. de la ville, n° 1412 de la *Table*.

guère que de la fiscalité, continua à garder sa nature féodale; les cérémonies de « mise hors fief » ne furent pas accomplies, comme elles l'avaient soigneusement été en 1220 pour le tiers de dîme alors acheté par les chanoines; en conséquence, M⁹⁹ de Saint-Amé durent au prévôt de Douai l'hommage, le relief et les autres services féodaux ; cet état de choses subsistait encore à la Révolution.

3° *Les vingt rosières au Mont de Douai.* — Cet arrière-fief de la prévôté est indiqué de la manière suivante dans le dénombrement de 1372 : « xx rasières de terre ou environ, séant au dehors de la porte d'Arras, au lieu qu'on dit au Mont de Douai. » *Preuves*, n° LXXXIX.

Il est à remarquer qu'au même endroit se trouvaient huit rasières, qui formaient un arrière-fief de Saint-Albin. (5° chapitre, article IV 6°.) C'est donc à chaque pas que l'on rencontre des exemples de cette nature; ainsi se découvrent de plus en plus les liens étroits qui avaient uni la châtellenie, la prévôté, le fief de Saint-Albin, etc. qui, à l'origine, ne formaient qu'un seul et même office féodal, celui du châtelain ou vicomte de Douai.

La terre est ainsi désignée dans un dénombrement servi au prévôt, le 28 septembre 1571 (1) : « Vingt mencaudées (*sic*), au dehors de la porte d'Arras, assez près du Bosquet Buisson et le Fillet de La Brayelle, lieu dit Mont de Douai, tenant à dix rasières de M⁹ d'Assignies, au chemin dudit Bosquet à Douai. »

Dans un autre dénombrement, servi au prévôt le 24 avril 1703 (2), la désignation est légèrement modifiée : « Vingt

(1) Le dénombrement de cet arrière-fief est transcrit dans celui de la prévôté du 11 décembre 1571.
(2) Transcrit dans ceux de la prévôté des 4 septembre 1714 et 2 août 1732.

rasières de terres labourables en une pièce, au lieu dit le Mont de Douai, au dehors et entre les portes d'Arras et d'Esquerchin, tenant au chemin menant de Douai au Bosquet Buisson, à dix rasières des dames de (l'abbaye de la?) Paix, qui furent au feu s' d'Assignies, abordantes aux fossés et forteresse d'icelle ville, et à huit rasières de l'abbaye des Prés, à trois rasières de l'hôpital Saint-Julien et à dix coupes de Jean Levac. »

Quant aux possesseurs de cet arrière-fief de la prévôté, le dénombrement de 1372 nous fait connaître le chevalier *Ricard Pourchel*, que nous avons déjà rencontré comme vassal du châtelain pour le fief de Plachy (2º chapitre, article III); il était, chez nous, l'héritier des plus opulentes familles de la bourgeoisie douaisienne du XIIIe siècle, les Du Markiet (en latin : *de Foro*) et les Pourchel ou *Pourchiaux*; aussi le retrouverons-nous souvent dans les notices consacrées à des fiefs douaisiens. (4º chapitre, appendice; 6e chapitre, article IV, 1º et 3º.)

Dans une nomenclature des fiefs ayant appartenu à feu *Amoury Pourchel*, écuyer (fils du précédent), insérée dans une transaction du 18 avril 1382, figurent les « vingt rasières de terre ou Mont de Douay, tenues en fief de M. d'Anthoing », sur lesquelles « noble dame madame Marie des Wastines, vesve de feu noble homme monseigneur Ricart Pourchel, le père, nagaires mère doudit feu Amourri », prenait son douaire (1).

Marguerite Pourchel, fille du précédent, tenait les vingt rasières en 1438 ; car son fils, *Antoine Picquette*, assiste, en qualité d'homme de fief de la prévôté, « comme responsible de madame Marguerite Pourchel, sa mère », à l'acte du 28 mai 1438, passé pour la vente du Dîmeron de Saint-

---

(1) Contr. en chirogr. aux arch. de la ville. Cf. Guilmot, Extraits, III, p. 1217.

Albin, l'autre arrière-fief de la prévôté; son sceau armorial représente un chef chargé d'un lion issant; l'écu timbré et supporté par deux chiens avec coliers (1). Antoine Picquette, écuyer, fils aîné du chevalier Jean Picquette et de Marguerite Pourchel, dame de Frémicourt, échevin de Douai en 1439 et 1442, chef du magistrat ou maire en 1449, 1452, 1455 et 1459, nous paraît avoir pris les armes de sa mère, la dernière de sa famille; dans tous les cas il ne portait pas celles des Picquette (d'argent fretté d'azur, semé de roses de gueules). Suivant toutes probabilités, il eut, dans sa part de la succession maternelle, le fief des vingt rasières.

Celui-ci se retrouve ensuite dans la famille douaisienne *de Goy*, de la branche qui fournit un bailli de Douai et qui posséda la seigneurie d'Auby, par achat de l'an 1443. (Voir aussi 6e chapitre, article IV 1° et 3° *a*.)

Jacques ou *Jacquet de Goy* est cité, dans le dénombrement du 12 août 1500, comme vassal du prévôt de Douai, pour les vingt rasières. C'était l'un des fils de Jacques de Goy, chevalier, seigneur d'Auby, grand bailli de Gand (1481-1483), maître d'hôtel de l'archiduc Maximilien et châtelain de Rupelmonde, fils lui-même d'Arnoul de Goy, chevalier, seigneur d'Auby et de Corbehem, bailli de Douai (1437-1453), décédé en 1459 grand bailli de Gand et maître d'hôtel du duc Philippe le Bon.

Jacqueline de Goy, dame d'Auby, fille de Jacques, seigneur de Corbehem, arrière-petite-fille du bailli de Douai, épousa François, chevalier, seigneur de La Tramerie, de *Drchaucourt* (Drocourt), etc. D'après leur contrat de mariage passé à Douai, le 19 mars 1533 (v. st.), elle apportait notamment: un fief tenu du prévôt de Douai, situé au Mont de Douai, un fief tenu de l'empereur, à cause de son

(1) Arch. départ., fonds de Saint-Amé.

château de Douai, consistant en 23 mesures d'avoine brûlée, sur le moulin au Brai, en ladite ville, appartenant audit prévôt (voir 6° chapitre, article IV 3° a); une belle maison sise rue des Foulons, etc (1).

Robert, chevalier, seigneur *de La Tramerie*, Drehaucourt, Forest, Auby, etc., fils aîné de la précédente, servit, le 28 septembre 1571, au prévôt de Douai, le dénombrement de son fief, qui lui était « échu par le trespas de dame Jacqueline de Goy, sa mère ». En 1593, il était gouverneur d'Aire ; il laissa des enfants de sa femme, Anne de La Fosse, fille d'Antoine, chevalier, seigneur de Givenchy, et de Jacqueline de Roisin.

Amé Bonnenuict, bourgeois de Douai, vivant vers le commencement du XVII° siècle, tint, évidemment parachat, le fief des vingt rasières, qu'il laissa à sa fille, *Marie Bonnenuict*, « à son trépas femme de M° Bauduin de Tourmignies, licencié ès droits, conseiller et procureur fiscal de S. M. en sa gouvernance de Douai ». Ce procureur du roi vivait en 1641, 1663 etc.

Jean-Toussaint Pronier et *Marie-Françoise Danthuille*, son épouse, achetèrent le fief des hoirs de la précédente ; la veuve Pronier en servit au prévôt, le 24 avril 1703, un dénombrement où sont rappelés ses prédécesseurs.

André Pronier, fils des précédents, 1714.

Quel effet produisit la Révolution sur un fief de cette nature, qui n'avait ni justice ni rentes féodales ? elle affranchit les vingt rasières des droits de relief et de mutation dûs au seigneur dominant, et effaçant toute distinction entre les anciennes terres nobles et roturières, elle les soumit aux impôts modernes.

(1) Invent. des arch. du château de Morbecque, appartenant aux Montmorency, dressé vers la fin du XVIII° siècle, communiqué par M. A. Preux, de Douai, procureur général à Limoges.

www.ingramcontent.com/pod-product-compliance
Lightning Source LLC
Chambersburg PA
CBHW050610230426
43670CB00009B/1340